张邦炜

著

恍惚斋两宋史随笔

A THOUGHTFUL ESSAY ABOUT
SONG DYNASTY

社会科学文献出版社
SOCIAL SCIENCES ACADEMIC PRESS (CHINA)

目 录
CONTENTS

笔 谈

书中自有问题在 / 3

史事尤应全面看

——关于当前宋史研究的一点浅见 / 11

战时状态：南宋历史的大局 / 20

体系意识：以唐宋变革与南宋认知为例 / 30

历史学如何算起来？

——从北宋耕地面积、粮食亩产量等数字说起 / 36

札 记

钱大昕：大有功于宋史研究的乾嘉巨子 / 47

关于宋代避讳

——研习钱大昕著作的一个读书报告 / 78

宋代"平民社会"论刍议

——研习钱穆论著的一个读书报告 / 90

启迪与不解

　　——研习钱穆论著读书报告之二 / 101

序　跋

专题探讨、断代考察与综合研究

　　——《婚姻与社会·宋代》引言 / 113

从婚姻的角度看唐宋变革

　　——《婚姻与社会·宋代》结语 / 117

宋代的内朝问题及家天下统治

　　——《宋代皇亲与政治》导言 / 121

宋代既无内朝又无内乱的关联和缘由

　　——《宋代皇亲与政治》余论 / 138

学贵自成体系

　　——《宋代婚姻家族史论》后记 / 162

有关宋代政治及文化的点滴管见

　　——《宋代政治文化史论》前言 / 165

从选题的大小说起

　　——《宋代文豪与巴蜀旅游》后记 / 169

书　评

宋辽金元史研究的新成果

　　——读《中国史稿》第五册 / 177

《宋代四川经济述论》评介 / 180

中国大陆近十年来的宋史研究 / 183

嘉惠学林　流传久远

　　——《全宋文》评介 / 211

蓄之既久　其发必厚

　　——读王曾瑜新著《宋朝阶级结构》/ 218

读《吴天墀文史存稿》/ 224

黄宽重《宋代的家族与社会》读后 / 230

忆　旧

蒙老叫我读《文鉴》

　　——为纪念蒙文通先生 110 周年诞辰而作 / 249

风范永存：缅怀邓广铭先生 / 255

令人怀念的"三严"史家

　　——我所认知的邓广铭先生 / 258

特立独行的思想型史家

　　——纪念金宝祥师百岁诞辰 / 262

川内开花川外红

　　——缅怀吴天墀先生 / 271

一位对宋史研究有特殊贡献的长者

　　——忆程应镠先生 / 279

我所知道的"江安黄家三姊妹"/ 286

无私无畏的益友

　　——恭贺朱瑞熙教授八十大寿 / 297

成名于改革元年的学者

　　——庆贺王曾瑜先生八十大寿 / 302

置身功利外　心在学问中

　　——怀念刘浦江教授 / 306

自　述

研习宋史：我的自主选择 / 313

文坛巨匠·驼峰英烈

　　——我所崇敬的两位下江人 / 341

我家与抗日 / 346

西行万里到拉萨 / 350

在政协中领悟政协 / 356

为人沉稳　待人宽厚

　　——缅怀李文珊同志 / 361

后　记 / 365

笔谈

书中自有问题在

治史难，既难在史料的搜集与解读，又难在问题的发现与提出，如何处理问题与体系的关系也难。下面仅就宋史研究的材料与问题谈些浅见，主要意思不外"三个并重"：新、旧材料宜并重，书与问题应并重，问题与体系当并重。

一 "精于一"过时否？

"比上有余，比下不足。"这八个字大致概括了宋史史料的数量特征。由于"比上有余"，治宋史者无"巧妇无米""山穷水尽"之感，有待开掘的材料和问题很多。因为"比下不足"，治宋史者无"老虎吃天，无处下手"之叹，"竭泽而渔"的愿望有可能实现。无惊人的新材料的发现则是宋史史料在质量上的主要特征之一，难怪治宋史者既倍加注意新材料的扩充，又格外注重对旧材料的利用①。如果说上古史研究者对于"地上二十四史"

---

① 陈寅恪《陈垣敦煌劫余录序》称："一时代之学术，必有其新材料与新问题。"（《金明馆丛稿二编》，上海古籍出版社，1980，第236页）此言不应成为轻视旧材料的依据。其实，未经充分利用的旧材料也可视为新材料，对旧材料还可做新解读。值得注意的是，陈寅恪曾强调"群经诸史"即旧材料的重要性，其《杨树达积微居小学金石论丛续稿序》称："群经诸史，乃古史资料多数之所汇集。"（《金明馆丛稿二编》，上海古籍出版社，1980，第230页）他的代表作以征引基本史籍为主，吕思勉等史家将旧材料作为主要研究对象，以博学著称的余嘉锡自称"读已见书斋"，有《读已见书斋随笔》传世（《余嘉锡论学杂著》，中华书局，1963，第642~681页）。

与"地下二十四史"曾有厚此薄彼之争①,那么治宋史者则无"不看(地上)二十四史"即现存基本史籍的可能。可是传世的宋代史料数倍、数十倍于前代,研习宋史究竟从何入手?从前,学界名宿多半如是指教后学:"自'精于一'始。"鉴于此说如今几乎成为老皇历,大有被颠覆之势,因而有必要旧事重提。

"精于一"之说,出自黄庭坚《与李几仲帖》:"泛滥百书,不若精于一也。"朱熹对此深表赞同:"一件看得精,其它亦易看。山谷《帖》说读书法,甚好。"②"精于一"具体到研习宋史,是指首先在李焘《续资治通鉴长编》(以下简称《长编》)、马端临《文献通考》、元朝官修《宋史》等宋史基本史籍中任选一部认真通读,以选择《长编》者居多。对于"精于一",前辈学者的两点阐释值得重视。

其一,"精于一"是个长过程。《长编》等书部头都很大,要掌握它,谈何容易,只能采用八面读书法。八面读书法又称"八面受敌法",源于苏轼《又答王庠书》③,意思是书应当多读几次,每次既全面思考,又有所侧重,集中精力关注一个方面的问题。苏轼说:"吾尝读《汉书》矣,盖数过而始尽之。如治道、人物、地理、官制、兵法、货财之类,每一过,专求一事,不待数过,而事事精核矣。"④此乃苏轼精读《汉书》的经验之谈,显然也适用于研读《长编》等书。

其二,"精于一"仅仅是开始。朱熹强调:"读书之要,循序而渐进。"⑤应当在"精于一"的基础上,有计划、分步骤地广泛阅读各种史籍。以先读《长编》者为例,此后可考虑分三步走:一是继续通读《皇朝编年纲目备要》《十朝纲要》《靖康要录》《建炎以来系年要录》《中兴两朝圣政》《续编两朝纲目备要》《宋史全文》《宋季三朝政要》等编年体史书,

① 参见罗志田《史料的尽量扩充与不看二十四史》,《历史研究》2000 年第 4 期。
② 黎靖德编《朱子语类》卷 10《读书法上》,王星贤点校,中华书局,1994。
③ 苏轼:《经进东坡文集事略》卷 46《又答王庠书》,四部丛刊初编本。
④ 杨慎:《升庵集》卷 72《苏公读书法》,影印文渊阁四库全书本。
⑤ 朱熹:《朱子大全》卷 74《读书之要》,四部备要本。

以期基本把握宋代历史演变的总进程；二是研读《宋史》诸志，如《食货》《职官》《地理》《选举》《刑法》《兵》等，并将《文献通考》《宋会要辑稿》《玉海》等书中的相关内容结合起来读，以期大体掌握宋代的典章制度；三是结合有关课题，广泛查阅宋人文集、笔记、方志、类书、金石等各种材料及文物、考古资料，以便从中领会搜集和解读宋代史料的基本方法和手段。上述步骤也可齐头并进。

倘若按照学界名宿的指教，从"精于一"始，并"循序而渐进"，定能打下坚实的基础。然而据说当前在知识"爆炸"、电子技术普及的新形势下，"精于一"是个笨办法，事倍功半，已无必要。可是，我在这方面有深刻的教训，至今仍认为基本史籍非通读、细读不可，否则会闹笑话。试举两例。

例一：宋太祖生前是否留下遗诏？我在《宋代皇亲与政治》一书中断言："宋太祖没有留下传位遗诏"①。稍后在《文史哲》上读到《宋太祖传位遗诏的发现及其意义》② 一文才恍然大悟，自己错了。宋太祖有传位遗诏传世，见于《宋会要辑稿·礼二九》。因《宋会要辑稿》（以下简称《会要》）迟至1936年才影印出版且印数极少，前辈学者早年在探讨"烛影斧声"之谜时，未引证《会要》是可以理解的。而我读过此书，只能责怪自己太粗心。至于其真实性究竟如何，是否由别人编造，则另当别论。如《宋会要辑稿·礼二九》所载宋哲宗《遗制》，什么皇弟端王"宜授神器""皇太后权同处分"之类，分明是由宋神宗向皇后与宰执大臣们在宋哲宗死后临时炮制而成。由此及彼，宋太祖遗诏是否出自他人之手，其可能性很难排除。

例二：唐朝政府是否允许民间办私学？邓之诚《中华二千年史》论定：唐时"学校为官所立，私人不得设立"③。其依据为元人马端临《文献通考》卷46《学校考七》所载开元二十一年五月敕："不得辄使诸百姓任立

① 张邦炜：《宋代皇亲与政治》，四川人民出版社，1993，第24页。
② 王育济：《宋太祖传位遗诏的发现及其意义》，《文史哲》1994年第2期。
③ 邓之诚：《中华二千年史》中册，中华书局，1983，第116页。

私学。"我在比较唐、宋学校制度时发现，此乃"千虑一失"。其致误原因有二：一是断句有误。细读此敕可知，"不得辄使"四字当属上句。二是未对读、校读。"诸"字语义不甚明确，所幸宋人王溥《唐会要》卷35《学校》所载同敕，"诸"作"许"，称："许百姓任立私学。"于是问题迎刃而解，可见细读基本史籍很有必要。

二 书与问题冲突否？

据说，当前学者应当实现从"以书为本位"到"以问题为中心"的转变。"精于一"是"以书为本位"，"攻其一点，不及其余"才是"以问题为中心"。如何"攻其一点"？既不必先通读《长编》等书，也不必从"四把钥匙"入手，而是首先全面浏览人民大学书报资料中心所编《宋辽金元史》。浏览复印资料，既可打下基础，又能找到问题。发现问题后，再带着问题，查阅资料，"攻其一点"，立竿见影。人大复印资料无疑应当阅读，回顾学术史也不失为一种发现问题的好办法。但是发现问题的方法多种多样，诸如听讲而来、检索而来、比较而来之类，不胜枚举。照我看来，书与问题并不冲突，书中自有问题在。告别"以书为本位"之说有害无益，它会"造就"一批从未认真通读任何一部基本史籍的以宋史为研究方向的硕士、博士乃至教授、博导。

所谓书中自有问题在，有两层含义。一层含义是从基本史籍中就能发现问题。这是前辈学者行之有效的基本方法，我也有切身体会，略举两例。

例一：官田问题。20世纪60年代初，学界有两个较为流行的观点，即中国古代土地所有制的基本形态是国有制，唐宋土地制度的主要形式是庄园制。我作为宋史初学者，正按导师的布置，将《文献通考》田赋等考与《宋史·食货志》《宋会要辑稿·食货》结合起来读。导师说，只要认真研读，定能发现问题。我将信将疑。读到官田部分，才深感师说不谬。从书中发现，官府一面多次买民田为官田，一面不时卖官田为民田。官田、民田通过买卖双向转换，表明不能无视土地私有制的存在和发展。同时又发现宋代官田的经营方式经历了从屯田、营田到"召人"租佃或设置官庄的转变，官庄的主要经营方式无非是"召人"租佃。我据此写成作业《论宋代的官田》，对盛行观点提出异议①。习作虽不足道，但我从中体会到，细读基本史料与回顾学术史相结合是发现问题的最好方法。

例二：榜下择婿。儿时看旧戏，在才子佳人戏里，往往少不了"先登第，后成亲"的情节。后来读《宋史》，成功或不成功的榜下择婿实例纷纷映入眼帘，始知戏里的情节并非纯属虚构。再顺藤摸瓜，广泛搜寻，相关资料越来越多。王安石曰："却忆金明池上路，红裙争看绿衣郎。"② 苏轼云："囊空不办寻春马，眼眩行看择婿车。"③ 这些诗句便是对这一社会风气的形象描述。实话实说，我起初并不是从文集而是从《古今事文类聚》《记纂渊海》《古今合璧事类备要》等类书中读到这些诗句的。鉴于此风的出现、形成和发展，折射出由魏晋经隋唐至两宋，社会从"尚姓"到既"尚姓"又"尚官"，再到"尚官"的变化，我写成《宋代的"榜下择婿"之风》④ 一文。可见，发现问题的方法确实多种多样，甚至儿时的记忆也起作用，但关键仍然在于认真阅读基本史籍。发现、提出问题，离不开基本史籍；落实、解决问题，也要依靠基本史籍。

书中自有问题在的另一层含义是基本史籍本身就有问题。众所周知，对于基本史籍，不能一概信从，其中问题很多，甚至真假难辨。如有"铁面御史"之称的赵抃，在《宋史》本传中，所至之处奇迹太多，什么"狱以屡空""奸民屏迹""民无饿死""飞蝗堕水""匹马入蜀"等。这些夸大乃至虚构的记述，竟源于苏轼《赵清献公神道碑》。足见文人笔下的历史与人所经历的历史差距有多大。从苏轼到《宋史》的编者为什么美化赵抃？按照什么模式塑造赵抃？其效果究竟如何？又为什么会这样？这些问题或许琐

---

① 张邦炜：《论宋代的官田》，《甘肃师范大学学报》1962 年第 4 期。
② 谢维新：《古今合璧事类备要·前集》卷 37《科举门·红裙看》，影印文渊阁四库全书本。
③ 祝穆：《古今事文类聚·前集》卷 27《仕进部·择婿车》，影印文渊阁四库全书本。
④ 张邦炜：《宋代的"榜下择婿"之风》，《未定稿》1987 年第 4 期。

碎了些，再举两例。

例一：孟昶的形象。初读以《国史》为蓝本的《宋史》，孟昶在书中是个昏君，其典型证据是"宝装溺器"。相传蜀人《苦热》诗云："烦暑郁蒸无处避，凉风清冷几时来。"宋太祖据此声称："此蜀民思吾之来伐也。"[①] 我因而相信后蜀社会经济凋敝，民众生活在水深火热之中。后读西蜀士人的著述才发现，官方或半官方的记载不过是为宋太祖的话做注脚，证明他救蜀民于水火。相反，在蜀士看来，后蜀"实天下之强国也"，孟昶"乃天下之贤主也"[②]。其主要依据之一是《官箴》："尔俸尔禄，民膏民脂。""下民易虐，上天难欺。"[③] 这类记述也不完全是事实，无非是其怀旧情绪的流露。其之所以怀旧，是因为北宋前期在西蜀行苛政。后来随着治蜀政策的调整，蜀士的怀旧情绪渐渐烟消云散。何况历史毕竟由胜利者书写，于是孟昶的昏君形象最终压倒其"贤主"形象。可见，孟昶的形象问题不仅是后蜀史上的一大论题，而且其前后演变动态地折射出北宋时期西蜀地区的政情、社情和民情。

例二：宋真宗刘皇后的身世。《宋史》本传载，她原籍太原，其祖、父在五代时曾任高官。但当时几乎尽人皆知，刘皇后"起于寒微"。她是个西蜀女子，自幼父母双亡，嫁与银匠龚美，龚美破产后，将她带到开封，靠在街头卖艺为生。为掩盖其婚史，刘皇后认龚美为兄长，改姓刘，称刘美。为遮掩其家世，她曾自称河中人氏，又称籍贯洛阳，一再与大臣认本家，均遭拒绝[④]。她竟正位中宫，既可作为北宋"婚姻不问阀阅"的事例，又是当时贞节观念不重的例证。但所谓"阀阅"并不等于门第，刘皇后急于攀名门、认兄长，并竭力掩饰其系再婚，又表明当时门第观念、贞节观念都不轻。

---

① 文莹：《玉壶清话》卷 6，郑世刚、杨立扬点校，中华书局，1984。

② 句延庆：《锦里耆旧传》卷 3，文渊阁四库全书影印本。

③ 陶宗仪：《说郛》卷 17《野人闲话·颁令箴》，中国书店，1986 年影印本。

④ 参见张邦炜《宋真宗刘皇后其人其事》，邓广铭等主编《宋史研究论文集》，河南大学出版社，1993，第 576～606 页。

三　问题与体系兼容否?

当前，学界往往突出强调问题意识，避而不谈体系意识，甚至将学者分为"做问题"的与"做体系"的，并一味赞赏前者而贬低后者。其实，所谓体系意识，在很大程度上与整体观、全局观是同义语。体系与问题的关系近乎于整体与部分、全局与局部的关系，两者不是绝对对立，而是互补互济。"以小见大，陈寅恪之谓也；以大见小，吕思勉之谓也。"前辈学者早已率先垂范，为我们树立了两者结合的典范。所谓"小"是指较为具体的问题，而"大"则是指较为抽象的体系。将问题与体系结合起来，至少有两大好处。

其一，有利于学科体系的建设。急于构建体系、选题大而无当是初学者容易犯的一种错误。早在20世纪40年代，学子以《宋代妇女的地位》作为学位论文题目，受到前辈指教："择题稍嫌笼统"，"不易作专题深入之研究"[1]。本人也曾以《中国封建时代的家庭制度》《中国封建婚姻制度的特征》等作为论文乃至短文的论题，这些都是教训。然而并不是说大题目不能做，应当放弃构建学术体系的追求。吕思勉便着眼于"大"，其学术旨趣是"说明中国社会的总相"，治学以综合研究和融会贯通见长。同时吕思勉又着力于"小"，注重研究具体问题，舍得在排比史料、分类札记上下功夫，有总计762条，100余万言的三大册《吕思勉读史札记》做证。吕思勉的两部中国通史、四部断代史就是在这些考论性文章的基础上写成的。他以大见小、大小结合的学术理念和实践，为当前学科体系的建设提供了有益的启示和范例。

其二，有利于增强问题的牵动力。问题流于琐碎、选题无关宏旨是初学者容易犯的另一种错误。从前，前辈学者往往以"明成祖的生母""洪秀全

---

① 徐规：《仰素集·序》，杭州大学出版社，1999，第3页。

的胡子"为例,告诫后学。明成祖是嫡出还是庶出？其生母究竟是碩妃还是达妃？洪秀全有无胡子？他长的到底是"一"字胡还是"八"字胡？这类问题虽然不能说绝对不应研究,只怕意义相当有限。但陈寅恪见识非凡,他讨论"杨玉环是否以处女入宫",看似琐碎,与明成祖的生母、洪秀全的胡子似乎并无二致,但他赋予这一议题深刻的学术蕴涵,以此说明唐朝的婚制与伦理,并进而涉及唐代的种族与文化。在他看来,"此二问题实李唐一代史事的关键之所在"①。陈寅恪化琐碎为深刻,关键在于他以小见大,见微知著。可见,只有树立"体系意识",才能恰当地区别核心论题与边缘论题,分清主次,抓住关键,通观明变,揭示底蕴,增强问题的深度和牵动力。

总之,无论是陈寅恪还是吕思勉,都是体系意识极强的史家。我不甚理解的是,如今学界大多肯定吕思勉,颂扬陈寅恪,但为何又往往忽视甚至贬低体系意识。至于本人,至今仍相信那句老话:"学贵自成体系。"

（原载《史学月刊》2009 年第 1 期）

---

① 陈寅恪:《唐代政治史述论稿》,三联书店,1956,第 1 页。

史事尤应全面看

——关于当前宋史研究的一点浅见

近 40 年来，宋史研究取得重大进展是个不争的事实。常言道："成绩不说跑不了，问题不说不得了。"尽人皆知：良好的评论机制是学术进步的动力。21 世纪初，包伟民等一批宋史学者力图掀起一股自我质疑、集体反思之风，有《宋代制度史研究百年（1900～2000）》① 一书问世。虽然引起重视，风声还算较大，但雨点似乎较小。表扬与自我表扬相结合的积习难改，有的学者近年依旧感叹："学术评论之难"，"许多学人不愿意从事这种吃力不讨好的工作"②。愚见以为，当今宋史研究确实存在一些值得反思的问题，主观片面性便是其中之一。问题虽属浅层次，但不可小视，最难防避。前辈史家翦伯赞生前所著《对处理若干历史问题的初步意见》（以下简称《初步意见》）至今仍然具有指导意义，且针对性极强。《初步意见》一文几乎通篇讲的都是如何避免片面性、防止简单化。翦老强调："全面看问题是我们写历史的原则"，"必须用两只眼睛看历史"③。当今宋史研究中主观片面性的主要表现或可归纳为四个方面，下面仅粗略举些实例。

其一，各走极端。宋代"积贫积弱"论与"理想社会"说、士大夫"高尚"论与"龌龊"说、富民一概"为富不仁"论与"社会中坚力量"

---

① 包伟民主编《宋代制度史研究百年（1900～2000）》，商务印书馆，2004。
② 彭卫：《近十年中国古代史研究之观感》，《史学理论研究》2012 年第 2 期。
③ 翦伯赞：《对处理若干历史问题的初步意见》，《人民教育》1961 年第 9 期。又载《光明日报》1961 年 12 月 22 日，两者个别文字稍有差异。以下凡引翦老语，皆出自此文。

说，看似针尖对麦芒，其实都是各执一端的偏颇之论。总体上说，宋代士大夫既非纯属一堆肮脏龌龊的粪土，亦非个个都是品格高尚的谦谦君子。笔者尤其不赞成宋代"富民是主要纳税人"一说。众所周知，传统时代的分配体制是：佃户交租，田主完粮，粮从租出，租为粮本。田赋分明是地租的分割，田赋来自地租。不能把劳苦大众排除在外，片面地将富民视为宋代社会的中坚力量。翦伯赞当年告诫我等："不要见封建就反，见地主就骂。"而今我们怎能见士大夫就反，见富民就骂？反之，也不能见士大夫就赞，见富民就捧吧！这些，笔者在《不必美化赵宋王朝》① 等文中曾言及，这里不再多说。为了表达对宋代农民欢乐说的不认同，我曾较多引用钱锺书《宋诗选注》（以下简称《选注》）中反映农民疾苦的诗篇，诸如《前催租行》《后催租行》等，于是被视为宋代农民苦难论者。《选注》编写于20世纪50年代，受到时代与体例双重局限。如今我们肯定可以从72册之巨的《全宋诗》中找出若干反映农民欢乐的诗篇，而且数量不会太少。然而宋代农民绝非时时欢乐、人人欢乐。丰年多欢乐，灾年很痛苦；形势户、上户欢乐多，下户、客户苦难重。随着社会生产力的发展，与前代相比，宋代农民生活确有改善。但对宋代农村不能理想化，绝非处处充满欢声笑语的美好田园。宋人程颐有句惊人之语："饿死事极小，失节事极大。"以致从前人们普遍将宋代视为妇女社会地位急转直下的时代。笔者30多年前撰有《宋代妇女再嫁问题探讨》② 一文，认为宋代妇女再嫁者并不少于唐代，旨在说明宋代妇女社会地位处于下降的过程之中，而非急转直下。或许与此有关，于是出现宋代妇女幸福说："做宋朝的女人是相当幸福的。"宋代妇女再嫁多，显然不能引以为据。传统时代，妇女另嫁绝非幸福，往往悲痛欲绝。听听宋代一位"弃妇"对亏心汉的声讨："功名成遂不还乡，石作心肠，铁作心肠！红日三竿懒画妆，虚度韶光，瘦损荣光。"③ 那位为赋税所

---

① 张邦炜：《不必美化赵宋王朝》，《四川师范大学学报》（社会科学版）2011 年第 6 期。
② 张邦炜：《宋代妇女再嫁问题探讨》，邓广铭、徐规等主编《宋史研究论文集》，浙江人民出版社，1987。后收入张邦炜《宋代婚姻家族史论》，人民出版社，2003，第 149~180 页。
③ 李有：《古杭杂记》，陶宗仪：《说郛》卷 4，中国书店，1986 年影印本，第 34 页。

逼而被迫改嫁的老妇，更是"行行啼路隅"，"欲死无刑诛"①。我当年将妇女再嫁与社会地位联系起来一并讨论，虽然事出有因，现在看来有一定的片面性。

其二，只知其一。任何社会都是个复合性的整体，总是死的抓住活的，新的旧的同在，多种现象并存。我早年所著《试论北宋"婚姻不问阀阅"》②一文就存在看问题较片面、阐述欠充分的问题，陶晋生在《北宋士族（家庭·婚姻·生活）》一书中列举出若干反证③，值得参考。特别应当注意，阀阅与门第不是一个概念，不问阀阅与门当户对并非绝对对立。婚姻不问阀阅虽然属于新事物，尤其值得重视，但不能无视门当户对这一旧习俗的存在。婚姻不问阀阅又论什么？强调婚姻"论才"者有之，主张婚姻"论财"者亦有之。全面地看，两种现象并不矛盾。宋代争相选择新科进士做女婿的"榜下择婿"之风颇为盛行，其表象是"论才"，其实质是"尚官"，表明社会心理由"尚姓"即"崇尚阀阅"转向"尚官"即"崇尚官爵"。婚姻"论财"由来已久，宋代自有其新特点。从前卖婚者非门阀士族莫属，宋代则以新科进士为主。婚姻"论财"与婚姻"论才"，表象不同，实质一致，两者都是新的门当户对观念的体现，具体而生动地显示了唐宋之际社会历史演进变迁的轨迹。又如在元朝攻灭南宋时，士大夫分道扬镳，既有归降者，也有不降者。有学者为证明宋代士大夫肮脏龌龊，忽视后者，强调前者，断定士大夫大多归降元朝。其依据是南宋遗民汪元量的诗句："满朝朱紫尽降臣。"④这个"尽"字显然不确切，其反证不少。《宋史·忠义传一》序就说："及宋之亡，忠节相望，班班可书。"⑤元史学者陈得芝的统

① 李觏：《哀老妇》，傅璇琮等主编《全宋诗》卷348《李觏一》，北京大学出版社，1992，第4294页。
② 张邦炜：《试论北宋"婚姻不问阀阅"》，《历史研究》1985年第6期。后收入张邦炜《宋代婚姻家族史论》，人民出版社，2003，第39~61页。
③ 陶晋生：《北宋士族（家庭·婚姻·生活）》第4章"士族的婚姻"，台北：乐学书局有限公司，2001，第101~135页。
④ 汪元量：《增订湖山类稿》卷1《醉歌》，孔凡礼辑校，中华书局，1984，第16页。
⑤ 脱脱等：《宋史》卷446《忠义传一》，中华书局，1977，第13149页。

计较为确实：在晚宋 328 名进士中，以身殉国者占 21.65%，入元不仕者占 53.05%，归降仕元者仅占 25.3%。① 士大夫大多归降元朝一说，其片面性显而易见。

其三，过甚其词。宋代士大夫敢于说话，有"论建多而成效少"② 之称。在他们连篇累牍的言论中，渲染之词颇多。渲染虽然能收到引人注目的效果，但一渲染就失真。如北宋大臣夏竦"恐不数十年间，贾区伙于白社，力田鲜于驵侩"③ 一语，用以说明宋代商品经济发展尚可，以此证明宋代商人数量即将超过农民则非。自号"安乐先生"的北宋名儒邵雍不厌其烦地声称"身经两世太平日，眼见四朝全盛时"，"一百年来号太平"，"天下太平无一事"。④ 邵雍所说只是其自身感受，具有极大的主观片面性。众所周知，北宋内忧外患不断，绝非"太平无事"的"全盛时"。这类夸张的话语显然不能作为宋代是什么"理想社会""黄金时代"的依据。某些宋史研究或许受宋代士大夫潜移默化，夸张离谱的论断与结论时有所见。有的外国学者断言："宋朝是前所未有的变化的时代。"⑤ 读者在惊讶之余，不免怀疑译文是否有误。有的本土学者居然也如此认为："唐宋之间，是由领主制向地主制转化的时期，其变化之巨，并不亚于春秋战国之际的转变。"⑥ 又如称南宋为"海洋帝国"。南宋海外贸易发达，海上丝绸之路形成于南宋，堪称不刊之论。然而依我之见，岂止南宋，在中国古代历史上没有任何一个朝代足以号称海洋帝国。至于南宋，即使称为"半海洋帝国"，只怕也相当勉强。

---

① 陈得芝：《论宋元之际江南士人的思想和政治动向》，陈得芝：《蒙元史研究丛稿》，人民出版社，2005，第 571～595 页。

② 脱脱等：《宋史》附录《进宋史表》，中华书局，1977，第 14255 页。

③ 夏竦：《贱商贾策》，曾枣庄、刘琳主编《全宋文》卷 345《夏竦十三》，上海辞书出版社、安徽教育出版社，2006，第 52 页。

④ 邵雍：《伊川击壤集》，卷 10《插花吟》、卷 5《秋日登崇德阁二首》、卷 17《观棋小吟》，陈明点校，学林出版社，2003，第 126、46、230 页。

⑤ 伊沛霞：《内闱——宋代的婚姻和妇女生活》，胡志宏译，江苏人民出版社，2004，第 1 页。

⑥ 张其凡：《两宋历史文化概论》，广东人民出版社，2002，第 55 页。王曾瑜认为：唐宋时代"若与春秋、战国时期相比，则至多只能算是一个小变革期"（《宋朝阶级结构》，河北教育出版社，1996，第 1 页）。他的估计或许偏低。

其四，**数据离谱**。就论证方法来说，以数据为证无疑胜过试举例以说明之。但宋人提供的数据往往精确度不高，且相互抵牾，不可尽信。宋代军费在财政总支出中所占比例高，毋庸置疑①。究竟高到什么程度？蔡襄、张载、陈襄都是北宋中期人，年纪相若。这三位同时代人，便其说不一。蔡襄称："养兵之费常居六七。"② 张载言："养兵之费在天下十居七八。"③ 陈襄云："六分之财，兵占其五。"④ 到底相信谁的？照我看来，都是"估计参谋"。人们固然有理由认为，蔡襄曾任主管财政的三司使，所言可信度应当很高。但他在治平元年，除"养兵之费常居六七"一说之外，还另有一说："天下六分之物，五分养兵。"⑤ 六分之五，即十分之八强。一年之中，两个不同的数字居然出自蔡襄一人之口。关于北宋开封的人口，种师道称"京师数百万众"⑥，已经相当夸张。刘敞说得更悬乎："京师至三百万家。"⑦ 以一家五口计，北宋开封一城人口竟达1500万人之多，即令包括开封府所辖16县在内，也让人无法想象⑧。但我当年居然在《北宋租佃关系的发展

---

① 参见汪圣铎《两宋财政史》，中华书局，1995，第395~402页；王育济《关于北宋"养兵之费"的数量问题》，《山东大学学报》（哲学社会科学版）1990年第1期。

② 蔡襄：《论兵十事奏（治平元年）》，曾枣庄、刘琳主编《全宋文》卷1003《蔡襄十》，上海辞书出版社、安徽教育出版社，2006，第384页。

③ 《张载集·文集佚存·边议》，中华书局，1978，第358页。

④ 陈襄：《上神宗论冗兵》，赵汝愚《宋朝诸臣奏议》卷121《兵门·兵议下》，北京大学中国古代史研究中心校点整理，上海古籍出版社，1999，第1330页。此文文末原注："熙宁二年上，时知谏院"（第1330页）。

⑤ 蔡襄：《上英宗国论要目十二事·强兵》，《宋朝诸臣奏议》148《总议门·总议四》，上海古籍出版社，1999，第1694页。此文文末原注："治平元年上，时为三司使"（第1696页）。

⑥ 徐梦莘：《三朝北盟会编》卷30"靖康元年正月二十日丙戌"，上海古籍出版社，1987，第225页。

⑦ 刘敞：《开封府南司判官题名记》，曾枣庄、刘琳主编《全宋文》卷1503《刘敞二十》，上海辞书出版社、安徽教育出版社，2006，第184页。

⑧ 据《宋史》卷85《地理志一·京畿路》记载，开封府所辖16县为开封、祥符、尉氏、陈留、雍丘、封丘、中牟、阳武、延津（旧称酸枣县）、长垣（曾称鹤丘县）、东明、扶沟、鄢陵、考城、太康、咸平。崇宁年间，开封府"户二十六万一千一百一十七，口四十四万二千九百四十"（第2106~2107页）。以一户五口计，总人口超过110万。此时，北宋开封已是上百万人口的大都会，应无疑义。周宝珠教授的估计是："北宋东京最盛时有户13.7万左右，人150万左右"（周宝珠：《宋代东京研究》，河南大学出版社，1992，第325页）。

及其影响》① 一文中引以为证。过后方知：上当。至于"京师亿万之口"②、东京"居者无虑万万计"③ 云云，纯属天方夜谭。《宋史·食货志·农田》载：治平年间"天下垦田无虑三千余万顷"④。去掉余数，以 3000 万顷计，再按一宋亩等于 0.865 市亩换算，当时天下垦田多达 25.95 亿亩，大大超过现今全国耕地总面积。人们难免会问：这可能么？有位前辈学者早年信以为真，据此记述道："到英宗时，全国耕地共三千多万顷。"⑤ 好在 20 世纪 50 年代初杨志玖著有《北宋的土地兼并问题》一文，专门予以订正⑥。后来，何炳棣在《中国古今土地数字的考释和评价》一书中进一步指出，史籍有关北宋垦田面积的记载"决不会反映当时的耕地面积"⑦。这些教训理当吸取，然而当前在某些著述中，这类离谱数字仍时有所见。如宋代城市化程度很高，"南宋时的城市人口已上升到总人口的五分之一"，超过改革开放初期。宋代农业生产率很高，"平均每个农民每年生产粮食为 4158 斤"，发达地区"为 6930 斤"。直到 20 世纪 80 年代，仍"远远低于宋朝的农业生产率"。这些有悖常理的数字，据说是计算出来的，但终究很难令人信服。"宋朝公务员富得流油，包拯年薪超千万，富可敌州。"⑧ 这类似是而非的说法主要是在网络与媒体上流传。正式出版的著作《两宋风云》竟然也列举出一些离奇数字："北宋时期的国民生产总值，占了当时世界的 80%，是明朝的10 倍之多。"⑨ 作者不屑于注明出处，让人高深莫测，不知其依据何在⑩。

---

① 张邦炜：《北宋租佃关系的发展及其影响》，《甘肃师范大学学报》1980 年第 3、4 期连载。
② 范祖禹：《上哲宗封还臣寮论浙西赈济事状》，《宋朝诸臣奏议》卷 106《财赋门·荒政》，上海古籍出版社，1999，第 1144 页。
③ 宗泽：《宗泽集》卷 1《乞回銮疏·靖康元年九月》，浙江古籍出版社，1984，第 16 页。
④ 脱脱等：《宋史》卷 173《食货志上一·农田》，中华书局，1977，第 4166 页。
⑤ 吕振羽：《简明中国通史》下册，上海光华书店，1949，第 447 页。吕老《简明中国通史》撰写于 1947 年，当时身处战争前线，查找史料之难，异乎寻常，出此差错，在所难免。
⑥ 杨志玖：《北宋的土地兼并问题》，《历史教学》1953 年第 2 期。
⑦ 何炳棣：《中国古今土地数字的考释和评价》，中国社会科学出版社，1988，第 9 页。
⑧ 参见新华《"包青天"年薪过千万》，《江南时报》2011 年 2 月 21 日，第 14 版。
⑨ 袁腾飞：《两宋风云》，陕西师范大学出版社，2009，第 1 页。
⑩ 参见魏峰《宋代 GDP 神话与历史想象的现实背景》，《国际社会科学杂志》（中文版）2014 年第 2 期。

由上所述可见，强调失度、主观片面、过甚其词、数据离谱，其结果只能是南辕北辙，适得其反，缺少说服力。问题在于：主观片面性为何较为常见？只怕与以下两种因素关系极大。

一是绝对对立的思维定式。如在宋代的皇权与相权的探讨中，一方坚持皇权加强、相权削弱，断言宰相"有如羊一样顺从天子"[①]；另一方力主相权加强、皇权削弱，认为宋代处于君主立宪的前夜。两种说法截然相反，但其思维方式惊人的一致，都立足于皇权与相权绝对对立，只能此强彼弱。这不禁让人想起一句俗语："是就是，不是就不是；除此以外，都是鬼话。"恩格斯将这种非此即彼的思维方式称为"在绝对不兼容的对立中思维"。[②] 皇权和相权绝非两种平行的权力，皇帝拥有最高统治权，宰相仅有最高行政权，相权从属并服务于皇权，两者不是绝对对立，并非此强彼必弱[③]。又如学人研究唐宋变革，往往采用对比法，笔者即是一例。拙著《婚姻与社会·宋代》开篇就说："本书将采取把宋代同以唐代为主的前代相对比的方法"，"试图借以唐宋之际历史运动的轨迹"[④]。唐宋两代不是绝对对立，而是前后连续。唐宋变革不是断裂，而是因革。正如邓小南、荣新江所说：唐宋两代既"存在着明显的反差"，又具有"连续性"，唐宋时代是"延续与更革"两者并存的时代。[⑤] 用对比法研究唐宋变革，其长处在于凸显更革，其弊端则是忽略延续，片面性较大，容易割断历史。唐宋变革不是突变，而是剪不断、理还乱的漫长渐变过程，很难一刀两断。宋代的种种新事物、新现象大抵兴于唐、盛于宋，并非全新。均田制的破坏、府兵制的解体以及两税法取代租庸调制等，都发生在中唐前后，只是在宋代定型而已。

---

① 宫崎市定：《东洋的近世》，刘俊文主编《日本学者研究中国史论著选译》第 1 卷，中华书局，1992，第 197 页。

② 《马克思恩格斯选集》第 3 卷，人民出版社，1972，第 141 页。

③ 参见张邦炜《论宋代的皇权和相权》，《四川师范大学学报》（社会科学版）1994 年第 2 期。后收入张邦炜《宋代政治文化史论》，人民出版社，2005，第 1～21 页。

④ 张邦炜：《婚姻与社会·宋代》，四川人民出版社，1989，第 1 页。

⑤ 邓小南、荣新江：《唐宋时期的社会流动与社会秩序研究专号·序》，邓小南、荣新江执行主编《唐研究》第 11 卷，北京大学出版社，2005，第 1～2 页。

我曾将对比法广为运用于对比唐宋学校、唐宋妇女、唐宋宗室以及后妃、公主、驸马、外戚、宦官。而今反思，对比法不甚可取，宜用过程论。

二是先入为主的惰性心理。从某种意义上说，研究历史是个从具体到抽象、从抽象到具体周而复始、循环往复的过程。我个人认为，不宜一概否定"理论预设"和"目的取向"。研究者阅读相当数量的史料之后，必然从中抽象出一些有益的假设。关键在于不能先入为主，把假设当定论，再有选择性地去搜罗史料，对反证则置若罔闻。而应当将初步抽象出来的假设再客观地回到更多的史料中去验证，以充实、修正乃至放弃起初的假设。我不赞成"宋代仍处于庄园农奴制阶段"一说，曾经主张"凡宋代庄园皆行租佃制"。这个"皆"字显然不准确，太绝对。朱瑞熙等对此提出批评①，理当虚心接受。其实我的文章中就有夔州路地区的反证，究其原因则在于先入为主，忽视反证。我曾自称"较为固执的唐宋变革论者"，特别关注宋代不同于唐代之处。日本学者荒木敏一认为"读书人"一词第一次出现在宋太祖统治时期②，这引起我的重视。于是我也热衷于寻找宋代的首创，诸如殿试、覆试、别试、糊名等。过后方知，"读书人"一词之类并非首见于宋代。李渊曾怒斥李德林"君读书人，不足平章此事"③，见于《隋书》。宋代读书人只是数量增多，地位明显提高而已。宋人富弼说："至唐武后，始有殿试。"④ 殿试系武则天首创，此后偶或为之。宋太祖时，"殿试遂为常制"⑤，制度化、常态化了。宋代殿试与唐代主要不同之处在于："省试之外，再有殿试"⑥。至于糊名考校，一说始于唐初，武则天时废止⑦；

---

① 朱瑞熙、程郁：《宋史研究》，福建人民出版社，2006，第184、190页。
② 荒木敏一：《宋代科举制度研究》，京都：同朋舍，1969。转引自李弘祺《宋代教育散论》，台北：东升出版事业公司，1980，第35页。
③ 魏徵等：《隋书》卷42《李德林传》，中华书局，1973，第1199页。
④ 脱脱等：《宋史》卷155《选举志一·科目上》，中华书局，1977，第3613页。
⑤ 脱脱等：《宋史》卷155《选举志一·科目上》，中华书局，1977，第3606页。
⑥ 马端临：《文献通考》卷29《选举考二·举士》，中华书局，1986，第272页。
⑦ 高承《事物纪原》卷3《封弥》："封弥即糊名也，唐初以试有官人"（金圆等点校，中华书局，1989，第167页）。欧阳修、宋祁《新唐书》卷45《选举志下》："初，试选人皆糊名，令学士判，武后以为非委任之方，罢之"（中华书局，1975，第1175页）。

一说系武则天首创①，后来缺乏连续性。唐代糊名仅限于铨试及制举，宋代从太宗开始，逐渐推广到一切科举考试②，乃至武举。宋人高承概而言之："糊名考校，自唐始也。"③ 此言虽不算精准，但大体属实。此外，如覆试、别试④以及"榜下择婿"之类，其源头均应追溯到唐代，宋代无非更盛行而已。寻找第一，无可厚非，但应尊重历史，不可轻言首创。

本文重在自我反思，并无多少新意，其要点无非两句大实话：多些全局观，少些片面性；不能见风就是雨，捡起封皮就当信。翦伯赞说得好："历史家不是诗人"，"我们不是写诗歌，可以全凭感情"，"'一叶惊秋'是诗人的敏感，作为一个历史家至少要多看见几片树叶，才能说秋天到了"。我等不应以"语不惊人誓不休"为目标，当以"文章不写一句空"为追求。愿与同道共勉："有实事求是之心，无哗众取宠之意。"

[原载《西北师范大学学报》（社会科学版）2017 年第 1 期]

---

① 刘昫等《旧唐书》卷 190 中《文苑传中·刘宪传》："初则天时，敕吏部糊名考选人"（中华书局，1975，第 5016 页）。刘��《隋唐嘉话》卷下："武后以吏部选人多不实，乃令试日自糊其名，暗考以定等。判之糊名，自此始也"（程毅中点校，中华书局，1997，第 35 页）。

② 参见徐规、何忠礼《北宋的科举改革与弥封制》，《杭州大学学报》（哲学社会科学版）1981 年第 1 期。

③ 高承：《事物纪原》卷 3《封弥》，中华书局，1989，第 167 页。

④ 参见魏明孔《唐代科场作弊及其防范措施述论》，田澍等主编《中国古代史论萃——庆贺金宝祥先生九十华诞论文集》，甘肃人民出版社，2004，第 205~221 页。

战时状态：南宋历史的大局

西汉、东汉在历史上合称两汉，其实是两个不同的朝代。两宋与两汉不同，其最高统治集团具有延续性，实可视为一个朝代。然而北、南两宋相同之中有不同。依我之见，其最大差异在于：北宋大多数时段处于和平环境，而南宋则长期处于战时状态或准战时状态。战时状态制约并牵动南宋社会的诸多（不是所有）方面。要认清并理解南宋历史的若干（不是一切）实情，只怕都离不开政权南北对峙、处于战时状态这一大时局、大背景。

一　从和平发展到救亡图存

总体上说，两宋历史经历了从"百年无事"到"天下多事"的演变。毋庸讳言，北宋战事不少。但宋太祖为巩固政权、拓展疆土而开展的一系列战争不是被动挨打，而是主动进取，战事进行得相当顺利。用宋人的话来说，即是："所向皆捷，二十年中，边塞肃清。"[1] 到开宝末年特别是景德初年以后，从全国范围来说，战争状态基本结束。难怪宋人多有北宋"百年无事"之说，说得最多、最夸张的当推北宋名儒自号"安乐先生"的邵雍。他一再声称"一百年来号太平"，"天下太平无一事"[2]，不厌其烦地强调

---

[1] 黄淮、杨士奇编《历代名臣奏议》卷 335《御边》"宋孝宗时蔡戡又论守边奏曰"，上海古籍出版社，1989，第 4348 页。

[2] 邵雍：《伊川击壤集》卷 5《秋日登崇德阁二首》、卷 17《观棋小吟》，陈明点校，学林出版社，2003，第 46、230 页。

"身经两世太平日，眼见四朝全盛时"，"生来只惯见丰稔，老去未尝经乱离"，"生于太平世，长于太平世，老于太平世，死于太平世"①。南宋人度正回顾北宋历史，讲得同样十分夸张："承平百年，天下无事，四方无狗吠之警，中国有安靖之福。"②尽人皆知，北宋内忧外患不断，绝非"太平无事"。但就整体而言，北宋大体处于和平环境，虽然和平多半是用"岁币"换来的。宣和、靖康之际，北宋这座貌似金碧辉煌的大厦一触即溃，其根本原因固然是统治腐朽、社会溃烂，但在很大程度上亦可谓"大意失荆州"，最高统治集团忘记了"居安思危"的古训。南宋人楼钥说："靖康艰难，事出仓猝，承平百年，衣冠如云，习于久安，不知所为。"③

与北宋不同，南宋重建于危急之中，一建立就不得不艰难地应对残酷的战争。正如当时人所说："军兴以来，天下多事。"④南宋在东南站稳脚跟以后，宋金双方的力量对比渐渐趋于势均力敌，谁也很难攻灭谁。虽然如此，金方一旦主攻派得势，便举兵南下江浙，如兀术南下、完颜亮南下。宋方一旦主战派当政，就挥师北伐中原，如岳飞北伐、张浚北伐、开禧北伐、端平入洛。宋金战争尽管打打停停、停停打打，停战时间远远长于开战时间，然而即使在停战期间，南宋也始终处于备战、迎战状态。难怪在和议达成之后的嘉定年间，袁燮仍说："边境未宁，干戈未息，正国家多事之秋。"⑤

与从和平环境到战时状态的时局变换相适应，两宋的时代主题明显不同。如果说北宋的时代主题是和平发展，那么南宋则是救亡图存。无须多说，下面两点即可见证。

一是人们对战争的态度不同。正因为北宋长期处于和平环境，士大夫一

① 邵雍：《伊川击壤集》卷10《插花吟》、卷15《观盛化吟》、卷19《病亟吟》，陈明点校，学林出版社，2003，第126、194、259页。
② 度正：《性善堂稿》卷6《条奏便民五事》，文渊阁四库全书影印本。
③ 楼钥：《攻媿集》卷49《王节愍公（伦）覆谥议》，丛书集成初编本。
④ 脱脱等：《宋史》卷161《职官志一·中书省》，中华书局，1977，第3787页。
⑤ 黄淮、杨士奇编《历代名臣奏议》卷162《建官》"嘉定九年袁燮上奏曰"，上海古籍出版社，1989，第2124页。

再老调重弹:"兵者凶器,战者危事。"熙宁元年(1068),元老重臣富弼建议宋神宗:"二十年口不言兵。"此言分明片面性极大,但在当时却受到普遍的肯定:"仁人之言,其利博哉!"① 而南宋始终处于战时状态,韩世忠晚年"口不言兵"是对当政者软弱退让、屈膝求和的无声抗议。他发出了"自古英雄都是梦"② 等悲愤之语。宋孝宗时,户部侍郎钱端礼迎合宰相汤思退,一再声称"兵者凶器"③ 则遭到广泛的讥评。可见南宋是个绝对不可"口不言兵"的时代。

二是社会关注焦点的转换。北宋统治集团总是围绕着如何变法图强而争执乃至打斗不休,其中以新旧党争最为著名。因此今人讲述北宋历史往往以三次改革即宋初强化中央集权、庆历新政、熙丰变法为线索。南宋人说:"国之大事,和与战而已。"④ 南宋统治集团总是围绕着和、战、守而展开争论乃至厮杀。因此今人讲述南宋历史常常以三个和议即绍兴和议、隆兴和议、嘉定和议为线索。南宋虽然"更化"甚多,但所谓更化并不等于变法。诸如皇帝即位退位,太后垂帘卷帘,权臣上台下台,乃至更改年号,均称之为"更化"。正如当时人所说:"有更化之名,无更化之实。"⑤ 即使是人们谈论较多的"嘉定更化""端平更化",也未必可以视为变法,至少很难同北宋时期的庆历新政、熙丰变法相提并论。

二 "退缩东南,逼向海洋"

南宋经济的时代特征是什么?有学者将其归纳为"头枕东南,面向海

① 脱脱等:《宋史》卷313《富弼传》,中华书局,1977,第10255、10264页。
② 周密:《齐东野语》卷19《清凉居士词》,张茂鹏点校,中华书局,1983,第361页。
③ 脱脱等:《宋史》卷385《钱端礼传》,中华书局,1977,第11830页。
④ 黄淮、杨士奇编《历代名臣奏议》卷234《征伐》"宋光宗时蔡戡论和战奏曰",上海古籍出版社,1989,第3088页。
⑤ 黄淮、杨士奇编《历代名臣奏议》卷309《灾祥》"嘉定九年著作郎赵崇鼎因阴雨上奏曰",上海古籍出版社,1989,第4009页。

洋"，并称其意义在于"由大陆帝国向海洋帝国转型"①。这一概括固然不无一定道理，但欠周全，实有补充和修正之必要。其实，南宋经济的诸多方面（包括所谓"面向海洋"在内）均深受战时状态的制约。南宋经济以优先保障战争需要为主要目标，具有战时经济的某些特点，诸如税收增加、通货膨胀之类，以下数例即是其证。

一是逼向海洋。宋元时期是我国海外贸易发展的鼎盛阶段，受航海技术进步等因素驱动，南宋在北宋的基础上又有进一步的发展。有学者指出："在宋室南渡、定都临安之后，南宋朝廷依赖外贸、面向海洋的发展倾向表现得更为强烈。"② 这里需要补充的是，这种发展倾向不是南宋朝廷的自觉选择，而是不得已而为之。其主要原因有二：一则为了摆脱因军费开支巨大而造成的财政困境，南宋朝廷不得不发展海外贸易以拓展财源；再则因政治中心、经济重心的南移和分立政权的阻隔，传统的陆上丝绸之路难以畅通，不得不加紧建造海上陶瓷之路。一言以蔽之，战争迫使南宋"退缩东南"，战争逼迫南宋"面向海洋"。南宋帝王的意愿不是"退缩东南，面向海洋"，而是"头枕三河（河内、河东、河南），面向四方"，因而都城临安不称京城而称行在，帝王陵寝不叫陵墓而叫攒宫。然而他们腐败无能，空有恢复中原之想，并无北伐得胜之力。岂止南宋，在中国历史上没有任何一个朝代改变了中国以农立国的传统经济格局，可称之为海洋帝国。所谓帝国者，其必备条件之一是疆域非常辽阔。至于南宋，只怕既非海洋帝国，又非大陆帝国。当然也不宜沿袭从前的思维定式，将其贬抑为"偏安王朝"。

二是片面（以不用"畸形"二字为宜）发展。依据葛金芳《南宋手工业史》等著作的论述，南宋矿冶业低迷徘徊，农业生产突飞猛进；铸钱业勉强维持，兵器生产规模巨大；造船业领先世界，煤铁生产南不如北。凡此种种均表明：北宋经济的进步较为全面，而南宋经济的发展则比较片面。其原因何在，因素虽多，其中尤其重要的无疑是战争带来的直接或间接的刺激

---

① 葛金芳：《宋代经济史讲演录》，广西师范大学出版社，2008，第47~66页。
② 葛金芳：《南宋手工业史》，上海古籍出版社，2008，第11页。

和影响。矿冶业、铸钱业、煤铁生产的衰退分明是战争造成的恶果，兵器生产乃至造船业、制瓷业的发展也与战争有直接或间接的关联。由于盛产煤铁的北方地区的丧失，南宋"思石炭（即煤炭）之利而不可得"①，煤铁生产长期低迷。研究者们常说宋代曾出现突飞猛进的"煤铁革命"和"农业革命"，即便确实如此，所谓"煤铁革命"是就北宋而言，而"农业革命"主要就南宋而论。消费刺激经济，技术促进生产。没有战争迫使偏好面食、会种小麦的北方民众不断南迁，小麦生产的发展是不可想象的。南宋东南地区的牧羊业较之先前有较大起色，其原因与此相似。好吃羊肉的北方民众大量南来，使得东南地区如平江府即苏州"羊价绝高，肉一斤为钱九百"②。市场需求旺盛推动南宋牧羊业发展提速，但为气候条件所制约，其发展水平始终不能同北方相比。

三是大发纸币。北宋纸币的印行和使用大体仅局限于四川地区，南宋则出现了不少地方性的纸币，如东南会子、湖会、淮交等。与面向海洋相同，大发纸币并非南宋统治者的自觉选择，而是不得已而被动为之。宋孝宗曾说："以会子之故，几乎十年睡不着。"③ 他唯恐纸币发行过多，引起物价猛涨，不许滥印纸币，以致当时纸币贵如黄金、重于现钱。后来果然不出宋孝宗所料，出现了嘉定纸币贬值、宋季纸币危机。然而即使对纸币持保守态度的宋孝宗也不可能停止印行纸币，原因何在？战争显然是个重要因素。宋金、宋元战争以及南北政权对峙造成有关资源短缺，以致钱币铸造量减少，只得印行纸币，此其一。其二在于军费开支巨大，朝廷不堪负荷，将印行纸币作为弥补财政缺口、摆脱财政困局的手段。绍兴年间朝廷在临安创行纸币，固然是适应并促进商品经济发展的重大举措，但其目的在于"佐国用"④。

四是税赋太重。对此较早集中予以揭示的是清人赵翼。他指斥南宋统治

---

① 庄绰：《鸡肋编》卷中，萧鲁阳点校，中华书局，1983，第77页。
② 洪迈：《夷坚志》丁志卷17《三鸦镇》，何卓点校，中华书局，1981，第682~683页。
③ 洪迈：《容斋随笔·三笔》卷14《官会折阅》，上海古籍出版社，1978，第584~585页。
④ 马端临：《文献通考》卷9《钱币考二·会子》，中华书局，1986，第98页。

者"取民无艺"，并以经总制钱、添酒钱、卖糟钱、牙税钱、头子钱、房钱、月桩钱、板帐钱和买折帛钱等种种苛捐杂税为例，感叹："民之生于是时者，不知何以为生也。"① 其实，当时不少最高统治者也心知肚明。如宋孝宗就公开承认："税赋太重"，"横敛及民"。② 赵翼将其原因归结为出于战争需要："南渡后，因军需繁急，取民益无纪极。"③ 宋孝宗当时就解释道："朕意欲使天下尽蠲无名之赋，悉还祖宗之旧，以养兵之费，未能如朕志。"④ 加之统治者以作战需要为幌子，敲诈勒索百姓。民众理所当然地起而抗捐抗税，如淳熙年间广西发生李接事变。当时人朱熹说："李接寇广西，出榜约'不收民税十年'，故从叛者如云，称之为'李王'。反谓官兵为贼。以此知今日取民太重，深是不便。"⑤ 然而百姓负担如此沉重，民变居然相对平和，并未星火燎原，没有形成全国性的反抗行动，其主要原因显然在于女真贵族、蒙古贵族大敌当前，即从前人们常说的一句老话："民族斗争转移了阶级斗争的视线。"

五是人身依附。20世纪60年代初，华山将直接生产者的人身依附关系视为传统社会"最内部的秘密""隐蔽着的基础"。他对宋代佃农的人身依附关系实际状况和发展趋势做过相当深入的考察，认为两宋走着相反的方向，北宋逐步减轻，南宋"逐渐增强"。他说："南宋灭亡前夕，江南农民已完全失去人身自由，走上了第二次农奴化的道路"。⑥ 如今看来，此说未必准确。朱熹的"主佃相须"论、陈傅良的"主客相资"论、熊克的"主客相依"论、袁采的"存恤佃客"论，这些大同小异的主张表明，南宋时期佃农的地位从总体上看并不一定比北宋时期更低。南宋时期人身依附关系

---

① 赵翼：《廿二史札记》卷25《南宋取民无艺》，中华书局，1963，第490~492页。

② 《宋史全文》卷25上，乾道五年九月丙寅，李之亮点校，黑龙江出版社，2005，第1714页。

③ 赵翼：《廿二史札记》卷25《南宋取民无艺》，中华书局，1963，第490页。

④ 《宋史全文》卷25上，乾道四年二月，黑龙江出版社，2005，第1701页。

⑤ 黎靖德编《朱子语类》卷133《本朝七·盗贼》，王星贤点校，中华书局，1994，第3187页。

⑥ 华山：《再论宋代客户的身份问题》，《光明日报》1961年4月12日。收入华山《宋史论集》，齐鲁书社，1982，第49~54页。

强烈的地域除边远落后地区（如夔州路）外，主要是战争前沿地区或战乱频仍地区。如绍兴年间淮南、荆湖等地所出现的身份低下的"随田佃客"，其原因在于"比经兵火，所以凋瘵"①。战乱使得势单力孤的个人或家庭难以独立生存，不得不投靠有势力者。南宋的某些"山寨"类似于魏晋时期的"坞堡"，因战乱而形成，其内部人身依附关系强烈。这显然是战乱给南宋社会带来的一大恶果。治史者皆知，唐宋变革不始于北宋，而始于中唐前后。从人身依附关系变化的角度看，所谓"宋元变革"并不始于元代，而始于南宋，特别是南宋晚期。

三 "马上图治之时"

南宋处于战时状况影响着南宋社会的方方面面，其中以对政治体制的影响更为显著。南宋人说："今天下多事之际，乃人主马上图治之时。"② 如果说北宋初期最高统治集团的治国方略是力图从"马上得天下"转换为"马下治天下"，从重武轻文转换为崇文抑武，那么南宋帝王不得不"马上图治"。所谓"马上图治"，其含义与战时政治相近。人们不难发现在政治领域，南宋与北宋相比，有若干相当明显的变化。而这些变化大体都与南宋处于战时状况有关。下面略举四例。

一是权臣反复出现。南宋时期，秦桧、韩侂胄、史弥远、史嵩之、丁大全、贾似道等权臣何以不断出现，较早予以专题考察者当推香港学者林天蔚。他的长篇论文《宋代权相形成之分析》③重点探讨"制度性根源"，诸如独相者多；继世为相及再相者众；加"平章军国事"衔，位于宰相之上；兼枢密使；兼制国用使。此文的不足之处在于只字未曾提及"制度性根源"

---

① 王之道：《相山集》卷22《乞止取佃客札子》，文渊阁四库全书影印本。
② 李心传：《建炎以来系年要录》卷21，建炎三年三月丁未，中华书局，1988，第458页。
③ 林天蔚：《宋代权相形成之分析》，《思与言杂志》第10卷第5期，1973年1月。收入中华丛书编审委员会编印《宋史研究集》第8辑，1976，第141~170页。

背后的时局性动因。台湾学者林瑞翰《宋代官制探微》一文为其论题所限，对此虽语焉不详，但触及问题的要害。他说："南渡以后，兵兴则令宰相兼知枢密，又重其财用之权。""自开禧（北伐）以后，宰相复总民政、兵政、财政，三权为一而相权复振。"① 南宋"相权复振"、权臣迭现，其深层原因分明在于战时状况，亟须军政协调、快速应对，民政、兵政、财政三权分割无法适应作战需要。

二是武将权势增大。"天下安，注意相；天下危，注意将。"② 这句古人言被南宋人一再加以引用。众所周知，南宋初年张俊、韩世忠、刘光世等诸大将扩军自雄，政治上暴贵，经济上暴富，公然号称某家军。朝廷因此有所谓"第二次削兵权"之举，但武将势力膨胀的问题并未也不可能解决。"四世专蜀兵"③ 的吴氏武将集团便是一个突出的事例。吴玠、吴璘、吴挺、吴曦相继执掌四川兵权，被士大夫指斥为："吴氏世袭兵柄，号为吴家军，不知有朝廷。"④ 南宋武将出任地方行政长官的事例远远多于北宋。如余玠并非科举出身，一武职人员而已，竟出任四川安抚制置使、重庆知府、四川总领、夔州路转运使，这在北宋和平时代是不可想象的。南宋武将势力明显增大，原因无疑在于战争。出于作战需要，朝廷对武将不得不放权。与北宋不同，南宋再无李宪、童贯、谭稹、梁方平等巨珰统率大军出征的现象出现。南宋朝廷不用宦官领兵，废止宦官监军，即可视为一条放权措施。同时又力图坚守崇文抑武的祖宗家法。放权，武将尾大不掉；削权，又有"自毁长城"之虞。南宋朝廷陷入两难选择的困境，正如当时人所说："上无驭将之术，而将有中制之嫌。"⑤ 其结果是文臣、武将双方均颇为不满，军队的战斗力也无法切实加强。

三是言官力量削减。所谓言官主要是台谏官，即御史台和谏院官员。已

---

① 林瑞翰：《宋代官制探微》，《台湾大学历史学系学报》第 2 期；收入中华丛书编审委员会编印《宋史研究集》第 9 辑，1977，第 221～222 页。

② 熊克：《中兴小纪》卷 13 "绍兴二年十月庚戌"，文渊阁四库全书影印本。

③ 脱脱等：《宋史》卷 392《赵汝愚传》，中华书局，1979，第 11982 页。

④ 脱脱等：《宋史》卷 391《留正传》，中华书局，1977，第 11974 页。

⑤ 脱脱等：《宋史》卷 187《兵志一·禁军上》，中华书局，1977，第 4750 页。

故旅美学者刘子健明确指出，与北宋相比，"南宋言官始终没有力量"①。有学者进一步认为：这一变化"决非单纯的职官制度的变化，而是当时政治局势的缩影"②。他所说的政治时局专指权相政治。这里需要补充的是，其深层原因只怕也与战时状态和主战、主和之争相关。如宋高宗主和，便偏袒其同调秦桧。主战言官如若敢于弹劾秦桧，其结局只能是被罢免。宋孝宗主战，则庇护其同道张浚。他一再表示："朕依魏公（即张浚）如长城，不容浮言摇夺"；"今日边事，倚卿为重，卿不可畏人言而怀犹豫"③。宋孝宗甚至指责大胆陈词的言官"卖直"④，即以刚直敢言而沽名钓誉。少除乃至不除台谏官是南宋帝王控制言路的重要手段之一。而处于战时状态、出于战争需要又为他们提供了口实。《宋史·职官志一》称："当多事时，诸部或长贰不并置，或并郎曹使相兼之，惟吏部、户部不省不并。"⑤ 当时朝廷有相当充足的理由，对台谏官的员额予以削减。言官素称"耳目之臣"，帝王不倚重言官，势必以佞幸为耳目乃至心腹。所谓佞幸，指因诏媚而深受帝王宠幸之人。帝王宠信佞幸，实乃传统政治的一大痼疾。相比之下，南宋更为突出。

四是从严掌控舆论。压制言官只是南宋朝廷严格控制言路的组成部分之一。其举措还有禁小报、禁私史、兴文字狱等。宋高宗时，文字狱频发。赵翼《廿二史札记》对此有简要概述："秦桧赞成和议，自以为功，惟恐人议己，遂起文字狱之狱，以倾陷善类。因而附势干进之徒，承望风旨，但有一言一字稍涉忌讳者，无不争先告讦，于是流毒遍天下。"所谓"忌讳"，分明是指对金主战。秦桧"禁野史，许人首告，并禁民间结集经社"⑥。宋宁

① 刘子健：《南宋君主和言官》，《两宋史研究汇编》，台北联经出版事业公司，1987，第 12 页。
② 刁忠民：《宋代台谏制度研究》，巴蜀书社，1999，第 77 页。
③ 脱脱等：《宋史》卷 361《张浚传》，中华书局，1977，第 11308～11310 页。
④ 李心传：《建炎以来朝野杂记》甲集卷 5《隆兴台谏》，徐规点校，中华书局，2000，第 125 页。
⑤ 脱脱等：《宋史》卷 161《职官志一》，中华书局，1977，第 3771 页。
⑥ 赵翼：《廿二史札记》卷 26《秦桧文字之祸》，中华书局，1963，第 514～516 页。

宗嘉泰二年（1202），更加严厉地施行私书之禁。史载："其秋，商人载十六车私书，持子复（即熊克）《中兴小历》《九朝通略》等书，欲渡淮盱眙军以闻，遂命诸道帅、宪司察郡邑书坊所鬻书凡事干国体者，悉令毁弃。"①总之，南宋统治者从严控制舆论，其主要理由无非战时状态必须采用非常手段。他们强调："议论不定则规模不立，规模不立而国家之势危矣。"②

综上所述，北、南两宋因时代背景不同，以至于时代主题不同，时代特征有别。在不少问题上，北、南两宋都不能一概而论。北宋史的研究与南宋史的研究是不能相互取代的。最后需要说明，笔者绝无低估、矮化南宋之意。南宋时期成就辉煌，对后世的影响大于北宋，学界多有论述，本人并无异议。

（原载《光明日报》2013 年 9 月 9 日，第 5 版《光明论坛》）

---

① 李心传：《建炎以来朝野杂记》甲集卷 6《嘉泰禁私史》，中华书局，2000，第 149～150 页。

② 李幼武：《宋名臣言行录·别集》上卷 7《綦崇礼》，文渊阁四库全书影印本。

体系意识：以唐宋变革与
南宋认知为例

一　从问题与体系宜并重说起

常言道："牵牛要牵牛鼻子。"做学问如何牵住"牛鼻子"？而今学界往往问题意识强调较多，体系意识讲得较少。更有甚者，机械地把学者划分为"做问题"的和"做体系"的两种类型，一味赞扬前者、贬低后者。凡事都应该问个为什么，乃至打破砂锅问到底。做学问无非就是发现问题、提出问题和解决问题。难点在于发现问题，如能较准确地提出真问题，问题已经解决一大半。问题意识的重要性是不言而喻的。然而愚见以为，体系意识与问题意识同样重要，不宜顾此失彼，赞此贬彼。

所谓体系，简而言之，是不同系统组成的系统，是事物按照一定的秩序和内部联系组合而成的整体。体系意识，在很大程度上与整体观、全局观是近义词。无论研究什么问题，都应当对全局具有总体观察、全面把握、系统分析的能力。体系与问题的关系，近乎整体与部分、全局与局部的关系。体系意识与问题意识并不对立，不仅兼容，而且互补互济互动。琐碎与空疏是学人治学应该防止的两种偏向。体系意识不仅有助于发现、深化问题，而且可避免选题无关宏旨，凡事必录必究，细大不捐，以致捡了芝麻，丢掉西瓜，流于零碎化。而问题意识不仅有助于充实、修正体系，而且可避免选题大而无当，急于建构体系，以致空洞无物，缺乏说服力，流于概念化。体系意识与问题意识互动，从抽象到具体，从具体到抽象，如此循环往复，推动研究不断深化、细化。

有位学者曾说："以小见大，陈寅恪之谓也；以大见小，吕思勉之谓也。"按照我的理解，所谓"小"是指较为具体的问题，而"大"则是指较为抽象的体系。陈、吕两大家为我们树立了"大""小"并重，体系与问题两种意识相结合的典范。吕思勉着眼于"大"，其学术旨趣是"说明中国社会的总相"①，治学以综合研究和融会贯通见长。吕思勉同时又着力于"小"，注重研究具体问题，舍得在排比史料、分类札记上下功夫，有总计762条、100余万言的三大册《吕思勉读史札记》作证。吕思勉的两部中国通史、四部断代史就是在这些考论性文章的基础上写成的。至于陈寅恪，他的代表作《隋唐制度渊源略论稿》《唐代政治史述论稿》是两部见解独到、自成体系的著作。他研究"小"问题，有"大"视角。如探讨"杨玉环是否以处女入宫"，看似琐碎，但他赋予这一论题深刻的学术蕴涵，以此说明唐代的婚姻制度与伦理道德，并进而涉及种族与文化。在他看来，"此二问题实李唐一代史事的关键之所在"。②陈寅恪可谓见微知著，化琐碎为深刻。总之，吕思勉、陈寅恪都是体系意识极强的史家。我不理解的是，而今治史者大多颂扬吕思勉、仰望陈寅恪，为什么又往往忽视甚至贬低体系意识。至于本人，迄今依然相信这句老话："学贵精专又贵通"。如果说"精专"是就问题而言，那么所谓"通"，指的则是体系意识。

二 唐宋变革论：错了么？

我曾自称"较为固执的唐宋变革论者"，始终认为唐宋变革论虽然不是认知唐宋历史的唯一体系，但确实相当重要。1962年，我研习宋史之

---

① 参见虞云国《论吕思勉的宋史观》，《史林》2007年第6期。
② 陈寅恪：《唐代政治史述论稿》，生活·读书·新知三联书店，1956，第1页。

初，在金宝祥老师指导下发表的第一篇习作《论宋代的官田》的第一句话便是："中唐前后，土地所有制形式发生重大变革。宋代是沿着中唐以后的路线发展的。"① 中唐前后社会变革论与唐宋变革论，其实是一回事，前者是就其起点而言。如果没有宋代的定型，这场社会变革的意义仅局限于有唐一代，因为有了宋代的定型，其意义超越唐代，关乎唐宋乃至整个传统社会。

唐宋变革论在 20 世纪 50、60 年代之交，讨论中国封建社会内部分期问题时，"热"了一阵。新、旧世纪交替之际，或许是出于所谓"理论饥渴症"，又再度"热"了起来。凡事一"热"往往就出问题。唐宋变革论的问题主要有二：一是泛化。"唐宋变革是个筐，一切变化往里装。"邓小南、荣新江正确地指出："就唐宋时期长达六七个世纪的历史进程而言，'唐宋变革'显然不是唯一的认识角度。"② 大可不必也不应当将唐宋时期所发生的所有事件都牵强地与唐宋变革挂钩。二是断裂化。和某些学者相似，我早年探讨唐宋变革，往往采用对比法。这种方法局限性不小，容易割裂唐宋。唐宋变革不是突变，而是渐变，是一个"剪不断，理还乱"的过程，宜用过程论。唐宋变革不是断裂，而是因革，既有变迁，又有因袭。包伟民新近提出的唐宋会通论，依我之见，对唐宋变革论不是颠覆，而是补充和完善，有利于打通唐宋两代，纠正割裂唐宋的偏向。泛化与断裂化两种偏向理当纠正，但不能因此就断言唐宋变革论错了。唐宋变革是个内涵较为丰厚和外延涉及面较广的论题，唐宋变革论又多种多样，只怕很难用是"对"还是"错"一字以蔽之。

唐宋社会变革，可谓同行所见略同。唐宋史研究者大多认定唐宋之际曾发生一场具有划时代或划阶段意义的社会变革。其分歧在于变革的属性、程度以及起始、路标等问题。就日本学界来说，并非"内藤假说"的一统天下，除以内藤湖南等为代表的宋代近世说而外，还有以前田直典等为代表的

---

① 张邦炜：《论宋代的官田》，《甘肃师范大学学报》1962 年第 4 期。

② 邓小南、荣新江：《唐宋时期的社会流动与社会秩序研究专号·序》，邓小南、荣新江执行主编《唐研究》第 11 卷，北京大学出版社，2005，第 2 页。

宋代中世论，与"内藤假说"针锋相对。至于我国学者，有自己的唐宋变革论，且源远流长。如南宋的郑樵、明代的陈邦瞻、清代的顾炎武、晚清的夏曾佑、民国的钱穆、当代的侯外庐等，不应数典忘祖①。改革开放之初，既有以任继愈为代表的宋代社会停滞论②，又有以白寿彝为代表的宋代社会进一步发展说③。稍后，发展说取代停滞论而居于主导地位，但分歧仍然存在。如胡如雷主张宋代进入封建社会后期，但与欧洲中世纪末期不同，仍有继续发展的空间，朱瑞熙则认为宋代系封建社会中期的开端。张泽咸等坚持这场变革以中唐前后为标志，胡如雷则认为应当以北宋建立为路标。对于这场变革的意义和程度，高估者有之，如有学者声称：其变化之巨，并不亚于春秋战国之际的转变。低估者也有之，如王曾瑜认为："若与春秋、战国时期相比，则至多只能算是一个小变革期。"④ 我在评介其《宋朝阶级结构》一书时曾说："作者并不一定属于唐宋变革论者。""可是书中依据大量史实所作出的不少结论，恰恰起到了为唐宋变革论张目的作用。"⑤ 在此书再版时，我的这段话被印在封底上。可见，将王曾瑜视为唐宋变革论的反对者，在很大程度上是误会。由上所述，不难看出，我国众多的唐宋变革论者绝非"内藤假说"的信徒，他们的主张与"内藤假说"并无多少关联。岂止无关联而已，正如葛金芳所说：日本学者的"宋代近世说""宋代中世论"，"都是我们（中国学者）无法认同的。"⑥ 内藤的唐宋变革论"直至今天，依然被宋史研究界奉为圭臬"⑦ 一说是缺乏依据的。

---

① 参见张邦炜《唐宋变革论的首倡者及其他》，《中国史研究》2010 年第 1 期。
② 任继愈认为："隋唐以前封建社会在发展、在前进，宋元明以后封建社会制度则开始停滞以至僵化"（《论儒教的形成》，《中国社会科学》1980 年第 1 期）。
③ 白寿彝认定："从 907 年到 1368 年（即五代宋元时期），是中国封建社会的进一步发展时期"［《中国历史的年代：一百七十万年和三千六百年》，《北京师范大学学报》（社会科学版）1978 年第 6 期］。
④ 王曾瑜：《宋朝阶级结构》，河北教育出版社，1996，第 1 页。
⑤ 张邦炜：《蓄之既久，其发必厚——读王曾瑜新著〈宋朝阶级结构〉》，《宋史研究通讯》1997 年第 1 期。
⑥ 葛金芳：《唐宋变革期研究》，湖北人民出版社，2004，第 7 页。
⑦ 周云逸：《宋代发生了一场"城市革命"吗——读包伟民教授〈宋代城市研究〉》，《中华读书报》2016 年 2 月 17 日，第 13 版。

三 战时状态与南宋认知

西、东两汉并非一个朝代。与两汉不同，北、南两宋具有连续性，是一个朝代，但差异不小。枝枝节节的差异较多，依我之见，最大的差异在于：北宋多数时段处于和平环境，南宋长期处于战时或准战时状态。战时状态制约并牵动着南宋社会的诸多方面（不是一切）。要认清并理解南宋历史的若干实情（不是全部），离不开这个大局。这一认知角度牵动力似乎较大，只怕具有体系意义。

两宋历史经历了从"百年无事"到"天下多事"、从和平环境到战时状态的演变。与时局的变换相适应，两宋的时代主题明显不同：北宋是和平发展，而南宋则是救亡图存。与社会关注焦点的转换相适应，北宋统治集团往往围绕着如何变法图强而争执不休，新旧党争绵延不绝。因此今人讲述北宋历史通常以三次改革即宋初强化中央集权、庆历新政、熙丰变法为线索。南宋人说："国之大事，和与战而已。"南宋统治集团围绕着和、战、守而展开争论乃至打斗，因此今人讲述南宋历史常常以三个和议即绍兴和议、隆兴和议、嘉定和议为线索。南宋虽然"更化"甚多，但所谓更化并不等于变法。即便是"嘉定更化""端平更化"，也未必可以视为变法，至少很难同庆历新政、熙丰变法相提并论。

牵住战时状态、救亡图存这个南宋历史的"牛鼻子"，不少问题迎刃而解。从经济上说，受战时状态制约，以优先保障战争需要为主要目标，具有战时经济的某些特点，例如赋税加重，滥发纸币，通货膨胀等。南宋王朝并非自觉面向海洋，而是被战争逼向海洋。北方故土的丢失导致南宋经济片面（以不用"畸形"二字为宜）发展。人身依附关系再度趋于强化，与战乱不无关联。从政治上说，北宋初期最高统治集团力图从"马上得天下"转换为"马下治天下"，从重武轻文转换为崇文抑武。而南宋君臣不得不"马上图治"，其含义与战时政治相近。举凡权臣反复出现、武将权势增大、言官力量削减、从严掌控舆论等都和战时状态关系不小，或以处于战时状态为借口。从文化上说，与救亡图存的时代主题相适应，南宋文化具有某些救亡文化的特征。诸如某些祠庙成为救亡图存的精神武器；从"胡汉语境消解"（邓小南之说）到"夷夏观念益严"（傅乐成之说）；从"好论内政"到"好论御侮"，从"偏重尊王"到特重"攘夷"（牟润孙之说）；从重"统"到重"正"，突出的例证是北宋"以魏为正位"（如司马光等），南宋"以蜀为正统"（如朱熹等）；既重贞节，更重忠义，"生为忠义臣，死为忠义鬼"的忠义意识比"饿死事极小，失节事极大"的贞节观念更加深入人心。

最后有两点需要说明：第一，与北宋相比，南宋虽然长期处于战时状态，但危急程度并不一样，对不同时段、不同地区应做具体分析。第二，笔者绝无低估、矮化南宋之意。南宋时期成就辉煌，对后世的影响甚至大于北宋。学界多有论述，本人并无异议。

[原载《史学集刊》2017 年第 3 期，又载《新华文摘》（电子版）2017年第 24 期]

历史学如何算起来？

——从北宋耕地面积、粮食亩产量等数字说起

"让历史学算起来！"这一近乎口号式的呼声，近年来颇具感召力。实话实说，呼声尽管响亮，但本人无太多新鲜感。虽然从前并不知道，1922年，梁启超便倡导"历史统计学"①，但早在 55 年前，我就算了起来。老师②当即告诫："古代某些数字是算不清楚的，如粮食平均亩产量之类。"本人向来是个不大听话的学生，依然故我不回头，硬着头皮往下算。而今回顾这桩往事，有些体验和感悟，率尔写在下面，不知对青年学子有无可参考之处。

我步入研习宋史之门，是在 20 世纪 60 年代初。当时众口一词：宋代"积贫积弱"。但我一接触基本史籍，宋代"弱而不贫"之感油然而生。宋人往往炫耀：本朝"生齿增息""户口繁多""田野日辟"。诸如此类，不胜枚举。然而要证实宋代果真"弱而不贫"，仅仅列举这类略带夸张的只言片语，难以令人信服。即使采用当时通行的举例论证法，说服力也不强。与试举例以说明之相比，数据论证法无疑更科学、更简明、更有力。于是，我患上"数字饥渴"症。

正当痛感举例论证法局限性不小，试图让数据说话，又不知如何入手之

---

① 参见罗志田《数字与历史》，《战略与管理》1997 年第 3 期。罗教授在此文中还指出："我们历史上留下来不多不全的数字中，很多又并不那么可靠"（第 115 页）。

② 1961～1964 年，我的研究生指导老师是金宝祥先生。

时,前辈学者汪籛先生仿佛深知我等之心,当即现身说法,率先垂范。汪先生治学有一大特色,其弟子吴宗国教授所著《汪籛传略》如此记述道:"非常注意各个(历史)阶段中的数量关系,经常进行各种统计和计算。"[1] 1962 年,数月之内,汪先生在《光明日报·史学》接连发表《隋代户数的增长》《唐代实际耕地面积》等四篇隋唐史札记[2]。当年,这四篇札记影响力大、波及面广,说其在历史学界产生轰动效应,并不为过。包括我在内的不少学子和学者,跟着汪先生算了起来。只因"文革"赓即爆发,这些统计、计算结果到 70、80 年代之交才陆续公之于世。

我从 20 世纪 60 年代初开始,在吸取前辈学者研究成果的基础上,统计、计算出四组数据:其一,北宋耕地面积扩大:唐代为 800 万~850 万顷[3],北宋约 1460 万余顷[4],北宋比唐代至少增加 600 万顷即 6 亿亩。其二,北宋粮食平均亩产量提高:北宋"大约中岁亩收一石"[5]。汉、唐两代也大体如此,但因宋量大于唐量、更大于汉量,北宋粮食亩产比唐代增长 25%,比汉代增长近 1 倍。其三,北宋年粮食总产量增加:汉代约 320 亿斤[6]、唐代约 595 亿斤、北宋约 1284 亿斤。北宋比唐代翻了一番还多,比汉代增长三倍有余。其四,北宋人口增多:汉代、唐代均不过 6000 万,北宋在历史上首次突破 1 亿大关。"人多好种田",人口的增长意味着劳动人手的增加。依据这些数字,进而得出结论:北宋超越汉、唐两代,在我国历史

① 吴宗国:《汪籛传略》,汪籛:《汉唐史论稿》,北京大学出版社,1992,第 270 页。
② 汪籛:《隋代户数的增长》《史籍上的隋唐田亩数非实际耕地面积》《史籍上的隋唐田亩数是应受田数》《唐代实际耕地面积》,《光明日报》1962 年 6 月 6 日、8 月 15 日、8 月 29 日、10 月 24 日。收入汪籛《汪籛隋唐史论稿》,中国社会科学出版社,1981,第 28~69 页。
③ 汪籛先生在《唐代实际耕地面积》一文中说:"唐天宝时实有耕地面积,约在八百万顷至八百五十万顷(依唐亩积计)之间"(汪籛:《汪籛隋唐史论稿》,中国社会科学出版社,1981,第 67 页)。
④ 据杨志玖《北宋的土地兼并问题》,《历史教学》1953 年第 2 期。
⑤ 徐松:《宋会要辑稿》食货二《营田杂录》,刘琳、刁忠民、舒大刚、尹波等校点,上海古籍出版社,2014,第 5985 页。
⑥ 据宁可《汉代农业生产漫谈》,《光明日报》1979 年 4 月 10 日。后收入《宁可史学论集》,中国社会科学出版社,1999,第 521 页。

上是一次经济腾飞，足以同汉朝、唐朝前后相辉映，相互争妍丽。对于这些数字，本人并不十分自信，因而在文稿中特意加上一句话："从绝对意义上讲，这些数字并不一定可靠，只是些近似值，但就相对意义而言，它们所展示的趋势是确实可信的。"① 谁知这些数字公布不久，某些学者竟一再引用。如金观涛、刘青峰试图证明"我国农业生产水平之高，在古代世界是惊人的"，便以此为主要例证之一，并据此进一步推算出人均占有粮食量，唐代近 1000 斤，宋代近 1300 斤②。实不相瞒，本人当时不免沾沾自喜，因而信心倍增。从此连年在课堂上反复予以讲述，心里美滋滋，有些得意：别人讲北宋农业生产的发展，总是举例，什么占城稻的推广以及踏犁、秧马、龙骨车等，而我用几个简要的数字就说服学生，驳倒宋代"积贫积弱"论。若干年后，反躬自省，才发现上述四组数据，除第四组系学界通常说法外，其他三组均不可信。2008 年，在将《北宋租佃关系的发展及其影响》一文收入《两宋史散论》③ 时，我率性把这些数据统统删掉。

"不比不知道，一比吓一跳。"我发现上述数据很成问题是从阅读相关论著开始的。较早读到的是余也非先生的《中国历代粮食平均亩产量考略》④ 和吴慧先生的《中国历代粮食亩产研究》⑤。他们掌握的资料比我全面许多，其计算结果与我差距极大。而余、吴两先生的结论差异也相当明显。如吴先生用大量篇幅反驳汉代"亩收一石"论，坚持"亩产三石"说。

---

① 张邦炜：《北宋租佃关系的发展及其影响》，《甘肃师范大学学报》（社会科学版）1980 年第 3 期。

② 金观涛、刘青峰：《兴盛与危机——论中国社会超稳定结构》，湖南人民出版社，1984，第 56～57 页。此后，金观涛、刘青峰又在《历史表象的背后——对中国封建社会超稳定社会结构的探索》（四川人民出版社，1984，第 43 页）、《中国古代社会的超稳定结构》（《金观涛、刘青峰集——反思·探索·创造》，黑龙江教育出版社，1988，第 108～110 页）等论著中予以引用。

③ 张邦炜：《两宋史散论》，四川师范大学电子出版社，2008。此书系该社为申请建社而仓促出版，故无版权页，且错字甚多。

④ 余也非：《中国历代粮食平均亩产量考略》，《重庆师范学院学报》（哲学社会科学版）1980 年第 3 期。

⑤ 吴慧：《中国历代粮食亩产研究》，农业出版社，1985。此书正式出版前，1983 年已在成都中国经济史学术讨论会上分发其油印本。

而余先生则认为汉代南方"亩产谷四石"、折合米二石，北方亩收麦由一石逐步提高到三石。他虽然肯定宋代"北方每亩平均产量为麦一石"，但认为南方每亩产米"一般应为二石"。分歧如此之大，足见考证历代粮食平均亩产量之难，不可草率从事。于是我开始自我质疑。本人将汉、唐、宋三代粮食平均亩产均假设为一石，显然是错误的。以北宋而论，所谓"大约中岁亩收一石"，系熙宁年间吴充所说，仅就熙州（今甘肃临洮县）、河州（甘肃临夏市西南）地区而言，并非全国各地的实情。其反证不少，如范仲淹《答手诏条陈十事》言及苏州的情形："中稔之利，每亩得米二石至三石。"[①] 吴充是就粟麦而言，范仲淹是以稻米来说，各地栽种谷物品种不同，产量迥异，很难一概而论。这时，我才想到老师当年的告诫："古代的粮食平均亩产量是算不清楚的。"

岂止粮食平均亩产量的假设是错的，耕地总面积估计也不对。我所认同的北宋耕地总面积为 1460 万余顷一说，其史料依据无非《宋史·食货志上一·农田》里的两句话。一句是："治平中（天下垦田）四百四十万余顷。"另一句是："赋租所不加者十居其七。"所谓"十居其七"，分明是个不确切的数字。"四百四十万余顷"确切么？答案应当是否定的。细读这段史料，破绽显而易见："皇祐中垦田二百二十八万余顷，治平中四百四十万余顷，其间相去不及二十年，而垦田之数增倍。以治平数视天禧则犹不及。"[②] 不到 20 年，耕地翻一番，绝无此种可能，断断不可信以为真。后来读到何炳棣先生《中国古今土地数字的考释和评价》一书，他列举了北宋不同年份有关耕地总面积的八个数字，认为："仅就这八个数字之间极不稳定的大起大落，就可推知这些数字决不会反映当时的耕地面积。"[③] 何先生怀疑这些数字的真实性，言之有理。而我竟将不真实的亩产乘以不真实的亩数，从而得出北宋年粮食总产量高达 1284 亿斤，无疑是闹了一个大笑话。上述三组

① 范仲淹：《答手诏条陈十事》，《范仲淹全集》，李勇先、王蓉贵校点，四川大学出版社，2002，第 534 页。
② 脱脱等：《宋史》卷 173《食货志上一·农田》，中华书局，1977，第 4165～4166 页。
③ 何炳棣：《中国古今土地数字的考释和评价》，中国社会科学出版社，1988，第 9 页。

数据漏洞相当多,如耕地面积、农作物播种面积、粮食播种面积分明是三个不同的概念,我将耕地面积与粮食播种面积混为一谈。又如唐亩与宋亩并不相等地,前者为4752.6平方市尺,后者为5189.4平方市尺,分别相当于0.792、0.865今亩,亦称市亩①。宋亩分明大于唐亩,而我居然忽略不计。为避免枝蔓,这些本文恕不一一列举。

关于北宋耕地总面积,在《文献通考》等有关史籍的记载中,除何炳棣先生所举八个数字之外,更离谱的是:治平年间,"天下垦田无虑三千余万顷。"② 去掉余数,以3000万顷计,再按一宋亩等于0.865市亩换算,当时天下垦田多达25.95亿亩,大大超过现今全国耕地总面积。人们难免会问:这可能么?有前辈学者早年竟信以为真,据此记述道:"到英宗时,全国耕地共三千多万顷。"③ 好在杨志玖先生已于20世纪50年代初著有《北宋的土地兼并问题》一文,专门予以订正④。稍后,华山先生在《关于宋代农业生产的若干问题》一文中进一步指出:"这个统计,一望而知是靠不住的。"⑤ 华先生所说"这个统计",包括"三千余万顷"以及"四百四十万余顷"等在内。在他看来,都"靠不住"。

所谓天下垦田"三千余万顷",只是典型个案之一。宋人提供的数据往往精确度不高,且相互抵牾,不可尽信。北宋军费在财政总支出中所占比例很高,是个不争的事实⑥。究竟高到什么程度?蔡襄、张载、陈襄都是北宋中期人,年纪相若。这三位同时代人,便其说不一。蔡襄言:"养兵之费常居六七。"⑦ 张

---

① 据余也非《中国历代粮食平均亩产量古今对照统计表》,载余也非《中国历代粮食平均亩产量考略》文末。
② 马端临:《文献通考》卷4《田赋考四·历代田赋之制》,中华书局,1986,第58页。
③ 吕振羽:《简明中国通史》下册,上海光华书店,1949,第447页。吕老《简明中国通史》撰写于1947年,当时身处战争前线,查找史料之难,异乎寻常,出此差错,在所难免。
④ 杨志玖:《北宋的土地兼并问题》,《历史教学》1953年第2期。
⑤ 华山:《关于宋代农业生产的若干问题》,《山东大学学报》(历史版)1960年3、4期合刊,第51~66页。收入华山《宋史论集》,齐鲁书社,1982,第1~29页。
⑥ 参见汪圣铎《两宋财政史》,中华书局,1995,第395~402页;王育济《关于北宋"养兵之费"的数量问题》,《山东大学学报》(哲学社会科学版)1990年第1期。
⑦ 蔡襄:《论兵十事奏(治平元年)》,曾枣庄、刘琳主编《全宋文》卷1003《蔡襄十》,上海辞书出版社、安徽教育出版社,2006,第384页。

载曰："养兵之费在天下十居七八。"① 陈襄云："六分之财，兵占其五。"②
到底相信谁的？依我看来，都是"估计参谋"。人们固然有理由认为，蔡襄
曾任主管财政的三司使，所言可信度应当很高。但他在治平元年，除"养
兵之费常居六七"一说之外，还另有一说："天下六分之物，五分养兵。"③
六分之五，即十分之八强。一年之中，两个不同的数字居然出自蔡襄一人之
口。关于北宋开封的人口，种师道称"京师数百万众"④，已经相当夸张。
刘敞说得更悬乎："京师至三百万家。"⑤ 以一家五口计，北宋开封一城人口
竟达 1500 万人之多，即令包括开封府所辖 16 县在内，也让人无法想象。但
我当年见风就是雨，捡起封皮就当信，竟在《北宋租佃关系的发展及其影
响》一文中加以引用。过后方知：上当！至于"京师亿万之口"⑥、东京
"居者无虑万万计"⑦ 一类的言辞，从历史统计学的角度看，纯属天方夜谭。

有关数据采用与数字计算方面的教训理当记取。然而近期在某些著述
中，不靠谱的数据和数字仍时有所见。如高估宋代城市化的程度，认为
"南宋时的城市人口已上升到总人口的五分之一"，超过改革开放初期。又
如高估宋代的农业生产率，宣称当时"平均每个农民每年生产粮食为 4158
斤"，发达地区"为 6930 斤"。直到 20 世纪 80 年代，仍"远远低于宋朝的
农业生产率"。这些有悖常理的数字，据说是计算出来的，但终究很难令人

---

① 《张载集·文集佚存·边议》，中华书局，1978，第 358 页。
② 陈襄：《上神宗论冗兵》，赵汝愚编《宋朝诸臣奏议》卷 121《兵门·兵议下》，北京大学
　中国古代史研究中心校点整理，上海古籍出版社，1999，第 1330 页。此文文末原注："熙
　宁二年（1069）上，时知谏院"（第 1330 页）。
③ 蔡襄：《上英宗国论要目十二事·强兵》，《宋朝诸臣奏议》卷 148《总议门·总议四》，上
　海古籍出版社，1999，第 1694 页。此文文末原注："治平元年上，时为三司使"（第 1696
　页）。
④ 徐梦莘：《三朝北盟会编》卷 30"靖康元年正月二十日丙戌"，上海古籍出版社，1987，第
　225 页。
⑤ 刘敞：《开封府南司判官题名记》，曾枣庄、刘琳主编《全宋文》卷 1503《刘敞二十》，上
　海辞书出版社、安徽教育出版社，2006，第 184 页。
⑥ 范祖禹：《上哲宗封还臣寮论浙西赈济事状》，《宋朝诸臣奏议》卷 106《财赋门·荒政》，
　上海古籍出版社，1999，第 1144 页。
⑦ 宗泽：《宗泽集》卷 1《乞回銮疏·靖康元年九月》，浙江古籍出版社，1984，第 16 页。

置信。"宋朝公务员富得流油，包拯年薪超千万，富可敌州。"① 这类似是而非的说法主要在网络与媒体上流传。正式出版的专书《两宋风云》居然也列举出一些离奇数字："北宋时期的国民生产总值，占了当时世界的80%，是明朝的10倍之多。"② 作者不屑于注明出处，让人高深莫测，不知其依据何在③。

凡事均不可一刀切。受论题与史料的双重制约，某些问题很难算乃至无法算，如刚刚说到的宋代的GDP之类。这只是事情的一个方面。应当补充并强调的是，另外若干乃至更多问题能够算甚至必须算。如要揭示唐宋物价的变动轨迹，只能用数字说话。全汉升先生20世纪40年代所著《唐代物价的变动》《北宋物价的变动》《南宋初年的物价大变动》《宋末通货膨胀及其对于物价的影响》④ 等文，在数据的运用与计算方面是相当成功的，具有示范意义。数字论证法如果运用得当，有助于不少历史问题的解决。有关事例较多，仅归纳为以下三个方面，各略举一二例证。

其一，算出独到见解。如20世纪40年代，据全汉升先生在《唐宋政府岁入与货币经济的关系》⑤ 一文中计算，唐天宝八年钱币所占比例仅为3.9%，到宋治平二年（1065）高达51.6%⑥。依据这些数字，全先生指出：政府的收入在唐代中叶以后，钱币所占比重逐渐增加，实物所占比重逐渐减少，到北宋治平年间，前者所占比重超过后者。这无疑是有关唐宋时期财政

---

① 参见新华《"包青天"年薪过千万?》，《江南时报》2011年2月21日，第14版。
② 袁腾飞：《两宋风云》，陕西师范大学出版社，2009，第1页。
③ 参见魏峰《宋代GDP神话与历史想象的现实背景》，《国际社会科学杂志》（中文版）2014年第2期。
④ 全汉升：《唐代物价的变动》《北宋物价的变动》《南宋初年的物价大变动》《宋末通货膨胀及其对于物价的影响》，分别刊载于《中央研究院历史语言研究所集刊》第11辑，1943，第101~148页；第11辑，1944，第337~394页；第11辑，1944，第395~423页；第10辑，1942，第201~230页。
⑤ 全汉升：《唐宋政府岁入与货币经济的关系》，《中央研究院历史语言研究所集刊》第20辑上册，1948。收入全汉升《中国经济史研究》上册，台北稻香出版社，1991，第209~264页。
⑥ 全汉升：《唐宋政府岁入与货币经济的关系》，全汉升：《中国经济史研究》，台北稻香出版社，1991，第230页。

收入结构性演变的一大重要见解。20 世纪 80 年代初，贾大泉教授在全先生研究的基础上，将这项研究进一步向前推进。他在《宋代赋税结构初探》一文中认为宋代"国家财政三分之二以上来自农业二税以外的赋税收入"，并以数据为证：熙宁元丰年间，二税收入仅占 30%，工商杂税等其他收入占 70%。① 我个人认为，其数据与结论是可信的。

其二，验证既有结论。如长期以来，人们普遍认为，宋朝重用文臣、压抑武将，但论证不够坚实。20 世纪 80 年代初，梁天锡教授在《宋枢密院制度》一书中对两宋十八朝枢密院长官的文武构成进行统计，得出文臣占91%，而武将仅占 9% 的数据，从一个侧面印证宋朝奉行重文轻武政策②。值得注意的是，梁教授的统计是动态的，表明重文轻武政策在宋朝前后又有所变化和调整。又如宋代布衣入仕者增多，究竟多到什么程度？20 世纪 70年代，陈义彦先生对《宋史》1953 人的家世进行统计，其结论是宋代布衣入仕者占 55.12%③。他将无谱系记载者一概视为布衣，李弘祺教授认为不准确，应剔除，布衣入仕者应占 32.53%④。此前，孙国栋先生的统计则是：晚唐名族公卿子弟贡举而进者占 76.4%，至北宋跌至 13%；寒族晚唐仅占9.3%，北宋增至 58.4%⑤。这些统计难免欠精准，但我个人认为，他们用数字说话的努力值得肯定。

其三，订正不确陈说。20 世纪 60 年代，有前辈学者指出：唐代"科举制是最主要的做官途径"；"绝大部分都是科举出身而致位宰相的"。本人在《略论唐代科举制度的不成熟性》一文中采用数字论证法，试图予以修正。依据数据，我认为："从数量上说，唐代入仕为官的主要途径不是科举中

① 贾大泉：《宋代赋税结构初探》，《社会科学研究》1981 年第 3 期。
② 梁天锡：《宋枢密院制度》上册，台北黎明文化事业公司，1981，第 11～14 页。
③ 陈义彦：《从布衣入仕论北宋布衣阶层的社会流动》，台北《思与言》卷 9 第 4 号，1972年，第 244～253 页。
④ 李弘祺：《宋代教育散论》，台北东升出版事业公司，1980，第 54～55 页。
⑤ 孙国栋：《唐宋之际社会门第之消融——唐宋之际社会转变研究之一》，香港《新亚学报》卷 4 第 1 期，1959。收入孙国栋《唐宋史论丛》，香港商务印书馆，2000，第 245 页。《论丛》初版由香港龙门书店于 1980 年印行。

第，而是流外入流"；"唐代宰相之中，科举出身者与非科举出身者大约各占一半。"① 从前学界通常认为，唐代妇女再嫁者甚多，而宋代极少。本人在《婚姻与社会·宋代》一书中采用抽样数据统计法，以期证明宋代妇女再嫁者并不少于唐代②。至于方法是否合理、数据是否可信、结论是否正确，则有待读者评判。

总之，本人从总体上对数据论证法持肯定态度，且尽力予以运用。"让历史学算起来"，问题不在算不算，关键在于如何算。算得好，事半功倍，论证有力。胡乱算，破绽百出，适得其反。不宜草率为之，而应审慎行事。本文无甚高论，浅见不过如此而已。

（原载包伟民、刘后滨主编《唐宋历史评论》第 3 辑，社会科学文献出版社，2017）

---

① 张邦炜：《略论唐代科举制度的不成熟性》，中国唐史学会编《唐史学会论文集》，陕西人民出版社，1986，第 225～234 页。
② 张邦炜：《婚姻与社会·宋代》，四川人民出版社，1989，第 65～76 页。

札 记

钱大昕：大有功于宋史
研究的乾嘉巨子

钱大昕（1728~1804），字晓征，号辛楣，又号竹汀居士，晚号潜研老人，江苏嘉定（今属上海市）人，乾隆十九年（1754）进士，官至少詹事，与王鸣盛（1722~1797）、赵翼（1727~1814）合称乾嘉考史三大家。就断代史而言，钱大昕"生平于元史用功最深"①，但同时大有功于宋史。对于后者，有的研究者或许不够重视。前辈学者王瑞明生前写下《钱大昕考订〈宋史〉的卓越成绩》一文，并感叹道："遗憾的是其成就尚未得到充分肯定，有的重要成果尚遭冷遇。"② 本文拟再谈谈钱大昕对宋史研究的贡献与局限。

一 以史料学见长的史家

先从钱大昕的学术定位③说起，主要问题有二。

---

① 段玉裁：《潜研堂文集序》，钱大昕：《潜研堂集》卷首，吕友仁校点，上海古籍出版社，2009，第 2 页。
② 王瑞明：《钱大昕考订〈宋史〉的卓越成绩》，顾吉辰主编《钱大昕研究》，华东理工大学出版社，1996，第 263~284 页。据我所知，相关文章还有：吴绍烈《〈廿二史考异〉与〈宋史〉相关部分对勘举例》，顾吉辰主编《钱大昕研究》，华东理工大学出版社，1996，第 296~301 页；张涛、孙世平：《钱大昕的〈宋史〉研究成就》，《理论学刊》2011 年第 12 期；等等。
③ 学界通常将乾嘉考据学家划分为以惠栋为代表的吴派和以戴震为代表的皖派，或外加浙东派、扬州派。漆永祥主张应当分为惠、戴、钱三派，他认为，钱大昕"学既不同惠，也不同戴，而自为一派之首"（《乾嘉考据学研究》，中国社会科学出版社，1998，第 113 页）。对于这个问题，本文不涉及。

问题之一是：钱氏可否以历史学家相称？如今已是个不成问题的问题，但在 80 年代以前并非如此。虽然 20 世纪 20 年代陈垣曾将钱氏盛赞为"清朝唯一的史学家"①，但 50 年代以后通常的看法则是：钱大昕"只能算是一个史料学家，不是完全意义的历史学家"②。甚至认为钱氏是个逃避现实，思想冬烘的象牙塔中人，无非擅长考据而已。其实，钱大昕既非绝然避世，也非毫无见识。如他针对当时流行的"经精而史粗""经正而史杂"的论调，以致"说经者日多，治史者日少"③ 的现实，明确提出"史学与经当并重"④ 的主张，就颇有见地。90 年代以后，钱氏时来运转，博得高度评价：超越考据视野。其史学被称为"实事求是"史学。此说并非向壁虚构，在钱大昕的著述中使用"实事求是"一词达十余次之多。他说："通儒之学，必自实事求是始。"⑤ 他称赞王懋竑"于诸史皆有考证，实事求是"⑥；戴震"实事求是，不偏主一家"⑦。阮元赞扬钱大昕也使用了"实事求是"一词："《廿二史考异》皆实事求是。"⑧ 可见，"实事求是"系当时不少学人的共同主张，很难说是钱氏学术所独具的特色。因而梁启超将"清儒"称为"'实事求是'主义"的"高唱"者。尤须注意，对于"实事求是"的理解，古人、今人大不相同。"实事求是"一语源于《汉书》卷 53《景十三王传》，班固称赞河间献王刘德"修学好古，实事求是"。何谓"实事求是"？颜师古注曰："务得事实，每求真是也。"⑨ 可见，在古人的概念里，

---

① 陈垣：《历史补助科学的避讳学》，《史讳举例》附录，中华书局，2012，第 237 页。
② 周清澍：《钱大昕》，陈清泉等编《中国史学家评传》中册，中州古籍出版社，1985，第 1025 页。
③ 钱大昕：《廿二史札记序》，赵翼著、王树民校证《廿二史札记校证》，中华书局，1984，第 885 页。
④ 钱大昕：《竹汀先生日记钞》卷 3《策问》，陈文和主编《嘉定钱大昕全集》第 8 册，陈文和点校，江苏古籍出版社，1997，第 53 页。
⑤ 钱大昕：《潜研堂集·文集》卷 25《卢氏群书拾补序》，上海古籍出版社，2009，第 421 页。
⑥ 钱大昕：《潜研堂集·文集》卷 38《王先生懋竑传》，上海古籍出版社，2009，第 696 页。
⑦ 钱大昕：《潜研堂集·文集》卷 39《戴先生震传》，上海古籍出版社，2009，第 710 页。
⑧ 阮元：《三统术衍序》，钱大昕：《三统术衍（附钤）》卷首，陈文和主编《嘉定钱大昕全集》第 8 册，江苏古籍出版社，1997，第 1 页。
⑨ 班固：《汉书》，中华书局，1962，第 2410 页。

"求是"与"求真"是同义词。而今则被赋予新意，所谓"求是"即探究事物的内在联系及其发展的规律性。今人用"实事求是"一语表述钱大昕史学恐有拔高之嫌。梁启超说："清儒所高唱之'实事求是'主义，比较的尚能应用于史学界，虽其所谓'实事'者或毛举细故，无足重轻。"① 梁氏此说似乎又估计偏低，但包括钱大昕在内的清代史家只怕均未达到揭示事物本质的高度。姚鼐有言曰："学问之事有三端焉，曰义理也，考证也，文章也。"② 综观历代史家，三端兼优者较少，大多各有所长，各有所短。与同时代人相比，仅就"义理"而言，钱大昕显然不及章学诚，较之赵翼也要差些，其强项在于"考证"。将钱氏称为以史料学见长的历史学家，或许较为恰当。

问题之二是：乾嘉考史三大家如何排名？梁启超说："清代学者之一般评判，大抵最推重钱（大昕），王（鸣盛）次之，赵（翼）为下。"此说远非定论。梁氏赓即指出："以余所见，钱书固清学之正宗，其校订精核处最有功于原著者；若为现代治史者得常识助兴味计，则不如王、赵。王书对于头绪纷繁之事迹及制度，为吾侪绝好的顾问，赵书能教吾侪以抽象的观察史迹之法。陋儒或以少谈考据轻赵书，殊不知竹汀为赵书作序，固极推许，谓为'儒者有体有用之学'也。"③ 有学者认为："钱、赵、王三人之学问有龙虎狗之别，《廿二史考异》是点石成金之著，《廿二史札记》是披沙沥金之作，至于《十七史商榷》最多只好算脸上贴金之滥竽。"④ 此论较为偏颇，只怕以不分高下，各有特点为宜。金毓黻作如是观：钱氏"《考异》所重者为文字之异同及训释之当否"；王氏"《商榷》一书，重在典章故实"；"赵

① 梁启超：《中国近三百年学术史》，东方出版社，2004，第 298 页。
② 姚鼐：《惜抱轩文集》卷 4《述庵文钞序》，中国书店，1991，第 46 页。
③ 梁启超：《中国近三百年学术史》，东方出版社，2004，第 318 页。钱基博的看法与梁氏有所不同，他说："赵翼《廿二史札记》，每一史，融贯全书，而类族辨物，出以互勘，极《春秋》属辞比事之能事，远胜钱大昕《廿二史考异》、王鸣盛《十七史商榷》之训诂琐碎、字句校勘"（《近代提要钩玄之作者》，《钱基博学术论著选》，华中师范大学出版社，1997，第 155 页）。
④ 周振鹤：《点石成金、披沙沥金与脸上贴金》，《读书》1995 年第 3 期。

氏意在总贯群史，得有折衷"①。在柴德赓看来，"就学问论，王、钱是一个路子，赵又是一个路子"②。王、钱从校勘入手，重在考证。赵氏考、论并重，论的分量大于王、钱。赵氏《札记》大半论及"古今风会之递变，政事之屡更，有关于治乱兴衰之故"③，因而流传较广。周谷城《中国通史》"大段录用《廿二史考异》中的文字"④，即是一例。钱、赵二氏均采用归纳法，但钱氏的排比大多较为具体，如"宋县名相同""宋人同姓名""古人号相同"⑤ 之类。而赵氏的概括多半较为抽象，如"宋制禄之厚""宋恩荫之滥""宋恩赏之厚""宋军律之弛"等，且多有议论与感叹，如"恩逮于百官者，惟恐其不足，财取于万民者，不留其有余"；"徒耗无穷之经费，竭民力以养冗员"；"民之生于是时者，不知何以为生也"⑥。无论其准确性如何，均为惊人警世之语。依陈垣之见，"赵先生（翼）读书眼光锐利"，但"错误以《札记》为最多"；"钱氏考证最精密，从史源学的角度一般不易挑出他的毛病"⑦。钱、赵二氏各有千秋，厚此薄彼，大可不必。

二　考证《宋史》第一人

如前所述，赵翼的长项在于"眼光"，而王鸣盛、钱大昕则以考证较精审著称，但《宋史》不在王氏《商榷》的范围之内。钱氏则突破非汉、唐

---

① 金毓黻：《中国史学史》，上海古籍出版社，2013，第293～294页。
② 柴德赓：《王西庄与钱竹汀》，《史学丛考》，中华书局，1982，第255页。
③ 赵翼著、王树民校证《廿二史札记校证》卷首《小引》，中华书局，1984，第1页。
④ 邓广铭：《评周谷城著〈中国通史〉》，《邓广铭全集》第10册，河北教育出版社，2005，第92页。叶丁易认为，范文澜旧本《中国通史简编》，与周谷城《通史》相似，大量利用《廿二史考异》。见赵俪生《篱槿堂自叙》，《赵俪生文集》第5卷，兰州大学出版社，2002，第196页。
⑤ 钱大昕：《十驾斋养新录》卷11、12，杨勇军整理，上海书店，2011，第223、238～244页。
⑥ 赵翼著、王树民校证《廿二史札记校证》卷25，中华书局，1984，第335～340页。
⑦ 陈智超编注《陈垣史源学杂文·前言》（增订本），生活·读书·新知三联书店，2007，第4～7页。

以前之书不读的陈规，其《考异》一书中《宋史》部分达 16 卷之多。仅由
此也可见钱大昕大有功于宋史研究之一斑。柴德赓称钱氏为考史"第一个
人"①，或许不甚确当，如改称"考证《宋史》第一人"②，只怕他是当之无
愧的。钱大昕"最有功于原著"（梁启超语），他考证《宋史》创获颇多。
仅从校勘学角度看，就纠正《宋史》原著错谬一项而论，其成就便叹为观
止。王瑞明曾将《廿二史考异》与中华书局 1977 年点校本《宋史》对读，
发现点校本未吸取《考异》成果之处甚多。其"成就尚未得到充分肯定，
有的重要成果尚遭冷遇"云云，主要是针对点校本。

　　对王氏论文有两点可稍做补充。一是点校本吸取率确实较低。如钱氏
《考异》纠正北宋前四朝《本纪》错讹 36 条，点校本仅吸取 17 条，吸取率
不到 50%。又如钱氏将《宋史》历朝《本纪》与《宰辅表》对读，互校互
纠互补，发现两者问题都不少。他在《考异》中，据《宰辅表》指出《真
宗本纪》《英宗本纪》《理宗本纪》当书而失书者凡 13 事、8 事、11 事，据
《本纪》指出《宰辅表》高宗朝、孝宗朝、理宗朝当书而失书者凡 16 事、
13 事、14 事。诸如此类，点校本一概未予吸取。二是点校本中有的错误相
当关键。据钱大昕考证，研究者们作为工具书使用的《宰辅表》就错误较
多。非执政而误入者有之，如李曾伯、吴渊、厉文翁等，点校本采纳；已
死、已逃者被任命为执政者亦有之，已死者如姚希得，已逃者如黄镛、陈文
龙，点校本未采纳。《宰辅表》中的第一格，记载何年何人官居宰相，尤其
重要。钱大昕发现其中有四个大错。其一，"（秦）桧以（绍兴）二年八月
罢相，至八年三月复自枢密使入相。表于三年、四年、五年、六年、七年第
一格俱有'秦桧'字，误也。"③ 其二，"汤思退于绍兴三十年十二月罢相，

① 柴德赓：《史学丛考》，中华书局，1982，第 262 页。柴德赓的原话是："以治经的方法治
　 史，又专治史而不治一经的，应该说竹汀是第一个人。"
② 龚延明《宋史职官志补正·序论》："考诸前人之作，致力于考校《宋史》全书者有之，但
　 今能所见者无多，仅钱大昕《廿二史考异》之'宋史'部分"（浙江古籍出版社，1991，
　 第 10 页）。
③ 钱大昕：《廿二史考异》卷 74《宋史八》，方诗铭、周殿杰校点，上海古籍出版社，2014，
　 第 1041 页。以下引此书仅在正文中注页码。

而表于三十一年犹书汤思退，误"（第 1041 页）。其三，淳熙九年九月庚午，王淮、梁克家出任左、右丞相"《表》既失书，又自是年至十三年第一格俱当有'梁克家'字，亦并失之"（第 1043 页）。其四，"（淳祐四年）十二月，诏许右丞相史嵩之终丧，则起复之诏虽下，仍不果行也。《表》既失书诏终丧一节，而于五年、六年第一格俱有史嵩之字，则误以为嵩之真起复矣"（1045 页）。点校本其一已更正，其二部分采纳，其三、其四则沿袭其错。若尽信点校本《宰辅表》，将铸成王淮曾独相五年有余的大错。好在林天蔚在探讨宋代"独相"现象时，注意到钱大昕的考证，仅将王淮独相时间判定为"凡一年二阅月"①。总之现行点校本问题较多，恰恰表明在中华书局组织下正在加紧进行的新点校本很值得期待。

行文至此，有必要指出，现行《宋史》点校本当年的出版是学界的一大福音，40 年来给学者带来极大方便。有两点值得注意：第一，点校并非校补，更非集释，钱大昕的某些考证属于研究性质，点校本未予吸取自有其合理性。第二，并非钱氏皆对，点校本全错。如《宋史》卷 21《徽宗本纪三》载：政和三年十一月，"升端州为兴庆府"②。钱氏认为，这一记载有误，当时端州尚无府名，"兴庆府"系"兴庆军（节度）"之误（第 953页）。点校者认为，记载不误，端州确曾升为兴庆府。其依据是《宋会要辑稿》方域七之一四载：政和八年十月二十一日，诏兴庆府"赐名肇庆府"③。钱大昕未能参考《宋会要》是其局限性之一例。

钱大昕考证《宋史》中的《本纪》及《宰辅表》，与一般性校勘不同，绝非"毛举细故，无足重轻"而已。其高明之处或可概括为以下"两个注重"。一是注重义例。钱氏发现《本纪》及《宰辅表》或无明确规矩，或虽有体例而自乱其例。如当书失书。宰相执政任免都是《本纪》与《宰辅表》应当书写的大事，但两者失书均达数十事之多。在《本纪》中，避重就轻，罢免不书之事较多。其例证有：淳化元年，赵普罢相失书

---

① 林天蔚：《宋代史事质疑》，台湾商务印书馆，1987，第 38 页。
② 脱脱等：《宋史》卷 21《徽宗本纪三》，中华书局，1977，第 392 页。
③ 脱脱等：《宋史》卷 21《徽宗本纪三》，中华书局，1977，第 402 页。

而"屡书视疾"（第 949 页）；至道三年，钱若水罢同知枢密院事不书，仅书除集贤院学士（第 949 页）；天禧元年，王旦罢相不书，仅书"对于便殿"（第 950 页）；天禧元年，王曾罢参知政事，仅书"为礼部侍郎"（第 950 页）。又如有例破例。《神宗纪》称："（熙宁）八年八月，韩绛罢。"这一记载便与惯例不符。钱氏指出："《神宗纪》中，宰执罢政、外除，皆书知某州，或云判某州，独是年绛知许州，元丰七年王安礼知江宁府，则略而不书"（第 952 页）。"《（宰辅）表》无叙事之例"，然而《宰辅表》中破例叙事之处甚多。钱氏认为"繁而无当"，"皆可省"（第 1037 页）。再如体例不一。去世称薨与称卒就很混乱。《太宗本纪》中石守信、陈洪进、潘美同为使相，死时石称薨，陈、潘称卒。《真宗本纪》中张玄德、石保吉、魏咸信都是使相，死时张称薨，石、魏称卒。钱氏说："均为使相，而书法各异，此义例之可议也"（第 949 页）。《神宗本纪》中官至执政的唐介、欧阳修死时称薨，"陈升之以前宰相而反书卒"（第 951 页）。去世书卒与不书也很不一致。周敦颐、程颢、程颐与尹焞、杨时、朱熹同为道学中人，尹、杨、朱去世，《本纪》书卒，"然周敦颐、二程又未尝书卒也"（第 952 页）。诸如此类，不胜其举。

二是注重制度。钱大昕在考证《本纪》及《宰辅表》时，论述制度特别是职官制度之处甚多。《宰辅表》："（至道）三年六月，钱若水自同知枢密院事以秘书院学士免。"钱氏指出："秘书省无学士之称，亦无院名。据本传，乃集贤院学士也"（第 1035 页）。《真宗本纪》：大中祥符七年三月，"楚王元佐、相王元偓、舒王元偁、荣王元俨枢密使、同平章事"。钱氏认定"诸王例无授枢密使者"是宋代的一项既定制度，"此文必有讹舛。《长编》亦无此事"（第 949~950 页）。《仁宗本纪》："庆历四年七月，封宗室十人为郡王、国公。""然十王之名，《纪》《传》俱未详列。""封十王之后"事关宋朝宗室制度，钱氏依据《文献通考》《长编》《玉海》诸书补充十人名讳及封号，并称："十人者，太祖子二房，太宗子七房，秦王廷美子一房也"（第 951 页）。"潜藩升为节度州"是宋代的一项制度。《徽宗本纪》："（政和）七年三月，升鼎州为常德军。四月，升温州为应德军。五月，升庆州为庆阳军，渭州为平凉军。"钱氏指出："此四州皆以潜藩升为节度州，赐军额，当增'节度'二字。《地理志》温州为应道军，此云应德，似误"（第 953 页）。《宰辅表》："（德祐二年正月）己卯，全允（亦作'永'）坚加太尉，除参知政事。"钱氏认定宋代外戚一般不参政，他说："永坚以后族加太尉，不为参政也。《表》又误"（第 1047 页）。钱氏论述宰相制度之处尤多。关于宋初的宰相，他指出："（太平兴国六年九月，赵）普再入相，除司徒兼侍中。侍中为真宰相，故得入政府视事。司徒三公之官，非宰相也。《（太宗本）纪》书司徒，不书侍中，盖未通于官制矣。宋初，宰相官至侍中，则不复称平章事。端拱元年，赵普三入相，以太保兼侍中，加同中书门下平章事。自后虽侍中而不加平章事，只为使相，非真相矣"（第 949 页）。他多次强调使相与真相不能混淆。《真宗本纪》："至道三年五月以镇安军节度使李继隆同平章事。"钱氏认为"以"字应作"加"字："此使相，非真宰相，当云加'某官某人同平章事'，方与真相有别"（第 949 页）。凡此种种，这里难以备举，下面还会涉及。

三 "三端"说的倡行者

如今学界谈及治学方法，常常讲到邓广铭的"四把钥匙（职官制度、历史地理、年代学和目录学）"[1] 和陈乐素的"治史四要（时、地、人、事）"[2]。史家虽异代，所见略同。钱大昕当年便有"三端"之说。他谆谆告诫道："史家所当讨论者有三端：曰舆地，曰官制，曰氏族。"[3] 又说："予尝论史家先通官制，次精舆地，次辨氏族，否则涉笔便误" （第 646

---

① 邓广铭：《邓小南〈宋代文官选任制度诸层面〉序言》，《邓广铭全集》第 10 册，河北教育出版社，2005，第 183 页。

② 常绍温：《陈乐素同志的生平和学术》，常绍温主编《陈乐素教授九十诞辰纪念文集》，广东人民出版社，1992，第 118 页。

③ 钱大昕：《潜研堂集·文集》卷 24《二十四史同姓名录序》，上海古籍出版社，2009，第 405 页。

页）。并身体力行，付诸实践。

　　年代与目录虽不在"三端"之列，但钱氏在这两个方面，成就都不小。所著《宋辽金元四史朔闰考》① 是清代有代表性的年代学著作之一。刘乃和有句云："《考异》《潜研》重史坛，《十驾养新》千古志，《四朝朔闰》拾遗篇。"② 其价值不亚于《考异》诸书，在当年是很实用的工具书。《潜研堂集》中的《经史子集之名何昉》③ 是目录学领域的佳作，仅用 700 余字即将古代文献的分类与源流做出简要且精当的概述，被周予同选入《中国历史文选》教材④。所著《元史·艺文志》"具有重要价值"⑤，为学界所公认。钱氏对宋代目录学研究的主要贡献，可概括为三点。其一，《崇文总目》《郡斋读书志》《直斋书录解题》是宋代存留至今的目录学著作，钱大昕倍加珍视，均简明扼要地予以评介⑥。其二，对宋代 70 多种各类重要史籍，诸如《文献通考》《长编》《隆平集》《宋太宗实录》《九朝纲目备要》《职官分纪》《宰相编年录》等，都撰有不落俗套、不乏见解的提要或序跋⑦。如对《通考》不作一般性评述，而是指出其《经籍考》存在"一书而重见"⑧ 的弊端。后文将引用的《跋中兴学士院题名》《跋麟台故事》则是有关翰林学士院和馆职制度的专论。其三，尤其值得一提的是，钱氏《考异》整整一卷专门针对《宋史·艺文志》，指瑕规过、辨误正讹之处甚多，并探究其一再出现重复的缘故。钱氏认为，除众手成书而外，原因有三：一是资料来源复杂，"此《志》合《三朝》《两朝》《四朝》《中兴国史》汇而为一"；二是"当时史臣无学，不能博涉群书，考其同异"，以致

---

①　钱大昕：《宋辽金元四史朔闰考》，陈文和主编《嘉定钱大昕全集》第 5 册，江苏古籍出版社，1997。

②　顾吉辰主编《钱大昕研究》卷首《刘乃和题词》，华东理工大学出版社，1996。

③　钱大昕：《潜研堂集·文集》卷 13《答问十》，上海古籍出版社，2009，第 197～198 页。

④　周予同主编《中国历史文选》下册，中华书局，1962，第 282～283 页。

⑤　陈高华：《读钱大昕〈元史·艺文志〉》，《中国史研究》2007 年第 1 期。

⑥　钱大昕：《十驾斋养新录》卷 14，上海书店，2011，第 288～290 页。

⑦　钱大昕：《潜研堂集·文集》卷 26～32，上海古籍出版社，2009，第 429～581 页；钱大昕：《十驾斋养新录》卷 13、14，上海书店，2011，第 254～262、265～290 页。

⑧　钱大昕：《十驾斋养新录》卷 13，上海书店，2011，第 262 页。

七拼八凑，"前后颠倒，较之前史踳驳尤甚"（第1016页）；三是参编者缺乏避讳学知识，乃至将一人误为二人、三人，一书误为二书、三书。

钱大昕说："氏族之不讲，触处皆成窒碍。"① 他将"辨氏族"作为"史家所当讨论者有三端"之一，其含义是什么？如果说"地理"探究的是历史活动的空间，"年代"探究的是历史活动的时间，那么"辨氏族"探究的则是历史活动的主体——人。钱氏强调："读古人之书，必知其人而论其世。"② 社会人绝非孤立的个人，均属于某个家族。特别是我国古代长期实行宗法制度，家族组织牢固，家族观念极强。要"知人论世"，离不开"辨氏族"。简言之，"辨氏族"即"知人"。这是从广义上讲。受历史观局限与史料限制，钱氏将"有名之家"作为"辨氏族"的重点。他说："予所谓氏族之当明者，但就一代有名之家，辨其支派昭穆，使不相混而已矣。"③ 在"知人"方面，钱大昕的主要贡献或可归纳为以下四点。

一是重视辨析名门望族的支派与昭穆，编著《元史·氏族志》。钱氏指出："作史者不明此义，于是有一人而两传。"④ 以宋代为例，如程师孟，"一见列传第九十卷，一见《循吏传》，两篇无一字异者"；李孟传，"列传第一百廿二卷《李光传》末附见其子孟传事，凡百十五字，而第一百六十卷复为孟传立传"（第1083页）；李熙静"已见列传第百十六，而第二百十二《忠义附传》又有李熙靖。'靖'、'静'同音，实一人也"⑤。"有非其族而强合之"⑥ 者，如"范文穆公（成大）世居吴郡，而与文正（仲淹）不同族"⑦。又如误以余晦为余玠之子，《宋史·理宗本纪》："宝祐二年十月，追削余玠资政殿学士，夺其子晦刑部侍郎告身。"《考异》案曰"晦乃天锡之从子，非玠子也。且玠籍蕲州，晦籍明州，本非一族，史殆误矣"（第

---

① 钱大昕：《潜研堂集·文集》卷24《二十四史同名录序》，上海古籍出版社，2009，第406页。
② 钱大昕：《潜研堂集·文集》卷26《郑康成年谱序》，上海古籍出版社，2009，第446页。
③ 钱大昕：《潜研堂集·文集》卷24《二十四史同名录序》，上海古籍出版社，2009，第406页。
④ 钱大昕：《潜研堂集·文集》卷24《二十四史同名录序》，上海古籍出版社，2009，第406页。
⑤ 钱大昕：《十驾斋养新录》卷7《一人重复立传》，上海书店，2011，第133页。
⑥ 钱大昕：《潜研堂集·文集》卷24《二十四史同名录序》，上海古籍出版社，2009，第406页。
⑦ 钱大昕：《十驾斋养新录》卷7《范文穆与文正不同族》，上海书店，2011。

960 页）。钱氏因而十分看重家谱，他曾为若干名门望族家谱作《序》，见于其《文集》①。同时一再指出："自宋以后，私家之谱不登于朝，而诈冒讹舛，几于不可究诘。"（第 449 页）甚至一言以蔽之："家谱不可信。"②"不可信"之说只怕笼统了些，应做具体分析。

二是重视同姓名现象，并加以区分。古籍中同姓名者较多，容易混淆，钱氏在《十驾斋养新录》卷 12 中集中予以指出，其中包括宋代。其《宋人同姓名》③ 条列举例证达 77 处之多。如北宋前期的彭乘系华阳人，而《墨客挥犀》的作者彭乘则是南宋高安人。所著《跋宰辅编年录》除指出作者徐自明非知金华县徐自明外，又称："知嘉定县者有钱塘杨万里，非诚斋也。知平江府者有永嘉陈均，非平甫也。知南海县者有晋江王应麟，非厚斋也。"④

三是重视同一官职的传承，编写《年表》。《文集》卷 28《跋翰苑群书》："洪文安公（遵）《翰苑群书》，于唐宋学士题名搜访几备，所阙者，唐僖、昭以后三十余年，宋熙宁以后六十年。若淳熙以后则留以待后人之续入者也。予曾于《永乐大典》中钞得《中兴学士院题名》，则自淳熙至嘉定四十余年间词臣拜罢姓名悉具，当取以补此书所未及。唯熙宁至靖康、宝庆至德祐记载阙如，考诸正史、稗官及名人文集，尚可得什之六七。假我数年当补缀成之，以备玉堂故事。"⑤ 相传钱氏著有《唐五代学士年表》两卷、《宋学士年表》一卷，但其《全集》编者尽力搜求而未获，有已失传的可能。《养新录》卷 8《四川制置》《沿江制置》《两淮制置》《京湖制置》等条⑥，其实亦可视为《年表》，有助于南宋史特别是制置使制度的研究。所著《宋奉使诸臣年表》（第 1142～1163 页）为后人编著《宋辽交聘考》《宋辽聘使表考稿》打下基础。

---

① 钱大昕：《潜研堂集·文集》卷 26，上海古籍出版社，2009，第 445～453 页。
② 钱大昕：《十驾斋养新录》卷 12《家谱不可信》，上海书店，2011，第 227 页。
③ 钱大昕：《十驾斋养新录》卷 12《宋人同姓名》，上海书店，2011，第 238～244 页。
④ 钱大昕：《潜研堂集·文集》卷 28《跋宰辅编年录》，上海古籍出版社，2009，第 507 页。
⑤ 钱大昕：《潜研堂集·文集》卷 28《跋翰苑群书》，上海古籍出版社，2009，第 508 页。
⑥ 钱大昕：《十驾斋养新录》卷 8，上海书店，2011，第 152～159 页。

四是重视历史人物的籍贯、官爵、著作等生平事迹，编撰《年谱》和《疑年录》。钱氏著有《陆放翁先生（游）年谱》《洪文惠公（适）年谱》《洪文敏公（迈）年谱》《王深宁先生（应麟）年谱》①，谱主都是他崇敬的人物。为帮助记忆，钱氏自编《疑年录》四卷②，书名出自《左传》襄公三十年"有与疑年，使之年"一语，著录历代著名学者 300 多人的生卒年及年龄，从郑玄到戴震，以生年先后为序。

四　"不谙舆地，犹如瞽史"

"三端"之中，"精舆地"是其重要的一端。钱大昕说："读史而不谙舆地，譬犹瞽史之无相也。"③他考证《宋史·地理志》，仅从校勘的角度看，虽然具有示范意义，但一般性的纠错数量并不多，不如后继者聂崇岐的《宋史地理志考异》④。但有价值的补正不少，且多有独到之处。现将其较为重要的创获概括为三个方面。

其一，动态考述政区演变。钱氏较为具体地探究了宋代路制的前后变化，诸如至道十五路制、咸平十八路制、熙宁二十三路制、元丰回归十八路制以及政和二十四路制等。《宋史·地理志》称："天圣析为十八（路）。"钱氏《考异》认为此说不确："川峡四路之分，在真宗咸平四年，见《通鉴长编》"（第 974～975 页）。其《养新录》卷 8，与政治、军事等大势态相结合，考述了四川宣抚司的设立及其治所的前后变迁，诸如由秦州迁阆中，迁河池，迁利州，迁成都，迁兴州，再迁利州，迁兴元府等。南宋京湖路之

---

① 钱大昕：《陆放翁先生（游）年谱》《洪文惠公（适）年谱》《洪文敏公（迈）年谱》《王深宁先生（应麟）年谱》，均见陈文和主编《嘉定钱大昕全集》第 3 册，江苏古籍出版社，1997。

② 钱大昕：《疑年录》，陈文和主编《嘉定钱大昕全集》第 4 册，江苏古籍出版社，1997。

③ 钱大昕：《潜研堂集·文集》卷 24《东晋南北朝舆地表序》，上海古籍出版社，2009，第 405 页。

④ 收入聂崇岐《宋史丛考》，中华书局，1980，第 493～563 页。

设，为《宋史·地理志》所不载，钱氏补充道："宋初有荆湖南、北路。南渡以后，中原尽失。唯京西之襄阳府、随州、枣阳、光化、信阳军尚唯宋土，故有京湖路之称。盖合京西、湖北为一路也。"① 值得注意的是，钱氏著有《地名考异》一书。书中《熙宁辟土》《绍圣三年八月至元符二年冬》等条②考述宋夏边界的变化；同书《宋南渡后与金分界》《宋末招降中原诸郡》等条③是对宋金、宋蒙边界的动态考察。如《熙宁辟土》条称："种谔先取绥州，韩绛继取银州，王韶取熙河，李宪取兰州，沈括取葭芦、米脂、浮图、安疆等砦。"言简意赅，概括性强。钱氏论著大多如此，要言不烦是其行文的一大特点。

其二，考述有关重要制度。限于篇幅，略举五种：一是守臣兼职。钱氏《考异》称："予见石刻，知兖州孔道辅结衔云'提举兖、郓、濮、齐州、清平军兵马衣甲巡检公事'。盖宋时诸州守臣例兼兵职"（第975～976页）。随即举出佐证达数十例。钱氏讲到守臣兼职之处还多。如："太原守臣，例兼并、代、泽、潞、岚、石路都总管，又兼监牧使"（第791页）。二是路有数类。《宋史·地理志》："陕西路。庆历元年，分陕西沿边为秦凤、泾原、环庆、鄜延四路。"此言不准确，路有转运司路与安抚司路之分。钱氏《考异》案曰："上言陕西路者，转运司所辖之界。下言秦凤、泾原、环庆诸路，则安抚司所分理也。言地理者，以转运使所辖为断。宋初，陕西只置一转运司。元丰以后，分为永兴军、秦凤两转运司。若鄜延、环庆、泾原、熙河皆不在二十三路之数"（第978页）。《十驾斋养新录》卷11《分天下为路》又称："《（宋史·地理）志》所云路者，以转运使所辖言之。若庆历元年，分陕西沿边为秦凤、泾原、环庆、鄜延四路。八年，河北置大名、高阳关、真定、定州四路。熙宁五年，陕西又置熙河路。此特为军事而设，

① 钱大昕：《十驾斋养新录》卷8《四川宣抚》《京湖》，上海书店，2011，第151～152、159页。
② 钱大昕：《地名考异》，陈文和主编《嘉定钱大昕全集》第3册，江苏古籍出版社，1997，第93页。
③ 钱大昕：《地名考异》，陈文和主编《嘉定钱大昕全集》第3册，江苏古籍出版社，1997，第91、84页。

每路设安抚使兼马步军都部署。其民事仍领于转运司，故不在十八路、廿三路之数。初陕西只有一转运司，及熙宁收熙河路，乃分转运司为二：一治永兴军，曰永兴军路，鄜延、环庆属焉；一治秦州，曰秦凤路，秦凤、泾原、熙河属焉。《志》于陕西路叙次五路沿革不甚了了，读史者益致茫昧矣。"① 宋代的路尚不止转运司路、安抚司路两种。同书卷 10《帅漕宪仓》：宋"有帅、漕、宪、仓四司"，"帅谓安抚司，漕谓转运司，宪谓提点刑狱司，仓谓提举常平司"，帅、漕、宪、仓四者可互兼。同书同卷《庾司》："提举常平司，宋人谓之仓司，亦谓之庾司。《宋史·孙梦观传》：'提点广东刑狱改广西兼漕、庾二司。'《黄耇传》②：'知广州，主管广南东路经略安抚司公事马步军都总管，领漕、庾如故。'是也。"③ 宋代除转运司路、安抚司路外，还有提点刑狱司、提举常平司路。可参见李昌宪著《中国行政区划通史·宋西夏卷》第一章"宋代的路制"及《宋朝各路治所一览表》④。三是州分四等。钱氏《考异》卷 69 称："宋制，州有四等：曰节度州，曰防御州，曰团练州，曰刺史州。《志》称'军事'者，即刺史也。州之幕职官，例称'军事推官''军事判官'，故《志》称'军事'。《春明退朝录》云：'节度州为三品，刺史州为五品。'以此推之，防御、团练州必皆四品矣。种谔尝责授汝州团练使，苏轼尝责授汝州团练副使，则汝当为团练。而《志》云'防御'。殆先为团练而升防御乎？……盖诸州之升降，史家不能悉书也"（第 977 页）。刺史州何以称"军事"，钱氏唯恐读史者不理解，反复予以陈述。除此之外，宋代州一级另有一种四等制。钱氏指出："宋时牧守又有府、州、军、监四等。而军、监在州之下，守臣以知军（恐应加'知监'二字）系衔。如京东之淮阳军、京西之信阳军、淮南之盱眙军、浙西之江阴军。此则唐以前所未有。"⑤ 四是军有两种。钱氏《考异》云："宋时称

① 钱大昕：《十驾斋养新录》卷 11《分天下为路》，上海书店，2011，第 210 页。

② "黄耇"为"冷应澄"之误。经查，《宋史》卷 423《黄耇传》，此人并无"知广州"的履历。其事见《宋史》卷 416《冷应澄传》，中华书局，1977，第 12481 页。

③ 钱大昕：《十驾斋养新录》卷 10《帅漕宪仓》《庾司》，上海书店，2011，第 201、202 页。

④ 李昌宪：《中国行政区划通史·宋西夏卷》，复旦大学出版社，2007，第 13~47、787~793 页。

⑤ 钱大昕：《十驾斋养新录》卷 9《元史不谙地理》，上海书店，2011，第 176~177 页。

军者有二等：一为节度军号，以宠大州；一为小郡之称，大约由县升军，由军升州，如北海军后升潍州是也。军名虽同，而品秩大小迥殊"（第975页）。因不知军有两种，以致将"升州为军"误会为"改州为军"。钱氏指出："节度又有军号，如大名府称天雄军，兖州称泰宁军之类。""而宋时诸州又有由军事、防御升节度者，史家省文，或书'升某州为某军'。""州名仍如其旧，非改州为军也。"① 五是州、郡并称。《咸淳毗陵志》云："唐制，郡刺史带团练守捉使，所置幕曰团练判官、团练推官。国初诸郡，或不置刺史，置权知州事，则曰军事判官、军事推官。毗陵自开宝入版图，守臣曰权知州，初置判官。天圣六年，增置推官。然结衔犹带团练字，盖铨司因旧也。"钱氏引用之后，接着说："以是推之，苏子瞻除常州团练副使，亦铨司沿唐故事，不考之失也"（第979页）。因不知宋代州、郡并称，凡州均保留唐代郡名，以致有升州为郡的误会。《元史·地理志》："霸州，宋升永清郡。"钱氏案曰："宋承后周之旧，亦为霸州。政和三年，赐郡名曰永清。盖宋时诸州皆有郡名，以为封爵之号。其郡名皆依唐旧。若五代及辽增置之州，向无郡名，故政和中依例赐之，初非升州为郡"（第1228页）。此事较为复杂，钱氏反复阐释之后，概述道："综唐二百十九年间，称郡者仅十有六载耳。（唐）《志》凡称某州某郡者，谓本是某州，中间曾改为某郡耳，非州、郡之名同时并立也。乾元以后，新置之州，未经改郡，故无郡名耳。宋承唐制，以州领县，而仍留郡名，以备王公封号之用。故《地理志》每州亦有郡名，然有名无实。较之唐《志》，似同而实异"（第687页）。

其三，揭示几种常见现象。一是年号地名。《十驾斋养新录》称："吾邑本昆山，宋宁宗嘉定十五年置县，以年号为名。考古以县为名者，唐有宝应、至德、光化，五代有长兴，宋乾德、兴国、淳化、咸平、祥符、崇宁、政和、庆元、宝庆。（赣州之会昌县置于宋，非因年号得名。）又有以年为府名者，则唐之兴元，宋之绍兴、庆元、咸淳是也。（蜀之嘉定府，改名在

---

① 钱大昕：《十驾斋养新录》卷9《元史不谙地理》，上海书店，2011，第176页。

嘉定纪元之前，非因年而改名。）以年名州者，则宋之太平与兴国是也。"①

钱氏还揭示了另一种不能忽视的现象"年号连书从省"："宋人称本朝年号，多割取一字：或举上一字，政宣、建绍、乾淳；或举下一字，祐圣、泰禧；或错举上下各一字，熙丰是也。"② 二是异地同名。洪迈《容斋随笔·五笔》卷3《州县名同》曰："国朝之制，州名或同，则增一字以别之。若河北有雄州、恩州，故广东者增南字。蜀有剑州，故福建者亦增南字。以至西和、西安州亦然。若县邑则不问，今河南、静江府、巩州皆有永宁县，饶、邛、衡州皆有安仁县……"钱氏征引后，补述道："洪氏所举，尚遗金、绵之石泉，滁、汀之清流，潭、庆、渭之安化……难免挂漏之讥矣。"③ 钱氏还总结出某些较为特殊的现象，在《地名考异》一书中有《县名互易》《一县两分》《府县同名而异属》《郡县同名不同治》等条。《县名互易》称："宋大中祥符四年，棣州清河水溢，坏州城，以厌次与阳信互易其地，徙州治厌次。"④ 三是避讳改名。《十驾斋养新录》列举历代因避讳而改郡县名，仅宋代部分即达数十例："宋太祖之祖名敬，改敬州为梅州、石镜县曰石照。父名宏殷，改宏农县曰常农（本曰恒农，史家避真宗讳改）、殷城县曰商城、溵水县曰商水……"⑤ 拙文《关于宋代避讳》对此言之较详，此处从略。

五　"不通官制，涉笔便误"

钱大昕考证《宋史》，用力最勤、贡献最多者，无疑首推"通官制"。仅以《廿二史考异》一书为例，针对《宋史·职官志》的篇幅达一卷半、

① 钱大昕：《十驾斋养新录》卷7《以年号为州县名》，上海书店，2011，第140页。
② 钱大昕：《十驾斋养新录》卷7《年号连书从省》，上海书店，2011，第140页。
③ 钱大昕：《十驾斋养新录》卷11《宋县名相同》，上海书店，2011，第223页。
④ 钱大昕：《地名考异》，陈文和主编《嘉定钱大昕全集》第3册，江苏古籍出版社，1997，第53、62页。
⑤ 钱大昕：《十驾斋养新录》卷11《避讳改郡县名》，上海书店，2011，第220页。

73 条之多，其分量大大超过考述《新唐书·百官志》（仅半卷、32 条）、《旧唐书·职官志》（仅两条）的总和。足见其对复杂多变的宋代官制何等重视。钱氏有关研究成果，并未遭到"冷遇"，两百多年来代代相传，而今大多早已近乎常识。加之前文涉及已多，仅略举数端如下，除以示不忘前贤之贡献而外，不知可否收到温故而知新之效。

其一，关于差遣制度的形成及改革。钱氏的主要观点有六：一是差遣系宋代独特的一项职官制度。其《答袁简斋（枚）书》系探讨官制之名篇，《书》云："差遣之名，惟宋时有之。宋时，百官除授有官、有职、有差遣。如东坡以学士知定州。知州事，差遣也。端明殿学士，职也。朝奉郎，则官也。差遣罢而官、职尚存，职落而官如故。"① 二是差遣渊源于唐代天宝以后，但当时尚未成为定制。《旧唐书·职官志》：节度使副等"皆天宝后置，检讨未见品秩"。钱氏《考异》案曰："节度、采访、观察、防御、团练、经略、招讨诸使，皆无品秩，故常带省台寺监长官衔，以寄官资之崇卑。其僚属或出朝命，或自辟举，亦皆差遣无品秩。如使有迁代，则幕僚亦随而罢，非若刺史、县令之有定员、有定品也。此外，如元帅、都统、盐铁、转运、延资库诸使，无不皆然。即内而翰林学士、弘文、集贤、史馆诸职，亦系差遣无品秩，故常假以它官。有官则有品，官有迁转，而供职如故也。不特此也，宰相之职所云'平章事'者，亦无品秩，自一二品至二四五品官，皆得与闻国政。故有同居政地，而品秩悬殊者。罢政则复其本班。盖平章事，亦职而非官也。《志》谓节度等检校未见品秩，似未达于官制"（第 849 页）。三是宋代检校官的形成与差遣制度有关，同样起源于中唐。《答袁简斋书》云："唐初所谓检校者，虽非正授，却办本职事。如检校侍中、检校中书令、检校纳言、检校左相之类，皆列于《宰相表》，与真授者无别。而宇文士及检校凉州都督，魏元忠检校并州长史，亦是实履其任。盖内外各官，皆得有检校，若今署事矣。……《宋史》所列检校官一十有九，盖即沿唐末之制矣。公、师之班，首太师，次太尉，次太傅，次太保，次司徒，

① 钱大昕：《潜研堂集·文集》卷 34《答袁简斋书》，上海古籍出版社，2009，第 611~613 页。

次司空。王建由检校太师才迁司徒，曹佾以检校太师守司徒，又数年始除守太保，然则检校太师尚在真三公之下也。"四是因官、职、差遣分离而出现"行、守、试"与"判、知、权发遣、权知"之分。《答袁简斋书》解释道："若夫行、守、试三者，则以官与职之高下而别。《长编》载元丰四年诏：'自今除授职事官，并以寄禄官品高下为法，高一品者为行，下一品者为守，二品以下为试，品同者不用行、守、试。'"赓即以金石文献为证："偶检柳公权书《苻璘碑》，其题云'辅国大将军行左神策军将军'，辅国大将军阶正二品，左神策将军官从三品，此高一品为行之证也。其结衔云'朝议大夫守尚书工部侍郎'，朝议大夫阶正五品，侍郎官正四品，此下一品为守之证也。"接着又说："五代时，李琪为宰相，所私吏当得试官，琪改试为守，遂为同官所纠。此试不如守之证也。"随后讨论"判与知之分，则宋次道《春明退朝录》所云：'品同为知，隔品为判'者得之。宋初曹翰以观察使判颍州，盖用隔品为判之例。后来惟辅臣及官仆射以上领州府事称判，其余皆称知，不称判矣。判知之外，又有云权发遣者，则以其资轻而骤进，故于结衔稍示区别。程大昌云'以知县资序隔二等而作州者，谓之权发遣，以通判资序隔一等而作州者谓之权知'是也。宋制六曹尚书从二品，而权尚书则正三品，侍郎从三品，而权侍郎从四品，则权知与知亦大有别矣"。五是元丰官制改革的要害在于变散官（即阶官）为寄禄官，变寄禄官为职事官，以职事官取代差遣。《潜研堂集·文集》卷28《又（跋宋史）》云："宋之官制，前后不同。元丰以前，所云尚书、侍郎、给事、谏议、诸卿监、郎中、员外郎之属，皆有其名而不任其职，谓之寄禄官，以为叙迁之阶而已。元丰以后，尚书、侍郎等皆为职事官，而以旧所置散官为寄禄官。故元丰以后之金紫光禄大夫犹前之吏部尚书也，银青光禄大夫，犹前之五部尚书也。正议大夫犹前之六部侍郎也，太中大夫犹前之谏议大夫也，朝请、朝散、朝奉郎犹前之诸曹员外郎也。"① 六是元修《宋史》因不知宋代官制的前后变化而产生不少错误。《又（跋宋史）》称："元人修史者未审宋时更

---

① 钱大昕：《潜研堂集·文集》卷28《又（跋宋史）》，上海古籍出版社，2009，第496页。

改之由，其撰诸臣列传也，误以尚书侍郎等为职事官而一概存之，误以大夫郎为散官而多删去之。不知元丰以前所云散官，不过如勋、封、功臣食邑之类，徒为文具，无足重轻，史家固宜从略。其后改为寄禄，以校官资之崇卑，则亦不轻矣。若谓寄禄不必书，则如尚书、侍郎等在宋初亦是寄禄之阶，又何须一一具载耶？愚意散官不必书而寄禄官不可不书，当以元丰三年为限断。"这些观点是否精准，而今或有可商之处，但在当年极具新意。

其二，关于宰相制度及其变迁。其要点有四：一是北宋前期的宰相通常称同中书门下平章事，其性质为差遣，最早出现于中唐以后。钱氏《再答袁简斋书》云："以侍中、中书令为宰相，此二官者皆三品也，然它官亦有三品阶，故入相而官未至侍中、中书令者，必云同中书门下三品，其资望稍轻者则云同中书门下平章事。大历以后，升侍中、中书令为二品。自后入相者，但云平章事，无同三品之名矣。当时除三公者，固不乏人，未尝以三品为限。但三公不必知政事，而居宰相者不皆二品以上官。中叶以降，并有除侍中、中书令而不入政府者矣。"① 其《潜研堂集·文集》卷13《答问》称："唐初三省长官并为宰相。及睿宗以后，但以中书、门下为政府。尚书左右仆射，品秩虽崇，而不加平章事，即不得与政事。"② 二是对于宰相的"议政之所"和"宰相印"，钱氏有说明。"问：中书、门下长官既均为宰相，又有它官而预平章者，则必有议政之所，将别设一署乎？"钱氏答曰："此所谓政事堂也。《旧唐书·职官志》云：'旧制，宰相常于门下省议事，谓之政事堂。永淳二年七月，中书令裴炎以中书执政事笔，遂移政事堂于中书省。开元十一年，中书令张说改政事堂为中书门下，其政事印改为中书门下印也。'《新唐书》亦载其事于《裴炎传》中。"接着便以文物为证："予家藏后唐升元观牒石，刻有数印，其文曰'中书门下之印'，盖宰相印也。"③ 三是宋代宰相的名称前后变化颇多，最重要者为元丰官制改革，不

---

① 钱大昕：《潜研堂集·文集》卷34《再答袁简斋书》，上海古籍出版社，2009，第614~615页。
② 钱大昕：《潜研堂集·文集》卷13《答问》，上海古籍出版社，2009，第198~199页。
③ 钱大昕：《潜研堂集·文集》卷13《答问》，上海古籍出版社，2009，第199页。

设同平章事、参知政事，三省置侍中、中书令、尚书令而一般虚而不授予人，以左右仆射为宰相，设中书、门下侍郎、尚书左右丞，取代参知政事。《答袁简斋书》以文彦博等人任职为例，略作补充和说明："元祐元年，文彦博落致仕，加太师、平章军国重事。潞公本以守太师致仕，今复召用，故有落致仕之命。同一落也，落职则为罢免，落致仕则为复用。其云落者，谓结衔内去此字也。元丰三年，彦博落兼侍中，除守太尉，盖其时改官制，以侍中、中书令为宰相，职事官非退闲者所宜授，故落侍中而进太尉以宠之，亦非罢免之谓也。富弼、吕公著之守司空，与蔡京之司空，皆真三公也。而京不云守，则尤贵。"四是南宋时宰相称左、右丞相，但不始于高宗时。《宋史·职官志》载："南渡后，置左、右丞相省，仆射不置。"《考异》案曰："南渡初，亦仍左、右仆射之名，至乾道八年乃改为丞相耳。《志》所云未核"（第994页）。此后，终南宋之世基本不变。

其三，关于翰林学士、中书舍人与知制诰。以下三点值得重温：一是这三种官职的关联与区别，钱氏在《答问》中讲述得相当详尽。第一问是："唐宋以翰林学士掌内制，中书舍人掌外制，两制皆清要之职，而内制尤重，顾其叙迁，往往由学士而进舍人，此何说也？"钱氏答曰："唐自中叶以后，常以它官知制诰，行中书舍人之职，其真除舍人者少矣。宋初专以知制诰掌外制，其除中书舍人者皆不任职，所谓寄禄也。翰林学士虽华选，而初无品秩，常假它官以寄禄，故学士初入或畿县尉，或拾遗、补阙，或诸曹郎中、员外郎。久之，迁中书舍人、给事中，亦有至侍郎以上者，皆食其禄，不任其职。舍人秩五品，为两省清望官，故学士叙迁，必历此阶，非兼掌外制，亦非由内制改外制也。凡两制官，结衔云翰林学士知制诰者，内制也。其但称知制诰者，外制也。其云翰林学士、中书舍人者，以舍人为寄禄官，仍内制也。其但称中书舍人者，外制也。唐末赵光逢以中书舍人为翰林学士，其弟光裔亦由膳部郎中知制诰，对掌内外命书，士歆羡之。后晋时，陶谷以虞部员外郎知制诰，会晋祖废翰林学士，遂兼掌内外制。周广顺中，窦俨以主客员外郎知制诰，其兄仪自阁下入翰林，兄弟同日拜命，分居两制，时人荣之。又扈蒙以右拾遗知制诰，从弟载时为翰林学士，兄弟并掌内外制，时称'二崑'。盖知制诰与翰林学士对掌两制，唐五代及宋元丰以前，皆然矣。元丰改官制，始正中书舍人之名，与学士对掌两制。资浅者则称直学士院、直舍人院，亦有称权直者。嗣后无单除知制诰者矣。"第二问是："翰林学士带知制诰，唐五代及宋皆然，又有翰林学士而结衔无知制诰者何也？"钱氏再答曰："学士不带知制诰有二例，洪遵《翰苑遗事》云：'唐以来至国朝熙宁，官至中书舍人则不带三字'，元微之《承旨学士院记》题衔称'中大夫行中书舍人、翰林学士承旨'，苏易简《续翰林志》题衔称'翰林学士承旨、朝请大夫、中书舍人'，皆以官至舍人，故不带知制诰。此一例也。徐度《却埽编》云：'翰林学士，祖宗时多有别领它官，如开封府、三司使之类，则不复归院供视草之职，故衔内必带知制诰则掌诏命者也。'盖宋初学士六员，故有以学士而别领它职者，其结衔亦不带知制诰，此又一例也。元丰以后，中书舍人不为寄禄官，则无以学士带舍人者矣。南渡以后，直学士院者不过二三人，即学士之名亦不轻授，则亦无以学士领它职者矣。"① 二是对于宋代翰林学士制度，钱氏有重要的补充和说明。其《跋中兴学士院题名》云："唐时翰林为掌制之地，选工于文学者，以它官入直，无不除学士者。其久次则为承旨学士，职要而无品秩，当时但以为差遣，非正官也。宋初亦沿唐制，太祖、太宗朝，间有以它官直学士院者，然不常设。元丰改官制以后，学士之名渐重。于是有直学士院、权直学士院、翰林院权直之称。南渡以后，真除学士者益鲜矣。"以上或可称为学士地位变迁简史。随后论及学士员额的前后变化："《新唐书》云学士无定员，然白居易诗已有'同时六学士'之句；《五代会要》载开运元年敕，翰林学士与中书舍人旧分为两制，各置六员，是唐五代皆以六员为额也。宋初学士亦六员。至和初，……学士遂有七人。南渡学士不轻授，多以它官直院。然在院不过二员或三员。其员额不审何时裁省，史家失于讨论，亦疏漏也。后读洪文安《翰苑遗事》，称元祐元年七月，诏从承旨邓温伯之请，学士如独员，每两日免一宿，候有双员，即依故事则，其时学

---

① 钱大昕：《潜研堂集·文集》卷13《答问》，上海古籍出版社，2009，第199~200页。

士之员已不多矣。"① 三是翰林学士与馆职、殿阁学士迥然不同，但又易于混淆。钱氏认为，"苏门四学士"之称，就容易造成误会。他说："黄鲁直、秦少游、张文潜、晁无咎称'苏门四学士'。宋沿唐故事，馆职皆得称学士。鲁直官著作郎、秘书丞，少游官秘书省正字，文潜官著作郎，无咎官著作郎，皆馆职，（元丰改官制，以秘书省官为馆职。）故有学士之称，不特非翰林学士，亦非殿阁诸学士也。唯学士为馆阁通称，故翰林学士特称内翰以别之。"②《宋史·职官志》载："翰林资政保和殿大学士。"即为将翰林学士与殿阁大学士混同之一例。钱氏《考异》指出："翰林无大学士之称，此'翰林'二字衍文。"（第 1005 页）《养新录》又称："宋初，昭文馆、集贤殿大学士皆宰相领之，盖沿唐五代之旧。其后置观文殿、资政殿大学士，虽不任事，亦以前宰执充，余官不得与焉。"③ 并在《跋麟台故事》中不烦其详地申说道："宋时翰林与馆职各有司存。钱文僖之《金坡遗事》、李昌武之《翰林杂记》、洪文安之《翰苑群书》、何同叔之《中兴学士院题名》，此翰林故事也。宋匪躬之《馆阁录》、罗畸之《蓬山志》、程俱之《麟台故事》、陈骙之《中兴馆阁录》，此馆职故事也。馆职亦呼学士，乃侪辈相尊之称。如武臣例称太尉耳，非真学士也。翰林掌制诰，馆职典图籍，班秩不同，职事亦异然。馆职之名亦再变。宋初沿唐旧，以昭文、国史、集贤为三馆。昭文有学士，有直馆；集贤有学士，有直院，有校理；史馆有修撰，有直馆，有校勘。学士不常置，自直馆以下皆馆职也。太宗时又建秘阁，设直阁、校理、校勘，与三馆并列，故有馆阁之称。元丰改官制，罢三馆职事，归之于秘书省。其官曰监，曰少监，曰丞，曰秘书郎，曰著作郎，曰著作佐郎，曰校书郎，曰正字，自丞郎以下皆为馆职矣。若元丰以前，校书、正字、著作但为虚衔，其秩甚卑，州郡幕僚与知县皆得带之，非若后来之清要也。前后官称既改，后之言官制者漫不能辩，因读此书为略叙之。唐

---

① 钱大昕:《潜研堂集·文集》卷28《跋中兴学士院题名》，上海古籍出版社，2009，第509～510页。
② 钱大昕:《十驾斋养新录》卷7《苏门四学士》，上海书店，2011，第148页。
③ 钱大昕:《十驾斋养新录》卷10《大学士》，上海书店，2011，第195～196页。

时尝改秘书为麟台，故北山以名其书。"①

其四，关于官府、官员的名称、合称、简称与俗称。名称，如升朝官、京官。《十驾斋养新录》先引《宋史·选举志》："前代朝官自一品以下皆曰常参官，其未常参者曰未常参官。"然后补充道："宋目常参者曰朝官，秘书郎以下未常参者曰京官。"再引《老学庵笔记》："国初，以常参官预朝谒，故谓之朝官，而未预者曰京官。元丰官制行，以通直郎以上朝预宴坐，仍谓之升朝官。而按唐制去京官之名，凡条制及吏牍，止谓之承务郎以上，然俗犹谓之京官。"钱氏案曰："元丰以前，秘书省著作佐郎、大理寺丞、光禄寺丞、卫尉寺丞、将作监丞、大理评事太常寺太祝、奉礼郎、秘书省校书郎、正字、将作监主簿，皆京官也。元丰改制以宣教（本宣德，政和改）、宣义、承事、承奉、承务郎为京官。京官之下则为选人，有七资四等之差。（崇宁中，改选人七阶为承直、儒林、文材、从事、通仕、登仕、将仕郎。政和以从政、修职、迪功易通仕、登仕、将仕三阶。其通仕、登仕、将仕三阶系奏补未出身人。）"②又如前行、中行、后行和头司、子司。《养新录》称："唐宋制，六部有前行、中行、后行三等，而廿四司有头司、子司之称。"并引《唐会要》等书较为具体地予以说明。《唐会要》："故事以兵、吏及左右司为前行，刑、户为中行，工、礼为后行。每行各管四司，而以本行名为头司，余为子司。（如吏部为头司，司勋、司封、考功为子司。）五部皆仿此。显庆元年七月二十一日改户部尚书为度支尚书，侍郎亦准此，遂以度支为头司，户部为子司。至龙朔二年二月四日复旧次第。"《海录碎事》："唐制郎官前行为要，后行为闲。"《南部新书》："先天中，王上客为御史，自以才望清华当入省台，望前行，忽除膳部员外郎，微有惋怅。吏部郎中张敬忠咏曰：'有意嫌兵部，专心望考功。谁知脚蹭蹬，却落省墙东。'盖膳部在省最东北隅也。（膳部为后行，又在礼部四司之末。）"③合称，如

---

① 钱大昕：《潜研堂集·文集》卷28《跋麟台故事》，上海古籍出版社，2009，第508~519页。
② 钱大昕：《十驾斋养新录》卷10《升朝官·京官》，上海书店，2011，第197~198页。
③ 钱大昕：《十驾斋养新录》卷10《前行中行后行·头司子司》，上海书店，2011，第198页。

吏部七司。《养新录》称："唐制，六部各置四司。宋元丰改官制以后，分尚书左右选、侍郎左右选，各置郎官。南渡后，遂有尚左、尚右、侍左、侍右之称，皆吏部一司所分也。并司勋、司封、考功。是为七司。"① 又如四总领。《养新录》称："绍兴十一年，收诸帅兵以为御前军，屯驻之所皆置总领一人，以朝臣为之，叙位在转运副使之上。镇江诸军钱粮，淮东总领掌之；建康池州诸军钱粮，淮西总领掌之；鄂州荆南江州诸军钱粮，湖广总领掌之；兴元兴州钱粮，四川总领掌之。（四川总领初称总领四川宣抚司钱粮，绍兴十八年改四川总领。）总领财赋所，或谓之总所，亦称饷所，又谓之饷司。（《鹤山集》中往往有此名目。）"② 再如十都统。《养新录》称："绍兴十一年，张俊、韩世忠、岳飞除枢密使副入觐。俊首纳所部兵，乃分命三大帅副校各统所部，自为一军，更其衔曰统制御前军马。镇江大军即韩世忠旧部，建康大军即张俊旧部，鄂州大军即岳飞旧部也，并荆南府、江州、池州皆有御前军，凡六统制。十九年，又改汉沔两大将为御前诸军。吴璘称利州西路驻札御前诸军都统制（在兴州），杨政称利州东路都统制（在兴元），金州但以知州兼节制。所谓利路三大屯也，而兴州之事权特重。及吴曦叛后，改兴州为沔州，又分兴州十军为沔利二军，移沔州副都统司于利州。沔州除都统制不除副，利州除副都统制不除正。天下有十都统矣。"③ 简称如尚左、尚右、侍左、侍右。《养新录》引《文献通考》："宋朝典选之制，自分为四：文选二，曰审官东院，曰流内铨；武选二，曰审官西院，曰三班院。元丰定制，以审官东院为尚书左选，审官西院为尚书右选，流内铨为侍郎左选，三班院为侍郎右选。旧制，吏部除侍郎二员，分典左右选，总称吏部侍郎，间命官兼摄，惟称左选侍郎或右选而已。绍熙三年，谢深甫、张叔椿兼摄，始有侍左侍郎、侍右侍郎之称。既而林大中、沈揆擢贰尚书，则侍左、侍右径入除目，相承不改矣。"④ 俗称，如抚干、运干等。《养新

---

① 钱大昕：《十驾斋养新录》卷10《吏部七司》，上海书店，2011，第198页。
② 钱大昕：《十驾斋养新录》卷10《四总领》，上海书店，2011，第202页。
③ 钱大昕：《十驾斋养新录》卷10《十都统》，上海书店，2011，第202~203页。
④ 钱大昕：《十驾斋养新录》卷10《尚左尚右侍左侍右》，上海书店，2011，第199页。

录》称："宋人文集、小说称人官名往往割取两字，盖流俗相称之词。如云'抚干'者，安抚司干办公事也；'运干'者，转运司干办公事也；'提干'者，提刑司干办公事也；'总干'者，总领所干办公事也；'制机'者，制置司主管机宜文字也；'帅机'者，安抚司主管机宜文字也；'帅准'者，安抚司准备差遣也。"① 又如阁老、堂老。钱氏《恒言录》云："中书舍人以久次者一人为阁老，判本省杂事"；"宰相相呼为堂老，两省相呼为阁老"。② 又如老爷、爷爷。《恒言录》云："今百姓称官府曰老爷。爷者呼父之称，以是称者尊之也。《宋史·宗泽传》：北方闻其名，常尊惮之，对南人言，必曰'宗爷爷'。《岳飞传》：金所籍兵相谓曰'此岳爷爷军'，争来降附。《孟宗政传》：金人呼为'孟爷爷'。"③ 钱氏上述阐释文字大多简明易懂。

六 若干领域的开路人

对于钱大昕的学问，我辈或许知之不详，甚至有所"冷遇"。然而老一辈则大不相同，钱氏在他们心中威望高，其学问对他们影响极大。如陈垣"早年治学，服膺钱氏"。④ 他说：钱大昕集"不可不一看，此近代学术之泉源也"⑤。其代表作《史讳举例》是为纪念钱氏200周年诞辰而作，他认为："前人可称做避讳学专家的"，"应推钱竹汀先生"。并称：《史讳举例》"资料大半是采自钱先生所著的书"⑥。

如上文所述，钱大昕考证《宋史》，堪称"第一人"。其后继者代代相

① 钱大昕：《十驾斋养新录》卷10《官名俗省》，上海书店，2011，第204页。
② 钱大昕：《恒言录》卷4《阁老》，陈文和主编《嘉定钱大昕全集》第8册，江苏古籍出版社，1997，第108页。
③ 钱大昕：《恒言录》卷4《老爷》，陈文和主编《嘉定钱大昕全集》第8册，江苏古籍出版社，1997，第110~111页。
④ 顾吉辰主编《钱大昕研究》卷首《刘乃和题词》，华东理工大学出版社，1996。
⑤ 陈智超编注《陈垣史源学杂文·前言》（增订本），生活·读书·新知三联书店，2007，第6页。
⑥ 陈垣：《历史补助科学的避讳学》，《史讳举例》附录，中华书局，2012，第237~238页。

传，为数甚多。钱氏对《宋史·艺文志》很是不满，不仅"重复讹舛，较前史为甚"，而且脱漏甚多，"宋人撰述不见于《志》者，又复不胜枚举"①。陈乐素继钱氏之后，倾其大半生之心血，著《宋史艺文志考证》。究其缘故，多半是受其父陈垣指引。陈垣既强调治学当"从目录学入手"②，又尊崇钱大昕。至于分量之厚重、考证之精详，超越钱氏。陈乐素的高足徐规力图将考证范围拓展到《宋史》全书，20 世纪 80 年代曾主持浙江省"七五"规划重点科研项目"《宋史》补正"，其主要成果包括何忠礼所著《宋史选举志补正》、梁太济与包伟民所著《宋史食货志补正》、龚延明所著《宋史职官志补正》等。因钱大昕对《选举志》《食货志》着力不多，前两种《补正》与钱氏牵涉不大，《宋史职官志补正》则与钱氏不无关系。龚延明说："钱氏《考异》实已为后人草创了体例、规模"，"其启迪后人之功未可泯灭"③。在众多考证《宋史》的著述中，以邓广铭 20 世纪 40 年代所著《〈宋史·职官志〉考正》《〈宋史·刑法志〉考正》最负盛名。但因邓氏未曾言及与钱氏有无关联，不便臆测。

陈垣将钱大昕的学问视为"近代学术之泉源"，评价虽高，却是实情。钱氏确是不少学术领域的先行者和开路人。仅仅就以宋史有关者而论，张荫麟对钱氏论著相当熟悉，早在 1924 年就著有《钱大昕著作考》。钱氏认为："《宋史》述南渡七朝事，丛冗无法，不如前九朝之完善。宁宗以后四朝，又不如高孝光三朝之详。""《宋史》于南渡季年臣僚褒贬多不可信。"④ 张氏《南宋亡国史补》⑤ 开篇便引证钱氏上述有关论述，以示钱氏是其晚宋史研究的指路人。《金史》有《交聘表》而《辽史》无。傅乐焕在其《宋辽

---

① 钱大昕：《十驾斋养新录》卷 7《艺文志脱漏》，上海书店，2011，第 135 页。
② 张荣芳：《陈垣与陈乐素父子的学术传承》，《学术研究》2005 年第 2 期。
③ 龚延明：《宋史职官志补正·序论》，浙江古籍出版社，1991，第 11 页。
④ 钱大昕：《十驾斋养新录》卷 7《南渡诸臣传不备》《宋史褒贬不可信》，上海书店，2011，第 132、135 页。
⑤ 张荫麟：《南宋亡国史补》，中华丛书编审委员会编印《宋史研究集》第 2 辑，1964，第 105～122 页。

聘使表稿·序例》① 中说，提出问题的是赵翼："元人修史时既于《金史》立此表，独不可于《辽史》立此表乎？"着手解决问题的是钱大昕的《宋奉使诸臣年表》。其《表稿》是在钱氏的基础上推进的。聂崇岐《宋辽交聘考》② 同样是以钱氏《年表》为基础。人们或许以为南宋末年四川抗蒙山城研究的开创者是姚从吾，其实钱大昕对此已有研究。钱氏《考异》称："宋末，川蜀诸州多依险为治。如遂宁府权治蓬溪砦，顺庆府徙治青居山，叙州徙治登高山，合州徙治钓鱼山，渠州徙治礼义山，广安军徙治大良平，富顺监徙治虎头山。阆州徙治大获山，政州徙治雍村，涪州移治三台山，皆载于《志》。而潼川府之治长宁山，隆庆府之治苦竹隘，蓬州之治运山，《志》独遗之"（第 980～981 页）。其涉及面较广，已不限于合州钓鱼城。《地名考异·宋末州郡徙治》有所补充，如："施州徙治倚子山，开庆初，城东十五里。""泸州，嘉熙三年筑合江之榕山，在县南五里。再筑江安之三江碛，在江安县城西，或云即绵水口也。四年又筑合江之安乐山为城，在县西五里。淳祐三年又城神臂厓以守，在州东八十里。"③《养新录》又称：虎啸城与大良平"为宋元交争之地，其筑城始末历历可考"；宝祐七年，"遣便宜都总帅汪惟正戍青居，与大获、运山、大良平称四帅府"④。姚从吾对这项研究有很大推进，将《养新录》卷 8《四川制置》所列南宋四川制置使补足即为一例⑤。上文讲到钱大昕的古代同姓名研究，在他的启示下，汪辉祖著有《史姓韵编》《九史同姓名录》《辽金元三史同名录》等，钱氏为其《二十四史同姓名录》作序。

不必讳言，《疑年录》系钱大昕的不成功之作。因其性质为自编以备自

① 傅乐焕：《宋辽聘使表稿·序例》，《辽史丛稿》，中华书局，1984，第 179～181 页。

② 收入聂崇岐《宋史丛考》，中华书局，1980，第 283～375 页。

③ 钱大昕：《地名考异》，陈文和主编《嘉定钱大昕全集》第 3 册，江苏古籍出版社，1997，第 97～99 页。

④ 钱大昕：《十驾斋养新录》卷 11《虎啸城》《蜀四帅府》，上海书店，2011，第 232～233 页。

⑤ 姚从吾：《余玠评传》注 8，中华丛书编审委员会编印《宋史研究集》第 4 辑，1969，第 152～153 页。

用，生前未定稿，死后由其弟子刊出，以致内容粗糙，错误不少。余嘉锡著《疑年录稽疑》为其纠错正误。然而钱氏此书开创了一种新体裁①，此后吴修《续疑年录》、钱椒《补疑年录》、陆心源《三续疑年录》、朱昌燕《四续疑年录》等书以及陈垣《释氏疑年录》、姜亮夫《历代人物年里碑传综表》相继问世。贾贵荣、殷梦霞辑《疑年录集成》收录同类著作达 17 种之多②。

七　"重修不如考订"

金毓黻说："清代诸贤多有志于改修《宋史》。"③ 钱大昕自当名列其中，其缘故则在于对元朝官修《宋史》以及后来诸多重修《宋史》的种种不满。钱氏认为"繁芜"是《宋史》的一大缺陷："复重列之，连篇累牍，皆可省也"（第 1006 页）。但更为严重的是"缺略"："世人读《宋史》者，多病其繁芜，予独病其缺略，缺略之患甚于繁芜。"④ 此言可谓深中肯綮，《宋史》缺传问题就很突出⑤，尤以南宋为甚。王德毅统计："《循吏传》1卷，载 12 人，南宋无一人。《儒林传》8 卷，北宋 31 人，南宋 46 人；《文苑传》7 卷，北宋 85 人，南宋仅载陈与义、汪藻等 11 人；二者合计北宋116 人，南宋 57 人，为二比一。至于一般臣僚，北宋 109 卷，1155 人，南宋 68 卷，466 人，南宋为北宋的十分之四。"⑥ 前面已经说到，钱氏对元朝官修《宋史》最不满意的篇章是《艺文志》，最不满意的时段是南宋特别是

---

① 卞孝萱在《陈垣与〈释氏疑年录〉》一文中说："疑年录是清人钱大昕所开创的一种新史书，专门记载名人的生年、卒年和岁数"（《卞孝萱文集》第 5 卷，凤凰出版社，2010，第138～154 页）。

② 贾贵荣、殷梦霞辑《疑年录集成》，北京图书馆出版社，2002。

③ 金毓黻：《中国史学史》，上海古籍出版社，2013，第 166 页。

④ 钱大昕：《潜研堂集·文集》卷 29《跋三山志》，上海古籍出版社，2009，第 518 页。

⑤ 可参见赵翼著、王树民校证《廿二史札记校证》卷 24《宋史列传又有遗漏者》、卷 26《宋史缺传》，中华书局，1984，第 513～514、571～572 页。

⑥ 王德毅：《补宋史周麟之传——兼论宋史中的缺传问题》，中华丛书编审委员会编印《宋史研究集》第 14 辑，1983，第 282 页。

宁宗以后。这里需要补充的是，钱大昕对《宋史》最不满的观点是：片面尊崇程朱理学，并以此作为标准评价宋代人物。其主要表现或可概括为"三个反对"。

其一，反对立《道学传》。《宋史》的做法是："创为《道学传》，列于《儒林》之前，以尊周、二程、张、邵、朱六子，而程、朱之门人附见焉。"钱氏不解之处甚多，如："夫刘彦冲、胡原仲、刘致中，朱子之师也，而不与；吕东莱、陆子静，朱子之友也，而不与。其意以为非亲受业于程、朱者，皆旁支也，不得以干正统也，而独进张南轩（栻）一人。南轩非受业于程氏者也，南轩与东莱俱为朱子同志，进南轩而屏东莱。"概而言之："彼修宋史者，徒知尊道学而未知其所以尊也。"他的主张是："周、程、张、朱五子宜合为一传，而于论赞中著其直接圣贤之宗旨，不必别之曰'道学'也。自五子而外，则入之《儒林》可矣。"①

其二，反对美化张浚。钱氏一再指出《宋史》因张栻系道学中坚而为其父张浚隐恶扬善："史家以其子为道学宗，因于浚多溢美之词"（第1091页），"至以诸葛武侯相况"。钱氏则反其道而行之，力图将张浚塑造为"生平用兵，有败无胜"的常败指挥官，历数其富平之败、淮西之败、符离之败等劣绩，谴责他"竭生民之膏脂，糜生民之血肉，有损于邦国，无益于君亲"②。并指斥其人品低下："党于黄汪，力攻李忠定（纲），几欲置之死地。"③钱氏对张浚的总体评论是："志广而才疏，多大言而少成事。"④平心而论，大体属实。但对其"志广"一面，似应给予更多一点肯定。

其三，反对将韩侂胄置于《奸臣传》。《宋史·史弥远传》称："台谏给舍交章论驳，侂胄乃就诛。"钱氏《考异》案曰："史家欲宽弥远擅杀之罪，故为此语。"又云："弥远之奸倍于侂胄，而独不预奸臣之列，《传》于谋废

---

① 钱大昕：《潜研堂集·文集》卷28《跋宋史》，上海古籍出版社，2009，第494~496页。
② 钱大昕：《潜研堂集·文集》卷2《张浚论》，上海古籍出版社，2009，第35~36页。
③ 钱大昕：《十驾斋养新录》卷7《张浚为黄汪所荐》，上海书店，2011，第145页。
④ 钱大昕：《潜研堂集·文集》卷2《张浚论》，上海古籍出版社，2009，第35页。

济王事并讳而不书，尚得云直笔乎？推原其故，则以侂胄禁伪学，而弥远弛其禁也。弥远得政，只欲反侂胄之局，虽秦桧之奸慝众着，尚且为之昭雪，岂能崇尚道学者？使朱元晦尚存，未必不排而去之。史臣徒以门户之见，上下其手，可谓无识矣"（第1108页）。言犹未尽其意，在《养新录》中仍愤愤不平："史弥远握权卅余年，威焰甚于京、桧，且有废立大罪，而不预奸臣之列。"① 且有诗云："十年富贵老平原，一着残棋一局翻。毕竟未忘青盖辱，九京不愧魏公孙。……成败论人亦可嗤，谁持秦镜照须眉。如何一卷《奸臣传》，却漏吞舟史太师。"②

钱大昕评论历史人物，虽非毫无见识，但从总体上看，算不上高明。如对王安石的评论就相当偏颇，他指斥王安石"平生好为大言欺当世"。其《王安石论》全面恶评王安石，无非为范纯仁所言"舍尧舜知人安民之道，讲五伯富国强兵之术，尚法令则称商鞅，言财利则背孟轲"③ 作注释而已。他断言："宋之亡始于安石之新法，终于朱勔之进奉"④；"安石非独得罪于宋朝，实得罪于名教"⑤。并作诗对王安石进行人身攻击："两朝定策数安阳，晚节黄花独自香。何事裕陵亲政日，翻将国事付貛郎。"⑥ 但钱氏不赞成将王安石视为奸臣："王安石之立新法，引金人，虽兆宋祸，而本无奸邪之心。""以奸臣目之，未免太甚矣。"⑦

钱大昕不仅对元朝官修《宋史》不满，而且认为此后各种重修《宋史》均有重大缺失。如薛应旗《宋元通鉴》"未能寻其要领"，柯维骐《宋史新编》"见闻未广，有史才而无史学"⑧，陈黄中《宋史稿》"前后义例不能划

① 钱大昕：《十驾斋养新录》卷7《南渡诸臣传不备》，上海书店，2011，第133页。
② 钱大昕：《潜研堂集·诗续集》卷2《过安阳有感韩平原事四首》，上海古籍出版社，2009，第1164页。
③ 钱大昕：《潜研堂集·文集》卷2《王安石论》，上海古籍出版社，2009，第32～33页。
④ 钱大昕：《潜研堂集·文集》卷17《又（读大学）》，上海古籍出版社，2009，第286页。
⑤ 钱大昕：《十驾斋养新录》卷7《王安石狂妄》，上海书店，2011，第141～142页。
⑥ 钱大昕：《潜研堂集·诗续集》卷2《韩魏公祠》，上海古籍出版社，2009，第1164页。
⑦ 钱大昕：《潜研堂集·文集》卷28《跋陈黄中宋史稿》，上海古籍出版社，2009，第497～498页。
⑧ 钱大昕：《潜研堂集·文集》卷28《跋柯维骐宋史新编》，上海古籍出版社，2009，第497页。

一，《纪》《传》无论赞，《志》无总序"①。于是他有意亲自动手重修《宋史》，只因忙于重修《元史》而无暇顾及。在他启示下，邵晋涵著《南都事略》，钱氏及章学诚均参与其事②。邵氏采纳钱氏不少主张，如改修宋史当"自南渡始"，不立《道学传》，乃至仿效王偁《东都事略》之例，书名不叫《南宋史》或《南宋书》，而称《南都事略》。此书或未竟其业或已失传，仅存"《儒学》《文艺》《隐逸》三传目录"③。梁启超称："不得不为学术界痛惜也。"④ 而鄙人则对《南都事略》无太多期待。对于今人来说，明清学者重修的各种《宋史》都不是严格意义上的史书，仅为史料而已。重修《宋史》的致命通病在于不具有史料所应有的原始性，因而参考价值不大，均非成功之作，绝无取代元朝官修《宋史》的可能。在同类书籍中，陆心源《宋史翼》价值较大，原因在于抓住《宋史》缺传这一要害，"补《宋史》缺传949人"⑤，"利用百数十种史子集部的典籍"⑥，具有史料汇编的性质，原始性较强。邓广铭说得对：重修不如考订。⑦ 明清重修《宋史》何以大多被人遗忘，而考订《宋史》的钱大昕著述历300余年之久，至今仍熠熠生辉、光芒依然。其奥妙之所在，邓氏一语道破。

[学友成荫、陈鹤对本文有所贡献，原载《四川师范大学学报》（社会科学版）2018年第3期]

---

① 钱大昕：《潜研堂集·文集》卷28《跋陈黄中宋史稿》，上海古籍出版社，2009，第498页。

② 可参见《章学诚遗书》卷18《邵与桐别传》、卷9《与邵二云论修宋史书》，文物出版社，1985，第176~178、81页。

③ 钱大昕：《十驾斋养新录》附《余录》卷中《南都事略》，上海书店，2011，第417页。

④ 梁启超：《中国近三百年学术史》，东方出版社，2004，第308页。

⑤ 罗炳良在《〈宋史〉研究·前言》中说：陆心源《宋史翼》"采集宋人文集、杂著、年谱、族谱、方志等史料，增补列传845人，以补《宋史》之缺"。其统计数字与王德毅稍有出入。见罗炳良主编《20世纪二十四史研究丛书》第8卷《〈宋史〉研究》，中国大百科全书出版社，2009，第12页。

⑥ 王德毅：《补宋史周麟之传——兼论宋史中的缺传问题》，《宋史研究集》第14辑，1983，第282页。王氏将陆心源称为"《宋史》的功臣"。

⑦ 邓广铭：《〈宋史·职官志〉考正·自序》，《邓广铭全集》第9册，河北教育出版社，2005，第20~22页。

关于宋代避讳*

——研习钱大昕著作的一个读书报告

论及避讳学，即刻想到史学大师陈垣（1880~1971）。追根溯源，不应忘记乾嘉巨子钱大昕（1728~1804）。陈垣甚至将钱氏盛赞为"清朝唯一的史学家"[①]，认为："前人可称做避讳学专家的"，"应推钱竹汀（大昕）先生。他对于避讳学虽未著成专书，然却有极精密的研究"。其名著《史讳举例》便是为纪念钱氏200周年诞辰而作。陈垣说："我对于此题所用的资料，大半是采自钱先生所著的书。"[②] 仅就宋代避讳而论，钱大昕的考论就很有分量。温故知新，而今仍可从中获得若干有益的认知与启迪。鉴于钱氏有关论述散见于多种著作，本文先择要分类摘录如下，并稍作评介，最后略抒个人感悟。

一　地名避讳

要言不烦是钱大昕论事行文的一大特色。其《十驾斋养新录》卷11《避讳改郡县名》条宋代部分云："宋太祖之祖名敬，改敬州为梅州、石镜

---

* 本文为2017年9、10月在北京大学人文社会科学院举办的"钱大昕与宋史研究"读书会而作，感谢北大文研院提供的支持。

① 与陈垣相似，陈寅恪在《李德裕贬死年月及归葬传说辨证》一文中，称赞钱大昕为"清代史学家第一人"（《金明馆丛稿二编》，生活·读书·新知三联书店，2001，第26页）。

② 陈垣：《历史补助科学的避讳学》，《史讳举例》附录，中华书局，2012，第237~238页。

县曰石照。父名宏殷，改宏农县曰常农（本曰恒农，史家避真宗讳改）、殷城县曰商城、潊水县曰商水。太祖名匡胤，改匡城县曰鹤邱、胤山县曰平蜀。太宗名光义，改义阳军曰信阳、义武军曰定武、昭义军曰昭德、崇义军曰崇信、保义军曰保平、感义军曰感德、彰义军曰彰化、南义州曰南仪、孝义县曰中阳、义川县曰宜川、义兴县曰宜兴、义章县曰宜章、郴义县曰桂阳、通义县曰眉山、方义县曰小溪、义宾县曰宜宾、义宁县曰信安、全义县曰兴安、信义县曰信宜、义伦县曰宜伦、义清县曰中庐、归义县曰归信、丰义县曰彭阳、招义县曰招信、正义县曰蒙山、富义监曰富顺。仁宗名祯，改祯州曰惠州、永贞县曰永昌、浈阳县曰真阳、浈昌县曰保昌。神宗名顼，改旭川县曰荣德。孝宗名眘，改慎县曰梁县。理宗名昀，改筠州曰瑞州。大中祥符五年，避圣祖讳，改元武县曰中江、朗州曰鼎州、朗山县曰确山、朗池县曰营山。天圣元年，避章献后父讳，改淮南之通州为崇州、蜀之通州为达州、通利军曰安利、通化县曰金川。大观四年，避孔子讳，改瑕邱县曰瑕县、龚邱县曰龚县。绍兴十二年，避金太祖讳，改岷州曰西和州。廿八年，避金太子光瑛名，改光州为蒋州、光山县曰期思。"[1] 这段文字看似冗长，实则简洁，其信息量之大、涉及面之广令人叹为观止。涉及今四川省即多达10例，眉山、宜宾、富顺、中江、营山、达州六地分别因避宋讳由通义、义宾、富义、元武、朗池、通州而改今名。"（改）胤山县曰平蜀"，在今旺苍县境内；"（改）方义县曰小溪"，即今遂宁市船山区；"改旭川县曰荣德"，即今荣县；"（改）通化县曰金川"，在今理县东北。涉及今河南省之处也不少，恕不一一列举。

文中论及宋人避金朝讳，钱氏仅举二例。此种现象值得重视，或可作为宋金互称南北朝、相互承认的例证。陈垣《史讳举例》将其拓展为"宋辽金夏互避讳"，列举五例。如"《金史·章宗纪》：'明昌四年，遣完颜匡使宋，权更名弼，以避宋讳。'"[2] 尚有可补充者，如据《建炎以来系年要录》

---

① 钱大昕：《十驾斋养新录》，杨勇军整理，上海书店，2011，第220页。
② 陈垣：《史讳举例》，中华书局，2012，第43~44页。

及《金史·海陵子光英传》记载，与改光州为蒋州同时，改"光化军为通化军"①。宋辽金夏互避讳原因何在，钱、陈二氏未做任何说明。其实"互避讳"并非常态，仅出现于某些特殊情况下，如出使、绍兴和议之后等，系应景或应急之举。《文献通考·舆地考四》载：光州"绍兴末改蒋州，寻复旧"②；《宋史·地理志四》载：光山"避讳改期思，寻复故"③；《方舆胜览》载："通化军复为光化军。"④

千虑一失，文中可商之处有二。一是通州改名达州，钱氏本人另有一说："今考李氏《长编》亦载于乾德三年，殆因淮南有通州避重名而改。"当以李焘《续资治通鉴长编》所载为"蜀之通州"非因避讳，系"避重名"，早在宋初已改名。二是宋代军有两种，不容混淆。钱氏曾多次强调，其《廿二史考异》卷69《宋史三》云："宋时称军者有二等：一为节度军号，以宠大州；一为小郡之称，大约由县升军，由军升州，如北海军后升潍州是也。军名虽同，而品秩大小迥殊。"⑤文中所举七军，仅义阳即信阳军系"小郡之称"，义武、昭义、崇义、保义、感义、彰义六军乃"节度军号"，似不应以"州郡名"相称。

地名避讳不限于郡县名，山名之类也在避讳之列。《廿二史考异》中有两例：其一，改"恒山"为"镇山"。《宋史·礼志》："秦将王翦镇山伯。"钱氏案曰："当是'恒山'，避（宋真宗）讳，易'恒'为'镇'。"其二，改"桓山"为"雠山"。《宋史·王巩传》："登雠山，吹笛饮酒。"钱氏案曰："'雠山'本'桓山'，史家避（宋钦宗）讳改。"⑥桓山，在徐州境内，

① 李心传：《建炎以来系年要录》卷179，绍兴二十八年五月辛未，中华书局，1988，第2968页；脱脱等：《金史》卷82《海陵子光英传》，中华书局，1975，第1853页。
② 马端临：《文献通考》卷318《舆地考四》，中华书局，1986，第2498页。
③ 脱脱等：《宋史》卷88《地理志四》，中华书局，1977，第2184页。
④ 祝穆等：《方舆胜览》卷33《光化军》，施和金点校，中华书局，2003，第598～599页。
⑤ 钱大昕：《廿二史考异》卷69《宋史三》，方诗铭、周殿杰校点，上海古籍出版社，2014，第975页。
⑥ 钱大昕：《廿二史考异》卷70《宋史四》、卷77《宋史十一》，上海古籍出版社，2014，第984、1077页。

之所以改为"魋山",或与山上有春秋时期宋国司马桓魋之墓有关①。《文献通考·经籍考七十二》作"栢山"②,当属另一种避讳方式。

二 姓名避讳

《十驾斋养新录》附《余录》卷下《避讳改姓》条称:"陶谷本姓唐,诗人彦谦之孙,避石晋讳(后晋高祖石敬瑭),改陶氏。汤悦本姓殷,名崇义,初仕南唐,入宋避讳,改今姓名③。金履祥先世姓刘,避吴越讳,为金氏。"④ 陶谷、金履祥因避五代十国讳而改姓,殷悦则是避宋太祖父亲赵弘殷名讳而改姓汤。敬姓者因避宋太祖祖父赵敬名讳改姓恭。《宋史·艺文志七》:"《恭翔集》十卷。"钱氏案曰:"即敬翔也","史臣避宋讳追改之"。殷姓除改姓汤,改姓商者为数更多。《宋史·艺文志三》:"《目录类》商仲茂《十三代史目》一卷。"钱氏案曰:"本姓殷,避讳追改。《别集类》有商瑶《丹阳集》、商文圭《从军稿》","《五行类》有商绍《太史堪舆历》,皆本'殷'字也。钱氏指出:"殷瑶《丹阳集》一卷,见《总集类》。而《别集类》又有商瑶《丹阳集》一卷。宋人避讳,改'殷'为'商',其实一书也。"⑤ 修史者不知姓氏避讳是《宋史·艺文志》"一书而二三见"的原因之一。

《十驾斋养新录》卷7《沈尤同族》,其依据是费衮《梁谿漫录》卷3《氏族》:"王审知据闽,闽人避其讳,以沈去水而为尤,二姓实一姓也。"⑥

---

① 苏轼:"有言郡东北荆山下,可以沟畎积水,因与吴正字、王户曹同往视,以地多乱石,不果。还,游圣女山,山有石室,如墓而无棺椁,或云宋司马桓魋墓。二子有诗,次其韵二首"(王文诰辑注《苏轼诗集》第3册,孔凡礼点校,中华书局,1982,第768~770页)。

② 马端临:《文献通考》卷245《经籍考七十二》,中华书局,1986,第1936页。

③ 南唐司空汤悦"即殷崇义,池州人也,姓犯宣祖讳,故改焉"(李焘:《续资治通鉴长编》卷2,建隆二年二月,中华书局,1979,第40页)。

④ 钱大昕:《十驾斋养新录》附《余录》卷下《避讳改姓》,上海书店,2011,第428页。

⑤ 钱大昕:《廿二史考异》,上海古籍出版社,2014,第1032、1018、1026页。

⑥ 钱大昕:《十驾斋养新录》,上海书店,2011,第147页。

名列"南宋四大诗人"之一的尤袤便是例证①。陈垣《史讳举例》补充了一些姓氏避讳的例证,如文彦博本姓敬,更姓文②之类。但质疑"沈尤同族":"尤姓由来远矣。"③ 有学者也认为此说不确,其主要理由是沈字去水旁,不是尤字④。

关于名讳避讳,《廿二史考异》卷 75 以杨承信改名杨信为例:"杨承信,《通鉴》作杨信,盖避汉隐帝(刘承祐)讳,去上一字也。"⑤ 同书卷 73 所举例证较多,如:王晦叔"本名曙,避英宗讳,称其字";程正柔"本名匡柔,避讳改";龚颐正"本名惇颐,避讳更名";蔡元道"本名惇,避讳称其字";朱景玄"宋人避讳,易为'真'字,如玄武为真武也";包幼正"本名佶,避徽宗讳,亦称字";"李泰伯本名觏,避高宗讳,亦称字";许恭宗"即许敬宗也,史臣避宋讳追改之"。钱氏指出:《宋史·艺文志》"《别集类》前有《廖光图诗集》二卷,后有《廖正图诗》一卷,本名匡图,宋人避讳,或改为'光',或改为'正',其实一书也";"《艺术类》有张仲商《射训》",商"本'殷字'"。⑥

至于如何改名,办法不尽相同。《廿二史考异》卷 70 以宋初名将刘光义避太宗讳为例,指出办法有三种:一是"以字行",改名廷让;二是缺笔,书"义""为'乂'";三是以近音字替换,改"义""为'毅'"⑦。于是刘光义一人以四种名字出现于不同史书。吴任臣《十国春秋》卷 49《后蜀二·后主本纪》称:刘光义,"《宋通鉴长编》作'刘光义';《蜀梼杌》作'刘光乂';《宋史》作'刘廷让';《东都事略》作'刘光毅'"⑧。

---

① 《无锡县志》卷 3 上:"宋尤袤,字延之,其先闽人,本姓沈。因避王审知讳,去水姓尤,来居无锡。至袤,遂为无锡人"(文渊阁四库全书影印本)。

② 邵博:《邵氏闻见后录》卷 21:"文潞公本姓敬,其曾大父避石晋高祖讳,更姓文。至汉,复姓敬。入宋,其大父避翼祖讳,又更姓文。初,敬氏讳讳,各用其一偏,或为文氏,或为苟氏"(中华书局,1983,第 167 页)。

③ 陈垣:《史讳举例》,中华书局,2012,第 18 页。

④ 程羽黑:《十驾斋养新录笺注》,上海书店出版社,2015,第 263 ~ 264 页。

⑤ 钱大昕:《廿二史考异》,上海古籍出版社,2014,第 1057 页。

⑥ 钱大昕:《廿二史考异》,上海古籍出版社,2014,第 1018 ~ 1032 页。

⑦ 钱大昕:《廿二史考异》,上海古籍出版社,2014,第 1057 页。

⑧ 吴任臣:《十国春秋》卷 49《后蜀二·后主本纪》,中华书局,1983,第 732 页。

《十驾斋养新录》卷 16《文人避家讳》称："古人重家讳。"并以司马光及眉山苏氏为例。司马光"父讳池，每与韩持国（维）书，改'持'为'秉'，取其义相近"。其实"礼不讳嫌"，"不避无妨"。苏序之子苏洵，著文"改'序'为'引'"。其孙苏轼"不为人作序，或改用'叙'字"①。《潜研堂集·文集》卷 29《跋剡录》指出，此书的作者高似孙"为文虎之子"，"书中屡称（其父为）先公翰林"，并"称袁虎为袁彪，亦是避其家讳也"②。

三　官职避讳

因避讳而改官职名称较常见，其时间则长短不同。历时短者，如改通判为同判之类，前后不过十年而已。《廿二史考异》卷 69 引《嘉泰会稽志》："天圣初，以章献明肃太后家讳，避通字，如改通进司为承进司，……诸州通判为同判，通事舍人为宣事舍人之类是也。仁宗亲政皆复故。"③ 历时长者，如部署改称总管、签署改称签书，从宋英宗即位到南宋都如此。至于北宋前期，系追改。《宋史·高化传》："为鄜延路马步军副都总管。"钱氏《诸史拾遗》卷 4 案曰："宋初，武臣领兵在外者，曰都部署，曰副都部署，曰部署。英宗即位，始避讳，改部署为总管。史于仁宗朝诸臣，如此传为鄜延路马步军副都总管，降滑州总管，改真定路副都总管；……皆依后来避讳之称。"④《宋史·职官志二》："签书院事、同签书院事。"《廿二史考异》卷 71 案曰："太平兴国四年，置签署枢密院事，以枢密直学士石熙载为之。八年，以张齐贤、王沔同签署院事。景德三年，马知节、韩崇训亦为签署。史家避英宗讳，改署为书尔。治平中，郭逵以检校太尉同签书枢密院事。签书

---

① 钱大昕：《十驾斋养新录》，上海书店，2011，第 334 页。
② 钱大昕：《潜研堂集》，吕友仁校点，上海古籍出版社，2009，第 520 页。
③ 钱大昕：《廿二史考异》，上海古籍出版社，2014，第 981 页。
④ 钱大昕：《廿二史考异》附录《诸史拾遗》，上海古籍出版社，2014，第 1548～1549 页。

之名始于此。"① 《宋史·宰辅表一》："太平兴国四年正月，石熙载自枢密直学士迁签书枢密院事。"《廿二史考异》卷 74 案曰："'签书'当作'签署'。张齐贤、王沔、杨守一、张逊、冯拯、陈尧叟、韩崇训、马知节、曹玮、王德用诸人皆除签署或同签署。史家避讳，追改为'书'字。"②

任职不仅限于避圣讳，而且要避家讳，《唐律疏义》有明文规定。《十驾斋养新录》卷 6《居官避家讳》条："《唐律·职制篇》：'诸府号官称犯祖父名而冒荣居之者，徒一年。'《疏义》云：'府有正号，官有名称。府号者，假若父名'卫'，不得于诸卫任官，或祖名'安'，不得任长安县职之类。官称者，或父名'军'，不得作将军，或祖名'卿'，不得居卿任之类。皆须自言，不得辄受。"③ 这一禁令为《宋刑统》卷 10《职制律·冒荣居官》所沿袭④，宋太宗雍熙二年诏令、宋仁宗嘉祐六年诏令⑤及《庆元条法事类》⑥ 等法律文书在原则上予以重申。避讳办法有二：一是更改出任官职，如由任著作佐郎改任秘书丞。林岊因其父祖名著，不能担任著作佐郎。《潜研堂集·文集》卷 28《跋九朝编年备要》：林岊"开禧三年三月，除秘书郎。七月，除著作佐郎，以祖讳，改除秘书丞。……见《中兴馆阁续录》"⑦。二是更改职官名称，如改同中书门下平章事为同中书门下二品。《宋史·宰辅表一》："建隆元年二月吴廷祚自枢密使加同中书门下平章事。"《廿二史考异》卷 74 案曰："《本纪》作'同中书门下二品'。廷祚父名璋，故改平章事为二品。后晋天福四年，升中书门下平章事为正二品故也。《（宰辅）表》书平章事，误。"⑧ 慕容延钊又是一例，"以（其）父讳章，

---

① 钱大昕：《廿二史考异》，上海古籍出版社，2014，第 994 页。
② 钱大昕：《廿二史考异》，上海古籍出版社，2014，第 1034 页。
③ 钱大昕：《十驾斋养新录》，上海书店，2011，第 129 页。
④ 窦仪等：《宋刑统》，吴翔如点校，中华书局，1984，第 165 页。
⑤ 岳珂：《愧郯录》卷 10《李文简奏稿》，朗润点校，中华书局，2016，第 129～133 页。
⑥ 谢深甫等：《庆元条法事类》卷 3，《续修四库全书》第 861 册，上海古籍出版社，2002，第 77 页。此事承蒙四川师范大学历史文化与旅游学院刘双怡博士告知。
⑦ 钱大昕：《潜研堂集》，上海古籍出版社，2009，第 499 页。
⑧ 钱大昕：《廿二史考异》，上海古籍出版社，2014，第 1034 页。

当为使相，不带平章事，并拜同中书门下二品"①。但此法"仅止一再见，几于特创"，限于优礼"开国勋臣"②。

从广义上说，官员谥法可归属职官制度。钱大昕对有宋一代的谥号曾潜心研究，下过大功夫③。依钱氏之见，改"贞"为"正"是官员谥号避讳的典型例证。《潜研堂集·文集》卷30《跋挥麈后录》称："宋初，李昉、王旦皆谥文贞。后来避仁宗嫌名，改为'正'字。范希文、司马君实之'文正'即'文贞'也。谥法有'贞'无'正'，宋人避讳有'正'无'贞'，二名不当并用。"由于对此茫然无知，以致产生两大错误。一是不懂唐代谥法，改"贞"为"正"。有学者以为唐代谥法已有"文贞"，其主要依据是"（王溥）《唐会要·谥法篇》'贞'俱作'正'"。钱氏强调："此后人追改。王溥，宋初人，不当回避'贞'字。"二是"正""贞"并用，甚至认为"正"优于"贞"。"元时谥耶律楚材、许衡文正，而马祖常、曹伯启别谥文贞。此当时太常不学之失，而后遂沿用之。"④ 对于钱氏此说，清人沈涛《铜熨斗斋随笔》卷6《谥文正》有申论，可参看⑤。

四 文书避讳

《十驾斋养新录》卷7《宋人避轩辕字》条称："予见宋板经籍遇'轩辕'二字辄缺笔，初未详其说。后读李氏《通鉴长编》"，方知宋真宗尊轩辕黄帝为远祖、赵玄朗为圣祖，于大中祥符五年诏："圣祖名，上曰元，下曰朗，不得斥犯"；"内外文字不得斥用黄帝名号故事，其经典旧文不可避

① 岳珂：《愧郯录》卷10《同二品》，中华书局，2016，第133页。
② 岳珂：《愧郯录》卷10《改易职事官名称》，中华书局，2016，第127页。
③ 钱大昕称："宋时后妃、诸王、文武臣僚得谥者，熙宁以前，载于宋次道（敏求）《春明退朝录》；庆元以前，载于王明清《挥麈后录》，然亦不无遗漏。予尝合宋、王两家类次而增补之，宁宗以后，则据正史，参以它书，补缀其阙，较之王圻《谥法考》所得盖已多矣"（《潜研堂集》，上海古籍出版社，2009，第541页）。
④ 钱大昕：《潜研堂集》，上海古籍出版社，2009，第541页。
⑤ 沈涛：《铜熨斗斋随笔》卷6《谥文正》，清光绪会稽章氏刻本。

者阙之。乃悟'轩辕'二字阙笔之由"①。于是孔子谥号由"玄圣文宣王"改为"至圣文宣王"。宋代诸如此类的文字禁忌不少，特别是宋徽宗时期。《十驾斋养新录》卷7有《孔子讳》《避老子名字》《僧道不称寺观主》《政和禁圣天等字命名》《禁人名寓意僭窃》等条。据《能改斋漫录》《容斋续笔》记载："政和中，禁中外不许以龙、天、君、玉、帝、上、圣、皇等为名字。"当时还不许人们取名"大明""丕显""孙权""刘项"等。政和八年，浮梁县丞陆元佐上书讲了两则故事。一则是："昔皇祐中，御笔赐蔡襄字曰君谟，后唱进士第日，有窃以为名者。仁宗怒曰：'近臣之字，卿何得而名之。'遂令改恭睹。"另一则是："政和二年春，赐贡士第，当时有吴定辟、魏元勋等十余人，名意僭窃，陛下或降或革。"钱氏引用《至正直记》："'丘'字，圣人讳也。子孙读经史，凡云孔丘者，则读作'某'，以'丘'字朱笔圈之。凡有'丘'字，读若'区'，至如诗以为韵者，皆读作'休'，同义则如字。"②

书名避讳是文字避讳中较为重要的一种。《宋史·艺文志》著录颜师古一人著有两种书，一种叫《刊谬正俗》，另一种叫《纠谬正俗》。《廿二史考异》卷73指出："颜师古《刊谬正俗》八卷已见《经解类》，而《儒家类》又有颜师古《纠谬正俗》八卷。此书本名《匡谬正俗》，宋人避讳，或改为'刊'，或改为'纠'，其实一书也"③。又如《艺文志》"前有刘时靖《时镜新书》五卷，后有刘靖《时鉴杂书》一卷，宋人避讳，改'镜'为'鉴'，其实一书也"④。修史者不知书名避讳是《宋史·艺文志》"一书而二三见"的又一个原因。

因禁忌森严，宋人行文遣词、印行书籍，均极审慎，"于宋讳皆阙笔，即'慎''敦''廓''筠'（等同音近音）诸字亦然"。避讳如若还有正面意义，其作用或在于方便后人解决版本疑难。钱氏《跋宋太宗实录》称：

① 钱大昕：《十驾斋养新录》，上海书店，2011，第139页。
② 钱大昕：《十驾斋养新录》，上海书店，2011，第143~144页。
③ 钱大昕：《廿二史考异》，上海古籍出版社，2014，第1018页。
④ 钱大昕：《廿二史考异》，上海古籍出版社，2014，第1020页。

"予决为南宋馆阁钞本，以避讳验之，当在理宗朝也。"① 《十驾斋养新录》卷1《朱子四书注避宋讳》列举钱氏所读版本沿袭宋本避宋讳之处，如改齐桓公为"齐威公"，"避钦宗讳"；"'慎'字，避孝宗讳，以'谨'代之"；"一正天下，改'匡'为'正'，避太祖讳也"；"'逊者，礼之实也'，改'让'为'逊'，避濮安懿王（允让）讳"；"'正子'，改'贞'为'正'，避仁宗讳也"②。

五 两点感悟

研读钱大昕有关宋代避讳的论述后有些点滴感悟，下面妄言一二。

其一，关于宋代避讳，略有所知易，弄个清楚难。既往研究虽有若干③，只怕仍有深究的余地。某些基础性的问题未必就明白。如避讳在宋代究竟是习俗还是制度？其遵行或实施状况到底如何？对此，钱大昕、陈垣两大家无专门讨论，今人多以习俗相称，也有称为制度者。愚意以为，从总体上说，宋代避讳兼具习俗与制度双重性质。避讳以其避讳对象而论，大致可分为帝王圣贤讳与为家族尊长讳两大类④。后者简称"家讳"，其性质大抵属于习俗，但前文所述任职避家讳，就不只是习俗，系载入法律的制度性规定。避家讳习俗的流传程度因社会层级与文化水平而异，这一习俗在文盲居

---

① 钱大昕：《潜研堂集》，上海古籍出版社，2009，第498页。

② 钱大昕：《十驾斋养新录》，上海书店，2011，第46～47页。

③ 据我所知，最早断代专文探究这一历史现象的是朱瑞熙《宋代的避讳习俗》一文［《上海师范大学学报》（哲学社会科学版）1988年第4期］。王曾瑜《辽宋西夏金的避讳、称谓和排行》一文有重要补充［《安徽师范大学学报》（人文社科版）2005年第5期］。硕士生周源在吴晓萍教授指导下完成的《宋代避讳制度研究》一文认为宋代已形成礼法合一的避讳制度（安徽师范大学2007年硕士学位论文）。何忠礼《略论历史上的避讳》一文则是宋史研究者通论历代避讳［《浙江大学学报》（人文社会科学版）2002年第1期］的成果。尤其值得注意的是陈乐素《宋史艺文志考证》第2篇第6章"避讳改名"，广东人民出版社，2002，第638～645页。

④ 民间忌讳与行业避讳，本文不涉及，可参见向熹《汉语避讳研究》第10章"俗讳"，商务印书馆，2016，第379～421页。

多的下层社会很难广为流传,而在文化程度较高的中上层社会则很盛行,因而钱大昕有"文人避家讳"一语。前者简称"圣讳",其性质不仅是弹性较大的习俗,更是刚性较强的制度,如若违犯,将受惩处。《贡举条式》等书所载《淳熙重修文书式》《绍熙重修文书令》等法规中均有避讳条文①。可见事涉官方文书和科举试卷,这些法规显然执行得尤其严格。应当指出的是,即便避圣讳,也具有一定的弹性。首先法规本身就不一致,有二名不偏讳者,如宋太宗赵光义最初的规定是:"下一字同者宜改,与上一字同者仍旧。"② 也有二名偏讳者,如"圣祖名,上曰玄,下曰朗,不得斥犯"③。但实际上"'玄'字不避者多"④。上举李焘《长编》"上曰玄",钱大昕引用时改为"上曰元",系避清圣祖玄烨讳。可见推行时多有变通。又如按规定当"改'殷'之字为'商'"⑤,其实改为汤者也有之。有的规定过期作废,改通判为同判之类是其显例。又如"避老子名字"之禁"未久而即弛矣"⑥。有的规定反复变更,宋太宗的避讳方式便多次调整。开宝九年十月的规定是不避"光"字,只避"义"字及其嫌名,"以谏议大夫为正谏大夫,正议大夫为正奉大夫,通议大夫为通奉大夫,朝议大夫为朝奉大夫,朝议郎为朝奉郎,承议郎为承直郎,奉议郎为奉直郎,宣议郎为宣奉郎。"次年即太平兴国二年二月,宋太宗降旨:"朕今改名炅,自临御以来除已改州县、散官、职事官名号及人名外,其旧名二字,今后不须回避。"换言之,即"光""义"二字均不避讳。大中祥符二年六月,宋真宗下诏:"太宗藩讳,溥率咸知,……自今中外文字有与二字相连及音同者,并令回避。"⑦

---

① 丁度等:《集韵》附《贡举条式》,文渊阁四库全书影印本,台湾商务印书馆,1983,第313~315页。丁度是北宋人,书中所载南宋文献系后人增添。参见朱瑞熙《宋朝〈贡举条式〉研究》,刘海峰主编《科举学的形成与发展》,华中师范大学出版社,2009,第273~291页。

② 李攸:《宋朝事实》卷1《祖宗世次》,中华书局,1955,第8页。

③ 李焘:《续资治通鉴长编》卷79,大中祥符五年闰十月壬申,中华书局,1979,第1802页。

④ 陈乐素:《宋史艺文志考证》,广东人民出版社,2002,第638页。

⑤ 李攸:《宋朝事实》卷1《祖宗世次》,中华书局,1955,第3页。

⑥ 钱大昕:《十驾斋养新录》,上海书店,2011,第143页。

⑦ 李攸:《宋朝事实》卷1《祖宗世次》,中华书局,1955,第8页。

严令"光""义"二字均必须一概回避。如此前后折腾，或可作为我国传统时代的所谓法制随意性较大的又一小小例证。

其二，关于钱大昕本人，有学者在积极评价其卓越成就之余，感叹其"文字过于简略"。① 此说不无一定道理，但在下则更偏向于赞赏钱氏论事行文简洁、直白、明快，不兜圈子弯弯绕，无闲言冗语，认为这一学术风格在当今尤其难能可贵。前辈学者往往如此告诫后学：不要研究那些不是问题的问题、无法求证的问题、没有多大意思的问题；不能大而无当，空话连篇，也不能钻牛角尖，鸡零狗碎；不应当把复杂的问题简单化，也不应当把简单的问题复杂化。邓广铭开导其弟子："《辽史》上说得很明白，乣，军也。乣，就是军，没那么复杂。"② 无独有偶，钱大昕也曾与其友人简而言之："乣亦部落之称。"③ "乣"究竟是什么，本人毫无研究，不敢妄评，但对钱、邓两大家不把问题复杂化的主张，高举双手赞成。程应镠教诲其高足：写文章"要干净简炼，一句话能说清的，不必说第二句"④。我同样高度认同，当长则长，能短更好。以此为标准，反躬自省。我那本《婚姻与社会·宋代》或许还算较为简洁，至于《宋代皇亲与政治》，不一定是"王大娘的裹脚"，但分明是注了水的。"米不够，水来凑。"这种现象在当今印行的学术论著中似乎并不少见。其真知灼见淹没于茫茫字海之中，叫读者丈二和尚摸不着脑袋，难以把握其主旨要义。让我们学学钱大昕，少说些废话，多挤些水分吧。离题远了，搁笔。

（原载《中原文化研究》2018 年第 3 期）

---

① 王瑞明：《钱大昕考订〈宋史〉的卓越成绩》，顾吉辰主编《钱大昕研究》，华东理工大学出版社，1996，第 284 页。
② 杨若薇：《邓广铭先生诞辰 110 周年纪念会发言》（2017 年 5 月 20 日），北京大学中国古代史研究中心网站。
③ 钱大昕：《潜研堂集》，上海古籍出版社，2009，第 616 页。
④ 虞云国：《两宋历史文化丛稿》自序，上海人民出版社，2011，第 2 页。

宋代"平民社会"论刍议[*]

——研习钱穆论著的一个读书报告

一 引言：过犹不及

对于宋代社会，学界有两种看似相近，实则相远的结论性认识。

一种是"平民化"。邓小南认为，平民化是从唐到宋社会变迁的一个重要趋势。过犹不及，凡事都得把握一个"度"。邓小南颇有防范意识，或许正是出于被无限引申的担心，她在访谈中格外强调："所谓'化'，是指一种趋向，一种过程，是进行时而非完成时。"① 本人对此深表赞同。20 世纪90 年代初，我曾草成《宋代文化的相对普及》② 一文，虽然仅着眼于狭义的文化，但多少包含这层意思。文中的某些认识，或可作为宋代平民化趋势的例证。当年之所以想到这个论题，是受到当代史学大家钱穆《中国文化史导论》一书的启示。他在书中将宋代"社会文化之再普及与再深入"③ 作为中国文化史上值得大书特书的三件事之一。遗憾的是，当时我并未把

《导论》一书读懂，至少领会不深。

另一种是"平民社会"。有学者将宋代称为中国历史上"第一个平民社会"①，只怕就失度、过度了。其主要依据是钱穆在《理学与艺术》一文所说："论中国古今社会之变，最要在宋代。""宋以下，始是纯粹的平民社会。除却蒙古、满洲异族（或系'贵族'之误）入主，为特权阶级外，其升入政治上层者，皆由白衣秀才平地拔起，更无古代封建贵族及此后门第传统之遗存。故就宋代言之，政治经济、社会人生，较之前代莫不有变。"② 岂止平民社会而已，并且是"纯粹的"。这段文字，20 世纪 80 年代我在《婚姻与社会·宋代》一书的结语中曾部分加以引用。当时我感兴趣的是其唐宋变革论，对"平民社会"一说虽心存疑义，但并未深究，仅在注释中有所表达③。

钱穆"贵有'系统'""本诸'事实'"④ 的治学主张，重在"寻求历史之大趋势和大变动"⑤ 的治学方法，受到学者广泛认同。其学问素有博大精深之称，其论著新意迭出，无论对错，均极具启发性与刺激性。由于钱穆名望很高，宋代"平民社会"论当前在学界较为流行。"平民社会"到底何所指？钱穆究竟是如何阐述的？近来我带着这个问题，重新学习钱穆有关论著（以下简称"钱著"），有一些体会和感受。于是写下这篇读书报告，其中难免有尚未读懂与妄加评议之处，尚祈同好指教。还要说明的是，钱穆阐述论题总是瞻前顾后，本文虽以宋代为题，不得不上挂下联，或有离题较远之嫌。

二 钱穆的原意是什么

我也曾下意识地以为，钱穆将宋代社会视为历史上"第一个平民社

---

① 张宏杰：《第一个平民社会》，《新京报》2013 年 1 月 4 日。
② 钱穆：《理学与艺术》，《钱宾四先生全集》第 23 册，台北联经出版事业公司，1998，第 280 页。《钱宾四先生全集》以下简称《全集》。
③ 张邦炜：《婚姻与社会·宋代》，四川人民出版社，1989，第 184 页。
④ 钱穆：《国史大纲·书成自记》上册，商务印书馆，2010，第 2 页。
⑤ 钱穆：《中国历史研究法》，《全集》第 31 册，台北联经出版事业公司，1998，第 6 页。

会"。多读了些钱著之后才发现，此说并不完全符合钱穆的原意。

第一，钱穆并非仅有平民社会一说。众所周知，他是位学术"常青树"，其学术生命极长。宋代是个什么社会？在不同时期，或因视角有异，或因语境有别，钱穆有多种说法。除平民社会而外，还有"平等社会"（第177页）、"平铺社会"（第171页）、"白衣社会"、"科举社会"、"进士社会"、"士人社会"、"四民社会"① 等。其中含义相同或相近者较多，可归纳为两大类，即平民社会和四民社会。钱穆论及四民社会、士人社会之处，甚至多于平民社会。

第二，在钱穆看来，平民社会早已产生于"秦以下"，宋代不是"第一个"。他关于平民社会的阐述，有两个基本点：一是平民社会从秦、汉开始，并非始于宋代。他在许多情况下将秦以下的古代社会看作一个整体，作为一个历史大单元。钱穆说："秦、汉以下的中国"，"当时已无特殊的贵族阶级的存在，民众地位普遍平等"（第105页）。又说：秦、汉时代"平等社会开始成立"（第177页）。还说："汉唐诸代，建下了平等社会"（第245页）。二是时至宋代，平民社会更纯粹。钱穆说："自唐以下，社会日趋平等，贵族门第以次消灭。"② 又说："一到宋代，社会真成平等，再没有贵族与大门第之存在了。"（第190页）还说："中国自宋以下，贵族门第之势力全消"③，"社会上更无特殊势力之存在"，"没有特殊的阶级分别"，"不让有过贫与过富之尖锐对立化"，"全国公民受到政府同一法律的保护"④。诸如此类，不胜枚举。

三　"平等社会"与"士人社会"

何谓平民社会，据我阅读所及，钱穆始终未曾下过明确的定义。但从其

① 钱穆：《中国历史研究法》，《全集》第31册，台北联经出版事业公司，1998，第45～48页。
② 钱穆：《国史大纲》下册，商务印书馆，2010，第769页。
③ 钱穆：《国史大纲》下册，商务印书馆，2010，第669页。
④ 钱穆：《国史新论》，生活·读书·新知三联书店，2001，第24、26页。

众多论述中，不难发现，所谓平民社会是指无封建贵族、无特权阶级、无特殊势力的平等社会，"全国人民参政"（第 242 页），"一律平等对待"①。其关键之处在于"平民、贵族两阶级对立之消融"②，"一切力量都平铺散漫"，因此他又将平民社会称为"平铺社会"。所谓"平铺"即无高低上下之分，社会各色人等一律平等，都是平头百姓；"散漫"即"无组织，不凝固"，以致"没有力量，无可凭借"，犹如"一盘散沙"。在钱穆的辞典里，平民社会、平铺社会、平等社会是同义词。他断言："中国历史上的传统政治，已造成了社会各阶层一天天地趋向于平等。""中国社会早已是个平等社会。"③

如果说平民社会一词较费解，那么平等社会一语则相当直白。平民社会论是对还是错？弄清其含义之后，答案应当是明确的。"中国社会早已是个平等社会"吗？秦汉以后果真再也没有特殊势力了么？赞同者想必寥寥。行文至此，或可搁笔。下面要稍加补充的是，在钱著中反证比比皆是。

钱穆的"四民社会"说与其"平民社会"论便自相抵牾。他在力主平民社会论的同时，又反复强调："中国社会自春秋战国以下，当称为'四民社会'。"④ 如前所引，所谓平民社会是平铺的，无组织，无等差。按照钱穆的解释，四民社会则有高下，有领导，有中心。他说：四民社会"以士人为中心，以农民为底层，而商人只成旁枝"，如东汉社会便是"一种士人中心即读书人中心的社会了"（第 126 页），并称："此种倾向，自宋以后更显著。"⑤ 钱穆反复强调："中国仍为一四民社会，士之一阶层，仍为社会一中心"⑥；四民社会"乃由士之一阶层为之主持与领导"⑦；"于农、工、商、兵诸色人等之上，尚有士之一品，主持社会与政治之领导中心"；"中国社

---

① 钱穆：《中国历史研究法》，《全集》第 31 册，台北联经出版事业公司，1998，第 32 页。
② 钱穆：《国史大纲》上册，商务印书馆，2010，第 117 页。
③ 钱穆：《中国历代政治得失》，生活·读书·新知三联书店，2001，第 171～175 页。
④ 钱穆：《国史新论》，生活·读书·新知三联书店，2001，第 37 页。
⑤ 钱穆：《国史大纲》下册，商务印书馆，2010，第 849 页。
⑥ 钱穆：《国史新论》，生活·读书·新知三联书店，2001，第 48 页。
⑦ 钱穆：《国史大纲》下册，商务印书馆，2010，第 561 页。

会有士之一阶层，掌握政治教育之领导中心"①。因此，他又将四民社会称为"士人社会"。依我之见，士人社会说较之平民社会论有可取之处。既无强大经济实力，又处于无权地位的平民绝无主持与领导社会的可能，"平民社会"论很难成立。

问题在于：普通士人就能主导社会吗？按照钱穆的论说，士人是"一个中间阶级（或可改作'阶层'）"②，介于贵族与平民两者之间。其下层依然是标准的平民，而其上层则近乎贵族。俗话说："书生不带长③，说话都不响。"真正有可能主导社会的不是普通士人，而是钱穆所说的"书生贵族"④，即人们常说的士大夫。什么是士大夫，解释者甚多，如费孝通、陶晋生⑤等。愚见以为，所谓士大夫是士与大夫的结合，主要是指在朝为官的读书人。正如钱穆所论，士人即使出身平民，一旦出任高官，即在社会上"居于翘然特出的地位"，其"子弟自然有他读书与从政的优先权"，"容易在少数家庭中占到优势"。他将此种情形称为"变相的世袭"（第127~128页）。由此可见，"士人社会"之说仍然不妥。如果将士人社会改称士大夫社会或书生贵族社会，其说服力也许会增强许多。

四　两大特殊势力

钱穆的平民社会即"平等社会"论，其主要依据是："中国自秦以下即无贵族。"⑥尤其是"自宋以下，中国社会永远平等，再没有别一种新贵族之形成"（第162页）。仅以西周式封建贵族而论，这一论断大体属实。但

---

① 钱穆：《国史新论》，生活·读书·新知三联书店，2001，第52~53页。
② 钱穆：《国史新论》，生活·读书·新知三联书店，2001，第9页。
③ 原话是"参谋不带长"，恕我妄改。
④ 钱穆：《中国历代政治得失》，生活·读书·新知三联书店，2001，第35页。
⑤ 参见吴晗、费孝通等《皇权与绅权》，上海观察社，1948，第9页；陶晋生：《北宋士族（家族·婚姻·生活）》，台北乐学书局有限公司，2001，第2~10页。
⑥ 钱穆：《国史大纲》上册，商务印书馆，2010，第399页。

断言秦以下即是无特殊势力的平等社会，只怕并非"语语有本，事事着实"①之论了。人们即刻会想到东汉至唐代的门阀士族和明清时代的绅士。其实，这两大特权阶层或称特殊势力均见于钱著。

对于门阀士族，钱穆曾反复阐述，可谓深中肯綮。他说：士族"端倪早起于西汉末叶，到东汉而大盛，下及魏晋南北朝，遂成为一种特殊的'门第'"（第128页）。又说："门第社会远始于晚汉，直迄唐之中晚而始衰，绵亘当历七百年以上。"②还说："魏晋南北朝下迄隋唐，八百年间，士族门第禅续不辍。"③钱穆将他们称为"变相的世袭"、"变相的贵族"（第128页）、"门第新贵族"、"封建贵族特权势力"（第176页）。钱穆在《中国文化史导论》一书中说：他们"多由'累世经学'的家庭而成为'累世公卿'的家庭"（第128页）。在《中国历代政治得失》一书中又说："爵位不世袭，而书本却可世袭"，他们将学问与书本作为"变相的资本"，由"读书家庭"变为"做官家庭"。钱穆指出：门阀士族"无异于一传袭的封建贵族"，是一种"书生贵族"④。如果按照钱穆的言说，士族"端倪早起于西汉末叶"，"唐代门第势力正盛"⑤，门阀士族前后延续岂止七八百年而已，而是长达近千年。这一特权阶层经久难衰正是秦以下无特殊势力一说的绝好反证。

对于明清时代的绅士，钱穆虽然涉及较少，但对"地方自治"、"地方绅士"乃至"土豪劣绅"均有所论述。钱穆所谓"地方自治"，包括经济方面的义庄、义塾、学田、社仓等，营卫方面的保甲、团练等以及乡规民约。他说："那些地方自治，也可说全由新儒家精神为之唱导和主持。"精神可以倡导，怎能主持？他接着又说："宋后的社仓，则由地方绅士自己处理"（第191页）。这下明白了，地方自治的主持者少不了地方绅士，他们或与地方政府共

---

① 钱穆：《国史新论·序言》，生活·读书·新知三联书店，2001，第2页。
② 钱穆：《国史新论》，生活·读书·新知三联书店，2001，第47页。
③ 钱穆：《国史大纲》下册，商务印书馆，2010，第561页。
④ 钱穆：《中国历代政治得失》，生活·读书·新知三联书店，2001，第34~35页。
⑤ 钱穆：《中国历代政治得失》，生活·读书·新知三联书店，2001，第86页。

治地方。地方绅士为地方上做了些有益的事。但作为特殊势力，他们"长者"与"豪横"这两种类型或两种面相均兼而有之①。其豪横者"在地方仗势为恶，把持吞噬"，钱穆出于义愤，斥之为"土豪劣绅"②。所谓绅士，即曾做官或将做官的读书人。他们可称为继门阀士族之后的又一种"书生贵族"。正如相关研究者所说："绅士是一个独特的社会集团。他们具有人们公认的政治、经济和社会特权以及各种权力"。"绅士们高踞于无数的平民以及所谓'贱民'之上，支配着中国民间的社会和经济生活。政府官吏也均出自这一阶层。"③ 明清时代乃至近代的绅士同先前的门阀士族一样，都是平民社会论的反证。

五　两个"无定型时期"

剩下的问题是：西汉与宋代无特殊势力吗？答案同样是否定的。但要回答这个问题，得先从钱穆在《国史新论》一书中"提出两概念"说起。其一是"有定型时期"，"指那时社会上有某一种或某几种势力，获得较长期的特殊地位"，如西周至春秋的封建贵族。以此为标准，东汉至唐代的门阀士族长期获得特殊地位，可视为继西周、春秋之后的又一个有定型时期。其二是"无定型时期"，这一时期从战国延续至汉代（主要是指西汉），"旧的特殊势力（指封建贵族）趋于崩溃，新的特殊势力（指门阀士族）尚未形成"。这个历史阶段，"在社会上并无一个固定的（特权）阶级"。到东汉，"终于慢慢产生出一个固定的（特权）阶级"。而唐代则是第二个无定型时期，"旧的特权势力（指门阀士族），在逐步解体。有希望的新兴势力（当指绅士），在逐步培植。那时的社会，也如西汉般，在无定形的动进中"④。

---

① 可参见梁庚尧《豪横与长者》，《宋代社会经济史论集》下册，台北允晨文化出版公司，1997，第474～536页。
② 钱穆：《国史大纲》下册，商务印书馆，2010，第699页。
③ 张仲礼：《中国绅士——关于其在十九世纪中国社会中作用的研究》，李荣昌译，上海社会科学院出版社，1991，第1页。
④ 钱穆：《国史新论》，生活·读书·新知三联书店，2001，第13～16、21页。

钱穆在《中国历史研究法》一书中又说：唐代"可称为门第过渡时期"①。过渡时期的含义与无定型时期大体相同。第二个无定型时期延续到宋代，作为两大特殊势力之一的绅士尚未固化。

按照钱穆本人的论述，处于第一个无定型时期的西汉，并非没有特殊势力。西汉初期的诸侯王，即是一例。在秦始皇废除分封制之后，汉高祖又裂土封王。钱穆认为：此举"较之秦始皇时代，不得不说是一种逆退"（第100页）。除诸侯王外，还有"无异于往昔之封君贵族"②的商贾与任侠。钱穆指出："'商贾'与'任侠'是西汉初期社会上的两种特殊势力，是继续古代封建社会而起的两种'变相的新贵族'"（第118页）。这批靠经营盐铁发家的富商大贾被当时人称为"素封"③，其含义为虽无封邑，但富比封君。与此前的封建贵族和此后的门阀士族不同的是，诸侯王、商贾、任侠这三种特殊势力延续时间不长，尚未固化为阶层，在汉景帝、武帝时即先后被清除。可是汉武帝之后，又有郎吏。所谓郎吏，是指太学生入仕为官，补郎补吏者。钱穆认为，此项制度乃士族之温床，由此"逐渐形成了世袭之士族"④。南朝人沈约所说"汉代本无士庶之别"⑤，是身处门阀时代之人倒看历史，专指门阀士族尚未成型，而不能作为西汉无特殊势力的佐证。

---

① 钱穆：《中国历史研究法》，《全集》第31册，台北联经出版事业公司，1998，第47页。钱穆既称"唐代门第势力正盛"，又说唐代"可称为门第过渡时期"。唐人郑仁表有诗云："文章世上争开路，阊阖山东拄破天"（王定保：《唐摭言》卷12，中华书局，1959，第136页）。唐代既"尚官"又"尚姓"，"正盛"说与"过渡"说相比，"过渡"说较妥。这类前后差异明显的说法在钱著中不止于此。如《中国历代政治得失》一书，前面刚说："政权普遍公开"（第171页），后面就说："只许读书人可以出来问政"（第173页）。又如在《中国文化史导论》（修订本）一书中，前文称：官员"子弟自然有他读书与从政的优先权"（第127~128页），后文又称：宋代官员的弟侄儿孙只能"自己寻觅出路，自己挣扎地位，他们丝毫沾不到父兄祖上已获得的光辉"（第161页）。果真如此吗？人们立即会想到宋代的恩荫制度。赵翼《廿二史札记》卷25有"宋恩荫之滥"一条："一人入仕则子孙、亲族俱可得官，大者并可及于门客、医士。"并有略带夸张的"恩逮于百官者，惟恐其不足"一语（中华书局，1963，第486~487、485页）。
② 钱穆：《秦汉史》，生活·读书·新知三联书店，2004，第59页。
③ 司马迁：《史记》卷129《货殖列传》，中华书局，1982，第3272页。
④ 钱穆：《国史新论》，生活·读书·新知三联书店，2001，第40页。
⑤ 郑樵：《通志二十略·选举略二·杂议论上》，王树民点校，中华书局，1995，第1287页。

处于第二个无定型时期的宋代，其情形与西汉相似。钱穆对宋代的特殊势力论述不多，但学界的探讨颇多。当时的特殊势力，既有势官地主，又有士大夫阶层。"势官地主"这一概念由白寿彝提出，他解释道："势，当时叫作形势户。官，当时叫作官户。势官地主也有政治身分和特权，但所拥有的世袭特权是很有限的。"① 对于官户、形势户，研究最深入、最详尽的是王曾瑜，请参看其《宋朝阶级结构》② 一书及《宋朝的官户》、《宋朝的形势户》等文③。对于宋代的士大夫阶层，既有研究难以备举。可稍加补充者有三：一是钱穆本人就指出，宋代科举出身的士大夫"地位崇高"，"为社会之中坚"④。面对这一现实，当时有人将宋代社会直呼为"官人世界"⑤，换言之，即士大夫社会。杂剧说得更形象："满朝朱紫贵，尽是读书人。"⑥二是熙宁四年枢密使文彦博所说："为与士大夫治天下，非与百姓治天下也。"⑦ 吴晗早于 20 世纪 40 年代便在《论皇权》一文中引用，并在《论士大夫》一文中列举了士大夫享有的种种特权⑧。三是至迟在南宋时期已有明清时代绅士的雏形。如辞官闲居处州（治今浙江丽水）的南宋执政何澹⑨与退休回到家乡华亭县（即今上海嘉定区华亭镇）的明代首辅徐阶就相仿佛，两人虽然面相不尽相同，但在地方上的地位与作为很相似。或许可以如是说：绅士阶层肇端于南宋，成型于明代。

需要指出的是，正因为西汉与宋代都处于无定型时期，其平民化趋势较为明显，只怕是个不争的事实。钱穆将西汉政府称为"平民政府"、西汉政治称为"平民政治"，言过其实。但他所说的"大臣出自民间"（第 110

① 白寿彝：《中国历史的年代：一百七十万年和三千六百年》，《北京师范大学学报》（社会科学版）1978 年第 6 期。
② 王曾瑜：《宋朝阶级结构》（增订本），中国人民大学，2010。
③ 王曾瑜：《涓埃编》，河北大学出版社，2008，第 197~446 页。
④ 钱穆：《国史大纲》下册，商务印书馆，2010，第 492 页。
⑤ 洪迈：《夷坚志》支庚卷 5《辰州监押》，何卓点校，中华书局，1981，第 1177 页。
⑥ 张端义：《贵耳集》卷下，学津讨原本。
⑦ 李焘：《续资治通鉴长编》卷 221，熙宁四年三月戊子，上海师范大学古籍室点校，上海古籍书局，1986，第 5370 页。
⑧ 吴晗、费孝通等：《皇权与绅权》，上海观察社，1948，第 41、68 页。
⑨ 参见邓小南《何澹与南宋龙泉何氏家族》，《北京大学学报》（哲学社会科学版）2013 年第 2 期。

页),"乡村学者尽有被举希望"(第 125 页),平民学者讲学之风很盛,太学生"不限资格,均可应选"(第 103 页)等,都是平民化趋向的表征。至于宋代,钱穆的论述不限于所谓平民参政,也不限于平民学者"讲学风气愈播愈盛",讲学内容"牵涉到政治问题"(第 190 页),等等。其重点在于文化,并使用了"平民化"这个概念。钱穆在《中国文化史导论》一书中,从"文学平民化的趋势"说起,直到"平民的美术"(第 197 页)、平民的音乐、平民的工艺,并称:"唐代的美术与工艺,尚多带富贵气","否则还不免粗气。""一到宋代才完全纯净化了,而又同时精致化了。""民间工艺实在是唐不如宋"(第 201 页)。钱穆在《理学与艺术》一文中又讲到书法特别是绘画的平民化及其与理学精神的关联①。宋代的平民化趋势涵盖面广,无论是从充实、细化还是梳理、深化的角度,都还有文章可做。

六　结语:权力社会

世上万事万物均处于变换不居之中,动态是绝对的,静态是相对的。钱穆治史重在"明变",并将变化分为"大变"与"小变"②的主张,本人举双手高度赞同。就中国古代特殊势力演变史而论,没有任何一种势力能够实现万世一系、永不倾覆的幻想。确如钱穆所言,总是旧的特殊势力在崩溃,新的特殊势力在形成。这是大变。从小变来说,正如钱穆所说:特别是"宋以后的社会,许多达官显贵家庭,不过三四代,家境便是中落了"(第248 页)。然而也有不变的,那就是特殊势力和特权家庭在中国古代社会从来不曾缺席。大而言之,贵族之后,士族继起;士族之后,绅士继起。尽管其权势有大小之别,从总体上看"一代不如一代",呈递减趋势,贵族非士

---

① 钱穆:《理学与艺术》,《全集》第 23 册,台北联经出版事业公司,1998,第 279~812 页。
② 钱穆在《中国历史研究法》一书中说:"历史本身就是一个变,治史所以'明变'。""研究历史之变,亦宜分辨其所之变之'大'与'小'"(《全集》第 31 册,台北联经出版事业公司,1998,第 4、6 页)。

族可比，而士族又非绅士可比。翦伯赞当年曾强调："不要见封建就反，见地主就骂。"① 对于贵族、士族、绅士应作历史的具体分析，不宜简单地一概否定。然而在中国古代历史上特殊势力始终存在，应该是个不争的事实。

学界有权力社会一说。如果将中国古代社会称为权力社会，从社会形态的角度看，并不确当。但与平等社会一类的说法相比，权力社会一说似乎较为合理，关键在于它揭示了包括宋代在内的秦汉以下社会的不平等性。就宋代而言，与其说是平民社会，不如说是权力社会。由于中国古代社会极具不平等性，于是出现了《不平歌》这类激愤之词："不平人杀不平者，杀尽不平方太平。"② 不平等社会在古代历史上周而复始，翻来覆去。人们回望往古，才不免有"六道轮回，出路何在"之叹。平等在中国古代只是美妙的向往。当时人曾述说："此间不问人贵贱，不问官尊卑，但看一念之间正不正尔。"③ "此间"者，虚拟世界阴间也。不平等是我们的祖先不得不面对的严酷社会现实。一言以蔽之，平民社会即平等社会一说只怕是想当然耳，恕我直言不讳。

[成荫、陈鹤两位学友曾对本文提出修改意见。原载《历史教学》
2017 年（下半月刊）第 8 期]

---

① 翦伯赞：《对处理若干历史问题的初步意见》，《人民教育》1961 年第 9 期。
② 陶宗仪：《南村辍耕录》卷 27《扶箕诗》，中华书局，1980，第 343 页。
③ 《夷坚志》乙志卷 5《司命真君》，中华书局，1981，第 221 页。

启迪与不解[*]

——研习钱穆论著读书报告之二

  与众多同行学友并无二致，钱穆是我崇敬的当代史学大家之一。先师金宝祥生前将他的两位老师相提并论："论钱（穆）、陈（寅恪）风格，钱波涛汹涌，一泻千里；陈潺潺溪流，意境幽远。从表象看，前者博大，后者精深，实则殊途同归，博大中有精深，精深中有博大。"① 我拜读钱穆论著，总是深怀敬畏之心，一度甚至达到迷信的程度。钱老论著确实给我诸多启迪，择其要者，略举两例。

  其一，关于唐宋变革。我一再声言：本人是个较为固执的唐宋变革论者。实话实说，这一认知的形成与钱穆无关，而是受到侯外庐、胡如雷等前辈史家影响。1962 年，我在金宝祥老师指导下发表了第一篇宋史习作《论宋代的官田》，第一句话讲的便是唐宋变革："中唐前后，土地所有制形式发生重大变革。宋代是沿着中唐以后的路线发展的。"② 但之所以"较为固执"则与钱老关系较大。钱穆的论著如今流传极广，当年却很难找到。20世纪80年代初，我在中国社科院历史所驻访期间，偶然读到钱老《理学与

---

  * 本文由 2017 年 9 月 30 日在河北大学宋史研究中心、10 月 25 日在北京大学人文社会科学研究院的两份讲稿综合整理而成，感谢河大宋史中心、北大文研院提供的支持。

  ① 魏明孔：《追随金宝祥先生学习历史》，田澍等主编《中国古代史论萃——庆贺历史学家金宝祥先生九十华诞论文集》，甘肃人民出版社，2004，第 520 页。

  ② 张邦炜：《论宋代的官田》，《甘肃师范大学学报》（社会科学版）1962 年第 4 期。

艺术》一文①，异常兴奋，称之为如获至宝也不过分。钱老说："论中国古今社会之变，最要在宋代。"此说使我对唐宋变革论越发深信不疑。钱老又说："就宋代而言，政治经济，社会人生，较之前代，莫不有变。"给我的启示是：探讨唐宋变革不能仅仅局限于土地制度、赋役制度等经济领域，还应放宽眼界、广开思路，拓展到政治、社会、人生等各个领域。于是 20 世纪 80 年代我曾着力于让唐宋变革论丰满一些的尝试，对择偶方面的"婚姻不问阀阅"、科举方面的"取士不问家世"、教育方面的"广开来学之路"、社会流动方面的"贫富贵贱离而为四"乃至社交方面的"所交不限士庶"等论题做了力所能及的讨论。这一努力后因忙于两宋王朝史、社会生活史的编写等原因而中断。

钱老的上述论述或许由我首次引用，此后征引或转述者甚多。在今天看来，这些论述除正面意义外，似乎还有负面影响。一是夸大化解释，说什么唐宋社会变革之巨超过春秋战国之际，被误认为出自钱老"最要在宋代"一说。二是泛化偏向，"唐宋变革是个筐，一切变化往里装"，据说与钱老"莫不有变"一语有关。愚意以为，夸大化与泛化偏向均因过度引申所致，不应归咎于钱老。钱老说得对："时代中的一切，莫不有其相互近似的共通性。"此语与"事不孤起，必有其邻"是一个意思。唐宋变革无疑具有一定的整体性，如土地制度均田制从重建到崩溃、赋役制度从租庸调制到两税法、军事制度从府兵制到募兵制，三者在时间上虽然并不完全同步，但"其相互近似的共通性"是相当明显的。过犹不及，泛化偏向是对唐宋变革的共通性做简单化理解和无限制应用的结果，与钱老的本意无关。

其二，关于文化再普及。"寻求历史之大趋势和大变动"②，是钱穆治史的一大特色。他从文化的视角看宋代，认为当时呈现出三种大趋势，即

---

① 钱穆：《理学与艺术》，中华丛书编审委员会编印《宋史研究集》第 7 辑，1974，第 1～22 页。又载《钱宾四先生全集》第 23 册，台北联经出版事业公司，1998，第 280 页。《钱宾四先生全集》以下简称《全集》。
② 钱穆：《中国历史研究法》，《全集》第 31 册，台北联经出版事业公司，1998，第 6 页。

"宗教再澄清、民族再融合与社会文化之再普及与再深入"①，可谓深中肯綮。仅就第三种趋势"文化之再普及"而言，宋人就有不少较为夸张的文学性描述，诸如"人人尊孔孟，家家诵诗书。未省有宇宙，孰与今多儒"②；"学校之设遍天下，而海内文治彬彬矣"③；等等。但当时确实涌现出较前代为数更多的"力穑输公上，藏书教子孙"④的耕读家庭则是事实。

在钱老的启示下，90年代初我草成《宋代文化的相对普及》一文，认为"宋代文化相对普及的主要表现在文化从先进地区推广到落后地区、从通都大邑推广到穷乡僻壤，特别是从士阶层推广到农工商各阶层，世家大族不能完全垄断文化，整个社会的文化水平提高"⑤。我对文化之再普及的理解大抵局限于教育，显然很肤浅。钱老《中国文化史导论》一书从文学的平民化趋势说起，兼及平民的美术、平民的音乐、平民的工艺等。《理学与艺术》一文又讲到书法方面从碑书为主到帖书为主的演变，特别是绘画的平民化及其与理学精神的关联。顺着钱老三种大趋势的理路深入探索，应当还有文章可做。

读懂大家，谈何容易。如今几乎尽人皆谈陈寅恪，真读懂者凡几何。钱穆的学问与陈老同样博大精深，且刊行论著更多，其《全集》台北联经公司初版即达54册之巨。就我阅读所及，读得较多且较懂者或许当推钱老早年的学生、前辈学者何兹全。何氏所著《钱穆先生的史学思想——读〈国史大纲〉〈中国文化史导论〉札记》⑥学术性强，领会相当深刻。而我无疑属于读得较少且不懂者。近年读得稍多，不理解之处也就多了一些。何以如此，反躬自问，或许在于本人观念固化，思维定型，积久成习。不揣简陋，

① 钱穆：《中国文化史导论》（修订本），商务印书馆，1994，第175页。
② 陈傅良：《止斋集》卷3《送王南强赴绍兴签幕四首》，四部丛刊本。
③ 《宋史》卷155《选举志一·科目上》。
④ 陆游：《剑南诗稿》卷55《题斋壁》，四部备要本。
⑤ 张邦炜：《宋代文化的相对普及》，北京大学古文献研究所、四川大学古籍整理研究所编《国际宋代文化研讨会论文集》，四川大学出版社，1991。
⑥ 何兹全：国际儒学联合会编《国际儒学研究》第1辑，人民出版社，1995，第1~22页。

继《宋代"平民社会"论刍议》① 一文之后，再提三个疑问。

其一，宋代属于中古还是近代或现代？关于宋代的时代属性，在钱穆著作中有四种不同的论断。一是"后代"："宋以前，大体可以称为古代中国。宋以后，乃为后代中国。"② 二是"中古"："可将秦代起至清末止，两千年来一气相承，称之为中国历史之中古期，不当在中间再加划分。"三是"近代"："中国的近代史，从宋代即开始了"③；"宋、元、明、清四代略约一千年，这可说是中国的近代史"④。四是"现代"："宋代以后的中国社会，开始走上中国的现代型。"⑤ 岂止宋代走上"现代型"，钱老甚至说："秦时的中国，早已是相当于近代人所谓的现代国家了。"⑥ 钱老这四个概念，"后代"只怕相当模糊，"中古"虽然较明确，但又与"近代"相抵牾。"中古"与"近代"两种不同的提法竟出现在《中国历史研究法》一书的同一页中，尤其让人不解。至于"近代"与"现代"，在钱穆的辞典中是近义词或同义语。

在这四个概念中，钱老讲得最多的不是"中古"，而是"近代"。他动辄就说："宋、元、明、清一千年来的近代中国"⑦。学界近期出现"宋朝中国已是'近代化'的国家""宋朝：世界近代化的序幕""宋：现代的拂晓时辰"等主张，似乎与钱穆数十年前的论断不无关联。如此主张者看来已经不满足于内藤湖南的宋代"近世"说，进而向钱穆的宋代"近代"论看齐了。

有学者强调，历史学原本并非科学而是艺术。本人对此不甚认同，以为历史学既不同于以实验性为特质的自然科学，也不同于视想象力为生命的艺术，而是介乎于两者之间的人文科学。历史学者总得学点逻辑学，史学论著

① 张邦炜：《宋代"平民社会"论刍议》，《历史教学》2017 年（下半月刊）第 8 期。
② 钱穆：《理学与艺术》，中华丛书编审委员会编印《宋史研究集》第 7 辑，1974，第 2 页。
③ 钱穆：《中国历史研究法》，《全集》第 31 册，台北联经出版事业公司，1998，第 5 页。
④ 钱穆：《中国文化史导论》（修订本），商务印书馆，1994，第 175 页。
⑤ 钱穆：《国史新论》，生活·读书·新知三联书店，2001，第 28 页。
⑥ 钱穆：《国史新论》，生活·读书·新知三联书店，2001，第 241 页。
⑦ 钱穆：《中国文化史导论》（修订本），商务印书馆，1994，第 180 页。

理当具有一定的严密性。内藤所谓"近世"即资本主义的开端，其宋代"近世"说无论对错，其概念是明确的。然而钱穆对其宋代"近代"论则不加界说，无简要、确切的说明，概念的内涵与外延未免欠明确。几经查找才发现，钱老称宋代为"近代"，其主要依据有三，即中央集权、门阀消亡、科举制度。他说：宋代"开始走上中国的现代型。第一是中央集权之更加强。第二是社会阶级之更消融"①。又说："这（指科举制度）是建筑中国近代政治的一块中心大柱石，中国近代政治全在这制度上安顿。同时亦是近代中国文化机体的一条大动脉。"② 对于"第二"，钱老的解释是："魏、晋以下的门第势力，因公开考试制度之长期继续，已彻底消灭，商业资本难以得势，社会上更无特殊势力之存在。"③ 宋代"更无特殊势力"一说，与史实不尽相符。特殊势力在中国古代历史上从来不曾缺位，宋代概莫能外。对此，我在《宋代"平民社会"论刍议》一文中曾言及。将中央集权作为近代化的主要标志，只怕又是一大误解。正是出于这一误解，钱老将实行中央集权的秦代视为"现代国家"，显然很难让人认同。是推行科举制还是从学校选拔人才，是古代统治者两个可供采用的选项，在宋代就有争议。这纯属方式方法之争，绝非是否实行近代化之争。钱老竟将科举作为近代化的"中心大柱石"，难道清末废科举中国又从"近代"倒退回"中古"了么。唐宋变革是因革，不是断裂，不是一种社会制度取代另一种社会制度的社会革命，前后并无实质性的根本变化。钱老一再正确地指出：中国古代"两千年来一气相承"；"直到宋以下，政治经济，一切规模，都逃不出汉唐成规"④。这些精辟的论断正是对宋代"近代"论的否定。

还有一点值得注意，宋代是"盛世"还是"衰世"？近期出现的"宋代近代"论者力主"宋代盛世"说。钱穆则大体属于"衰世"论者，他认为宋代"近代化"的结果不是走向"盛世"，而是陷入"衰世"。钱老多次强

---

① 钱穆：《国史新论》，生活·读书·新知三联书店，2001，第20页。
② 钱穆：《中国文化史导论》（修订本），商务印书馆，1994，第180页。
③ 钱穆：《国史新论》，生活·读书·新知三联书店，2001，第28页。
④ 钱穆：《中国文化史导论》（修订本），商务印书馆，1994，第244页。

调："汉唐宋明清五个朝代里，宋是最贫最弱的一环。专从政治制度上看来，也是最没有建树的一环"；宋朝"太贫太弱"①；"宋代虽非乱世，亦可称衰世"②；"北宋统一之后长期衰弱"③。对于宋代"盛世"论与"衰世"说，本人均不敢苟同，先前已有文章言及，此处不再重复。钱老本人也有一些与宋代"衰世"说不尽相同的看法。如"若论社会经济，宋以后，却一天天的继续发展"④；"但宋代人物，却超过了唐朝"⑤。

其二，宰相究竟是副皇帝还是皇帝的管家？关于中国古代政治制度，钱穆有个最为重要的观点："中国传统政治，自秦以后有君主，无立宪，而非专制"⑥，并称中国古代"专制黑暗"一类的说法是晚清革命党人"为推翻满清政府之一种宣传"⑦。他不断申言："中国传统政治，早不是君主专制"，"全国人民参政"，"大家觉得很合理"；汉代的制度"将政府和皇室划分，将宰相和皇帝并列"⑧；明代以前，"不能说一切由皇帝专制"⑨。在钱老看来，中国古代政制"相当于君主立宪，而绝非君主专制"⑩。其依据主要有二：

一是宰相从语义到实质均为副皇帝。钱穆说："以字义言，'丞''相'皆副贰之意，丞相即'副天子'也。""有丞相即非'君主独裁'，即非'专制'。"⑪又说："政府大权与实际责任，全在丞相而不在皇帝。'丞相'二字的语义，便是副皇帝。""皇帝只是虚位"，"而丞相则操握政治上的最高权"⑫。在钱老的论著中，类似说法颇多。如："宰相早就是皇宫里的代表

---

① 钱穆：《中国历代政治得失》，生活·读书·新知三联书店，2001，第74、99页。
② 钱穆：《中国历史研究法》，《全集》第31册，台北联经出版事业公司，1998，第100页。
③ 钱穆：《国史新论》，生活·读书·新知三联书店，2001，第23页。
④ 钱穆：《中国文化史导论》（修订本），商务印书馆，1994，第247页。
⑤ 钱穆：《中国历史研究法》，《全集》第31册，台北联经出版事业公司，1998，第100页。
⑥ 钱穆：《中国历史研究法》，《全集》第31册，台北联经出版事业公司，1998，第24页。
⑦ 钱穆：《国史大纲·引论》，商务印书馆，1994，第21~22页。
⑧ 钱穆：《中国文化史导论》（修订本），商务印书馆，1994，第242~243页。
⑨ 钱穆：《中国历代政治得失》，生活·读书·新知三联书店，2001，第102页。
⑩ 参见汪学群《钱穆评传》，北京图书馆出版社，1998，第296页。
⑪ 钱穆：《国史大纲》，商务印书馆，1994，第146~147页。
⑫ 钱穆：《中国文化史导论》（修订本），商务印书馆，1994，第105页。

人，他该就是副皇帝。""全国政务都要汇集于宰相，而并不归属于皇帝。"宰相"就变成了国家的政治领袖"①。又如：中国传统政治"采用虚君制，由一个副皇帝即宰相来代替皇帝负责实际的职务及责任。""宰相负一切政治上最高而综合的职任。"② 人们难免会问：皇权与相权是否是两种平行的权力？两者到底是并列关系还是主从关系？皇帝与宰相究竟是正副关系还是君臣关系？事情很清楚，皇权系最高统治权，相权仅为最高行政权，相权从属于皇权。对于这些，钱老并非不明白。他正视这一历史事实：宰相"是由皇帝任命的"③，"宰相用舍听于天子"④。对"丞相"一词，他另有一种正确的解释："丞是副，相也是副，正名定义，丞相就是一个副官。是什么人的副官呢？他该就是皇帝的副官。"⑤ 皇帝的副官与副皇帝绝不是一回事，两者地位天渊之别。副官者，首长之随从、亲信而已。或许是出于"副官"一词容易产生歧义的担心，钱老直截了当地说：宰相"本只是皇帝的私臣，皇帝的管家"⑥。钱老自相矛盾之处似乎较多。如一方面说："在中国历史上，固不断亦有专制皇帝出现，但不得谓中国传统政治，即为一种专制政体"⑦，另一方面说："政治上不曾有管束皇帝的制度"⑧；一方面说：自秦以来，"乃非一家一姓所能专制"⑨，另一方面说：在中国传统政治里，"皇帝始终站在政治上最高的一位，而且皇帝是终身的"，"皇位是世袭的"，皇室"高高在上，尊贵无比"，"自秦以下，永远是帝王世袭，永远由一个帝王高踞政府最上之地位"，"永远是一种君权政治"⑩。试问君权政治与皇帝专制究竟有多少差异？无须多说，钱老业已自我纠错。

① 钱穆：《中国文化史导论》（修订本），商务印书馆，1994，第29、4、6页。
② 钱穆：《国史新论》，生活·读书·新知三联书店，2001，第92页。
③ 钱穆：《中国历代政治得失》，生活·读书·新知三联书店，2001，第13页。
④ 钱穆：《国史大纲》，商务印书馆，1994，第552页。
⑤ 钱穆：《中国历代政治得失》，生活·读书·新知三联书店，2001，第5页。
⑥ 钱穆：《中国历代政治得失》，生活·读书·新知三联书店，2001，第5~6页。
⑦ 钱穆：《国史新论》，生活·读书·新知三联书店，2001，第145页。
⑧ 钱穆：《中国历代政治得失》，生活·读书·新知三联书店，2001，第32页。
⑨ 钱穆：《国史大纲·引论》，商务印书馆，1994，第14页。
⑩ 钱穆：《国史新论》，生活·读书·新知三联书店，2001，第106、145页。

二是所谓"君主专制"之类"是把西洋现成名词硬装进中国"①。钱穆如此认为，并归咎于"（清末）革命党人则只挟外来'平等''自由''民权'等新名词"②。钱老说：与外国人不同，"中国人心目中不重视权力"③；"中国的政治理论，根本不在主权问题上着眼"④。在他看来，"西方论政重权，中国论政重职"；"中国人称权，乃是权度、权量、权衡之意"；"故中国传统观念，只说君职相职"⑤；中国传统的政治理论"是一种君职论，绝不是一种君权论"⑥。然而钱老本人就既讲职，也讲权，包括"皇权"、"相权"和"民权"。他引用了宋人所说"权归人主，政出中书"⑦，并称："皇权之外有相权"⑧，"君权相权不断摩擦"⑨，"民权亦各自有其所以表达之方式与机构"⑩。只是钱老没有明确告知中国古代民权表达的方式和机构是什么。钱老还认为，"朕即国家"不是中国古人的说法。他说："像法国路易十四所谓'朕即国家'之说，在中国传统意见下，绝难认许。"⑪值得注意的是，中国有句老话，见于《诗经·小雅·北山》，后来几乎成为口头禅："溥天之下，莫非王土；率土之滨，莫非王臣。"此语与"朕即国家"分明是一个意思。至于宋人所谓"人主主人翁"⑫，就更通俗直白了。正是基于此，宋代民间将赵家天子坐天下的赵宋王朝称为"赵家世界"⑬。

其三，中国古代到底是"重法"还是"重人"？钱穆在《中国历史精神》第二讲"中国历史上的政治"中有段颇为独特的论述："很多人说：

① 钱穆：《国史新论》，生活·读书·新知三联书店，2001，第80页。
② 钱穆：《国史大纲·引论》，商务印书馆，1994，第29～30页。
③ 钱穆：《中国文化史导论》（修订本），商务印书馆，1994，第216页。
④ 钱穆：《国史新论》，生活·读书·新知三联书店，2001，第81页。
⑤ 钱穆：《中国历史研究法》，《全集》第31册，台北联经出版事业公司，1998，第26页。
⑥ 钱穆：《国史新论》，生活·读书·新知三联书店，2001，第82页。
⑦ 钱穆：《国史大纲》，商务印书馆，1994，第147页。
⑧ 钱穆：《中国历代政治得失》，生活·读书·新知三联书店，2001，第35页。
⑨ 钱穆：《国史新论》，生活·读书·新知三联书店，2001，第96页。
⑩ 钱穆：《国史大纲·引论》，商务印书馆，1994，第15页。
⑪ 钱穆：《中国历史研究法》，《全集》第31册，台北联经出版事业公司，1998，第25页。
⑫ 吴曾：《能改斋漫录》卷12《对徽宗诗句》，上海古籍出版社，1979，第360页。
⑬ 陆游：《老学庵笔记》卷1，李剑雄、刘德权点校，中华书局，1979，第5页。

'西方讲法治，中国讲人治，我们该效法西方人提倡法治精神。'但若根据中国历史看，我却说中国政府是法治的，西方政府才是人治的。"① 他认为，中国传统政治的缺陷在于"重法不重人"，用死的制度约束活的人。钱老对此反复加以阐述。如："现代一般人，都说中国人不讲法；其实中国政治的传统毛病，就在太讲法，什么事都依法办。一条条文进出，一个字两个字，往往上下往复，把紧要的公事都停顿了。"② 又如，中国传统政治的本质性缺点之一"是太看重法制"，"重法过于重人，重职过于重权"，"一切要求制度化"，"牺牲活的人，来争死的制度"。"中国传统政治里尊重法制的观念，已成为历史上一种惰性。""无论是太看重守法，或太看重变法，一样是太看重了法，实际还是中国的传统病在作梗。"③ 这些说法只怕说服力十分有限。

钱穆也有若干论述与上述说法不同，概而言之有四：一是"皇帝的法"④，钱老如此定性中国古代的法律，其正确性毋庸置疑。"前主所是著为律，后主所是疏为令"⑤，皇帝制定法律，法律维护皇权，"谋反"列为十恶重罪之首。二是弹性太大，"往往每一制度，都留有活动变通之余地，不肯死杀规定，斩绝断制"。三是有法不依，"所规定下的一切法制，有时往往有不严格遵守的"，"并不能遵照那法制来推行"⑥。四是情胜于法，"中国人的法律观，亦不注重在那种铁面无私的刻板固定的法律条文上，而反转注意到斟情酌理的，在法律条文以外的变例"⑦。然而如何革除弊端、走出困局，钱老的主张竟然是增强法治的融通性："制度因人而立，也该随人事而活化。"⑧ 这又让人难以认同。

---

① 钱穆：《中国历史精神》，九州出版社，2012，第39页。
② 钱穆：《中国历代政治得失》，生活·读书·新知三联书店，2001，第126~127页。
③ 钱穆：《国史新论》，生活·读书·新知三联书店，2001，第96~99页。
④ 钱穆：《中国历代政治得失》，生活·读书·新知三联书店，2001，第8页。
⑤ 司马迁：《史记》卷122《酷吏列传·杜周传》，中华书局，1959，第3153页。
⑥ 钱穆：《中国历代政治得失》，生活·读书·新知三联书店，2001，第42、43、134页。
⑦ 钱穆：《中国文化史导论》（修订本），商务印书馆，1994，第217页。
⑧ 钱穆：《国史新论》，生活·读书·新知三联书店，2001，第99页。

　　钱穆著作中的不解之处还有一些，如认为汉、唐时代"民主精神之文治政府，经济平等之自由社会，次第实现"①。至于钱老的观点和主张与所处时代有何关联，其价值取向何在，有无政治因素，特别是为什么对清末革命党人颇有微词，这些我就更不懂了，只能再叹息一遍：读懂大家真难。本文重在提出问题，旨在请教方家，欢迎批评指正。

[《西北师范大学学报》（社会科学版）近期刊出]

---

　　① 钱穆：《中国文化史导论》（修订本），商务印书馆，1994，第203页。

序跋

专题探讨、断代考察与综合研究

——《婚姻与社会·宋代》引言

本书将采用把宋代同以唐代为主的前代相对比的办法，对唐宋之际婚姻制度、婚姻习俗和婚姻观念的某些变化做些介绍和探讨，试图借以显示唐宋之际历史运动的轨迹，让人们更多地了解、更深一层地认识宋代社会。当然，这只不过是心向往之而已。

不必讳言，把人类文明史等同于阶级斗争史、把历史唯物论等同于经济唯物论的狭隘理解，曾经使史学领域出现过内容单调、选题重复的弊病。值得庆幸的是，这些狭隘理解早已成为过去。如今，历史研究者们几乎无不深切地感到，历史有着极其丰富的、多层次的内容，是个极其复杂的、立体式的组合，对它进行单打一的考察无济于事，必须致力于多角度、全方位的整体性探讨。眼下日渐趋于活跃的社会史研究，正是研究者们为了振衰起弊，开拓研究领域，促进史学繁荣所做的一种重要努力。

婚姻作为人类的自身生产，与人类的物质生产一道，构成了社会生产的总体，并对整个社会起制约作用。家庭是社会最基本的细胞，有"微型社会"之称，而婚姻又是家庭产生的基础。婚姻对于每个社会成员来说，都是一件"终身大事"，并且在人际关系中占有特殊地位，素来被称为"人伦之首"。可见，婚姻本来就是社会史的一项不可缺少的重要内容，显然也应当属于整体性历史研究的题中应有之义。

众所周知，马克思、恩格斯向来十分重视婚姻问题的研究。是他们提出了两种生产的理论，并用自己的出色研究成果如马克思的《论离婚法草案》

《摩尔根〈古代社会〉一书摘要》，特别是恩格斯的《家庭、私有制和国家的起源》，为马克思主义的婚姻学奠定了坚固的基石。这些著作对于婚姻史研究，迄今仍然具有重要的指导意义。后来这一学术领域没有受到足够的重视，在很大程度上是由理论上的"不完全遗传"所致，以至于今天不得不旧事重提。

就中国古代婚姻史而言，尽管研究基础相当薄弱，但绝非前无古人。远的且不去说，在 20 世纪二三十年代，吕思勉、陈顾远等人就对此进行过具有开创意义的专门研究。筚路蓝缕，功不可没。当然，他们的著作如吕思勉《中国婚姻制度小史》[1]、陈顾远《中国婚姻史》[2]，在事隔数十年之后，已经显得观点较陈旧、内容欠充实，不能适应当前的需要。"史"的特点不够鲜明，便是吕思勉、陈顾远等人的婚姻史著作的一个共同缺陷。陈顾远在其《中国婚姻史》一书的序言里讲得很明白，他采用的是"纵断为史之法"。该书不是按时代、分阶段进行论述，而是按问题分门别类介绍。人们很难从中清晰地看到婚姻制度在漫长的中国历史上的前后演变，不免要怀疑它是不是一部严格意义上的婚姻"史"。何以如此？这固然与婚姻制度具有稳定性相关。可是，稳定性与变异性并非冰炭不同炉。所谓稳定性，并不是一成不变的同义语，它只是从相对意义上说，无非是指演进的节奏较缓慢罢了。美国知名学者摩尔根说得好：婚姻家庭形式"必须随着社会的前进而前进，随着社会的改变而改变"[3]。古代中国毫无例外，婚姻制度有其发展变化的脉络可寻。

在研究基础尚薄弱的条件下，目前就贸然着手编写一部较完善的大型《中国古代婚姻史》，似乎有些脱离实际，并不怎么现实。当务之急恐怕是：有志于此的研究者们群策群力，先分头做一些专题探讨、断代考察，为从总体上进行综合性的再研究打下基础。本书的撰写，正是基于上述认识。之所以选择宋代作为课题，除受笔者的知识结构局限外，还有以下三个方面的

---

[1] 吕思勉：《中国婚姻制度小史》，上海中山书店，1929。
[2] 陈顾远：《中国婚姻史》，商务印书馆，1936。
[3] 摩尔根：《古代社会》，商务印书馆，1977，第 492 页。

原因。

　　一是鉴于从前对宋代婚姻制度探讨较少。长期以来，中国古代婚姻史的研究呈现出不平衡状态。就民族而言，少数民族婚姻史研究"热"一些，汉族婚姻史研究较冷落。从时代上说，五代以前还有些成果，两宋以后就寂寂寥寥了。这一状况固然事出有因：越是处于社会发展的较低级阶段，婚姻对社会的制约作用越明显，因而也就越受到人们的注视。但是，似乎还可以这样说：越是处于社会发展的较高级阶段，婚姻问题越复杂、内容越丰富，现实意义也越大，因此也就越值得研究。这里不打算讨论上述两种说法的是非曲直、高低长短，只是试图说明：婚姻在任何时代都是一个重要的社会问题、历史的一项重要内容，研究者都不应当把它排斥在自己的研究视野之外。

　　二是因为探讨这一课题有助于加深对唐宋之际社会变革的认识。婚姻与社会生活的其他方面，不是简单的线性因果关系，而是一张相互贯通、相互牵制的网络。婚姻既对社会生活的各个方面起制约作用，又受社会风尚影响、为政治制度所制约，并最终被经济结构决定。一言以蔽之："它是社会制度的产物，它将反映社会制度的发展状况。"[①] 既然如此，那么探讨封建婚姻制度发展到宋代，究竟发生了什么新变化、呈现出什么新特色，势必能够从一个重要方面综合地体现和反映唐宋之际历史运动的轨迹。唐宋之际到底有无社会变革？如果有，其性质又如何？眼下，国内外学者对这两个问题还有不同认识。单就国内的唐宋社会变革论者而言，又有"停滞论"与"发展论"之分。有的断言，这场变革意味着从发展到停滞，有的则认为，这场变革是中国封建社会进一步发展的标志。有鉴于此，从婚姻的角度对此做些考察，仿佛不算多余。

　　三是由于探讨这一课题有可能给予今天的人们某些历史的启示。俄国著名作家列夫·托尔斯泰说过："历史学的目的就是使各民族和人类认识自

---

　　① 摩尔根：《古代社会》，转引自《马克思恩格斯选集》第4卷，人民出版社，1972，第79页。

己。"① 这话不无一定道理。我们民族的婚姻传统包括哪些内容？有什么优根和劣根、长处和短处？这类问题的答案应当从历史中去寻求。本书将对我们民族的婚姻传统做些历史考察，并结合相关史实进行一些必要的分析，这或许也并非可有可无。

最后需要说明，本书并不是一部宋代婚姻史，它远远未能穷其细节、俱其始末。即使对于宋代婚姻制度所应当包含的全部内容，本书也还没有做到囊括无余。究其原因，有的是由于笔者对它们还若明若暗，不敢强不知以为知；有的则因为笔者认为它们无关宏旨，不必凡事必录。有学者担心：社会史研究的开展会不会使历史变得十分琐碎？这种担心多半属于误解。其实，所谓开拓研究领域，并不是漫无边际，细大不捐，凡事必究。这样做既无必要，也不可能。不过，这种担心可以起到防患于未然的作用，它相当及时地提醒我们：即使从事社会史研究，也应当着重考察那些具有社会意义、能够反映本质的历史现象，并尽可能地揭示其隐藏在历史现象背后的本质。这本小册子正是抱着上述想法，力图把问题放到纵的历史过程和横的历史联系中去探索，尤其着力于前后对照抓特色。不过，俗话说得对："说则容易做则难。"究竟做得如何，留待读者去评判。

（张邦炜《婚姻与社会·宋代》，四川人民出版社，1989）

---

① 列夫·托尔斯泰：《战争与和平》第 4 册，董秋斯译，人民文学出版社，1958，第 1993 页。

从婚姻的角度看唐宋变革

——《婚姻与社会·宋代》结语

本书从某种意义上说，不外是从婚姻的角度，为唐宋社会变革论提供证据。本书开始的时候提出：唐宋之际，到底有无社会变革？如果有，其性质又如何？现在可以做出较为明确的回答。

首先，唐宋之际确实发生了一场具有划阶段意义的变革。本书所展示的从"家之婚姻必由于谱系"到"不问阀阅"的演变，就是个明证。除此之外，还可以举出若干。诸如科举方面的"取士不问家世"，教育方面的"广开来学之路"①，社交方面的"所交不限士庶"，学术方面的从汉学到宋学，文学方面的从"雅"到"俗"，书法方面的从以碑书为主到以帖书为主，绘画方面的从以宗教画、政治画为主到以山水画、花鸟画为主，等等。这些极富于时代感的变化尽管形形色色、多种多样，但其基本精神竟如此惊人地相似乃至一致。它们随着"田制"经济解体之后经济结构的变化、门阀政治崩溃之后等级结构的变化而变化，并且相互影响、相互制约，和谐地构成了一幅丰富多彩的宋代社会生活画卷。所有这些，一概表明，宋代是个与魏晋南北朝乃至唐代不尽相同的历史时期。

其次，这场变革的性质无疑属于封建社会内部的变革。拿婚姻制度来说，公开的不平等这个封建婚姻制度的基本特征，到宋代依然如故。无论在

---

① 参见张邦炜、朱瑞熙《论宋代国子学向太学的演变》，邓广铭、郦家驹等主编《宋史研究论文集》，河南人民出版社，1984。

家庭之间、性别之间，还是家庭内部，宋代婚姻制度都表现出十分鲜明的封建等级性，较之前代并无二致。宋代人们选择配偶的标准虽然发生了某些值得注意的新变化，但对"婚姻不问阀阅""议亲贵人物相当"的进步意义不能估计过高。"榜下择婿"之风作为"贵人物相当"的具体体现，相当清晰地显示了"婚姻不问阀阅"的实质。所谓"不问阀阅"，仍然是以地位取人，不过是社会心理从"尚姓"到"尚官"、政治制度从以门阀为中心到以官品为本位的一种表现。至于"郎才女貌"，就其实质而言，无非是郎官女貌而已。总之，把宋代无论是看作取贵族社会而代之的平民社会，还是视为取中世纪时代而代之的近世时代，都属于缺乏根据的想当然。

再次，这场变革并不意味着中国封建社会从发展到停滞。宋代贞节观念骤然增长、妇女地位急转直下，是宋代社会停滞论的一个重要依据。是的，社会的进步可以用女性的社会地位来精确地衡量。然而本书所揭示的史实表明，宋代婚姻制度的主要特色是"不问阀阅""贵人物相当"，而不是只准男子再娶、不许女子再嫁，并进而证明唐、宋两代妇女的社会地位并没有发生明显的变化。相反，"婚姻不问阀阅"代替"必由于谱系"这个历史性的重要进步说明，唐宋之际的社会变革不是下降型的转化，而是上升型的运动。何况宋代社会经济的长足发展、科学文化的显著进步，已为人所共知。可见，唐宋之际的社会变革标志着宋代进入了中国封建社会进一步发展的新阶段，这是无论如何也改变不了的历史事实。

我们已经充分地注意到，有的研究者近年来一再向唐宋社会变革论提出质疑，断然否定中国封建社会内部的这场变革发生在唐宋之际，认为它出现在唐代中叶。对此，我愿意在这里发表一点看法。

不错，史学大师陈寅恪生前曾经指出：唐代"前期结束南北朝相承之旧局面，后期升启赵宋以降之新局面，关于政治、社会、经济者如此，关于文化学术者亦莫不如此"①。可是，我们也不应当忘记，史学名家钱穆认为："论中国古今社会之变，最要在宋代。""就宋代而言，政治经济，社会人

① 陈寅恪：《论韩愈》，《历史研究》1954年第2期。

生，较之前代，莫不有变。"① 陈氏主要是从唐代历史分期来说，钱氏则是专门就古代社会内部分期而言。两者并无抵牾之处，不存在谁是谁非的问题。应当说都讲得一样的对、一样的好。

众所周知，人类社会历史的发展总是死的拖住活的，很难一刀两断。无怪乎人们要把历史比喻为一条川流不息、永无绝期的长河，一幅一切皆动、一切皆变、一切皆生、一切皆灭的活动图画了。何况中国封建社会内部的这场变革，不是一个阶级推翻另一个阶级、一种社会制度代替另一种社会制度，并非严格意义上的社会革命。它不是以突变的形式出现，而是一个"剪不断，理还乱"的渐进过程。这场变革前后经历了两三百年之久，大致开始于中唐前后，基本完成于北宋前期。把它简要地表述为发生在唐宋之际，恐无大错。

最后，还有必要交代，"婚姻不问阀阅"并不是到宋代才出现的社会现象。人们常说，认识是个"圆圈"。其实，历史又何尝不是一个否定之否定、螺旋式上升的"圆圈"。人类社会历史的发展虽然不是牲口推磨般地团团打转，但也不是汉子上山式的步步高升，往往走着"之"字形的曲折路线。在中国古代婚姻史上，就呈现出这样一个"之"字形：不问阀阅（汉代）——士庶不婚（魏晋南北朝隋唐）——不问阀阅（宋代）。有学者认为："婚嫁讲究门当户对，不是汉代的常态。"② 此说虽属过甚其词，但也并非毫无道理。假如把"婚嫁讲究门当户对"一语换作"士庶不婚"，便比较妥当了。早在魏晋南北朝时期，生活在严格区分士庶的社会里的人们，已经察觉到先前的汉代与当时的情况不同，是无阀阅可问的。南朝人沈约说："汉代无士庶之别"③，堪称一语破的。后来，唐朝人柳芳也指出：汉代"不

---

① 钱穆：《理学与艺术》，中华丛书编审委员会编印《宋史研究集》第 7 辑，1974。钱氏同时认为："宋以下，始是纯粹的平民社会。"所谓"平民社会"，在我看来，是个较为模糊的概念。
② 陈虹：《中国古时的男女社交》，台北：传记文学出版社，1969，第 36 页。
③ 王应麟：《玉海》卷 117《选举·汉郡国选举》引"沈约上疏"，江苏古籍出版社、上海书店，1990。

辨士与庶族"。① 很清楚，士庶不婚并非自古而然，是到东汉末年以后，随着门阀政治的出现，才逐渐形成的一条婚姻禁忌。

鉴于"婚姻不问阀阅"反映了"尚官"心理，而士庶不婚表现着"尚姓"风尚，婚姻史上的那个"之"字形自然又折射出社会风尚史上的另一个"之"字形：尚官（汉代）——尚姓（魏晋南北朝隋唐）——尚官（宋代）。这里把唐代划入尚姓的时代，只是大体而言。具体地说，唐代既尚官，又尚姓。这恰好体现了唐代政治的半门阀半官僚性质，它处于从严格的门阀政治到典型的官僚政治的过渡阶段，是把魏晋南北朝和宋代这两个很不相同的历史时期连接起来的一座必不可少的桥梁。

马克思曾经精辟地将人身依附关系称为封建社会"最内部的秘密""隐藏着的基础"。② 婚姻史和社会风尚史上的两个"之"字形，最终地决定了人身依附关系史上的这样一个"之"字形：依附关系尚未强化（汉代）——依附关系格外强烈（魏晋南北朝隋唐）——依附关系相对松弛（宋代）。人们往往把汉、唐两朝并称，说汉、唐两代相似。其实，汉代与唐代至多只是表面上、形式上的相似，而汉代与宋代倒有不胜枚举的相似之处，并且是带有实质性、根本性的相似。"婚姻不问阀阅"还仅仅是其中之一。至于其他，则属于另当别论的课题了。

（张邦炜《婚姻与社会·宋代》，四川人民出版社，1989）

---

① 柳芳：《姓氏论》，董诰等编《全唐文》卷372，中华书局，1983。
② 马克思：《资本论》第3卷，人民出版社，1956，第1033页。

宋代的内朝问题及家天下统治

——《宋代皇亲与政治》导言

本书拟从政治史特别是政治制度史的角度，力所能及地对宋代的皇亲做一番审视。所谓皇亲，除皇帝的配偶即后妃外，还包括皇帝的血亲（宗室）和姻亲（外戚）。通俗地说，便是皇帝的妻室、儿女、岳父、女婿、舅子、表亲、亲家、连襟。至于宦官，只是皇帝的家奴，依附于皇族。皇族如果离开这批家奴，将无法生存。二者相依为命，密不可分。何况某些宦官甚至与皇族结成拟血缘关系。宋代的宦官问题由于不如汉、唐、明三朝突出，又往往被忽视。出于这些考虑，本书把宦官作为考察对象之一。《导言》重在提出问题，不在获得结论。问题主要有以下四个。

一　皇亲国戚认识价值何在

提起宋代的皇亲国戚，人们立刻想到的大概是《杨家将》里的八贤王、《狸猫换太子》中的刘皇后。由于《杨家将》等历史故事千百年来在民间广为流传，八贤王等人物在群众中印象很深，尽管这些故事和人物与其历史原型相去甚远，然而在当前通行的历史读物中，什么八贤王、刘皇后者流要么子虚乌有、尽行回避，要么轻描淡写、一笔带过。显然不够真实的民间故事浓墨重彩，大体符合事实的历史读物轻描淡写，两者形成了十分鲜明的对比。究其原因，除历史读物受篇幅限制外，恐怕还有观念上的缘故。"既然是皇亲国戚，就应该赶下历史舞台"，这一片面认识可能已是往事。"皇亲国戚之类难以登大雅之堂，只能聊作茶余饭后的谈资"，这种似是而非的看法并未成为过去。假如只是简单地复述那些宫廷琐事，的确没有多少意思。但应当承认，无论是从社会史、经济史，还是从文化史、政治史的角度看，这一社会群体都在不同程度上具有相当的认识价值。

就社会史来说，家族作为社会的基础和浓缩体，无疑是个重要课题。包括宋代在内的整个中国封建时代，等级最高的家族非皇族莫属，其认识价值自不待言。难怪常言道："家族小社会，社会大家族。""皇帝大家长，家长小皇帝。"尽管18世纪法国的启蒙学者卢梭在《民约论》中为了摒弃封建君主专制，猛烈地抨击了以国政比拟家政，以君主比拟家长这一谬误①，但是"家国相通"确实是中国封建时代无法改变的事实。当然，皇族与素族相同之中又有不同。如素族以祖宗为中心，其成员在家族中地位的高低以辈分为准绳，而皇族成员的尊卑一般以与当朝皇帝血缘关系的远近为标准，其中心不是祖宗，而是当朝皇帝；素族的家长不过是家族的首领而已，较多地置身于家族之中，而皇帝既代表皇族，更代表朝廷，常常凌驾于皇族之上，游离于皇族之外。

如果从社会史角度讲，皇族作为家族的代表，典型性较差，那么就经济史来说，皇族的费用是一笔不可小觑的财政开支，嘉祐六年，苏轼感叹：

> 外有不得已之二虏，内有得已而不已之后宫。后宫之费不下一敌国。②

他把宋朝给予辽朝、西夏数额巨大的岁币和后宫之费一概视为沉重的财政负担，认为差别仅仅在于前者或许无可奈何，后者越发莫名其妙。宋元之际的史学大师马端临在《文献通考》卷24《国用考二·历代国用》里，将"养

① 卢梭：《民约论》第2章"最初社会"，马君武译，上海中华书局，1938。
② 苏轼：《东坡七集·东坡后集》卷9《御试制科策》，四部备要本。

兵""宗俸""冗官""郊赉"看作宋代财政的四大拖累。值得注意的是，四项当中，"宗俸""郊赉"两项都属于皇族费用。何况皇族费用刚性较强。

> 天子之财，天子用之，有司不得而吝也。①

谁要加以抵制，总得有些胆量。而皇族的费用又部分来自皇帝直接掌握的内库。宋人往往将当时的户部、内库与汉朝的大农、少府相提并论，如朱熹说：

> 今之户部、内藏，正如汉之大农、少府钱。大农则国家经常之费，少府则人主之私钱。②

追根溯源，宋代的内库与汉朝的少府确有瓜葛。然而宋代的内库不再只是皇帝的"私钱"，同时又是"国家经常之费"的主要来源之一。其收入之多、支出之广、作用之大、在整个国家财政中地位之高，远非汉朝的少府可比。可以毫不夸张地说，宋代内库的情况不明，宋代的经济至少是财政状况势必扑朔迷离。

就文化史来说，宋真宗号称"屡以学术勖宗子"。岂止宋真宗一人而已，宋朝历代皇帝几乎莫不如此，以致"宗子好学者颇多"③，从他们当中涌现出一批文化人。在清人厉鹗辑撰的《宋诗纪事》里，入选的宗室诗作者有赵楷等78人。在今人唐圭璋编纂的《全宋词》中，收录有赵令畤等34位宗室词作者的作品。南宋时期宗室的文化素养又高于北宋，不仅有赵善誉、赵汝谈等著名经学家，而且有赵孟頫、赵孟坚等一代书画名家。至于赵

---

① 黄淮、杨士奇编《历代名臣奏议》卷74《内治》"庆历元年孙沔上奏"，上海古籍出版社，1989。

② 黎靖德编《朱子语类》卷111《朱子八·论财》，中华书局，1986。

③ 脱脱等：《宋史》卷245《宗室传二·镇王元偓传》、卷244《宗室传一·魏王廷美传》，中华书局，1977。

汝愚的《诸臣奏议》、赵汝适的《诸蕃志》、赵彦卫的《云麓漫钞》等史学著作，付梓之后即被一代又一代的学人反复加以研究、不断予以征引①。在宋代的外戚中，"性喜文史""习熟典故""通音律""好为诗"者照样不乏其人。如宋太宗的驸马李遵勖与西昆派诗人过从甚密，"师杨亿为文"，"与刘筠相友善"，不仅"通释氏学"，而且"好为文词"②，有《间宴集》《外馆芳题》等书籍问世。又如宋高宗吴皇后的侄子吴琚曾师事名重一时的学者陈傅良，棋琴书画无所不能，诗词歌赋无所不精，有《云壑集》等著作刊行，深受范成大、陆游等著名诗人敬重。还应当指出，宋代设有专门教育宗室的机构，主要侧重于教育近亲的宫学和教育疏属的宗学。

如果从文化史上讲，宫学、宗学毕竟只是贵族学校，其社会作用有限，那么就政治史来说，日本学者宫崎市定认为宋代的皇族是唯一的贵族，"财产和地位的世袭只限于天子一家"③，未必完全确切。但皇族无疑是封建时代最为显贵的政治性家族，它与生俱来便同政治结下不解之缘，与封建王朝同命运、共兴衰、相始终。而"家天下"统治又是中国封建政治的一大特色，皇亲国戚的认识价值显然较大。

二 宋代究竟有无"内乱"

宋代"积弱不振"，实属不刊之论。但它毕竟在历史上延续了三百多年，并且经济发达、文化繁荣。眼下，人们对宋代社会经济的发展状况认识已经比较充分。邓广铭先生一再强调，宋代社会经济所达到的高度"在中国整个封建社会历史时期之内，可以说是空前绝后的"④。"绝后"二字似可

① 参见倪士毅《宋代宗室士大夫在学术上和文艺上的成就》，常绍温主编《陈乐素教授九十诞辰纪念文集》，广东人民出版社，1992。
② 脱脱等：《宋史》卷464《外戚传中·李遵勖传》，中华书局，1977。
③ 宫崎市定：《宋元的经济状况》，《宫崎市定论文选集》上册，商务印书馆，1963。
④ 邓广铭：《谈谈有关宋史研究的几个问题》，邓广铭、漆侠：《两宋政治经济问题》，知识出版社，1988。

斟酌，"空前"一语则是事实。至于宋代的政治，其情形又如何呢？清初大学问家顾炎武断言：

> 宋世典常不立，政事丛脞，一代之制，殊不足言。①

或许是这一说法的影响所致，有的研究者至今仍然把宋代的政治看作一团糟。如当代史学名家钱穆在《中国历代政治得失》一书中指责宋代"有事而无政，有形势推迁而无制度建立"，是中国政治史上"最没有建树的一环"②。照此说来，宋代的经济基础与上层建筑的不协调程度竟严重到这般地步，人们当然困惑不解。

与宋代政治一团糟的看法相反，从当时到近代，不少学者认为宋代政治有可取之处，其中宋代"无内乱"的说法便比较普遍。早在北宋后期，理学家程颐就将"百年无内乱"列为宋代"超越古今者五事"之首。他说：

> 自三代而后，本朝有超越古今者五事。如百年无内乱；四圣百年；受命之日，市不易肆；百年未尝诛杀大臣；至诚待夷狄。③

所谓"内乱"，一词多义。程颐此处显然不是指乱伦行为④，也不是笼统地指相对于外患的内乱，而是专指统治集团内部特别是皇亲国戚之间的争权篡位。与程颐大致同时的理学家邵雍也说：

> 本朝五事自唐虞而下所无有者：一、革命之日，市不易肆；二、克

---

① 顾炎武：《日知录》卷15《宋朝家法》，万有文库本。
② 钱穆：《中国历代政治得失》，生活·读书·新知三联书店，2001，第99页。
③ 程颢、程颐：《二程集·河南程氏遗书》卷15《伊川先生语一·入关语录》，中华书局，1981。
④ 窦仪等撰《宋刑统》卷1《名例律》同《唐律疏议》一样，将乱伦行为称为"内乱"，列入"十恶"。其具体含义为："奸小功以上亲、父祖妾，及与和者"（中华书局，1984）。

服天下在即位后；三、未尝杀一无罪；四、百年方四叶；五、百年无心腹患。

他临死前还庆幸地写下：

> 生于太平世，长于太平世，老于太平世，死于太平世。①

邵雍的"未尝杀一无罪"一语及"太平世"三个字固然属于过甚之词，但他的"百年无心腹患"与程颐的"百年无内乱"则是同义语。在不少问题上与理学家看法相左的南宋思想家叶适，同样肯定宋代至少北宋前期的情况。

> 天下无女宠、无宦官、无外戚、无权臣、无奸臣，随其萌蘖，寻即除治。②

如果说宋人的上述议论不免有抬高本朝之嫌，那么元朝官修《宋史》亦如是观：

> 宋三百余年，外无汉王氏之患，内无唐武、韦之祸，岂不卓然而可尚哉！③

此后，明人张溥在《宋史纪事本末·叙》中认为，宋代有四大"法高前代"之处，即"礼臣下、崇道学、后妃仁贤、宗室柔睦"④。能否笼统地说宋代

---

① 邵伯温：《邵氏见闻录》卷 18、20，中华书局，1983。
② 黄淮、杨士奇编《历代名臣奏议》卷 54《治道》"宋孝宗时叶适应诏上言"，上海古籍出版社，1989。
③ 脱脱等：《宋史》卷 242《后妃传序》，中华书局，1977。
④ 陈邦瞻：《宋史纪事本末》卷首，中华书局，1955。

"崇道学"，"崇道学"是否值得赞扬，这里姑且置而不论。但"后妃仁贤、宗室柔睦"则是"无内乱"的具体化。近代人蔡东藩在其不应简单地视为小说而应视为通俗历史读物的《宋史演义》中，一开头便说：

> 宋朝的善政却有数种：第一种是整肃宫闱，没有女祸；第二种是抑制宦官，没有奄祸；第三种是睦好懿亲，没有宗室祸；第四种是防闲戚里，没有外戚祸；……不但汉、唐未能相比，就是夏、商、周三代恐怕还逊他一筹。①

他把"内乱"分为四种并且认为宋代一概没有，可以说是替程颐的宋代"无内乱"之说做了注释。已故著名历史学家柳诒徵也认为：

> 惟宋无女主、外戚、宗王、强藩之祸。宦寺虽为祸而亦不多。

并在这句话上加了着重号，提醒读者注意。他同时又强调：宋代"虽间有女主垂帘、宦者得势之时，要皆视两汉、晋、唐为不侔"②。所谓"不侔"者，不能等量齐观之谓也。

人云亦云，学人所忌。何况宋代究竟有无"内乱"，前人语焉不详，仍旧是个问题。即使有了答案，还得寻根究底，探讨其原因。

三 "家天下"统治应当如何理解

前面已经提到，"家天下"统治是中国封建政治的一大特色，不免使人想到《礼记·礼运》对所谓"大同之世"与"小康之世"的描述。岂止如

---

① 蔡东藩：《宋史演义》，上海文化出版社，1981，第1页。
② 柳诒徵：《中国文化史》中册，民国丛书本，第223页。

此而已，"官天下"与"家天下"常常被古人作为一对反义词，他们说过不少这类大同小异的话：

> 五帝官天下，三王家天下，家以传子，官以传贤。[1]

所谓"家天下"即"私天下"，而"官"在这里不是指官职、官吏，其含义是公有。无怪乎程颐索性把"官天下"直截了当地称为"公天下"，他说：

> 五帝公天下，故与贤；三王家天下，故与子。[2]

所谓"三王"，是指夏禹、商汤、周文王。至于"五帝"，虽然众说纷纭，但不外乎伏羲、炎帝、黄帝、尧、舜一类传说时代的人物。"官天下"或"公天下"反映了原始社会的情形，带有理想的成分。而"家天下"或"私天下"则比较如实地显示了进入阶级社会以后的状况。

什么叫"家天下"？全天慰先生认为：与其"从一个皇家与皇帝去看中国，毋宁从千万家及其家长去看中国，更能把握住它的本质"。他强调"家天下"的意思应当是"天下由千千万万家组成"[3]。此说可谓入木三分，但"家天下"的本义毕竟是"以天下为私家之物而传子孙"[4]，帝王与其血亲、姻亲以至亲信共同拥有天下，宗室、外戚、宦官在国家政权中占有特殊地位。

很清楚，所谓"家天下"，具体到宋代，即是天下由赵氏一家一姓统治。因此，"天下者，祖宗之天下"[5]简直成了宋代士大夫的口头禅。如宋仁宗即位之初，参知政事王曾上奏说：

---

① 班固：《汉书》卷77《盖宽饶传》，中华书局，1962。
② 程颢、程颐：《二程集·河南程氏粹言》卷1《论证篇》，中华书局，1981。
③ 吴晗、费孝通等：《皇权与绅权》，天津人民出版社，1988，第106页。
④ 陈澔：《礼记集说》卷4《礼运》，上海古籍出版社，1987。
⑤ 徐梦莘：《三朝北盟会编》卷186"绍兴八年十一月二十五日胡铨上书"，上海古籍出版社，1987。

天下者，太祖、太宗、先帝之天下也，非陛下之天下也。①

这类说法虽有藐视当朝皇上之嫌，但毕竟承认了天下是赵氏一姓的"私家之物"，与"家天下"的统治精神大体相符。然而早在先秦时代便有立君为民之说，如《慎子·威德》称：

立天子以为天下，非立天下以为天子也。

《吕氏春秋·重己》说：

天下，非一人之天下也，天下之天下也。

这种天子应当"不私一家"②的观念被宋代士大夫普遍接受。他们不断告诫皇帝"治国莫先于公"③、"天下事非一家之私"④。如靖康年间，翰林学士许翰理直气壮地对宋钦宗讲：

虽天子不得而私也，而后天下之大公立。⑤

宋高宗时，监察御史方庭实在奏疏中斩钉截铁地说：

天下者，中国之天下，祖宗之天下，群臣、万姓、三军之天下，非
陛下之天下。⑥

---

① 朱熹：《五朝名臣言行录》卷 5 之一《丞相沂国王文正公（曾）》，四部丛刊本。
② 班固：《汉书》卷 55《谷永传》，中华书局，1962。
③ 司马光：《司马文正公传家集》卷 28《二先札子》，万有文库本。
④ 吕邦耀：《续宋宰辅编年录》卷 8 "端平二年郑清之独相"，中华书局，1986。
⑤ 黄淮、杨士奇编《历代名臣奏议》卷 213《法令》"宋钦宗时翰林学士许翰上奏"，上海古籍出版社，1989。
⑥ 《中兴两朝圣政》卷 24 "绍兴八年十二月癸酉"，宋史资料萃编本。

就连提倡等级名分的理学家朱熹也认为：

> 天下者，天下之天下，非一人之私有。①

类似说法太多，不胜枚举。

许翰等人的这些说法似乎有悖于"家天下"的统治精神，并且对当朝皇帝大不敬。可是，以下两点值得注意。

第一，许翰等人并未因此受到惩处，反而被视为忠臣。讲到封建时代的君臣关系，人们往往一言以蔽之："君要臣死，臣不得不死。"如此认识封建主义，未免过于简单，有必要顺便加以澄清。早在先秦时期，孔子便强调臣子应当"以道事君"，他认为君臣关系是相互的："君使臣以礼，臣事君以忠"②。孟子讲得更具体一些：

> 君之视臣如手足，则臣视君如腹心；君之视臣如犬马，则臣视君如国人；君之视臣如土芥，则臣视君如寇雠。③

朱熹对此深表赞同并阐释道：

> 土芥则践踏之而已矣，斩艾之而已矣，其贱恶之又甚矣。寇仇之报，不亦宜乎！④

在宋代，最高统治者确实这样要求士大夫："人臣之事君，不可以有二心"⑤。士大夫也普遍认为："臣事君犹子事父"⑥。有的甚至信誓旦旦：

---

① 朱熹：《四书集注·孟子》卷5《万章章句上》，巴蜀书社，1986。
② 朱熹：《四书集注·论语》卷11《先进》、卷2《八佾三》，巴蜀书社，1986。
③ 《孟子》卷8《离娄下》，四部丛刊本。
④ 朱熹：《四书集注·孟子》卷4《离娄章句下》，巴蜀书社，1986。
⑤ 李心传：《建炎以来系年要录》卷150，绍兴十三年九月甲子，中华书局，1988。
⑥ 《宋史全文》卷24，隆兴元年五月辛亥，宋史资料萃编本。

宁作赵氏鬼，不为他邦臣。①

但"忠臣不事两君"②并不等于一味屈从皇上，甘心做皇上的哈巴狗。假如一味屈从，那就不是忠臣，而是令人作呕的佞臣。他们认为，臣下既要"爱君如爱父"，更要"爱国如爱家，爱民如爱子"。何况"爱君则必爱国，爱国则必爱民"③，"爱君""爱国""爱民"三者是一致的。在他们心目中，忠臣应当是：

从义而不从君，从道而不从父，使君不陷于非义，父不入于非道。……君有不义，不从也。……父有不义，不从也。④

有的大臣公然表示："愿为良臣，不愿为忠臣"⑤。其实就是"从义不从君"的意思，不过态度更为激烈而已。在士大夫看来，皇上不可能一贯正确，也会有过失。如南宋学者陈傅良说：

人非舜尧，安能每事尽善？而人臣之善谏其君者，则每因事而纳之于善焉。⑥

朱熹更是直截了当地讲：

士大夫当以面折廷争为职。⑦

---

① 脱脱等：《宋史》卷447《忠义二·杨邦乂传》，中华书局，1977。
② 脱脱等：《宋史》卷446《忠义传一·刘韐传》，中华书局，1977。
③ 罗从彦：《罗豫章集》卷9《议论要语》，国学基本丛书本。
④ 范祖禹：《唐鉴》卷3贞观十六年"臣祖禹曰"，上海古籍出版社，1984。
⑤ 李焘：《续资治通鉴长编》卷429，元祐四年六月甲辰，上海古籍出版社，1986。
⑥ 《永嘉先生八面锋》卷12，丛书集成初编本。
⑦ 黎靖德编《朱子语类》卷132《本朝六·中兴至兴今日人物下》，中华书局，1986。

而宋代的皇帝又大多不太专横。如宋太祖常常因"偶有误失，史必书之"而发愁。宋太宗号称"孜孜求谏，渴闻忠言"，他告诉宰相：

> 朕若有过，卿勿面从。

宋真宗刚即位便下诏，要求大臣"直言极谏，抗疏以闻"①。有人当面奉承宋孝宗：

> 陛下圣明，事无过举。

他立即反驳：

> 朕虽无大过，岂无小失？②

宋孝宗对士大夫们说：

> 朕意正欲群臣言事，如其不言，是负朕也。③

由于他们往往将这句古语奉为圭臬：

> 逆吾者是吾师，顺吾者是吾贼。④

因而许翰等"逆吾者"一概有忠臣之称。

---

① 以上引文见罗从彦《罗豫章集》卷1《遵尧录一·太祖》、卷2《遵尧录二·太宗》、卷3《遵尧录三·真宗》，国学基本丛书本。
② 以上引文见《两朝纲目备要》卷29，乾道二年十月乙亥。
③ 《宋史全文》卷25，乾道六年六月丁卯，宋史资料萃编本。
④ 江少虞：《宋朝事实类苑》卷2《祖宗圣训·太宗皇帝》，上海古籍出版社，1981。

第二，岂止许翰等人，宋代的皇帝几乎对"治国莫先于公"这条原则都表示首肯。不但一向受到较高评价的宋太祖对宰相赵普的天下不是皇帝最大，而是道理最大之说深表赞同，并引用古人的话教训家人：

> 以一人治天下，不以天下奉一人。①

而且素来声名狼藉的宋高宗也曾向大臣表白：

> 治天下蔽以一言，曰公而已，朕亦安得而私！②

至于号称一代英主的宋孝宗则多次表示要狠斗私心：

> 人有一点私心，法便不可行。③

据说，他"圣德日新"，是由于懂得：

> 天下是天下之天下。④

如果说许翰等人被视为忠臣不足为怪，那么宋太祖等最高统治者讲的这些仿佛与"家天下"统治精神相违背的话则不易理解。于是，有的学者把不能分割的"家天下"和"君天下"分割开来，认为战国以前是"家天下"，秦代以后是"君天下"，显然有些牵强。"家天下"统治贯穿整个中国封建时代，这一早已家喻户晓的共同认识恐怕不容怀疑。

"家天下"统治到底应当如何理解？要弄清这个问题，不能忘记封建国

---

① 解缙主编《永乐大典》卷 12306 引《长编》，中华书局，1986。
② 李心传：《建炎以来系年要录》卷 46，绍兴元年八月辛丑，中华书局，1988。
③ 《中兴两朝圣政》卷 60"淳熙十年十月丁未"，宋史资料萃编本。
④ 张端义：《贵耳集》卷上，学津讨原本。

家的本质及其政治职能和社会职能。封建国家不过是统治阶级的组织，不过是"独自代表整个社会的那个阶级的国家"。其政治职能，"无非是一个阶级镇压另一个阶级的机器。"其社会职能，"是和人民大众分离的公共权力"①。依据这些论断，结合有关史实，"家天下"统治将不难理解，并且完全能够找到它在宋代政治制度中的位置。

四　宋代是否形成"内朝"

"家天下"统治的基本特征是"家以传子"、皇位世袭。这一点在漫长的中国封建时代始终未曾改变。除此而外，分封亲属拱卫王室和利用内朝限制外朝也相当充分地体现着"家天下"统治。分封早已名实不副，因此才出现了秦代以后不是"家天下"，而是"君天下"一说。但历代大多形成"内朝"。所谓内朝，又称"中朝"、"内廷"或"内庭"，其含义有两种。

一种含义是指地点。笼统地说，宫廷之内叫内朝；具体地讲，则因时代不同而异。元人陈澔注《礼记集说》卷6《玉藻》称：

> 天子、诸侯皆三朝，外朝在库门之外，治朝在路门之外，内朝在路门之内，亦曰燕朝也。

据说这是汉代以前的情形。此后，唐代以承天门为外朝，太极殿为中朝，两仪殿为内朝②。而宋代通常是以文德殿为外朝，垂拱殿为内朝。

另一种含义是指机构或人员。《韩非子》卷4《孤愤》注说得比较笼统：

> 外谓百官也，内谓君之左右也。

---

① 《马克思恩格斯选集》第3卷，人民出版社，1972，第486、336页；第4卷，人民出版社，1972，第114页。
② 王应麟：《玉海·小学绀珠》卷9《制度类·四朝》，江苏古籍出版社，1990。

《汉书》卷77《刘辅传》孟康注讲得比较具体：

> 中朝，内朝也。大司马、左右前后将军、侍中、常侍、散骑、诸吏
> 为中朝。丞相以下至六百石为外朝也。

这是就西汉时期、武帝以后的情形而言。

这里所要讨论的不是第一种含义上的内朝，而是第二种含义上的内朝，它正式出现于汉武帝时。汉昭帝时，外戚霍光以大司马、大将军、领尚书事的身份主持内朝，内朝权力明显增长。霍光公然对丞相田千秋说："今光治内，君侯治外。"田千秋的回答是："唯将军留意。"他对于朝政"终不肯有所言"。更有甚者，废昌邑王、立汉宣帝这样的头等国家大事，完全由霍光一手包办，丞相杨敞事前一无所知，事后"惊惧，不知所言，汗出洽背，徒唯唯而已"①。可见，内朝哪里只是分割外朝权力而已，简直是凌驾于以宰相为首的外朝之上。因此，宋元之际的学者王应麟认为："两汉政出于二"，"重中朝而轻外朝"②。

至于内朝的组成人员，钱穆指出："内朝用私臣，非宗室则必属外戚"③。"用私臣"一语无疑是中肯之论，但"非宗室则必属外戚"这一概括并不周延。历代内朝的组成人员除宗室、外戚外，至少还有后妃、公主、宦官。因此出现了"宗室内朝""外戚内朝""后妃内朝""公主内朝""宦官内朝"等各种称呼。

从上述情况看，内朝作为皇帝用来分割外朝权力的工具，具有两个主要特征：一是由皇帝的亲属或亲信组成；二是凌驾于外朝之上。内朝与外朝相比，更能显示中国封建政治的"家天下"统治这一特色。问题在于：宋代是否形成内朝？据当时人讲，宋代不少皇帝是这样处理朝政的：

---

① 班固：《汉书》卷66《车千秋传》《杨敞传》，中华书局，1962。
② 王应麟：《玉海·通鉴答问》卷5《蔡义为丞相》、卷3《申屠嘉责邓通》，江苏古籍出版社，1990。
③ 钱穆：《国史大纲》，商务印书馆，1947，第115页。

　　每事付之外庭，采于公论，左右便嬖，绝不预政。不唯不听其言，又切禁之。而金缯酒食之赐则不吝啬也。①

"每""绝""切"这些字眼显然属于渲染之词，但宋代的皇帝比较尊重外朝大臣，不太重用亲属，常常见于记载。如士大夫要求宋真宗"细务委任大臣百司"，宋真宗称赞道：

　　此颇识大体！

不仅如此，他一再强调"中书事无不总"，并向宰辅大臣表明：

　　军国之事无巨细，必与卿等议之，朕未尝专断。②

假如宋真宗果真"未尝专断"，那么宋孝宗则号称"赫然独断"。可是，据陈俊卿讲，在他担任同知枢密院事、参知政事期间，对宋孝宗的圣旨，"苟有愚见，必皆密奏"，其结果是"多蒙开纳，为之中止"。陈俊卿出任宰相兼枢密使以后，更是向宋孝宗公开表明，他将如此对待圣旨：

　　有未允公议者，容臣卷藏，不示同列，即时缴奏，或次日面纳。

宋孝宗对此表示赞同：

　　卿能如此，朕复何忧！

---

① 陈傅良：《止斋集》卷 26《中书舍人供职后初对札子第二》，《四部丛刊》本。"每事"原作"无事"，形近而误，据《历代名臣奏议》卷 69《法祖》改。
② 李焘：《续资治通鉴长编》卷 76，大中祥符四年十二月戊申；卷 48，咸平四年三月丁酉；卷 49，咸平四年六月庚申，上海古籍出版社，1986。

岂止陈俊卿一人而已，宰相梁克家依法抵制圣旨，同样得到宋孝宗夸奖：

> 卿等如此守法，极好！①

宋孝宗的亲信请求法外开恩，宋孝宗的答复是：

> 降旨不妨，恐外庭不肯放行。

而外朝官员则表示：

> 纵降旨来，定当缴了。②

可见，宋代外朝的权力不小，当时的宰执大臣绝非"徒唯唯而已"，与西汉的田千秋、杨敞等人不可同日而语。尽管情况大体如此，但宋代究竟有无内朝，不宜轻易下结论，仍然有必要深究。

　　以上四个问题，第一个谈了一孔之见，后三个则悬而未决。下面将围绕这三个问题，分别从宗室、后妃、外戚、宦官四个方面去求解，然后在《余论》里加以归纳并试图得出结论。此外，还有两点需要事先说明：第一，以下的考察不可能面面俱到，它着重探讨的只是那些自以为富有时代特色而前人又研究较少的问题；第二，本书虽然以宋代的皇亲国戚为探讨对象，但将尽量"瞻前顾后"并"左顾右盼"，力求避免静止地就宋代论宋代、孤立地就皇亲论皇亲，以便展示历史的纵的发展过程和横的相互联系。心想如此，未必事成，但愿这一愿望不致完全落空。

（张邦炜《宋代皇亲与政治》，四川人民出版社，1993）

---

① 《中兴两朝圣政》卷47"乾道四年七月"、卷52"乾道九年八月癸酉"，宋史资料萃编本。
② 张端义：《贵耳集》卷上，学津讨原本。

宋代既无内朝又无内乱的
关联和缘由

——《宋代皇亲与政治》余论

行文至此，《导言》提出的两个问题：宋代是否形成"内朝"？究竟有无"内乱"？答案已经比较明确，只需稍加归纳，进而从总体上探究其原因。至于"家天下"统治应当如何理解，尚未给予确切的回答。这些正是《余论》所要说的。

一　宋代既无内朝又无内乱

《导言》指出，所谓"内朝"是封建帝王用来分割外朝权力的工具，它由帝王的亲属或亲信组成，凌驾于外朝之上。按照这个标准，依据上述史实，不难得出结论：宋代大体无内朝。尽管宋代的宦官往往被最高统治者用来作为分割外朝权力的工具，因而他们广泛参与政事，诸如率军作战、监视军队、侦探臣民、审理案件等，但并未凌驾于外朝之上。关键在于宋代"貂珰不以典机密"①。梁师成在宋徽宗时，"凡御书号令皆出其手"，是个较为特殊的例外。即便如此，其权势也未必比宰相蔡京、王黼更大。至于宗

---

① 　不著撰人：《群书会元截江网》卷17《时政》，文渊阁四库全书影印本。

室、后妃、外戚，宋代最高统治者从来不曾打算把他们作为分割外朝权力的工具。韩侂胄、贾似道虽然一反惯例，成为外戚宰相，曾经大权在握，可是一望而知，他们不是内朝的头目，而是外朝的首领。有少数后妃如宋哲宗刘皇后、宋高宗刘婉仪、宋光宗李皇后等尽管一度干预外朝政事，但其结果不是受到惩罚，便是遭到抵制。宋代垂帘太后虽然相当多，只有两汉才能相比，然而她们是在特定的历史条件下代行皇权，与内朝风马牛不相及。正是依据这些事实，我们给予宋代是否形成内朝这个问题以否定的回答。

前面四章证实，程颐等人的宋代"无内乱"之说与史实大致相符。所谓宗室之祸、母后之祸、外戚之祸、宦官之祸这些封建时代常见的政治祸患，在宋代基本上不存在。当然，无内乱并不是说最高统治者的亲属、亲信之间无矛盾、无争斗。正如前面所说，在宋代，想当大官、想掌大权的皇亲国戚为数不少，其中还有觊觎皇位者。只是他们的愿望很难变为现实，并未酿成大乱。在宋代，权势显赫的宦官尽管不乏其人，然而他们在皇帝面前没有一个不是十足的奴才，至多只不过是狐假虎威，仗皇帝之势欺人而已。企图废立皇帝的宦官极其罕见，并且无不败露。应当承认，与某些朝代相比，宋代的皇位转移总的来说比较平稳。

皇亲国戚大多是些平庸辈，有的同时又是权势狂。他们作为封建统治阶级中的最腐朽部分，是封建时代政治动乱的重要根源之一。虽然他们之间的争权篡位一概属于封建统治阶级内部的斗争，从总体上说并无是非可言，只不过是狗咬狗。可是一旦酿成内乱，结果社会遭殃、人民受害。因而这些斗争又并非与社会、同人民丝毫不相干。如何抑止皇亲国戚、防止内乱发生，对于历代封建统治者来说，素来是个非常棘手的问题。难怪邵雍对于宋代既无内朝又无内乱，感到十分庆幸，写下了这样的诗句：

> 身经两世太平日，眼见四朝全盛时。[1]

---

[1] 邵雍：《击壤集》卷10《插花吟》，文渊阁四库全书影印本。

单从程度上讲，"太平""全盛"云云，实属过甚其词。谁都知道，在两宋历史上很难找到一个能够同"开元盛世"相提并论的鼎盛时期。但从时间上说，"两世""四朝"等，显然又讲得不够，这是由于邵雍毕竟生命有限，只能就其亲身经历而言。其实，终两宋之世，社会内部均较为安定。较为安定的内部环境作为一个重要因素，促成了宋代社会经济的腾飞、文化的高涨。宋代既无内朝又无内乱的主要社会意义即在于此。可见，宋代政治虽然弊端甚多，某些方面相当腐败甚至黑暗，但并非漆黑一团、一无是处。

二　观念的束缚与制度的约束

宋代既无内朝又无内乱，这在封建时代谈何容易。人们不免要问：原因何在？"权重处便有弊。"从这个意义上讲，无内朝与无内乱是一回事。其原因也颇有相同之处，可以一并讨论。只要稍加思索，就会发现在多种多样的原因当中，少不了道德观念的束缚与规章制度的约束这两条。

先说道德观念。

在宋代士大夫眼里，唐代是个不讲封建道德的时代。他们摆出一副卫道士的架势，猛烈抨击唐太宗："为子不孝，为弟不弟，悖天理，灭人伦。"①进而指出唐太宗恶例一开，整个唐代社会道德沦丧："三纲不正，无君臣、父子、夫妇。"②并且认为玄武门之变、武则天篡唐一类的内乱，便是"三纲不正"的恶果。至于五代，照他们看来，更是"世道衰，人伦坏"，以致子杀父、弟杀兄的争权事件接连发生。欧阳修因此惊呼："五代之乱极矣"，"自古未之有也"③。而宋朝开国伊始，便大力提倡封建道德。用朱熹的话来说，即是：

---

① 范祖禹：《唐鉴》卷1武德九年八月"臣祖禹曰"，上海古籍出版社，1984。
② 朱熹、吕祖谦：《近思录》卷8，丛书集成初编本。
③ 欧阳修：《新五代史》卷36《义儿传序》、卷34《一行传序》、卷16《唐废帝家人传论》，中华书局，1974。

国初人便已崇礼义、尊经术，欲复二帝三王，已自胜如唐人。①

岂止朱熹一人而已，不少宋人津津乐道："国朝立三纲以为纲，张四维以为维，护风俗如护元气"②，"我朝立国，先正名分"，并且竭力宣扬："三纲五常，扶持宇宙之栋干，奠安生民之柱石。"③ 宋朝统治者号称"以孝治天下"，他们特别提倡封建孝道，强调"行莫先于孝，书莫先于《孝经》"。《孝经》被抬高到了"群经之首，万行之宗"④ 的地步，被列为皇亲国戚尤其是宗室子弟的必读书。

对于封建道德如孝道固然不能一概否定，但宋朝统治者如此大力提倡，其主要目的在于维护封建统治、防止发生"内乱"。如果说封建道德纲常观念在宋代的社会生活领域中尚未普遍强化，那么在政治领域里已经相当强烈并且形成了一股强大的舆论力量。宋真宗刘皇后长期被士大夫们当作"武则天第二"来猜疑，她指责武则天有负祖宗，并斩钉截铁地表示："吾不作此负祖宗事！"⑤ 这在一定程度上是由于舆论压力太大。宋英宗高皇后分明贪恋权位、至死不肯卷帘，她居然也说："母后临朝，非国家盛事。"⑥ 原因在于无法摆脱伦常观念的束缚。宋光宗长期不去看望做了太上皇的父亲宋孝宗，"孝行既亏"，"人心已失"⑦，以致道路流言，汹汹日甚。宋孝宗死时，他拒不赴丧，更是中外愤怨，众口一词。由于士大夫普遍不满，他终于成为宋代历史上独一无二的被废黜的皇帝。宋光宗的儿子宋宁宗继位，并非抢班夺权，完全名正言顺，但他依然顾虑重重："恐负不孝之名。"枢密使赵汝愚苦口婆心："天子当以安社稷、定国家为孝。"⑧ 他才勉强地披上黄袍。足

---

① 黎靖德编《朱子语类》卷129《本朝三·自国初至熙宁人物》，中华书局，1986。
② 林駉：《古今源流至论·前集》卷8《士风》，文渊阁四库全书影印本。
③ 脱脱等：《宋史》卷437《儒林传七·真德秀传》，中华书局，1977。
④ 范祖禹：《范太史集》卷14《进古文学孝经说札子》，文渊阁四库全书影印本。
⑤ 脱脱等：《宋史》卷242《后妃上·真宗章献明肃刘皇后传》，中华书局，1977。
⑥ 李焘：《续资治通鉴长编》卷396，元祐二年三月丁巳，上海古籍出版社，1986。
⑦ 蔡戡：《定斋集》卷5《乞皇帝过宫札子》，文渊阁四库全书影印本。
⑧ 周密：《齐东野语》卷3《绍熙内禅》，中华书局，1983。

见，当时的道德舆论何等强烈！难怪程颐着眼于道德，把宋代无内乱的原因归结为：

> 以忠厚廉耻为之纲纪，故能如此。①

不过，我们不应当着重用道德来说明历史，相反应当主要用历史去解释道德。何况在权力支配一切的封建社会里，对道德观念的作用更不能估计过高。宋光宗的问题，最后还是由宋高宗吴皇后凭借她那太皇太后的权威，才得以解决。

再说规章制度。

照宋人看来，"唐世人主无正家之法"②。他们同时又认为："我朝家法最善"③。宋孝宗说：

> 我朝家法，远过汉唐。④

不免有自吹自擂之嫌。可是，士大夫们也反复这样讲。早在北宋后期，范祖禹便说：

> 自三代以后，未有如本朝家法也。⑤

此后，如南宋人张栻认为："自汉唐以来，家法之美，无如我宋"⑥；郑湜声

---

① 程颢、程颐：《二程集·河南程氏遗书》卷 15《伊川先生·入关语录》，中华书局，1981。
② 范祖禹：《唐鉴》卷 1 隋大业十三年五月"臣祖禹曰"，上海古籍出版社，1984。
③ 黄淮、杨士奇编《历代名臣奏议》卷 151《用人》"淳祐间刘克庄进故事"，上海古籍出版社，1989。
④ 不著撰人：《宋史全文》卷 26，淳熙三年十月丙子，宋史资料萃编本。
⑤ 范祖禹：《范太史集》卷 20《论立后上太皇太后疏》，文渊阁四库全书影印本。
⑥ 张栻：《南轩集》卷 8《经筵讲义》，文渊阁四库全书影印本。

称："三代以还，本朝家法最正"①；石宗万炫耀："圣朝家法，宏远深长，质诸三代而无愧"②；林骃则说："我宋立国大体，兵力虽不及于汉唐，而家法实无愧于三代"③。诸如此类，不一而足。就连明人张溥也肯定："宋代严家法。"④

"祖宗法度，乃是家法。"⑤ 宋代的所谓家法是个相当宽泛的概念，泛指包括法令在内的一切规章制度。宋哲宗朝宰相吕大防把"祖宗家法"分为八大类，即"事亲之法""事长之法""治内之法""待外戚之法""尚俭之法""勤身之法""尚礼之法""宽仁之法"，还言犹未尽，又把"虚己纳谏，不好畋猎"等，补充了一番。由于"祖宗家法甚多"⑥，南宋中期曾任秘书郎的郑湜只得抓住关键进行概括：

> 一曰亲，二曰齐家，三曰教子，此家法之大经也。

他还举例说：

> 后家待遇有节，故无恩宠盈溢之过；妃嫔进御有序，故无忌嫉专恣之行；宫禁不与外事，故无斜封请谒之私。此三者，汉、唐所不及也。⑦

足见，宋代"家法"虽多，但限制包括后妃在内的一切皇亲国戚的权势无疑是其一大重要内容。

宋代最高统治者的"正家之法"是在总结前代历史经验的基础上形成

---

① 不著撰人：《两朝纲目备要》卷 1 淳熙十六年二月"诏职事官轮对"，文渊阁四库全书影印本。
② 徐松：《宋会要辑稿》帝系七之二三，中华书局，1957。
③ 林骃：《古今源流至论·后集》卷 9《齐家》，文渊阁四库全书影印本。
④ 陈邦瞻：《宋史纪事本末》卷 8《礼乐仪》"张溥曰"，中华书局，1955。
⑤ 《宋史全文》卷 25，乾道七年二月癸丑，宋史资料萃编本。
⑥ 李焘：《续资治通鉴长编》卷 480，元祐八年正月丁亥，上海古籍出版社，1986。
⑦ 刘时举：《续宋编年资通鉴》卷 10，淳熙十六年二月壬戌，文渊阁四库全书影印本。

的。宋人罗从彦说：

> 人主读经则师其意，读史则师其迹。然读经以《尚书》为先，读史以《唐书》为首。盖《尚书》论人主善恶为多，《唐书》论朝廷变故最盛。①

对于宋朝统治者来说，学习前朝历史之所以与学习儒家经典同样重要，目的在于总结历史经验即"师其迹"，以便防避"朝廷变故"。朱熹读历史，读出了一条重要体会：

> 权重处便有弊。宗室权重则宗室作乱，汉初及晋是也。外戚权重则外戚作乱，两汉是也。②

讲到这里，人们或许会想到 18 世纪法国启蒙学者孟德斯鸠的那段名言："一切有权力的人们都容易滥用权力，这是万古不易的一条经验。""要防止滥用权力，就必须以权力约束权力。"③ 如果将朱熹"权重处便有弊"的看法等同于孟德斯鸠"以权力约束权力"的主张，不免把朱熹近代化了。何况孟德斯鸠的出发点在于反对封建君主专制，而朱熹的着眼点则在于限制皇亲国戚的权势。朱熹此说虽然出自一人之口，其实是有宋一代整个统治集团从历史中得到的共同教训。限制皇亲国戚的权势之所以成为宋代"祖宗家法"的一个重要内容，不难理解。

很清楚，宗室不参政、后妃不预政、外戚不任事等"祖宗家法"，目的在于避免形成内朝，同时对于防止内乱发生，其作用之大，也显而易见。郑湜认为祖宗家法严是宋代无所谓母后之祸的原因。

---

① 罗从彦：《罗豫章集》卷9《议论要语》，国学基本丛书本。
② 黎靖德编《朱子语类》卷134《历代一》，中华书局，1986。
③ 孟德斯鸠：《论法的精神》上册，商务印书馆，1961，第154页。

本朝历世以来未有不贤之后，盖祖宗家法最严、子孙持守最谨也。①

与郑湜大致同时的刘光祖以为这是宋代既无外戚之祸又无宦官之祸的原因。

国家二百余年无外戚预政之祸，亦由制之得其道故也。……祖宗之良法美意，所以杜中常侍用事之渐。②

而吕大防则从总体上认为这是宋代无内乱的原因。

自三代以后，唯本朝百三十年中外无事，盖由祖宗所立家法最善。③

至于宋代是怎样限制皇亲国戚的，前面讲了不少，这里不必重复。

总之，宋代既无内朝又无内乱在很大程度上是由于规章制度与道德观念相结合，从而形成了一股巨大的约束力量，于是某些皇亲国戚习惯成自然，封建道德久而久之在他们身上变为道德习惯。如果一定要说宋代皇亲国戚"却是多贤"，充其量不过如此而已。当然，这些规章制度从根本上说只不过是用封建专制手段来维护封建专制制度。我们有保留地给它以历史的肯定，主要是从客观效果上着眼。

三　士大夫——皇亲国戚的克星

要探究宋代无内朝又无内乱的原因，不能不讲到士大夫这支不可小视的

---

① 刘时举：《续宋编年资治通鉴》卷10，淳熙十六年二月壬戌，文渊阁四库全书影印本。
② 黄淮、杨士奇编《历代名臣奏议》卷70《法祖》"宋光宗时刘光祖上圣范札子"，上海古籍出版社，1989。
③ 李焘：《续资治通鉴长编》卷480，元祐八年正月丁亥，上海古籍出版社，1986。

政治力量。谁都知道，制度固然重要，如果不能坚持，势必形同虚设。可是，宋代恰恰有一批勇于讲话、敢于坚持制度的士大夫，称他们为皇亲国戚的克星，是当之无愧的。这也是宋代难以形成内朝、很难发生内乱的一个重要原因，例证俯拾即是。拿宗室来说，要不是王曾、韩琦、何灌、夏震等官员分别在宋真宗死时、宋仁宗死时、宋徽宗退位时、宋宁宗死时挺身而出，赵元俨、赵允弼、赵楷、赵竑等宗室觊觎皇位的问题恐怕不会迎刃而解。就后妃而言，富弼在明道年间告诉宋仁宗：

> 庄献不敢行武后故事者，盖赖一二忠臣救护之，使庄献不得纵其欲。陛下可以保其位，实忠臣之力也。①

他把宋真宗刘皇后视为"武则天第二"并不准确，但王曾、吕夷简、鲁宗道、薛奎等宰执大臣的作用，也不能一笔抹杀。宋真宗刘皇后死后，杨太妃称制告吹，宋仁宗得以亲政，在很大程度上是由于蔡齐、范仲淹等人力争。至于宋仁宗曹皇后撤帘，宰相韩琦的作用显而易见。拿外戚来说，由于士大夫激烈反对，钱惟演、钱端礼等人窃据相位的企图终于化为泡影。就宦官而言，王继恩在宋太宗死时、周怀政在宋真宗晚年废立皇帝的图谋，是分别被宰相吕端、丁谓戳穿并粉碎的。无怪乎南宋学者黄震充分肯定这批士大夫的作用：

> 国有社稷臣，行法自贵近始，天下事尚何不可为者。②

士大夫敢于对贵近"行法"即坚持制度，胆量可谓大矣。不仅如此，就勇于讲话这一点来讲，在中国封建时代的历朝历代中，宋代的士大夫大概要数第一。其所以会如此，与宋太祖的两大举措有关。

---

① 李焘：《续资治通鉴长编》卷113，明道二年十二月丙辰，上海古籍出版社，1986。
② 黄震：《黄氏日钞》卷50《读史·名臣言行录·李文靖（沆）》，文渊阁四库全书影印本。

举措之一是提倡"忠义之气"。《宋史·忠义传序》称:

> 士大夫忠义之气,至于五季,变化殆尽。……艺祖(即太祖)首褒韩通,次表卫融,足示意向。

韩通是后周的侍卫马步军副都指挥使,他得知陈桥兵变发生,打算在开封率军抵抗。散员都指挥使王彦升眼疾手快,当即将韩通置于死地。王彦升无疑为北宋开国立下功劳,宋太祖却火冒三丈,认为他铸成大错,因此终身不受重用。相反,韩通分明是宋太祖的死对头,宋太祖居然专门下诏褒奖他临难不苟。卫融是北汉的宰相,他被宋军俘获后,非但不屈服,反而对宋太祖扬言:"陛下纵不杀臣,臣亦不为陛下用。"宋太祖勃然大怒,下令斩首。卫融临危不惧,慷慨地说:

> 大丈夫死或重于泰山,或轻于鸿毛,今之死正得其所尔!

宋太祖态度立即改变,他连声称赞:"此忠臣也!"① 将卫融释放并给予重赏。宋太祖这样做,其"意向"在于提倡所谓"忠义之气",要士大夫们像韩通忠于后周、卫融忠于北汉那样,忠于赵氏一家一姓。宋太祖如此竭力提倡,果然发生效果,以至于有宋一代士大夫"忠节相望,班班可书"②。不过,我们不应当忘记,照宋代士大夫看来,"忠臣之事君"应当"造次不忘纳君于善"③,勇于直言极谏,敢于面折廷争。

举措之二是不杀大臣、言官。据宋人曹勋《北狩见闻录》称:

> 艺祖有约,藏于太庙:"誓不诛大臣、言官,违者不详。"相袭未

---

① 脱脱等:《宋史》卷482《北汉刘氏世家》,中华书局,1977。
② 脱脱等:《宋史》卷446《忠义传序》,中华书局,1977。
③ 罗从彦:《罗豫章集》卷1《遵尧录一·太祖》,国学基本丛书本。

尝辄易。①

藏于太庙的宋太祖《誓约》未必存在，但宋太祖及其后继者确实比较严格地遵循着不杀大臣、言官这条原则②。因此，宋人反复炫耀：

> 祖宗以来，未尝轻杀一臣下，此盛德之事。③

宋代士大夫大多满怀所谓"忠义之气"，一般又无遭受杀戮之虞，于是他们发表意见胆量大、顾虑少，不仅敢于议论皇亲国戚，甚至敢于议论皇帝。

宋代的士大夫之所以是一支不可小视的政治力量，上面这些还只是浅层次的因素，深层次的原因在于赵宋王朝国家政权的根本性质。

恩格斯指出，国家"在中世纪是封建贵族的国家"，这主要是就欧洲的情况而言。至于在中国历史上，任何封建政权都概莫能外地属于封建地主阶级专政。封建社会是"由各种社会地位构成的多级的阶梯"，"在每一个阶级内部又有各种独特的等第"④，不同时期处于这个阶梯最高层的等级或阶层有所不同。大体说来，魏晋南北朝主要是由门阀士族地主等级专政，隋唐时期是士族地主等级与庶族地主阶层的联合政府，而两宋王朝则是以官僚地主即士大夫阶层为主的封建地主阶级专政。宋代"治狱必用士人""宰相必用读书人""典郡必用儒臣""堂后官亦必参之以士人之任"，一言以蔽之，皇帝"左右前后，无非儒学之选"⑤。宋太宗告诉士大夫：

> 天下广大，卿等与朕共理。⑥

---

① 曹勋：《北狩见闻录》，丛书集成初编本。
② 参看徐规《宋太祖誓约辨析》，《历史研究》1986 年第 4 期。
③ 范仲淹：《范文正公集》附录《范文正公年谱》，庆历三年，四部丛刊本。
④ 《马克思恩格斯选集》第 3 卷，人民出版社，1972，第 486 页；第 1 卷，人民出版社，1972，第 251 页。
⑤ 林骃：《古今源流至论·前集》卷 8《才德》，文渊阁四库全书影印本。
⑥ 李焘：《续资治通鉴长编》卷 26，雍熙二年十二月，上海古籍出版社，1986。

所谓"共理",即是共治。元老重臣文彦博对宋神宗讲:

> 为与士大夫治天下,非与百姓治天下也。①

这话可谓一语破的。而南宋人风趣地说:

> 满朝朱紫贵,尽是读书人。②

则是对宋朝政权性质的生动写照。难怪当时人要把宋代社会叫作"官人世界"③。从这个意义上确实可以说宋代的政治是典型的官僚政治。正是因为赵宋王朝国家政权这一根本性质,宋代的士大夫岂止一般没有杀身之虞,而且在俸禄、荫补、赋役负担等各个方面享受着各种优待④。他们对此总的来说感到满意:

> 国朝待遇士大夫甚厚,皆前代所无。⑤

以致直到南宋行将灭亡时,宋理宗谢皇后还蛮有依据地公开声称:

> 我国家三百年,待士大夫不薄。⑥

宋代主要由科举出身的士大夫组成的官僚地主阶层,不同于从前的门阀

---

① 李焘:《续资治通鉴长编》卷 221,熙宁四年三月戊子,上海古籍出版社,1986。
② 张端义:《贵耳集》卷下,学津讨原本。
③ 洪迈:《夷坚志》支庚卷 5《辰州监押》,中华书局,1981。
④ 参见朱家源、王曾瑜《宋朝的官户》,邓广铭等主编《宋史研究论文集》,上海古籍出版社,1982。
⑤ 王栐:《燕翼诒谋录》卷 5《优恤士大夫》,中华书局,1981。
⑥ 脱脱等:《宋史》卷 243《后妃传下·理宗谢皇后传》,中华书局,1977。

地主等级。门阀地主等级具有排他性、世袭性，即所谓"士庶天隔"① "胄有世官"②。而官僚地主阶层则具有开放性、非世袭性，即所谓"骤得富贵""其家不传"③。但因此就认为宋代士大夫的政治力量远非从前的门阀士族可比，即使不完全是误解，至少也太过于笼统。鉴于这是宋代政治史上一个并不算小的问题，有必要趁此略抒己见。

就个体而言，宋代士大夫的政治力量确实远非从前的门阀士族可比。从前，一户门阀士族便是一个自成体系的独立王国，凭借其强大的实力，能够同皇帝分庭抗礼，东晋时期"王与马共天下"④ 的政治格局就很典型。他们对皇权具有离心力，甚至取而代之。宫崎市定指出：他们的势力"一旦压倒皇室，就要发生篡夺。篡夺是中世政治史的一个特征"⑤。而宋代没有任何一个士大夫家庭的实力和根基能够同从前的门阀士族相比，其地位又不能世袭。他们对皇权，不仅很难构成威胁，而且具有向心力，越发需要皇帝来代表他们的利益。宫崎市定虽略带夸张，但大体不错地把宋代视为"看不见篡夺"的时代，究其原因，正在于此⑥。

就整体来说，宋代士大夫的政治力量不可小视，甚至并不小于从前的门阀士族。门阀地主等级具有排他性，其第一层含义在于严士庶之别，不让庶族进入士族行列，以致门阀士族的圈子相当狭小；其第二层含义在于各个门阀士族彼此对立、相互牵制，使得他们各自的实力难以拧成一股劲。而在宋代，由于官僚地主即士大夫阶层具有开放性、非世袭性，他们的队伍在不断地更新、不断地充实。同时又随着士庶界限的打破、社会流动的增大、等级差别的缩小，士大夫阶层的整体性加强，因而其群体实力

① 沈约：《宋书》卷 42《王弘传》，中华书局，1974。
② 欧阳修、宋祁：《新唐书》卷 199《柳冲传》，中华书局，1975。
③ 《张载集·经学理窟·宗法》，中华书局，1978。
④ 房玄龄：《晋书》卷 98《王敦传》，中华书局，1974。
⑤ 宫崎市定：《宋元的经济状况》，《宫崎市定论文选集》上册，商务印书馆，1963。
⑥ 刘子健的看法与宫崎市定相似，他在《宋太宗与宋初两次篡位》一文中指出："就整个中国政治史而言，自汉代到五代，（外戚篡位）屡见不鲜。但自宋以降，不再出现。显然，宋代是分水岭"（《中国史研究》1990 年第 1 期）。

相当大。北宋的朋党之盛、南宋的太学之横，就充分地显示了其群体实力。新党、旧党交替左右北宋后期政局，早已人所熟知。而南宋的太学则有"无官御史台"之称，南宋后期人罗大经对当时太学生之勇于讲话，做了这样的描述：

> 国有大事，谠论间发，言侍从之所不敢言，攻台谏之不敢攻，由昔迄今，伟节相望。①

他们"同声合党，孰敢撄其锋"，甚至能够"与人主抗衡"②。无怪乎近人柳诒徵如是说："宋之政治，士大夫之政治也，政治纯出士大夫之手。"③这个"纯"字或许强调过分，但宋代士大夫在政治生活的各个方面的作用确实不小，包括钳制皇亲国戚，并且往往战而胜之。

四　皇权并非不受任何限制

如前所述，宋代的皇亲国戚在制度上受到各种限制。某些皇帝有时出于某种考虑，试图突破制度的限制，对皇亲国戚法外开恩，但碰壁的情况并不是个别事例。皇权本身并非不受任何限制是宋代既无内朝又无内乱的又一个重要原因。

讲到封建时代的皇权，人们常常用"前主所是著为律，后主所是疏为令"④来证明皇帝一个人完全说了算，他们的权力不受任何限制。其实，这又是对封建主义的一种简单化认识。

---

① 罗大经：《鹤林玉露·丙编》卷2《无官御史》，中华书局，1983。
② 周密：《癸辛杂识》续集上《开庆六士》、后集《三学之横》，中华书局，1988。
③ 柳诒徵：《中国文化史》中册，民国丛书本，第223页。他将宋代的朋党等同于近代的政党，将宋代的政治称为政党政治，欠准确。这里恕不节外生枝。
④ 司马迁：《史记》卷122《酷吏列传·杜周传》，中华书局，1959。

从道理上说，封建皇帝是封建地主阶级利益本身的最高代表者，居然可以不受任何约束，这本身就不可理解。何况谁都知道不受约束的权力必然产生腐败，封建皇帝如果完全随心所欲，很难想象封建制度能够长期延续。更何况封建皇帝并不是绝对脱离社会的孤立的个人，难道可以不受任何客观条件和客观规律的制约？

就史实而言，人们确实可以从众多的封建皇帝当中举出为所欲为者，如隋炀帝。是的，隋炀帝公然在口头上如此武断地说："我性不喜人谏"，"有谏我者，今不杀汝，后必杀之"[1]；在行动上这样蛮横地做："朝臣有不合意者，必构其罪而族灭之。"但他毕竟只能专横暴虐于一时，结果"普天之下莫匪仇雠，左右之人皆为敌国"，他本人不久便"以万乘之尊，死于一夫之手"[2]，隋朝也随之迅速覆灭。还值得注意的是，像隋炀帝这样为所欲为的皇帝在中国历史上并不多见。

拿宋代的情况来说，皇帝当中虽有昏君，但无"隋炀帝再世"。士大夫反复告诫皇上："人主不可自用""不可独断""不可骄纵"。如程颐对宋哲宗说：

> 人主之势，不患不尊，患人臣尊之过甚，至骄心生尔。[3]

陈傅良认为：

> 人主好要则百详，人主好详则百事荒。

他强调人主"不为然后可以有为"[4]。对于这类议论，宋朝历代皇帝一般表

---

① 司马光：《资治通鉴》卷182，大业九年，中华书局，1956。
② 魏徵等：《隋书》卷4《炀帝纪下》，中华书局，1973。
③ 朱熹：《伊川先生年谱》，程颢、程颐：《二程集·河南程氏遗书》附录，中华书局，1981。
④ 不著撰人：《永嘉先生八面锋》卷4，丛书集成初编本。

示赞同。如宋真宗向大臣表白："朕未尝专断。"① 宋仁宗表示：法令"不欲自朕出"，而要"付之公议"②。至于当时人的偶句：

> 神宗内降，更令有司看详；
> 高宗御批，亦许给舍缴驳。③

则反映了宋神宗、宋高宗对外朝官员的权力相当尊重。所谓看详，即是审定。

需要着重指出的是，御批交外朝官员看详并不完全是皇帝个人的好恶，而是一项固定的制度。按照当时的制度，政令的形成至少要经过以下程序：先由皇帝与宰执大臣"平章"即商定，宰执大臣有权反对；再将"词头"即要点交由中书舍人起草，中书舍人有权封还；再将草稿交由给事中审议，给事中有权封驳；政令经皇帝"画可"即批准公布之后，台谏以至有关官员有权论列。因此，当时人写下了这样的偶句：

> 宰相不平章，执政不参预，则无以维持是纲；
> 台谏不论列，给舍不缴驳，则无以振举是纲。④

应当说明，宋代的职官制度尽管复杂多变，然而政令的形成程序并无实质性的变化。如北宋前期，中书舍人常缺；给事中不任职，但中书舍人的职权由知制诰或翰林学士知制诰或其他官员知制诰行使，在淳化四年六月又重新设置了专门负责封驳的官员或机构。

皇帝如果不按上述程序办事，敢于讲话的士大夫自然不会钳口结舌，他们往往如此大声疾呼：

---

① 罗从彦：《罗豫章集》卷3《遵尧录三·真宗》。
② 杨时：《龟山先生语录》卷3，四部丛刊本。
③ 不著撰人：《群书会元截江网》卷18《诏令·偶句》，文渊阁四库全书影印本。
④ 不著撰人：《群书会元截江网》卷17《纪纲·偶句》，文渊阁四库全书影印本。

　　　　不由凤阁（即中书）、鸾合（即门下），盖不谓之诏令。①

　　　　凡不由三省施行者，名曰斜封墨敕，不足效也。②

甚至采取行动，其中最著名的当推宋仁宗朝宰相杜衍封还内降：

　　　　凡内降与恩泽者，一切不与。每积至十数，则连封而面还之。③

皇帝如果按照程序办理，胆大气粗的官员不会只知点头、不知摇头，轻易地
放弃制度赋予自己的权力。如宋真宗打算把宋太祖的驸马石保吉提升为使
相，并就此事与宰相李沆商议。李沆虽然外号人称"没嘴葫芦"，其实倒有
一股牛劲，他"三问不从"④。更为有名的事例是，宋仁宗叫知制诰富弼草
拟制书，再度封外戚刘从德之妻王氏为遂国夫人，富弼不买账，他"缴还
词头，封命遂寝"⑤。正是依据这类史实，林骃认为"我朝修复古制"，同周
代一样，内朝与外朝的关系是"外得以统内""内复属于外"⑥。此说既言
过其实，又未必确切。不过上述史实确实表明，皇帝要暗中关照皇亲国戚，
并不十分容易。至于形成凌驾于外朝之上的内朝，可能性更小。

　　由于皇权并非不受任何限制，连权力攥得较紧的宋神宗也曾经发出了
"快意事更做不得一件"的感叹。事情是这样的：宋神宗打算杀掉一个职位
不算太高的转运使，宰相蔡确反对，理由是"祖宗以来，未尝杀士人"。宋
神宗又准备把这个转运使刺配远恶州军，门下侍郎章惇认为"如此，即不
若杀之"，原因是"士可杀，不可辱"。宋神宗于是感叹：

　　快意事更做不得一件！

---

①　徐松：《宋会要辑稿》职官一之七九，中华书局，1957。

②　脱脱等：《宋史》卷 405《刘黻传》，中华书局，1977。

③　欧阳修：《文忠集》卷 31《太子太师致仕杜祁公（衍）墓志铭》，文渊阁四库全书影印本。

④　黄震：《黄氏日钞》卷 50《读史》，文渊阁四库全书影印本。

⑤　苏辙：《龙川别志》卷下，中华书局，1982。

⑥　林骃：《古今源流至论·后集》卷 5《内朝》，文渊阁四库全书影印本。

章惇的回答居然是：

> 如此快意事，不做得也好。①

这些又不仅限于宋神宗一个皇帝，在他之前的宋仁宗便往往不能"从私请"，只得"从公议"，难以偏袒亲属和亲信，以致有的宦官企图如此挑拨离间。

> 万事只由中书，官家岂得自由行一事？②

此说尽管在当时就遭到了欧阳修的批驳，但至今仍然给人们留下了这样的疑问：宋代究竟是皇权大，还是相权大？到底是皇权政治，还是官僚政治？

五　"赵家天下"乎"官人世界"乎

问题不止以上两个。在宋代，士大夫深受朝廷重用，皇亲国戚反而遭到种种限制。用右司谏刘随在天圣年间的话来说，即是：

> 臣僚迁擢，多至尊官；皇族丝联，未登显位。③

在士大夫当中，对此表示惋惜者毕竟较少，如知谏院范镇在至和年间叹息：

> 祖宗后裔，岂无贤才？而一概废而不用，深可惜也。④

---

① 侯延庆：《退斋笔录》，陶宗仪：《说郛》卷48，北京市中国书店，1986年影印本。
② 朱熹：《三朝名臣言行录》卷2之2《参政欧阳文忠（修）》，四部丛刊本。
③ 刘随：《上仁宗乞分王宗室壮观洪业》，赵汝愚：《诸臣奏议》卷32《帝系门·宗室》，宋史资料萃编本。
④ 范镇：《上仁宗乞宗子以次补外》，赵汝愚：《诸臣奏议》卷32《帝系门·宗室》，宋史资料萃编本。

对此大加称颂者为数甚多，如南宋著名学问家吕祖谦说：

> 宋朝之待宗室、戚属，其以大公之道守天下乎？虽三代未有及此！①

宋代对皇亲国戚的限制能否称为"大公之道"，这本身就是个问题。而某些宗室子弟则牢骚满腹：

> 异姓反优于同姓，天子之子孙反不若公卿大夫之子孙。②

他们牢骚如此之盛，是认为这不符合"家天下"统治精神。照此说来，"赵家天下"乎"官人世界"乎，仿佛又是一个问题。

上述这些问题只是"仿佛"而已。它们之所以成为问题，主要不在史实认定上，而在思维方式上。"是就是，不是就不是；除此以外，都是鬼话。"恩格斯将这种非此即彼的思维方式称为"在绝对不相容的对立中思维"③。上述问题恐怕就出在这里，下面仅就此发表三点浅见。

一是不能把皇权政治与官僚政治绝对对立起来。

有的学者从皇权政治与门阀政治两者相互排斥的观点出发，认为整个魏晋南北朝时期的政治不是门阀政治，而是皇权政治；东晋门阀政治只不过是皇权政治在特殊历史条件下的变态，并且具有暂时性和过渡性。也有学者由于将宋代的皇权政治与官僚政治绝对对立起来，以致某些历史现象难以解释，于是认为皇权的虚化、象征化是封建社会发展的必然趋势，宋代的天子已接近于"虚位君主"，宋代的政治已接近于君主立宪。

照此看来，国体与政体这一人所熟知的基本理论，仍有必要温习一下。按照这一理论，门阀政治、官僚政治是一回事，皇权政治又是一回事，前者

---

① 吕祖谦：《历代制度详说》卷14《宗室·详说》，江苏广陵古籍刻印社，1990。
② 周密：《齐东野语》卷19《嘉定宝玺》，中华书局，1983。
③ 《马克思恩格斯选集》第3卷，人民出版社，1972，第141页。

属于国体范畴,后者属于政体范畴。门阀政治或官僚政治是指当时国家政权的根本性质是封建地主阶级专政,而门阀地主或官僚地主阶层又在封建地主阶级这个"等级的阶级"中居于主导地位。皇权政治则是指当时国家政权的构成形式是君主专制。君主专制的政体取决并服务于封建地主阶级专政这一国体,两者不是相互排斥,而是基本适应,以致君主专制即皇权政治在整个中国封建时代长期延续。

宋光宗退位这一历史事件就生动地体现了国体与政体的关系。宋光宗实际上是被以赵汝愚等士大夫为代表的封建地主阶级特别是其中的官僚地主阶层赶下台的。这说明封建皇帝作为封建地主阶级的总头目,不能不代表封建地主阶级的利益。如果不能代表,将被封建地主阶级更换,宋代的国体是十足地以官僚地主阶层为主体的封建地主阶级专政。除此之外,还有两点值得注意:第一,最后做出决定并出面当众宣布的是宋高宗吴皇后,她代行的是皇权;第二,接替宋光宗的是他的儿子宋宁宗,皇位依然世袭。这些都表明宋代的皇权并未虚化,从政体上说仍然是皇权政治。如果把皇权的象征化作为封建社会发展的必然趋势,恐怕越发与明清时期的历史实际不符。

至于说宋代的政治已接近于君主立宪,须知君主立宪政体同资产阶级专政此一国体相适应,与封建地主阶级专政彼一国体则不相适应,何况宋代的皇权虽然并非不受任何限制,但皇权毕竟至高无上,皇帝对一切比较重要的朝廷政事都具有"画可"权即最后决定权。如果忽视了这一点,恐怕又走向了另一个极端。

二是不能把皇权与相权绝对对立起来。

钱穆先生在 50 年前写下《论宋代相权》①,首先明确指出宋代相权减弱、皇权增强。此后,这个论点被学术界普遍采用。直到前些年,王瑞来先生接连发表《论宋代相权》《论宋代皇权》②,针锋相对地认为宋代相权增强、皇权减弱,钱氏之说才遇到了公开的挑战。钱、王两家都从不同角度揭

---

① 钱穆:《论宋代相权》,台北宋史座谈会编《宋史研究论集》第 1 辑,台北中华丛书编审委员会 1958 年印行。

② 王瑞来:《论宋代相权》《论宋代皇权》,《历史研究》1985 年第 2 期、1989 年第 1 期。

示了一些值得重视的历史现象，其论点也确有可取之处。他们尽管各执一词，可是其出发点均在于皇权与相权绝对对立，只能此强彼弱。人们不禁要问：难道就不可能此弱彼亦弱或此强彼亦强？

其实，宰相的职责不过是"佐天子"，相权从属于、服务于皇权，两者虽有矛盾，但从总体上说应当是一致的。南宋人林骃就并未将皇权与相权绝对地对立起来，他说：

> 权在人主则国势重，公论在朝廷则国势重。……天子不必揽权，而权在君上矣。……宰相、台谏主公论，而公论在朝廷矣。①

黄履翁讲得更明白：

> 以天下之责任大臣，以天下之平委台谏，以天下之论付士夫，则人主之权重矣。……人主之所谓总权者，岂必屑屑然亲事务之细哉！②

他们认为皇权与相权以一致为主，应当说是正确的。宋代的皇帝确实采取过某些防范宰相的措施，但那不是为了妨碍宰相正常行使权力，而是为了防止相权变质，即宰相由"佐天子"变为取天子之位而代之。宋代包括宰相在内的大臣往往面折廷争，但那不是为了削弱皇帝的正当权力，而是为了防止皇权的滥用，即从根本上维护皇权。宋代的皇帝对此一般是清楚的，因而他们常常肯定敢于直言极谏的大臣有爱君之心："卿言可谓爱朕。"③ 如宋真宗便把"慕魏徵之为人"的左谏议大夫田锡盛赞为"朕之汲黯"④。汲黯者，汉武帝时大名鼎鼎之忠臣也。

"诏令不出城门""天下尽裂于方镇"的唐朝末年，似乎应当说皇权与

---

① 林骃：《古今源流至论·后集》卷4《国势》，文渊阁四库全书影印本。
② 黄履翁：《古今源流至论·别集》卷2《君权》，文渊阁四库全书影印本。
③ 不著撰人：《宋史全文》卷25，乾道五年六月戊戌，宋史资料萃编本。
④ 朱熹：《五朝名臣言行录》卷9之1《谏议大夫田公（锡）》，四部丛刊本。

相权此弱彼亦弱。至于在宋代的 300 多年中，皇权与相权虽然变化多端，但总地说来都有所增强。这并非故作新奇之论，早在南宋时便有此一说。如照林駧看来，宋代的情况是：

> 君上有大权，朝廷有公论。[1]

黄履翁在肯定宋代"宰相之任重"的同时，又断言"人主之权重"[2]。宋代皇权增强的主要表现是皇帝的地位比较稳固，没有谁能够同他分庭抗礼，更不可能凌驾于他之上乃至取而代之。淳熙年间，参知政事龚茂良说：

> 汉、唐之乱，或以母后专制，或以权臣擅命，或以诸侯强大、藩镇跋扈。本朝皆无此等。[3]

在他眼里宋代皇权既未旁落于皇亲国戚之手，又没有出现危及皇权的权臣和藩镇。或许正是依据这些，宫崎市定将宋代视为"看不见篡夺"的时代。而宋代相权增强的主要表现则是宰相能够比较有效地防止皇帝滥用权力，特别是不能过分偏袒皇亲国戚。

三是不能把"赵家天下"与"官人世界"绝对对立起来。

吕祖谦把朝廷对皇亲国戚的限制称为"大公之道"，皇上仿佛也能做到大公无私，赵家王朝似乎不是"家天下"统治，这显然不对。其实，吕祖谦本人已经讲到，朝廷对于皇亲国戚尽管"未尝任之以事"，却将他们"列之高爵，置之重位"[4]。同时，朝廷虽然要求皇亲国戚守法，但法律已经给予了他们足够的法定权利，对他们"事事优异，悉不与外官、匹庶同法"[5]。

---

① 林駧：《古今源流至论·后集》卷 4《国势》，文渊阁四库全书影印本。
② 林駧：《古今源流至论·别集》卷 2《君权》，文渊阁四库全书影印本。
③ 不著撰人：《宋史全文》卷 26，淳熙三年十月己卯，宋史资料萃编本。
④ 吕祖谦：《历代制度详说》卷 14《宗室·详说》，江苏广陵古籍刻印社，1990。
⑤ 徐松：《宋会要辑稿》帝系四之三六，中华书局，1957。

何况宋英宗时，枢密副使吴奎谈到应当如何对待宗室，已经指出："朝廷必为无穷计，当有所裁损。"① 很清楚，宋朝对皇亲国戚加以限制即"裁损"，目的在于"为无穷计"，即突出赵家天子的独裁地位，以保证赵家天下的万世一系。陈傅良说：

> 圣人以无私而成其私。②

这话可谓击中要害。我们不能因为分封早已名实不尽相符，就断言秦代以后只能称为"君天下"，也不能因为宋代并未形成内朝，便怀疑当时是否可以称为"家天下"。关键在于"家以传子"、皇位世袭这一"家天下"统治的基本特征始终未曾改变，应当肯定地说包括宋代在内的整个中国封建时代都是不折不扣的"家天下"统治。

至于宋代的皇帝居然也说"天下是天下之天下"，其中或许包含着这层意思，即他们表示要切实地承担起管理社会公共事务的责任，但主要是冒充"整个社会的代表"。文彦博那句大实话：皇帝"与士大夫治天下，非与百姓治天下"，早已把皇帝是"整个社会的代表"这一假象戳穿。当然，如果反过来说皇帝岂能大私无公，他们嘴里的"公"字纯粹是为了骗人，那又未免简单了些。他们确实是私中有"公"甚至"公"大于私的，只不过他们的"公"绝不是全天下老百姓之"公"，仅仅是封建地主阶级之"公"而已。原因在于皇帝既是皇族的家长，更是封建地主阶级的掌柜。他们甚至超然于皇族之外，在宋代封建地主阶级整体性加强的历史条件下，更多地代表整个封建地主阶级的总体利益，尤其是官僚地主即士大夫阶层的利益。于是，宋代出现了"臣僚迁擢，多至尊官；皇族丝联，未登显位"的局面。从这个角度将宋代社会称为"官人世界"，可谓惟妙惟肖。说到底，这不过是把更高度的封建专制建筑在更广泛的社会基础之上。如此而已，岂有

---

① 李焘：《续资治通鉴长编》卷 201，治平元年五月辛亥，上海古籍出版社，1986。
② 不著撰人：《永嘉先生八面锋》卷 12，丛书集成初编本。

他哉！

总之，如果对于食客来说，鱼乎熊掌乎，二者不可兼，那么对于宋代社会来说，"官人世界"乎"赵家天下"乎，两者则兼而有之。"官人世界"是其国体即封建地主阶级专政的具体体现，而赵家天下则是其政体即君主专制的必然产物。姑且以此作为我们对"家天下"统治应当如何理解这一问题的回答。

（张邦炜《宋代皇亲与政治》，四川人民出版社，1993）

学贵自成体系

——《宋代婚姻家族史论》后记

与时代有关，从总体上说，我们这代读书人学识通常较狭隘，比上有愧，比下不足。可是行将告老，好歹总要出一本乃至多本论文集，并且大有成为习俗之势。至于水平则参差不齐，有的南辕北辙，从自我炫耀的目的出发，收到的是自我暴露的效果。据说，这批论文集为学界带来查阅之便。某些同人以此为理由，建议我如法炮制。我系系主任杨天宏教授听说此事，立刻慨然允诺，鼎力相助。于是习俗难违，轮到我自我暴露一番了。学友张秀平编审集学者、编辑于一身，以学者的眼光编辑、出版大量学术书籍，其中不乏精品。她乐于担任本书责任编辑，令我十分感激。

我是个"资格"的西部人，生长在四川，读书在兰州，工作在拉萨。学的是古代历史，干的是新闻工作，按照某个时期盛行的观念，属于典型的"学非所用，用非所学"。在西藏工作15年后，1980年奉调来四川师范大学历史系任教，返乡重操旧业。四川师范大学是个以本科教育为主的学校，20多年来，直到如今眼目下，我始终站在本科教学第一线，和青年学生在一起，教学相长，自有其乐趣。

宋史是1961年至1964年我在西北师范大学金宝祥先生指导下读研究生时的研究方向，当年称为专业。它既是我青年时代所学，又是我平生志趣所在。一半出于个人志趣，一半为了应对"考核"，我在教学之余写了六七十篇有关两宋历史的文稿。金宝祥师及不少前辈学者总是如此勉励后辈：勤于读书，慎于提笔；勤于写作，慎于发表；宁可少些，但要好些。如果不为

"考核"所累,文稿写得肯定会更少一些,质量或许会稍好一点。"有实事求是之心,无哗众取宠之意",这句学界从前的格言,如今只怕已过时。可是我这个"奔7"之人,思想难免落后于形势,当前流行的若干意识,诸如"课题意识""获奖意识""核心期刊意识"等,都比较差。人到中年以后,与某些读书人相似,我有个不大愿意投稿的"毛病"。文稿发表的途径大致有两条:一条是各类宋史研讨会论文集,其中以选入邓广铭等先生主编的《宋史研究论文集》(宋史研究会历届年会编刊)者居多。此外,如《试论宋代"婚姻不问阀阅"》《宋代的"榜下择婿"之风》分别是提交1984年杭州宋史国际学术研讨会、1987年天津第一届中国社会史学术研讨会的文稿,后被《历史研究》《未定稿》采用。另一条是友人约稿或推荐,这对于惰性较深的我确实是个极大的推动。想我略去这些友人的姓名,以免"我的朋友胡适之"之嫌。约稿最多的固然是本校学报,特别是近年来,我几乎成为学报的"特约撰稿人"。此外,如《宋代盐泉苏氏剖析》之类,在很大程度上也可视为《新史学》等刊物的约稿。

我素来相信:学贵自成体系,钻研应有重点;如若漫无边际,势必不得要领。然而与经历有关,我研习宋史,并无一定之规。文稿选题或出自个人兴之所至,或出于友人耳提面命,没有固定的领域。根据责任编辑张秀平编审的建议,本书所选文稿论题相对集中,大致包括婚姻、妇女、家族、皇族四个方面,定名为《宋代婚姻家族史论》。其他方面的文稿日后如有机缘,将另行结集印行。我涉足婚姻家族史,开始于20世纪80年代之初。当时,《中国大百科全书·法学卷》约我写些中国法制史方面的条目,其中有"封建家庭制度"。然而我毕竟不是一个婚姻家族史职业研究者,而是一个较为固执的唐宋社会变革论者。所撰《试论宋代"婚姻不问阀阅"》,同《试论北宋"取士不问家世"》《论宋代国子学向太学的演变》等文一样,不过是试图从不同侧面展示唐宋社会历史运动的轨迹。我的研究领域似乎曾由婚姻转向妇女,其实《宋代妇女再嫁问题探讨》一文旨在展现宋代社会的面貌,表明自己既不赞成旧式的宋朝"积贫积弱"说,也不认同新型的宋代社会停滞论。累世聚居于一地、财产为家族所共有的"义门",一度成为宋代家族史研究的重点。然而宋代非"义门"家族的认识价值只怕高于"义门"家族。基于这一认识，又因参与"中国近世家族与社会"课题的研究，我写下《宋代盐泉苏氏剖析》《宋元时期仁寿——崇仁虞氏家族研究》等文，目的在于论证宋代家族的主要形态不是共财同炊，而是别籍异财；宋代的士大夫家族虽然都力图发扬传统家风、保持名门地位，但其具体目标各不相同，大致可分为政治型名门、经济型名门和学术型名门。八九十年代之交，我因编写《中国封建王朝兴亡史·两宋卷》不得不探讨宋朝的皇族，涉及宗室、后妃、外戚乃至于作为皇帝家奴的宦官，较具体地阐述了宋代宗室任职受限、后妃较少插手朝政、外戚不预政、两宋无阉祸等历史现象，并认定宋代基本无内乱、大体无内朝。所有这些看法，均不敢自以为是，是否确当，有待方家评判。

（张邦炜《宋代婚姻家族史论》，人民出版社，2003）

有关宋代政治及文化的点滴管见

——《宋代政治文化史论》前言

这本个人论文选集与《宋代婚姻家族史论》系姊妹篇，收入论文凡 27 篇，是从笔者 20 世纪 80 年代以来所发表的相关论文中选出来的。其内容不外乎宋代政治与文化，故书名定为《宋代政治文化史论》。本书分为 5 个部分，现将其主要内容简略介绍如下。

第一部分：宋代政治制度研究。由《论宋代的皇权和相权》等 7 篇论文组成，重点在于宋代中枢权力研究。对于宋代的政治制度，笔者有一些不成熟的认识，其中较为重要者无非以下三点。其一，宋代政治可称为士大夫政治。隋唐政权是门阀士族等级与庶族地主阶层的联合政府，而两宋王朝则是由科举出身的读书人组成的士大夫阶层当权。用宋朝人的话来说，即"满朝朱紫贵，尽是读书人"。门阀士族等级具有排他性、世袭性，即所谓"官有世胄，谱有世官"，而士大夫阶层则具有开放性、非世袭性，即所谓"骤得富贵"，"其家不传"。与从前的门阀士族相比，宋代士大夫的个体力量虽小，群体力量却大，在政治生活的各个方面都发挥了举足轻重的作用。其二，宋代皇权和相权都有所加强。宋代皇权加强、相权削弱论与相权加强、皇权削弱论，论点虽然截然相反，其出发点却惊人的一致，都立足于皇权与相权绝对对立，不免有在绝对不相容的对立中思维之嫌。皇权与相权并不是两种平行的权力，作为最高行政权的相权从属并服务于作为最高统治权的皇权，两者相互依存。宋代在通常情况下，皇权和相权都有所加强。前者表现在皇帝的地位相当稳固，没有谁能够同他分庭抗礼；后者表现在以宰相为首的外朝能够比较有效地防止皇帝滥用权力。其三,宋代大体无内朝。宋代皇亲国戚的权势受到较为严格的限制,作为皇帝分割外朝权力工具的内朝大体上不存在,皇亲国戚之间的权力之争不曾激化到兵戎相见的程度,皇位转移总的来说比较平稳。宋代大体无内朝意味着基本无内乱,内部较为安定的社会环境作为一个重要因素,促成了宋代社会经济的腾飞和文化的高涨。这一认识见于《两宋无内朝论》《论宋代"无内乱"》等文,已收入《宋代婚姻家族史论》)。

第二部分:北宋晚期政治研究。由《北宋亡国与权力膨胀》等 6 篇论文组成,还应当包括已收入《宋代婚姻家族史论》的《靖康内讧解析》。笔者之所以写下这些文章,是因为人民出版社张秀平编审 10 年前曾约笔者写一本有关宋徽宗及其大臣们的书。凡学友所嘱之事,笔者从来认真照办。我确实用了两三年时间专门研究徽、钦二宗,但只有点点滴滴的心得,并无较为系统的新见,于是惭愧地向秀平编审交了白卷。这 7 篇文章便是这项不成功研究的点滴心得。在笔者看来,北宋并非唱着老调子,而是唱着"新"调子亡国;北宋绝非落后挨打,实因腐败亡国。北宋晚期之所以腐败,是因为北宋开国以来所形成的权力制约体系全面崩溃,皇权以及内朝、外朝的权力一概恶性膨胀。从总体上说,北宋亡国不是因为死守祖宗家法,反倒是由放弃作为祖宗家法重要组成部分的权力制约体系所致。

第三部分:宋代历史人物研究。由《澶渊之功数第三——北宋枢相王继英事迹述略》等 5 篇论文组成,对毕士安、寇准、王继英、宋孝宗、范成大、韩侂胄等历史人物和澶渊之盟、开禧北伐、吴曦叛宋等历史事件陈述了些一己之见。从前笔者研习宋史,重制度而轻人物,重趋势而轻事件。其实,历史以人为本位、由事件所组成,不应厚此薄彼。因撰写《中国封建王朝兴亡史·两宋卷》,不得不对重要人物和主要事件做较为系统的梳理。在梳理过程中,发现从前在宋史研究中,有一种固定的思维模式,即将主战与主和绝对对立,一味肯定主战,全盘否定主和。这不免离开了具体问题具体分析的原则。从前寇准被视为主战反和派,其实寇准既主战,又主和,其主张不是只战不和、以战拒和,而是以战促和、以战迫和,应称为以战促和派。以钱财换安宁的澶渊之盟正是寇准等人以战迫和的结果。韩侂胄虽然以建立盖世功名为目的,以轻举妄动为手段,一旦受挫即无意用兵、遣使求和,但因其对金主战便受到某些研究者的高度评价,甚至将他与岳飞相提并论。如此类比,未免欠妥。南宋学问家王应麟认为:"绍兴、隆兴,主和者皆小人;开禧,主战者皆小人。"① 王氏之说不无一定道理。

第四部分:宋代文化教育研究。由《宋代文化的相对普及》等5篇论文组成,其目的在于从文化教育这个侧面展示唐宋社会变革的轨迹,并探寻其动因及意义。在这一领域,笔者有三点浅见。其一,文化相对普及是宋代文化最为明显的特征。主要表现在文化从先进地区推广到落后地区、从通都大邑推广到穷乡僻壤,特别是从士阶层推广到农工商各阶层,极少数世家大族再也不能完全垄断文化,整个社会文化水平提高。其二,"广开来学之路"是宋代教育最富有时代意义的变化。与唐代相比,宋代中央官办学校招生范围扩大、入学资格降低,实际上已向所谓"孤寒之士"敞开大门。宋代国子学向太学的演变,即贵胄子弟专门学校转化而为士庶子弟混合学校,便是其明证。其三,"取士不问家世"是宋代科举制度最引人注目的重大发展。与唐代相比,宋代科举考试有两个明显的不同之处。一是录取范围扩大,"工商不得预于士"的旧制在北宋时已被突破。二是制度比较严密。唐朝的科举制度在很大程度上只不过是科举其名,荐举其实。随着糊名、誊录、锁院、别试等措施的实行,宋代科举考试较为公正。如果说唐朝士人曾牢骚满腹:"空有篇章传海内,更无亲族在朝中。"② 那么宋代举子则踌躇满志:"惟有糊名公道在,孤寒宜向此中求。"③ 包括所谓"孤寒"在内的各阶层子弟通过读书应举、入仕为官的道路,宋代比唐朝显然要宽广些。

第五部分:宋代丧葬习俗研究。由《两宋火葬何以蔚然成风》等4篇论文组成,既论述宋辖汉族居住区,又涉及契丹、党项、女真、大理及宋辖少数民族居住区。笔者之所以写下这些文章,是因为20世纪90年代与朱瑞

---

① 王应麟:《困学纪闻》卷15《考史》并翁元圻注,国学基本丛书本。
② 杜荀鹤:《唐风集》卷2《投从叔补阙》,文渊阁四库全书影印本。
③ 李心传:《建炎以来系年要录》卷144,绍兴十二年三月乙卯注,中华书局,1988。

熙、刘复生、蔡崇榜、王曾瑜先生合著《辽宋西夏金社会生活史》,按照王曾瑜先生的安排,丧葬是笔者承担的主要章节之一。在辽宋西夏金时期的各种丧葬习俗中,火葬的盛行最引人注目。不仅宋辖汉族居住区如此,契丹、党项、女真、吐蕃、乌蛮、末些蛮等也如此。不少研究者将宋辖汉族居住区火葬的盛行视为佛教传入中国的结果。人们不免会问:佛教从汉代传入,到唐代后期已达900年之久,为什么火葬者屈指可数?在笔者看来,火葬习俗形成于五代十国时期,关键在于"五季礼废乐坏",包括死者以"入土为安"在内的不少传统观念动摇。加之适逢战乱,生者尚且苟延残喘,死者后事只能从简,火葬在变乱中悄然成为风俗。火葬是契丹、党项、乌蛮、末些蛮的原始葬俗,而吐蕃受党项影响,女真受契丹、汉族的共同影响,转而实行火葬。由于各民族之间丧葬习俗的相互交流,无论是汉族还是少数民族,火葬者越来越多。于是,辽宋西夏金时期成为我国历史上火葬最为盛行的时期。

需要说明的是,在这27篇论文中,有4篇分别与朱瑞熙先生、余贵林先生、杜桂英女士、陈盈洁女士合作。现征得他们的同意,将论文收入本书,并且已在书中注明。谨在此向他们致以诚挚的谢意!

(张邦炜《宋代政治文化史论》,人民出版社,2005)

从选题的大小说起

——《宋代文豪与巴蜀旅游》后记

我虽然不敢说是"小车不倒只管推",但平时确实是"只顾拉车不看路",甚至对于自己也无清醒的认识。民谚说得好:"旁观者清。"有位中青年学友敏锐地发现我近期治学发生三大变化,即"由大到小""由国到地""由史到旅",并坦诚相告。我才感到有必要反思一下自己近年来走过的路,规划一下未来的路怎样走。何况此言涉及究竟应当如何处理大题目与小题目、全国史与地方史、历史学与旅游学之间的关系这样三个重要问题,不可以笑谈视之。

这位学友有眼力,讲得对。从前我或可称为"重大题材决定论"者,认为研治历史固然应当丰富多彩,但不能鸡毛蒜皮,喜欢做大题目,动辄便是"中国封建家庭制度""中国封建婚姻制度"云云。如今居然也做小题目,什么"蔡王府狱"等,乃至"靖康内讧"之类,过去我根本不屑一顾。何以会有"由大到小"的变化,除受个案研究之风的影响外,我不禁想起前辈学者徐规先生。我和徐规先生相当熟悉是因为20世纪80年代初在上海编审《中国历史大辞典·宋史卷》,曾朝夕相处一月有余,隔墙为邻,不时请益。10年前,宋史研究会年会在昆明举行,我提交的论文题目是《辽宋西夏金时期的妇女生活》。在去石林游览时,徐先生告诉我,他1945年浙江大学研究生毕业论文的题目便是《宋代妇女的地位》。我在惊叹之余,赓即询问徐先生,为何以后很少再做大题目,几乎只做小题目。徐先生说,这与他的毕业论文的校外评阅人姚从吾先生的指教有关。从吾先生肯定:"本论文取材广博，论断亦精，足证学有心得。"同时又指出："唯择题稍笼统，只能泛论宋代妇女在社会上的地位，而不易作专题深入之研究，微觉美中不足。"① 徐先生重提这件往事，不知是否有对我间接提出批评之意，但对我确有教益，让我不断提醒自己选题应避免大而无当。如今我的认识是，题目不在大小，只要有新意、有见地，小题目未尝不可，但最好力争做到以小见大。我们这些上了年纪的人已是强弩之末，写些有感而发的应景文章，或者做点无关痛痒的小考证，情有可原，无可厚非，但并不值得青年学子效法。年富力强的学者只怕应当立足于学科建设，着眼于通观明变，大气魄、大手笔，高瞻远瞩抓关键。如果精力允许，我个人也希望能实现"由小到大"的再转变。

从前我不止一次地宣称，本人治国史而不治地方史。此言并无藐视研治地方史的学者之意，而是由我的经历决定。我未及弱冠之龄，即出川上学，奉调回川任教，已是不惑之年，青壮年时代在外达 23 年之久，对于川事、蜀史知之较少。我在甘肃游学 8 年，在西藏供职 15 年的经历，使我"甘肃情绪"较深②，"西藏情结"特重，"西部意识"虽然浓厚，家乡观念却较为淡薄。然而光阴荏苒，掐指算来，我回川任教已达 27 年之久。如今涉及一点四川地方史，即所谓"由国到地"，或许也叫"存在决定意识"吧！何况还有某些具体缘故。如 20 世纪 80 年代，贾大泉先生要我和他合写《宋代四川经济发展的不平衡性》③ 一文，虽然由我执笔，但依据的是大泉先生提供的材料。又如 90 年代，应台湾学者黄宽重先生之约，参与"中国近世家族与社会"课题，我的具体任务是研究宋代四川家族。于是，写下《宋代

---

① 徐规：《仰素集·自序》，杭州大学出版社，1999，第 3 页。
② 我不时想起陇中皋兰县石洞镇的旱地，我曾与同学们在那里背沙、压地、保墒；我不时想起河西酒泉县东洞乡的戈壁，我和牲畜一起喝过那里的涝池水；我不时想起陇东宁县盘克乡郝家湾的窑洞，我睡过窑洞里的热炕，在炕上吃过那里的小米饭。我还遭遇过兰州当年的沙尘暴，饮过那时十分混浊的黄河水。
③ 张邦炜、贾大泉：《宋代四川经济发展的不平衡性》，孙毓棠等主编《平准学刊》第 2 辑，中国商业出版社，1987。

盐泉苏氏剖析》① 《宋元时期仁寿——崇仁虞氏家族研究》② 两文，字数均在 3 万字左右。近年来在阅读有关资料的过程中，发现在宋代四川地方史领域里，某些专题仍有深入研究的必要和可能，如 "蜀士"。如果说宋代是由科举出身的读书人组成的士大夫阶层当权的时代③，那么 "蜀士" 便是一个很值得重视和探讨的地域性士大夫集团。南宋中期，吴曦叛宋降金之时，隐士安世通声称："此非曦一人之叛，乃举蜀士大夫之叛也。"④ 这一激愤之词断断不可信以为真，但从中不难看出 "蜀士" 对巴蜀地区的稳定和发展具有举足轻重的作用。岂止在地方上，即使在朝廷内，蜀士也是一支不可忽视的力量。至迟在南宋初期，已出现 "蜀士仕于朝者"⑤ 甚多的局面。在区域历史研究成为热点的今天，更多地关注一下宋代四川地方史，实属势所必至。当然，研究地方史应当具有全国观念和通史意识，其出发点不应当是简单地为某一特定区域争历史地位。被人戏称为 "大四川主义者"⑥，不一定是好事。

至于 "由史到旅"，首先应当肯定，绝非虚构，这本小书即为确证。其次需要说明，非我所愿。确如俗语所说："人在江湖，身不由己。"和不少大学的历史系一样，或许是出于服务社会和求生存的双重需要，我系在 10 年前开办旅游管理本科专业，2002 年又招收了一批旅游文化研究方向的硕士研究生。系里指导力量有限，我不得不见 "义" 勇为，分担 些责任。于是，我这个旅游文化的门外汉居然指导起这方面的硕士生。然而如今教育界的笑话，似乎并非别无它例，仅此一桩。同学们要求在导师的指导下，从

---

① 张邦炜：《宋代盐泉苏氏剖析》，台北《新史学》第 5 卷第 1 期，1994 年 3 月，第 51～85 页。
② 张邦炜：《宋元时期仁寿——崇仁虞氏家族研究》，台北中研院历史语言研究所编印《中国近世家族与社会学术研讨会论文集》，1998，第 161～193 页。
③ 参见张邦炜《论宋代的皇权和相权》第 4 节 "士大夫阶层的特质"，《宋代政治文化史论》，人民出版社，2005，第 15～19 页。
④ 脱脱等：《宋史》卷 459《隐逸下·安世通传》，中华书局，1977，第 13470 页。
⑤ 李心传：《建炎以来系年要录》卷 179，绍兴二十八年二月丙午，中华书局，1988，第 2958 页。
⑥ 1995 年 12 月在台北举行的第二届宋史研讨会上，哈佛大学包弼德教授将我戏称为 "大四川主义者"。

事科研项目研究。为了满足这一合理要求，我与张金岭教授商量，申请了"宋代文豪与巴蜀旅游"这个课题。需要说明的是，由于我不懂旅游，课题申请表由金岭教授填写，我并未过目。经过吴其付、宋雪茜、陈盈洁、卢俊勇同学几年来尝试性的探索和努力，这一课题总算完成。我也许还多少有点自知之明，知道笑话岂能继续，子弟不容再误。从 2003 年开始，无论怎么说，我再也不指导这个方向的硕士生了。这本小书的出版标志着我与旅游文化告别，但这并不意味着我反对历史学与旅游学相结合。我在本书的《前言》里已经表示，本人赞成古老的历史学为新兴的旅游业服务，并且相信这是历史学能够大有作为的用武之地。

还有一件事应附带提及。我已年近古稀，如今每周还得上若干节课。前面讲到的那位中青年学友感到不理解，感叹道："你们这代人使命感太强！"其实，此事也非我所愿，我并无用自己的行为去实践前人的豪言壮语"战士死于沙场，学者死于讲座"之意。我只能回答道："谁叫我还在岗哩！"确实各有各的难处，下岗有下岗的苦楚，在岗有在岗的烦恼。但愿本书出版时，我已与岗位告别，与课堂告别。然而很难告别的只怕是书案和书堆。我青年时代从社会经济入手研习宋史，如果健康状况允许，我将回到从前，沉湎于宋代社会经济的思索中去打发自己的晚年。

讲到这里，不禁想起如今文史学界的学者大致有走出书斋的时髦学者和坚守书斋的传统学者之分，且有相互指责之势。在我参加的一次研讨会上，有学者提出历史工作者应当走出书斋，有学者相反，主张回到书斋。是走出书斋好，还是回到书斋对？人各有志，自来如此。如今生活在姹紫嫣红、气象万千的多元社会里，更不可能强求一律。岳飞有句"二不"名言："文臣不爱钱，武臣不惜死，天下太平矣。"[①] 南宋初年，人们讥讽私役军士为自己赚钱的大将张俊："在钱眼内坐耳！"[②] 然而早在商品经济较为

---

① 脱脱等:《宋史》卷 365《岳飞传》，中华书局，1977，第 11394 页。
② 罗点:《闻见录》，陶宗仪:《说郛》卷 9，中国书店，1986 年影印本，第 12 页。

活跃的宋代便有此一说："钱如蜜，一滴也甜"[1]；"钱之为钱，人所共爱，势所必争"[2]。在市场经济渐趋完善的当今社会里，走出书斋去挣钱更是社会活动能力强、具有开拓精神的表现，再也不应当受到"在钱眼内坐"一类的指责。何况走出书斋去挣钱与走出书斋去为社会服务是一致的。但不能搞一刀切，如今坐在书斋里认真读书的人似乎并不太多，总不能搞得书斋里空空如也。我以欧阳修的诗句勉励学生："至哉天下乐，终日在书案"[3]，只怕不应当是误导。

在报纸上不时看到大同小异的报道，大意是某些学者因麾下研究生太多，指导得很不具体。不由得使我想到以治西夏史享誉学界的已故史家吴天墀先生，他晚年与我交谈较多。其中有句话给我的印象很深刻："所谓指导研究生者，陪研究生读书也。"因我仅指导硕士生，且人数极少，大体可以按天墀先生的做法去办。本书所收 4 篇论文，除《苏轼夜游行为研究》一文由张金岭教授指导，其他 3 篇文章均由我指导。如果说对《陆游的宦游生命路径与景观变迁》一文仅做了一般性的点拨，那么对《黄庭坚巴蜀遗迹考述》《范成大——一笔丰厚的旅游文化资源》两文则做了重要的补充和较大的修改。我对硕士生平时过问较多，对有的论文增改较多，这对他们研究能力的培养和提高并不一定十分有利，或许应当引以为戒。

（吴其付、宋雪茜、陈盈洁、卢俊勇、张邦炜《宋代文豪与巴蜀旅游》，巴蜀书社，2007）

---

[1] 惠洪：《冷斋夜话》卷 8，黄宝华整理，朱易安、戴建国等主编《全宋笔记》第 2 编第 9 册，大象出版社，2006，第 70 页。

[2] 李之彦：《东谷所见·钱》，《说郛》卷 77，中国书店，1986 年影印本，第 3 页。

[3] 黎靖德编《朱子语类》卷 140《论文上·诗》，王星贤点校，中华书局，1994，第 3338 页。

书 | 评

宋辽金元史研究的新成果

——读《中国史稿》第五册

中国社会科学院历史研究所吴泰、陈高华、陈智超、郦家驹（以姓氏笔画为序）等同志编著的《中国史稿》第五册（宋辽金元分册），最近由人民出版社出版。此书在吸收史学界研究成果的基础上，又广泛利用我国各民族历史资料和国外资料，对从五代到元代四个多世纪的社会历史进行新探索，获得新成果。读后感受至深，得益匪浅。

《史稿》第五册的第一个特点是在专史研究的基础上，加强了综合性的再研究，注意了左右横通的整体性，比较准确地反映了这一时期中国社会历史的全貌。从五代到元代，是中国历史上从大分裂走向大统一的时期。其间政治斗争、民族矛盾错综复杂，不少民族都相继建立政权。为了叙述的方便，以往历史著作一般都把各个政权的历史分别叙述。这样虽然能使读者对这一时期各民族各政权的历史有较清晰的了解，却使读者对这一时期错综复杂的历史缺乏横向的综合性的认识。《史稿》第五册则辟出"十世纪中叶至十三世纪我国的社会经济""十世纪中叶至十二世纪初我国的政治形势和各族的经济文化联系"等章节，把各个政权的历史放在当时中国历史全局中加以阐述。对这一时期的经济状况，作者抛开了以往历史著作把各个政权的社会经济分别叙述的惯例，将宋、辽、金、西夏和其他各族的社会经济作为一个整体，按农业、手工业、商业三个方面分别叙述，使人们清楚地看到当时中国社会经济发展的全貌和各地发展的不平衡性，以及它们各自的特点和相互联系。针对这一时期的割据分裂的社会现象，《史稿》则把各政权的建立、发展和衰亡的过程置于当时错综复杂的政治形势中来叙述。既显现各政权自身力量的消长，又揭示其相互之间的制约和影响；既显现各政权的并存和对立，又揭示它们概莫能外同属中国；既显现国家的分裂不利于各族人民的团结，又揭示政治上的分裂从未割断各族人民的友好联系；既显现当时汉族对少数民族的巨大影响，又揭示少数民族在若干方面对汉族的影响。

《史稿》第五册的第二个特点是注意了上下纵通的系统性，比较准确地反映了历史演进的脉络。作者把宋辽金元时期的历史放在中国封建社会发展的总进程中来考察，力求展现这个历史阶段的历史特征。如在阶级关系方面，作者依据封建社会的主要矛盾是地主阶级与农民阶级的矛盾这一基本线索，对这个时期的阶级关系的发展变化与特点进行具体分析，指出当时的地主与农民的关系不但不同于魏晋南北朝时期，而且不同于隋唐时期；地主对农民的剥削方式主要是租佃制，地主对土地的所有权并不牢固，因而地主对佃户的人身束缚较前松弛，佃农的身份较前提高。从中看到历史依次发展的过程，给人以强烈的历史感。

《史稿》第五册的第三个特点是坚持历史唯物主义的观点，对这一时期的若干问题，包括某些反复探讨过的重大问题，有理有据地提出独到见解。对于北宋中期的变法运动，作者从新的角度加以叙述，抛弃历来把熙宁变法称为"王安石变法"的提法，正名为"宋神宗、王安石主持的变法"。既肯定王安石作为变法总设计师和总工程师的作用，又根据没有宋神宗的支持，变法就无法进行，王安石第二次罢相后，变法继续推行到宋神宗逝世等事实，如实地肯定了宋神宗在变法运动中的地位和作用。宋神宗主持的"元丰新政"是变法的继续和发展，而非熙宁变法的倒退和停滞。

《史稿》第五册的第四个特点是为这一时期历史研究中的薄弱环节做了不少补葺性的工作。例如南宋政治史是许多通史所略而不述的。作者专门辟出"'绍兴和议'后的南宋政治形势"一节，介绍南宋在"绍兴和议"后统治集团内部相互倾轧、政治形势每况愈下的情形，展现了南宋王朝从偏安一隅到走向灭亡的过程。对于这一时期中外关系中出现的某些不正常现象，不少历史著作都采取回避态度，此书作者则如实叙述，并力图用历史唯物主义的观点进行说明。

《史稿》第五册也存在一些不足之处。例如专节介绍南宋赋役制度而对北宋的赋役制度则语焉不详，未免前后脱节；对辽、西夏王朝的兴衰及其社会经济关系的发展变化叙述得过于简略和笼统，对宋朝辖区内广西、湖南、贵州、川南等地少数民族的社会历史、经济发展，以及他们同宋朝政府的关系，几乎略而未叙。大醇小疵势所难免，《史稿》第五册不愧为一本内容充实、结构缜密、有特色、有见地的著作。它的出版，对宋辽金元史研究的继续深入开展，对通史编写水平的提高，都必将起到积极的推动作用。

（与贾大泉合著，原载《光明日报》1983 年 10 月 12 日，第 3 版）

《宋代四川经济述论》评介

    新近由四川省社会科学院出版社出版的贾大泉同志所著《宋代四川经济述论》，是迄今为止第一本公开发行的中国断代区域经济史著作。毫无疑问，在以实现四个现代化为目标的今天，加强经济史的研究显得格外重要。不过，要把上下几千年的一部中国经济史弄个清楚，谈何容易。分地区、分时期、分部门的考察是综合性研究的基础，中国经济史研究的深入有待于区域经济史、断代经济史、部门经济史研究的加强。在纵横数万里、各地区经济发展状况千差万别的中国，区域经济史的研究尤其具有特殊意义。《述论》作者首先把自己多年来的研究成果整理出来，写成专著，无疑是对学术的一大贡献。

    其次，《述论》专门探讨的宋代四川经济是个前人研究较少但意义重大的课题。《述论》作者认为，一方面"就整体而言，四川在宋代仍然占有极其重要的经济地位"，另一方面宋代四川经济"不但远胜前代，而且超过了后来的元代和明末清初"（第4页）。这两个颇有见地的论断，实事求是，堪称确论。中国古代社会的经济重心至宋代而南移，人们曾经反复予以论证：南方经济从前远远落后于北方，唐代中叶以后开始逐渐赶上北方，出现了"扬一益二"的说法，但经济上的南盛北衰局面到宋代才正式形成。不过，就经济发展的前景而论，南方各地不尽相同。明清时期江南经济的繁荣程度无疑超过宋代。而四川呢？一是先后遭受宋末、明末两次战争的巨大破坏，二是地处内陆，与外界交往较少，明清时期的经济发展水平较之宋代并无长足进步，在全国所占的经济地位明显下降。总之，宋代四川经济不仅在当时占有举足轻重的地位，而且是四川古代经济史上的黄金时代。遗憾的是，大概由于宋朝灭亡以后四川与江南的经济状况差距较大，或许还因为材料搜集方面的困难，近人通常对于"扬一"讲得较多，关于"益二"说得不够。即使是已故宋史专家张家驹先生的名著《两宋经济重心的南移》，由于是在其论文《宋代东南的繁盛》的基础上扩展而成，仿佛也是如此。因此，从某种程度上说，《论述》可谓筚路蓝缕。

再次，《述论》涉及了不少未曾涉及的新领域。宋代四川经济这一课题研究基础薄弱，空白比比皆是。《述论》作者不急于求成，他采用由点到面、积少成多的办法，先进行专题性的探讨，再做综合性的研究。其正确性不言而喻。近些年来，作者围绕着这一课题，在广泛占有第一手材料的基础上，陆续写成一二十篇系列性论文。正是这些论文构成了该书的最初蓝图。如今呈现在读者面前的宋代四川经济史，长达23万字，实在来之不易，绝非一朝一夕之功。该书涉及的范围相当广泛，从地理环境到人口状况，从生产关系到生产力，从农业、手工业到商业、交通，从汉族地区到各少数民族地区，从北宋到南宋，色色俱全，应有尽有。对于手工业生产的各个部门论述尤其详尽，占了全书总篇幅的2/5以上。其中如纺织业、酿酒业、造船业、陆路交通、少数民族地区经济等都是前人未曾涉及或者语焉不详的领域，具有填补空白的意义。

最后，《述论》提出了一些值得重视的新论点。小而言之，如作者在经过周密的考证之后，把宋代四川的年产茶量定为3000万斤左右，"北宋时约为全国茶产量的百分之五十六，南宋时为百分之六十二，仅成都府、利州二路即约占百分之五十四"，并进而得出令人信服的结论："宋代四川特别是成都平原四周地区是当时全国最主要的产茶中心。"大而言之，作者对于宋代四川经济发展的不平衡性的分析，既有学术价值，又有现实意义。无论是把宋代的四川一概视为经济发达地区或者经济落后地区，还是笼统认为宋代的四川推行的是封建租佃制或者庄园农奴制，都未免有以偏概全之嫌。《述论》从各地人口分布极不均衡、土地利用率相差很远、二税收入多寡悬殊等几个方面，具体地论证了宋代四川"有全国经济最发达的地区，也有全国经济最落后的地区"。至于作者对于赋税结构的考察,其意义更是超出宋代四川经济这一课题本身,对于宋史研究乃至整个中国封建社会经济史都是个有益的贡献。众所周知,中国封建社会可以唐宋之际为界划分为前、后两个时期,唐宋之际社会生活的不少领域都发生了划阶段的变革,赋役制度也不例外。关于中国封建社会赋役制度的变化,当前学术界流行的看法可以简要地概括为三点:前期以徭役为主,后期以赋税为主;前期以人头税为主,后期以资产税为主;前期以征收实物为主,后期以征收货币为主。作者对此做了重要补充:"我国在唐代以前赋税收入主要来自农业",宋代"官府赋税收入中农业税收退居次要地位,原来在官府赋税中无足轻重的商税、专卖税等非农业税跃居主要地位"。宋代农业税和非农业税在全部赋税收入中所占比重,作者是经过相当缜密的计算求证出来的。当时非农业税基本上是征收货币,农业税则征收谷、帛、金铁、物产等四类实物,而每类实物又包括若干种物品。作者先一一弄清各种物品的价格,再按照当时的物价把每种物品一一折算为货币,这需要付出多少辛勤的劳动。

总之,对于《述论》,研究者们可以有所补正、有所损益,但恐怕谁也不会否认这一学术著作不乏创见,确有开拓之功。

(原载《社会科学研究》1985 年第 6 期)

中国大陆近十年来的宋史研究

　　中国大陆的宋史研究从前基础比较薄弱，在各个断代史研究中显得相对落后，近 10 年来呈现出生动活泼的可喜局面。全国性的学术团体中国宋史研究会于 1980 年 10 月在上海成立，已召开四次年会，会员已有 200 余人。除中国社会科学院历史研究所设有宋辽金元史研究室外，北京大学、河北大学、河南大学、上海师范大学、杭州大学、暨南大学、四川大学、兰州大学等高等学校相继建立宋史研究机构。封闭隔绝的状态有所改变，与日本、欧美以及港台地区同人相互之间的学术交流逐渐开展。继北京大学、杭州大学 1985 年 6 月在杭州举办宋史国际学术讨论会之后，北京大学、河北大学 1991 年 8 月又将在北京举办国际宋史研讨会。对于中国大陆的宋史学界来说，近 10 年是情况最好的 10 年，出成果、出人才的 10 年。研究者们既注意理论的学习与运用，又注重史料的搜集与考索，视野较开阔，方法较多样，健康学风逐渐树立。据不完全统计，研究者们共发表学术论文 2000 多篇，大约相当于前 30 年的总和；出版学术专著几十种，数量超过前 30 年。现将这些研究成果分门别类，简要介绍如下，不免挂一漏万，取舍不当。

一　通论

　　第一，中国大陆长期以来缺乏一部两宋断代史的局面被打破。周宝珠、陈振主编的《简明宋史》于 1985 年由人民出版社出版。其实，人民出版社从 1978 年起陆续出版的蔡美彪、朱瑞熙、李瑚、卞孝萱、王会安、王忠、周清澍、丁伟志著《中国通史》第 5、6、7 册以及 1983 年出版的吴泰、陈高华、陈智超、郦家驹著《中国史稿》第 5 册，也可视为两宋断代史。这些著作从政治、经济、文化、民族关系和中外关系等各个方面，勾画出两宋历史的轮廓，为人们提供了比较完整的两宋历史读物。这些著作尽管出版于"文革"后，但大多编写于"文革"中，因而农民起义所占比重未免过大，有的甚至有某些"评法批儒"的痕迹。至于史料运用方面的一些问题，有梁太济《〈简明宋史〉质疑辨误五十例》[①] 予以指出。

第二，对两宋的历史地位有了比较充分的认识。针对将宋代视为衰落、腐败的时代这一片面认识，邓广铭指出："宋代是我国封建社会发展的最高阶段，其物质文明和精神文明所达到的高度，在中国整个封建社会历史时期之内，可以说是空前绝后的"（《社会科学战线》1986 年第 2 期《谈谈有关宋史研究的几个问题》）。漆侠认为："宋代是我国封建时代经济文化最发达的一个朝代"（《文史知识》1985 年第 2 期《宋代在我国历史上的地位》）。在蔡美彪看来，宋代给后代留下了两笔不可小视的遗产，一笔是物质遗产即发达的江南经济，一笔是精神遗产即理学（《历史教学》1982 年第 3 期《宋史简说》）。目前对于宋代的历史地位，宋史学界以外仍然存在着认识不足的问题，宋史学界内部似乎又出现了估计过高的倾向。

第三，对两宋的时代特色做了比较深入的揭示。漆侠《关于中国封建经济制度发展阶段问题》（《求实集》，天津人民出版社 1982 年出版）指出，封建租佃制从宋代开始占主导地位。朱瑞熙《宋代社会研究》（中州书画社 1983 年出版）从社会经济、政治制度等 10 个方面论述了宋代呈现出不同于过去的社会新面貌，认为宋代进入了中国封建时代的继续发展时期，并强调宋代形成了新的社会阶级结构。叶坦《宋代社会经济结构的变迁》（《江海学刊》1990 年第 5 期）认为"宋代是中国封建发展史上重要的转折时期"，

---

① 梁太济：《〈简明宋史〉质疑辨误五十例》，邓广铭、漆侠等主编《宋史研究论文集》，河北教育出版社，1989。

并简要地论述了两宋的时代特征。

第四，一些常用工具书问世。其中主要有邓广铭、程应镠主编的《中国历史大辞典·宋史卷》（上海辞书出版社 1984 年出版）和邓广铭主编的《中国大百科全书·中国历史卷·辽宋西夏金史分册》（中国大百科全书出版社 1988 年出版）。这两种工具书力求严谨、客观，条目的撰写建立在研究的基础上并尽量吸收新的研究成果，也难免存在条目收录标准不尽统一的问题和内容偶有失误之处。

第五，一批综合性论文集出版。集体论文集有中国宋史研究会编《宋史研究论文集》①、中州书画社编《宋史论集》（1983 年出版，简称《论集》）、《河南师范大学学报》1984 年增刊《宋史研究集》（简称《研究集》）、中国社会科学院历史所宋辽金元史室编《宋辽金史论丛》（中华书局 1985 年出版，简称《论丛》）、杭州大学历史系宋史研究室编《宋史研究集刊》②、暨南大学中国文化史籍研究所编《宋元文史研究》（广东人民出版社 1988 年出版）、河北大学宋史研究室编《宋史研究论丛》（河北大学出版社 1990 年出版，简称《研究论丛》）。个人论文集有聂崇岐《宋史丛考》（中华书局 1980 年出版）、漆侠《求实集》、关履权《两宋史论》（中州书画社 1983 年出版）、陈乐素《求是集》③、邓广铭与漆侠《两宋政治经济问题》（知识出版社 1988 年出版）。论文集刊行之多前所未有，只是有的论文集所收论文水平参差不齐。

第六，不少宋代文献刊行。据粗略估计，在 100 种以上。其中有上海师大和华东师大古籍整理研究所点校的《续资治通鉴长编》④、陈智超整理的《宋会要辑稿补编》（书目文献出版社 1988 年出版）、中国社科院历史所宋辽金史室点校的《名公书判清明集》（中华书局 1987 年出版）、王曾瑜校注

---

① 已出 4 集，分别由上海古籍出版社、河南人民出版社、浙江人民出版社、河北教育出版社于 1982 年、1984 年、1987 年、1989 年出版，以下简称《论文集》。
② 已出两集，分别由浙江古籍出版社、《探索》杂志增刊 1986 年、1988 年出版，简称《集刊》。
③ 已出两集，广东人民出版社 1984 年、1986 年出版。
④ 中华书局从 1979 年陆续出版，已出 20 册。

的《鄂国金佗粹编、续编校注》（中华书局 1989 年出版）、王瑞来校补的《宋宰辅编年录校补》（中华书局 1986 年出版）等。特别值得一提的是曾枣庄、刘琳主编的《全宋文》，系四川大学古籍整理研究所的一项集体成果，由巴蜀书社从 1988 年开始陆续出版，已出 15 册。宋代文献的整理出版任重道远，需要做的工作还有很多。

二　经济史

这个领域的重大研究成果当推漆侠《宋代经济史》上、下册（上海人民出版社 1987 年、1988 年出版）。该书洋洋 90 余万言，全面系统地论述了宋代农业、手工业、专利制度、商业以及社会经济思想的发展，着重展示了宋代社会经济关系发展的总过程。漆侠在经济史方面，有三个引人注目的观点：一个是把中国封建经济制度划分为三个阶段，认为战国秦汉时期处于封建制度确立、封建依附关系发展的阶段，魏晋隋唐时期处于庄园农奴制阶段，宋元明清时期处于封建租佃制占主导地位的阶段。另一个是将中国封建时代的生产发展状况描绘为两个马鞍形，认为从战国到秦汉为第一个高峰，魏晋下降，隋唐上升，两宋形成第二个高峰，元又下降，明清再恢复发展，基本达到两宋水平。再一个是把宋代经济发展不平衡的总体状况概括为北方不如南方、西部不如东部，强调："北不如南，是量的差别，而西不如东，则不仅是量的差别，而且是表现了质的差别。"

整个宋史学界在经济史研究方面的成果都比较突出，表现在以下各个方面。

1. 土地制度和租佃关系

土地所有权转换频率加快是宋代土地私有程度加深的重要表现。梁太济《两宋的土地买卖》（《论文集》第 1 集）从民田买卖的盛行和官田的民田化两个方面，对此加以论述。专门探讨民田官田化的论文有蒋兆成《宋代官田的演变》(《杭州大学学报》1981 年第 3 期)、葛金芳《关于北宋官田私田化政策的若干问题》(《历史研究》1982 年第 3 期)、张洞明与杨康荪《宋朝政府鬻卖官田论述》(《中国史研究》1983 年第 1 期)等。葛金芳《试论"不抑兼并"》[《武汉师范学院学报》(哲学社会科学版)1984 年第 2 期]认为,宋朝政府推行不抑兼并的土地政策"是晚唐以来不可逆转的土地私有化潮流在国家政策上的必然反映"。唐兆梅《析北宋的"不抑兼并"》(《中国史研究》1988 年第 1 期)指出,北宋王朝的这一土地政策是历史发展的产物,具有一定的积极意义。郦家驹《两宋时期土地所有权的转移》(《中国史研究》1988 年第 4 期)分析了宋代土地所有权转移加快的特点,指出对此"应当给予足够的重视,当然也不应由此作出不恰当的估计"。

宋代是否存在庄园制,研究者们有不同认识。吴泰《论唐宋文献中的"庄园"》(《历史学》1979 年第 4 期)认为,不能把文献中的"庄园"看作一种土地所有制形态或一种社会经济形态。陈振《关于唐宋庄园的几个问题》(《论文集》第 2 集)指出:"所谓庄园经济盛行于唐宋两代的说法是不能成立的。"朱家源《试论宋代品官地主庄园的土地占有形式》(《论丛》)则认为宋代"大地主庄园得到了飞跃的发展"。傅宗文《宋代的私庄》(《中国社会经济史研究》1982 年第 2 期)指出,"以土地为根基,并借助其政治势力,通过分成地租或定额地租及人身依附诸条件,把貌似自由的客户束缚于田庄以进行生产活动,是宋代田庄的普遍特点"。

宋代租佃关系的发展是个引人注目的问题。关履权《宋代的封建租佃制》(《两宋史论》),从宋代客户的含义与唐代不同、普遍使用田主和田仆这两个名称、租佃契约更加普遍、二地主增多、官田招佃采用投标方式等各个方面,对此加以论述。张邦炜《北宋租佃关系的发展及其影响》[《西北师大学报》(社会科学版)1980 年第 3、4 期连载]认为,佃农人身依附关系的相对减轻是北宋租佃关系的发展在质的方面的标志,其具体表现是佃农退佃"自由"的争得、私家佃农负担国家赋役、超经济强制权力的削弱。陈乐素、王正平《宋代的客户与士大夫》(《求是集》第 2 集)主张客户应分为三类:地客隶属关系最强,近似农奴;佃客数量最多,通过契约关系租佃地主的田地；浮客隶属关系最弱，但很不稳定。漆侠《宋代以川峡路为中心的庄园农奴制》(《求实集》) 指出，广大东部地区，封建租佃制占支配地位；川峡路一带，庄园农奴制占主导地位。郭东旭《试论宋代乡村客户的法律地位》(《研究论丛》) 认为宋代客户取得了编户齐民的身份和获得财产的权利，其人身自由和人身安全得到了法律的确认和保护，同时又指出川峡地区的客户处于农奴地位，南宋客户的法律地位逐步逆转。朱瑞熙《宋代佃客法律地位再探索》(《论文集》第 3 集) 具体地论述了宋代佃客的法律地位所经历的逐步酝酿、明确规定和多次降低的复杂过程。探讨租佃关系和佃客地位的论文还有曾琼碧《宋代乡村客户的封建隶属关系》(《论文集》第 1 集)、邢铁《宋代的耕牛出租与客户地位》(《中国史研究》1985 年第 3 期)、穆朝庆《论宋代客户封建隶属关系研究中的若干问题》[《郑州大学学报》(哲学社会科学版) 1990 年第 1 期] 等。

宋代的地租形态，研究者们通常认为主要有分成地租与定额地租两种，其性质都属于实物地租。余也非《宋元私田地租制度》[《四川大学学报》(哲学社会科学版) 1981 年第 2 期] 认为，宋代"地租形态由佃农制逐渐代替佃奴制"，"南方以定租制为主，北方由分成租向定租制过渡"。宋代某些地区和某些场合出现了折钱租和钱租，朱瑞熙《宋代社会研究》指出："折钱租是由实物地租向货币地租过渡的一种地租形式。它跟钱租一样都还属于封建地租的范畴。"漆侠《宋代货币地租及其发展》(《求实集》) 认为："宋代在全国范围内逐步开展了产品地租到货币地租的转化，特别是在以太湖流域为中心的两浙路地区这种转化更显突出。"包伟民《论宋代折钱租与钱租的性质》(《历史研究》1988 年第 1 期) 则认为，两宋并不存在足以产生货币地租的历史条件。

2. 赋役制度和禁榷政策

贾大泉《宋代赋税结构初探》(《社会科学研究》1981 年第 3 期) 认为，唐代以前赋税收入主要来自农业，宋代赋税收入中农业税收退居次要地位，原来在赋税中无足轻重的商税、专卖税等非农业税跃居主要地位。张邦

炜《北宋赋重役轻浅论》[《四川师范学院学报》（社会科学版）1980 年第
2 期] 从农民一般不再承担兵役、厢军分担部分夫役、夫役由差到雇等三个
方面论述了北宋徭役比前代相对减轻，同时又指出北宋赋税比前代成倍增
加。葛金芳《两宋摊丁入亩趋势论析》（《中国经济史研究》1988 年第 3
期）、高树林《关于宋辽金的封建赋役问题》（《研究论丛》）等文也对这个
问题做了探讨。

两税仍然是宋代的基本土地税，王曾瑜《宋朝的两税》（《文史》第 14
辑）对此进行了专门探讨。朱家源与王曾瑜《宋朝的和籴粮草》（《文史》
第 24 辑）、赵葆寓《宋朝的和买演变为赋税的历史过程》（《社会科学战线》
1982 年第 2 期）、戴静华《宋代商税制度简述》（《论文集》第 1 集）、杨倩
描《北宋商税"旧额"考》（《中国史研究》1985 年第 2 期）、郭正忠《铁
钱与北宋商税统计》（《学术研究》1985 年第 2 期）、魏天安《宋代的科配
和时估》（《研究集》）、高树林《试论宋朝身丁钱》（《研究论丛》）、席海
鹰《试论南宋经总制钱的征收及社会影响》（《浙江学刊》1989 年第 4 期）
等文，则探讨了两税以外各种名目繁多的赋税。王曾瑜《宋朝乡村赋役摊
派方式的多样化》（《晋阳学刊》1987 年第 1 期）指出，宋代乡村赋役摊派
方式基本上有四种，即按田地多寡肥瘠、按人丁、按乡村主户的户等、按家
业钱和税钱。周宝珠《关于宋代诡名挟户问题》（《研究集》）、王曾瑜《宋
朝的诡名挟户》（《社会科学研究》1986 年第 4、5 期）研究了宋代赋役分
担不均的问题。李裕民《北宋前期方田均税考》（《晋阳学刊》1989 年第 6
期）在指出赋税不均的主要表现和恶果之后，详尽地考证了景祐、庆历、
皇祐、嘉祐年间四次方田均税实行的时间、领导人、内容和利弊。

对于差役的性质，研究者们看法不同。王曾瑜《宋朝的差役和形势户》
（《历史学》1979 年第 1 期）认为，差役即职役，对地主阶级来说是一种特
权，对乡村下户来说是一种负担。漆侠《关于差役法的几个问题》（《论
集》）指出，"宋代差役法是魏晋隋唐国家劳役的延续"，"是由封建国家硬
性规定的一种无偿劳役"。王棣《试论北宋差役的性质》[《华南师范大学学
报》（社会科学版）1985 年第 3 期] 主张，差役可分为州县役与乡役两种，

前者是负担，后者是特权。研究者们都认为夫役是农民的徭役负担，研究夫役的论文有梁太济《两宋的夫役征发》（《集刊》第 1 集）、包伟民《宋代民匠差雇制度述略》（《集刊》第 1 集）等。

宋朝政府统计户口主要是为了差派赋役，研究宋代人口的论文大多着重探讨宋代户多口少的原因。穆朝庆《两宋户籍制度问题》（《历史研究》1982 年第 1 期）主张，宋代户籍以只计男口，不计女口为原则。李德清《宋代女口考辨》（《历史研究》1983 年第 5 期）指出，所谓"女口不预"是指女口不计入丁数，宋代户口登记的原则是"生齿毕登"，包括女口在内。何忠礼《宋代户部人口统计问题的再探讨》（《论集》）认为，"宋代人口统计对象很不一致，它既随着中央或地方行政机构的不同而不同，亦随着版籍性质、统计目的的不同而不同"，"但作为中央机关的户部来说，则仅统计男口中成丁的部分"。王育民《〈宋代户口〉质疑》［《上海师范大学学报》（哲学社会科学版）1985 年第 1 期］指出，户多口少的主要原因在于宋代主户为降低户等而析户。

3. 财政状况与禁榷政策

宋代的财政状况究竟如何？研究者们有不同认识。汪圣铎《宋代财政与商品经济发展》（《论文集》第 2 集）认为，宋朝"绝大部分时间都在为摆脱财政危机而拼命挣扎"，造成财政危机的根本原因在于"财政支出的增加较财政收入的增加更为迅速"。程民生《论北宋财政的特点与积贫的假象》（《中国史研究》1985 年第 3 期）指出，"整个北宋一代只是短期的贫困，大部分时间并不贫穷"，"这种短期的贫困，也是一种假象"。研究中央财政的论文有李伟国的《论北宋内库的地位和作用》（《论丛》）、《论北宋的提举诸司库务司》（《中国史研究》1986 年第 3 期）等。论述地方财政的论文有汪圣铎的《宋代地方财政研究》（《文史》第 27 辑）等。

宋代盐茶酒等国家专利在财政收入中的比重增大，引起了研究者们的重视。研究盐的生产和禁榷的论文有张秀平《宋代榷盐制度述论》［《西北大学学报》（哲学社会科学）1983 年第 1 期］、郭正忠《宋代东南诸路盐产考析》（《中华文史论丛》1983 年第 2 期）、《宋代解池盐产考析》（《论文集》第 2 集）等。探讨茶的生产和禁榷的论文有贾大泉《宋代四川地区的茶业和茶政》（《历史研究》1980 年第 4 期）、周荔《宋代的茶叶生产》（《历史研究》1985 年第 6 期）等。论述酒的生产和禁榷的论文有包伟民《宋朝的酒法与国家财政》（《集刊》第 2 集）、杨师群《两宋榷酒结构模式之演变》（《中国史研究》1989 年第 3 期）等。

4. 商品经济和海外贸易

宋代商品经济发展，究竟是真相还是假象？汪圣铎认为是假象。他在《宋代财政与商品经济发展》（《论文集》第 2 集）中说："表面看，宋代似乎是商品经济发展的黄金时代"，其实"许多繁荣的外观实际上并不能说明商品经济的正常发展水平，而恰恰是畸形性的表现"。不少研究者则认为是真相。杨德泉《唐宋行会制度之研究》（《论文集》第 1 集）指出宋代的商品经济呈现出前所未有的繁荣景象，并把这视为行会大量出现的历史前提，进而剖析了行会的组织活动、性质、特点和历史作用。朱瑞熙《宋代商人的社会地位及其历史作用》（《历史研究》1986 年第 2 期）论述了在商业活动极为普遍的历史环境下，宋代商人的社会地位有所提高。叶坦《商品经济观念的历史转化——立足于宋代的考察》（《历史研究》1989 年第 4 期）将宋代商品经济观念的发展转化划分为北宋中期以前、北宋中期以后和南宋以后三个阶段，并强调："南宋以后，随着江南商品经济进一步发展和商品经济观念转化的深入，产生了叶适和陈耆卿根本否定重本抑末传统观念，改变千余年农本工商末基本概念的新观点，开创了此后商品经济观念发展的新时期。"王菱菱《论宋代的矿冶户》（《研究论丛》）具体地分析了各类矿冶户，指出他们与社会商品经济之间的关系相较前代更为密切。许惠民《两宋的农村专业户》（《历史研究》1987 年第 1 期）认为，农村专业生产户在两宋已发展为一支独立的经济力量，宋代高度发展的商品交换离不开他们的生产活动。裴汝诚、许沛藻《宋代买扑制度略论》（《中华文史论丛》1984 年第 1 期）考察了买扑制度发展的历史，并对各个行业买扑的具体情况做了论述，认为这是宋代商品经济高度发展的标志之一。

宋代是否出现资本主义萌芽，有已萌芽、准萌芽、未萌芽三种不同的说法。已萌芽说以柯昌基为代表，他早在 20 世纪 50 年代就主张，在农业中的制糖、园圃、种植等部门和手工业中的造船、丝织、制盐等行业中出现了资本主义性质的雇佣劳动。他在《再论宋代的雇佣劳动》[《南充师院学报》(哲学社会科学版) 1983 年第 3 期] 中，对自己从前的意见又做了发挥。郭正忠《宋代四川盐业生产中的资本主义萌芽》(《社会科学研究》1981 年第 6 期)、《宋代井盐业资本主义萌芽的历史命运》(《社会科学研究》1985 年第 3 期)、《宋代纺织业中的"包买商"》(《光明日报》1984 年 7 月 18 日)，看法与柯昌基相似。李春棠《从宋代酒店茶坊看商品经济的发展》[《湖南师范学院学报》(哲学社会科学版) 1984 年第 3 期] 认为，宋代已出现资本主义的雇佣关系和具有资本主义性质的手工工场。准萌芽说以漆侠为代表，他在《关于宋代雇工问题》 [《河北大学学报》(哲学社会科学版) 1987 年第 3 期] 中认为，宋代的雇工的确是一个普遍存在的阶层，他们与雇主之间也的确是一种货币关系，这种货币关系不是雇佣关系即资本主义萌芽，但宋代东南地区雇工的发展已经为新的资本主义经济因素的孕育创造了重要条件。持未萌芽说的研究者为数较多。周祚绍《略谈宋代盐户的身分问题》(《山东大学文科论文集》1980 年第 2 期) 反驳了宋代井盐业已出现资本主义萌芽的说法。张泽咸、王曾瑜《试论秦汉至两宋的乡村雇佣劳动》(《中国史研究》1984 年第 3 期) 指出，"在唐宋之际，尽管乡村雇佣劳动的记载已经不少，但显然根本谈不上取代租佃制的问题，而雇佣制本身也带有若干封建性"。

宋代城市规模空前，经济发达。姜庆湘、萧国亮《从〈清明上河图〉和〈东京梦华录〉看北宋汴京的城市经济》(《中国史研究》1981 年第 4 期) 论述了北宋开封的水陆交通、人口密度、居民结构、生产和消费、市场交易、商品经济等方面的情况。赵继颜《北宋都市生活的生动写照》(《文史知识》1983 年第 8 期) 介绍了北宋开封的商品物资供应和居民生活状况。研究城市问题的论著还有周宝珠《宋代东京开封府》[《河南师范大学学报》（哲学社会科学版）1984 年增刊]、吴涛《北宋都城东京》（河南人民出版社 1984 年出版）、林正秋《南宋古都临安》（中州书画社 1984 年出版）、陈振《11 世纪前后的开封》（《中州学刊》1983 年第 1 期）、谢元鲁《宋代成都经济特色试探》（《中国社会经济史研究》1983 年第 3 期）等。戴静华《关于宋代镇市的几个问题》（《论文集》第 2 集）考察了镇市在商业发展与农村经济活跃的基础上兴起及其繁荣的情况和在财政上的地位。研究镇市问题的论著还有李春棠《宋代小市场的勃兴及其主要历史价值》[《湖南师范学院学报》（哲学社会科学版）1983 年第 1 期]、陈振《关于宋代"镇"的几个问题》（《中州学刊》1983 年第 3 期）、傅宗文《宋代草市镇研究》（福建人民出版社 1989 年出版）等。

就商品交换的流通手段来说，唐代处于钱帛兼行阶段，宋代进入钱楮并用时期。李埏《从钱帛兼行到钱楮并用》（《论文集》第 1 集）对此做了探讨。王曾瑜《世界上最早的纸币》（《文史知识》1983 年第 1 期）认为，宋朝在世界上最早出现纸币，是因为居于先进地位的宋朝具备技术条件和经济条件。田黎瑛、伍继法《两宋时期的纸币回笼》[《华东师范大学学报》（哲学社会科学版）1986 年第 5 期]认为，交子、会子回笼的手段有三种，即金属货币回收，实物、官爵和有价证券回收，赋税交纳回收。研究流通手段问题的论文还有汪圣铎《宋代的官营便钱》（《中国社会经济史研究》1982 年第 1 期）、《南宋各界会子的起讫、数额和会价》（《文史》第 25 辑）、李埏《北宋楮币史述论》（《思想战线》1983 年第 2、3 期）、王曾瑜《关于北宋交子的几个问题》（《论集》）、赵葆寓《宋代的四川钱引》（《论丛》）等。

汪圣铎《北南宋物价比较研究》（《论文集》第 3 集）从两浙米价、湖广米价、银绢价、其他物价以及作为计价尺度的铜钱本身等五个方面加以比较后，得出了北南宋之间物价大幅度变化的结论，认为其原因在于南宋社会生产力遭到严重破坏和长期实行铜禁和钱禁。何忠礼《关于北宋前期的粮价》（《中国史研究》1985 年第 2 期）认为两宋的粮价，南宋高于北宋，北宋后期又高于前期。汪圣铎《南宋粮价细表》（《中国社会经济史研究》1985 年第 3 期）指出，宋代的粮价明显地存在着时间差、季节差和地区差。

193

乔幼梅《宋元时期高利贷资本的发展》(《中国社会科学》1988 年第 3期)指出,宋代高利贷活动十分猖獗,已经形成了以库户、钱民为中心的高利贷网络,高利贷的利率大体上经历了高(北宋初以来)——低(王安石变法期间)——回升(南宋中叶)这样一个发展过程,并分析了变化的原因。刘秋根《试论两宋高利贷资本利息问题》(《研究论丛》)认为,宋代的高利贷利率的特点是利率上下相差悬殊、质库利率低于钱谷借贷、实际利率不同于法定利率、不同数量的借贷有不同的利率、地区不同利率不同,南宋利率低于北宋。

陈高华、吴泰《宋元时期的海外贸易》(天津人民出版社 1981 年出版)对两宋海外贸易的管理机构和法令、繁荣盛况及其原因和影响做了较全面的论述。这方面的论著还有徐规与周梦江《宋代两浙的海外贸易》[《杭州大学学报》(哲学社会科学版)1979 年第 2 期]、关履权《宋代广州的海外贸易》(广东人民出版社 1987 年出版)等。

三 政治史

中国大陆虽然迄今尚无一部宋代政治史或政治制度史公开出版,但研究者们不再满足于笼统地谈论宋代中央集权的加强,成果是多方面的。

1. 阶级结构与基本国策

王曾瑜《宋朝阶级结构概述》(《社会科学战线》1979 年第 4 期)认为两宋确实存在着一条阶级对立的鸿沟,"一边大致是由乡村客户、下户和坊郭下户组成的被统治阶级,另一边大致是由官户、乡村上户和坊郭上户组成的统治阶级",并分别探讨了乡村上户、乡村客户和下户、官户和形势户、坊郭户的划分标准和社会地位等问题。专门论述某个阶层或等级的论文有尹敬坊《关于宋代的形势户问题》[《北京师范大学学报》(社会科学版)1980 年第 6 期]、王曾瑜《宋代官户》(《论文集》第 1 集)、朱家源《谈谈宋代乡村的中户》（《论文集》第 1 集）、曾琼碧《宋代的乡村下户》（《论集》）、王云海与张德宗《宋代坊郭户等的划分》（《史学月刊》1985 年第 6 期）等。陈智超《〈袁氏世范〉所见南宋民庶地主》（《论丛》）、《南宋二十户豪横的分析》（《论文集》第 3 集）研究了在地主阶级中占绝大多数的民庶地主，探讨了如何划分田主、豪民、豪横的问题。杨国宜《宋代农民的政治地位和经济生活》［《安徽师范大学学报》（哲学社会科学版）1988 年第 2 期］，对宋代自耕农、半自耕农、佃农、雇农、农奴的状况做了具体的论述。

宋代封建地主阶级统治的特征是什么？陈乐素、王正平《宋代的客户与士大夫》（《求是集》第 2 集）的回答是士大夫掌权，并论述了宋代出现皇帝与士大夫共治天下局面的特定的社会历史根源。朱瑞熙《宋代社会研究》指出，"非身份性的官僚地主已经成为宋代地主阶级的主体"。张邦炜《论北宋"取士不问家世"》［《四川师范学院学报》（社会科学版）1982 年第 2 期］认为，北宋地主阶级内部士庶界限打破、等级差别缩小，形成了典型的官僚政治。

邓广铭将防弊之政视为宋代政治制度的主要特色。他在《宋朝的家法和北宋的政治改革运动》（《两宋政治经济问题》）中指出，宋太祖、太宗创法立制的总原则是"以防弊之政，为立国之法"，并制定了一些束缚文武臣僚的条条框框即家法，其基本精神是"不任官而任吏，不任人而任法"。张邦炜《论宋代"无内乱"》［《四川师范大学学报》（社会科学版）1988 年第 1 期］认为，宋代皇位转移总的来说比较平稳，其主要原因在于有一整套限制皇亲国戚的制度，并在《宋代对宗室的防范》［《北京师范学院学报》（社会科学版）1988 年第 1 期］、《宋朝的"待外戚之法"》（《论文集》第 4 集）、《宋代的公主》（《天府新论》1990 年第 1 期）中对这套制度加以论述。

宋代宰相的职权是受到削弱还是得到加强，研究者中有削弱论与加强论之分。削弱论以邓广铭为代表，他在《宋朝的家法和北宋的政治改革运动》（《中华文史论丛》1986 年第 3 辑）中指出，宋代"宰相的职权被缩小"，"对国家大事所能起的作用是极为有限的"。金圆《宋代监察制度特点》（《论文集》第 2 集）认为，宋代加强了对宰执大臣的遏制。杨果《翰林学士与宋代政治初探》(《论文集》第 4 集)指出:"在宋代强化集权的过程中,翰林学士是理论上的谋划者和实践中分割相权的工具。"加强论以王瑞来为代表,他在《论宋代相权》(《历史研究》1985 年第 2 期)、《论宋代皇权》(《历史研究》1989 年第 1 期)中认为,宰相的活动是宋代社会政治史的主体。张其凡《宋初中书事权初探》[《华南师范大学学报》(社会科学版)1986 年第 2 期]、《三司·台谏·中书事权》(《暨南学报》1987 年第 3 期)也认为,北宋中书"事权所及,非常广泛,军、民、刑、财等方面,均于过问,可谓事无不统"。

强干弱枝、重文轻武、守内虚外,向来被视为宋朝的基本国策。郑世刚《北宋的转运使》(《论文集》第 2 集)指出,转运使制度对加强中央集权和国家统一有积极作用。许怀林《宋转运使制度略论》(《论文集》第 2 集)论述了北宋转运使分治诸路制度的确立及其发展过程,转运使的资格、职权、作用等问题。顾全芳《重评北宋重文轻武的历史作用》(《学术月刊》1984 年第 4 期)认为,把北宋的"积贫积弱"归咎于重文轻武是不公允的,北宋削夺武将之权改由文臣管理,保持了内部的统一和稳定,促进了文化教育、科学技术及社会生产的发展。严文儒《太宗所称"内患"析》[《华东师范大学学报》(哲学社会科学版)1985 年第 1 期]认为,宋太宗所说的"内患"主要并不是指农民起义,而是指危害他继位、传嫡的大臣。

2. 职官制度和军事制度

朱瑞熙《宋朝官制》(《文史知识》1986 年第 1~4、7~8 期连载)对复杂多变的宋代职官制度,深入浅出地做了较全面的介绍。《宋史·职官志》错谬之处颇多,对此进行补正的论文有龚延明《宋史职官志校正略论》(《中华文史论丛》1984 年第 2 期)、《宋史职官志补正选——御史台》(《集刊》第 1 集)、《宋史职官志补正示例》(《论文集》第 4 集)等。

俞宗宪《宋代职官品阶制度研究》(《文史》第 21 辑)较详细地论述了元丰改制以前及元丰改制至宋末前后两个时期品阶制度的不同特点、内容及利弊,他认为北宋前期"官品变得无关紧要"。李宝柱《宋史职官志

196

官品制度补正》(《中国史研究》1988年第3期)不赞成这个说法,并对人们认为不可详考的北宋前期官品做了补正。龚延明《论宋代官品制度及其意义》[《西南师范大学学报》(人文社会科学版)1990年第1期]指出,官品的意义在于它是划分官户与编户的界线,是划分流内官与流外官、贵官与卑官的标准,是协调职务与禄秩分开的调节器,是加强官本位的手段。邓小南《北宋的循资原则及其普遍作用》[《北京大学学报》(哲学社会科学版)1986年第2期]、《北宋文官考课制度考述》(《社会科学战线》1986年第3期)、《北宋文官磨勘制度初探》(《历史研究》1986年第6期)论述了宋代官员的晋升问题。她在《宋代文官差遣除授制度研究》(《中国史研究》1989年第4期)中指出,宋代官僚选任制度比前代更开放,形成了更精密的运作程序,吸收了大量可用之材。李昌宪《宋代文官帖职制度》(《文史》第30辑)论述了帖职制度形成的社会历史条件、发展阶段、与差遣的关系及其作用。宋代职官制度研究成果较多,有陈振《宋史研究中官制引起的几个问题》(《论集》)、丁凌华《宋代寄禄官制度初探》(《中国史研究》1986年第6期)、倪士毅《北宋馆阁制度述略》(《论文集》第2集)、刘坤太《宋朝添差官制度初探》[《河南大学学报》(哲学社会科学版)1984年第4期]、顾吉辰《宋代蕃官制度考述》(《中国史研究》1987年第4期)、高美玲《宋代的胥吏》(《中国史研究》1988年第4期)等。

军事制度方面的重要研究成果,当推王曾瑜《宋朝兵制初探》(中华书局1983年出版)。该书以大量翔实的史料为基础,按照现代军制学的规范,重新全面系统地论述了宋朝的军事制度。张德宗《北宋的禁兵制度》(《论集》)介绍了北宋禁兵的编制、出戍外地的形式、数量以及熙丰变法期间的变动。顾吉辰《宋代蕃兵制度考述》[《中央民族学院学报》(哲学社会科学版)1988年第2期]探讨了蕃兵的设置、编制和管理等问题。姜锡东《宋代就粮军简析》(《文史哲》1985年第2期)指出,就粮军逐渐从禁军演变为地方军。探讨冗兵问题的论文较多,有葛金芳《宋代冗兵成因新说》[《湖北大学学报》(哲学社会科学版)1987年第6期]、王育济《北宋"冗兵"析》(《文史哲》1989 年第 2 期)、游彪《论宋代军队的剩员》(《中国史研究》1989 年第 2 期)等。

3. 科举改革与法律制度

北宋的科举改革在中国封建选士制度史上占有重要地位。徐规、何忠礼《北宋的科举改革与弥封制》[《杭州大学学报》(哲学社会科学版) 1981 年第 1 期]指出,弥封制的推行是北宋科举改革的重要内容之一,而誊录则是对弥封的一个重要补充。何忠礼《试论北宋科举制的特点及其历史作用》(《论文集》2 集)分析了北宋科举制不同于唐朝之处,认为它有利于选拔人才、加强集权、改善政治、安定社会。他在《两宋登科人数考索》(《集刊》2 集)中纠正了有关记载的某些阙误。张希清《试论宋代科举取士之多与冗官问题》[《北京大学学报》(哲学社会科学版) 1987 年第 3 期]指出,宋代官员冗滥的主要原因不是特奏名,而在于入仕之途太多。他在《论宋代科举中的特奏名》(《论文集》4 集)探讨了特奏名制度的内容、创立原因及其利弊。杨康荪《宋代武举述略》(《中国史研究》1985 年第 3 期)论述了武举、武学从兴起到制度化的过程。针对宋代官员的荐举、辟举制度,曾小华在《宋代荐举制度初探》(《中国史研究》1989 年第 2 期)、《宋朝的辟举法》(《集刊》2 集)中做了考察。

戴建国《宋代刑事审判制度研究》(《文史》31 辑)指出,刑事审判制度在宋代已经相当完备。杨廷福、钱元凯《宋朝民事诉讼制度述略》(《论集》)从内容、程序、裁决三个方面勾画出宋代民事诉讼制度的轮廓。郭东旭在《宋代财产继承法初探》[《河北大学学报》(哲学社会科学版) 1986 年第 3 期]中认为,宋代财产继承法从原则到内容都相当完备;在《南宋的越诉之法》[《河北大学学报》(哲学社会科学版) 1988 年第 3 期]中主张,北宋末年已开越诉之禁;在《宋代刺配法论述》(《论文集》4 集)中指出,刺配是宋朝刑法的一个新刑种,它的广泛应用和严酷性反映了统治者的刑罚威胁主义。袁俐《宋代女性财产权述论》(《集刊》2 集)探讨了女子对父家财产的继承、寡妇的财产权益等问题。

4.历史人物和历史事件

近 10 年来，论述农民领袖和农民起义的文章越来越少，探讨其他历史人物和历史事件的论文逐渐增多，但研究对象仍然比较集中，在某些问题上意见很不一致。

关于宋太祖，研究者们着重探讨了应当如何评价他所推行的"先南后北"战略和中央集权制度。汪槐龄《柴荣与宋初政治》（《学术月刊》1980年第7期）认为，宋太祖改变了周世宗"先南后北"的战略，推迟了中国大统一局面的形成。徐规、方如金《评宋太祖"先南后北"的统一战略》（《论文集》第2集）则指出，宋太祖继承和改善了周世宗"先南后北"的战略，符合宋初的历史实际，终于取得成效，必须予以肯定。王超《评宋初中央集权制度》（《光明日报》1980年10月21日）认为，宋初的集权措施造成了此后积贫积弱的局面。赵胜《拨乱反正，长治久安——试评宋太祖》[《河北师范大学学报》（哲学社会科学版）1979年第4期]则指出，宋初的集权措施成功地防止了割据局面重演。

评论宋太宗的论文有汪槐龄《论宋太宗》（《学术月刊》1986年第6期）、张其凡《宋太宗论》（《历史研究》1987年第2期）、王瑞来《略论宋太宗》（《社会科学战线》1987年第4期）。他们都认为宋太宗功过参半，功在基本实现统一、改革职官制度、重视文化事业、发展社会经济，过在军事上处置不当，对辽作战败北丧师。不同之处在于，张其凡认为太宗时期积贫积弱的局面开始形成，王瑞来则认为当时处于积贫积弱到来之前的繁荣时期。

对于"烛影斧声"之谜，研究者们探讨较多。李裕民《揭开"斧声烛影"之谜》[《山西大学学报》（哲学社会科学版）1988年第4期]将有关史料几乎囊括无余，把前后发生的非常事件联系起来分析，得出了"这是一件谋杀案，元凶就是宋太宗"的结论，并指出太宗篡位成功的原因是他蓄谋已久，在宫中收买、安插内应，又选择了最好的时机，而太祖毫无察觉。顾吉辰《"烛影斧声"辨析》（《黄淮学刊》1989年第1期）也认为，太祖是被太宗杀害的。刘洪涛《从赵宋宗室的家族病释"烛影斧声"之谜》[《南开学报》（哲学社会科学版）1989年第6期]则认为，太祖并非遇害，而是病死，他从前就有躁狂症状，后来又有脑出血症状，其家族也有这类遗传病史。

顾全芳《"庆历新政"的深度和广度》（《光明日报》1988年2月13日）认为，新政着重解决的不是机构调整，而是政治体制。陈植锷《从党争这一侧面看范仲淹改革的失败》[《北京大学学报》（哲学社会科学版）1986年第4期]认为，新政失败的主要原因是范仲淹等人划分革新派和保守派、君子党和小人党。李涵《论范仲淹在御夏战争中的贡献》（《论文集》第2集）认为，范仲淹对策正确，因而宋朝后来防御西夏的力量逐渐加强。

王安石变法长期受到高度评价，近10年来出现了充分肯定、基本否定、局部肯定三种不同看法。漆侠充分肯定变法，他在《再论王安石变法》[《河北大学学报》（哲学社会科学版）1986年第3期]中，重申了自己从前的意见，认为变法调整了生产关系，推动了生产发展，也解决了财政困难。王曾瑜、顾全芳等人则对变法持否定态度。王曾瑜在《王安石变法简论》（《中国社会科学》1980年第3期）中认为，王安石富国有术，强兵无力；熙丰时代民不聊生、民怨沸腾、民变迭起；变法是一次增税浪头、一块加深人民苦难的里程碑。顾全芳《评王安石变法》（《晋阳学刊》1985年第1期）认为，王安石是个空想式的改革家，他以增加税收的办法来解决财政困难，违背历史潮流和民心。而胡昭曦则主张对变法既不能全盘否定，也不能过分肯定，他在《熙丰变法经济措施之再评价》[《西南师范大学学报》（人文社会科学版）1984年第4期]中认为，变法对经济发展有一定积极作用，但同时又给人民增加了新负担。

王曾瑜认为，王安石好大喜功，司马光鼠目寸光，都不值得肯定。顾全芳则否定王安石，肯定司马光。他在《司马光的政治思想》[《河南大学学报》（哲学社会科学版）1984年第4期]、《评王安石变法期间的反对派》（《学术月刊》1986年第6期）等文中认为，司马光并不守旧，他不反对变法，只反对王安石这样的变法。季平《司马光新论》（西南师范大学出版社

1987 年出版）称赞司马光是封建王朝的忠臣贤相、封建社会的正人君子、卓越的政治家。王家范《评近几年来王安石变法研究的得失》（《光明日报》1986 年 6 月 4 日）认为，不同意见有利于研究的深入，但抑王扬马，论据不足，很不公平。在罗家祥看来，司马光为首的旧党实质上代表集腐朽、惰性于一身的贵族大地主利益的政治集团。他在《元祐之政剖析》［《华中师范大学学报》（哲学社会科学版）1986 年第 5 期］、《元祐新旧党争与北宋后期政治》（《中国史研究》1989 年第 1 期）等文中阐述了这一观点。漆侠与郭东旭《关于王安石变法研究中的几个问题》（《中国史研究》1989 年第 4 期）答复了顾全芳、季平对他的观点所提出的质疑。而顾全芳《青苗法研究》、季平《把司马光划为保守派的根据何在？》［两文均载《西南师范大学学报》（人文社会科学版）1990 年第 3、4 期］则是对漆侠上文的回答。预计这场争议将延续下去。

新党骨干吕惠卿、章惇、曾布被《宋史》列入《奸臣传》，近年来出现了不少为他们翻案的文章。周宝珠《略论吕惠卿》（《论文集》第 1 集）、郑达忻与翁国珍《章惇与王安石变法》［《福建师范大学学报》（哲学社会科学版）1984 年第 1 期］、李涵《从曾布根究市易违法案的纷争看新党内部的矛盾与问题》（《论文集》第 3 集）、俞兆鹏《论所谓曾布"反对市易法"的问题》（《中国史研究》1985 年第 4 期）等文，肯定了吕惠卿等人对变法的贡献。

在南宋的历史人物中，研究者们探讨较多的是宋高宗、秦桧和岳飞。刘伟文《试论宋高宗的军政建制及其影响》（《集刊》第 1 集）、虞云国《论宋代第二次削兵权》［《上海师范大学学报》（哲学社会科学版）1986 年第 3 期］认为，宋高宗削兵权既对宋金战争中的南宋方面带来消极影响，又有安定南宋社会的积极作用。揭露秦桧劣迹秽形的论著有王曾瑜《秦桧事迹述评》（《江西社会科学》1981 年第 4 期）、曾琼碧《千古罪人秦桧》（河南人民出版社 1984 年出版）。在岳飞研究方面，具有代表性的研究成果是邓广铭《岳飞传》（人民出版社 1983 年出版）、王曾瑜《岳飞新传》（上海人民出版社 1983 年出版）。

四 民族关系史

辽宋夏金时期被称为中国历史上的“第二个南北朝”，民族关系错综复杂。吴泰《试论宋辽金对峙时期民族关系的几个问题》（《北方论丛》1982年第 3 期）认为，战争不是当时民族关系的主流，宋辽及宋金的对峙带有民族矛盾性质，但不能用“民族斗争”来概括它们之间的关系，它们之间的战争，是割据政权之间的兼并战争。

1. 宋辽关系

这方面的论文有王煦华与金永高《宋辽和战关系中的几个问题》（《文史》第 9 辑）、张其凡《从高梁河之败到雍熙北征》[《华南师范大学学报》（社会科学版）1983 年第 3 期] 等。抗辽名将杨业和宋辽澶渊之盟是两个有争议的问题。

杨业的籍贯和生年分别有三种和四种不同的说法，李裕民《杨业考》（《论文集》第 3 集）认为杨业祖籍麟州新秦（今陕西神木市）、籍贯并州太原，生于 935 年的可能性最大。杨业是否向辽乞降？降大任《关于杨业晚节的一个疑点》[《山西师院学报》（哲学社会科学版）1979 年第 3 期] 认为，“杨业被俘乞饶是可能的”。邓广铭与张希清《评杨业兼论潘杨关系》（《文汇报》1981 年 4 月 6 日）则指出，杨业不曾乞降，是壮烈牺牲的。杨业之死责任在谁？邓广铭、张希清认为，责任在潘美，他妒功忌能。顾全芳《替潘美翻案》（《晋阳学刊》1982 年第 2 期）认为，责任在监军王侁，是他害死了杨业。任崇岳《关于抗辽名将杨业的几个问题》（《社会科学辑刊》1983 年第 2 期）认为，责任在宋太宗，他指挥无方，致使北伐失败。

王煦华、金永高认为，澶渊之盟对北宋来说是个屈辱的城下之盟。金石《重评“澶渊之盟”》（《民族研究》1981 年第 2 期）指出，澶渊之盟“应该予以肯定”，它“结束了宋辽双方长期的战争，沟通了双方的政治、经济、文化交流，密切了各族人民的友好往来，使北方地区出现了一个比较安定的和平环境"。

2. 宋夏关系

吴天墀《西夏史稿》（增订本，四川人民出版社 1982 年出版）对宋夏关系做了较全面的论述。赵继颜《北宋仁宗时的宋夏陕西之战》（《齐鲁学刊》1980 年第 4 期）论述了宋夏延州、好水川、定川三次战役的过程，夏胜宋败的原因，对宋夏双方的影响以及最后议和的结局。李清凌《范仲淹与宋夏和议》（《历史教学与研究》1983 年第 1 期）认为，庆历年间的宋夏和议对双方人民、社会、历史的发展都利大于弊。

熙河一带和横山地区号称西夏的左右臂。陈守忠《王安石变法与熙河之役》［《甘肃师范大学学报》（社会科学版）1980 年第 3 期］探讨了发生在宋神宗时的熙河之役。李蔚《宋夏横山之争述论》（《西夏史研究》，宁夏人民出版社 1989 年出版）论述了双方在横山地区的争夺。马力《宋哲宗亲政时对西夏的开边和元符新疆界的确立》（《论文集》第 4 集）指出，到宋哲宗亲政时，北宋改变了战略上长期被动的局面，建立了宋夏新疆界。

对宋夏战争的性质，研究者之间有争议。李继迁反宋，吴天墀《西夏史稿》认为"具有民族起义的农牧民起义的性质"，汤开建《李继迁领导的反宋战争是一场反对民族压迫的正义战争吗？》（《论文集》第 3 集）则认为是"非正义的割据战争"。元昊反宋，张翼之《宋夏关系略论》（《民族研究》1983 年第 5 期）认为是正义的自卫战争，汤开建《关于元昊领导的反宋战争性质的探讨》［《青海民族学院学报》（社会科学版）1985 年第 2 期］则认为是"地地道道的侵略战争"。

3. 宋金关系

李蔚《试论宋金战争的几个问题》（《社会科学》1980 年第 3 期）论述了宋金战争的性质、特点和发展阶段，认为这是一场侵略与反侵略性质的战争。张博泉《宋金和战》（《史学集刊》1984 年第 2 期）则认为，这场战争始终具有两重性，绍兴和议以前主要是掠夺战争，此后主要是统一战争。乔幼梅《宋金贸易中争夺铜币的斗争》（《历史研究》1982 年第 4 期）论述了宋金贸易及双方争夺铜币所采取的措施，指出"1214 年以前南宋铜币大量地北流，而在 12 年以后金的铜钱又向南宋倒流"，并分析了这一现象的形成原因。靳华《宋金榷场贸易的特点》［《华中师范大学学报》（哲学社会科学版）1990 年第 4 期］论述了榷场建立的时间、地点以及宋金双方对榷场的管理。

如何评价宋金"海上之盟"？不少研究者指出，这在当时的历史条件下是可行的。任崇岳《略论宋金关系的几个问题》（《社会科学辑刊》1990 年第 4 期）认为，"宋朝收复燕云不是一项明智之举"。怎样看待绍兴九年金朝归还陕西、河南事件？吴泰《试论金国归还河南、陕西的目的》（《中国史研究》1985 年第 3 期）认为是为了把南宋军队引诱到河南、陕西，以便一举全歼。张星久《试论绍兴九年金人归还陕西、河南的原因》（《论文集》第 3 集）则认为是在双方实力对比发生重大变化的情况下，金朝不得不放弃。王曾瑜《和尚原和仙人关之战述评》［《西南师范学院学报》（人文社会科学版）1983 年第 2 期］通过这两次大战，介绍了吴玠的功绩，指出其军事成就在南宋初年仅次于岳飞。杨德泉《张浚事迹述评》（《论文集》第 2 集）认为，宋军富平、淮西、符离三次大败仗，"是张浚昧于军事、专横自恣的必然结果，危害之大，无法估计"。

关于开禧北伐，郦家驹《试论关于韩侂胄评价的若干问题》（《中国史研究》1981 年第 2 期）指出，韩侂胄"把个人功名寄托于危险的战争赌博，哪有不遭惨败之理"。李德清《评开禧北伐三说》［《华东师范大学学报》（哲学社会科学版）1987 年第 1 期］则反驳了韩侂胄"动机不纯""自不量力""军事惨败"三种说法，认为开禧北伐失败的罪魁祸首不是韩侂胄等人，而是史弥远一伙。

4. 宋蒙关系

这方面的论著有陈世松、匡裕彻、朱清泽、李鹏贵著《宋元战争史》

（四川省社会科学院出版社 1988 年出版），胡昭曦、邹重华主编《宋蒙（元）关系研究》（以下简称《研究》，四川大学出版社 1989 年出版）。陈高华《早期宋蒙关系和"端平入洛"之役》（《论丛》）认为，南宋联蒙灭金实为下策，端平入洛之役使宋蒙进入战争状态，双方均无正义非正义问题，只是两个政权争夺权益的斗争。段玉明《宋理宗时期的宋蒙关系剖析》（《研究》）分析了宋蒙战争由和到战的复杂过程。邹重华《南宋收复三京失败的原因》［《西南师范大学学报》（人文社会科学版）1989 年第 1 期］认为，主要原因在于国贫民穷、将帅乏才、军力衰弱、主将轻敌。陈智超《1258 年前后宋、蒙、陈三朝间的关系》（《论文集》第 1 集）指出，宋联陈抗蒙，蒙专力攻宋，而陈则利用宋蒙矛盾，实行两面政策。

胡昭曦《略论南宋末年四川军民抗击蒙古贵族的斗争》（《论文集》第 1 集）论述了四川军民依山筑城，恃险抗蒙的战术和业绩。他与唐唯目合编有《宋末四川战争史料选编》（四川人民出版社 1985 年出版）。陈世松《余玠传》（重庆出版社 1982 年出版）、《蒙古定蜀史稿》（四川省社会科学院出版社 1985 年出版）分析了蒙古从优先攻蜀到重点攻蜀到最后取蜀的战略变化，认为蒙古定蜀战争持久的原因在于攻宋战略拙下、内部矛盾加剧以及四川军民的英勇抵抗。

周宝珠《南宋抗蒙的襄樊保卫战》（《研究集》）论述了元朝灭南宋的这场关键性战役。屈超立《简析宋蒙鄂州之战与"鄂州和议"》（《研究》）指出贾似道夸大鄂州之胜，得以入主朝廷，是南宋灭亡的一个重要的原因，认为鄂州之和纯属虚构。王瑛《综析伯颜攻宋战争中南宋灭亡的原因》（《研究》）认为原因主要在于南宋政治上的腐朽、军事上的无能以及文天祥抗元斗争的失败。

五　社会文化史

这个领域长期以来最为薄弱，近年来有起色，但成绩仍局限于某些方面。

1. 文化史

邓广铭在为陈植锷的博士论文《北宋文化史述论稿》所作的序引《宋代文化的高度发展与宋王朝的文化政策》(《历史研究》1990 年第 1 期)中指出,"宋代文化的发展,在中国封建社会历史时期之内达于顶峰,不但超越了前代,也为其后的元明之所不能及",并认为"北宋的最高统治者们没有对文化实行专制主义",是当时文化发展的"最重要的原因之一"。徐吉军《论宋代文化高峰形成的原因》(《浙江学刊》1988 年第 4 期)把繁荣昌盛的封建经济、比较开明的文化政策、继承发展前代的文化、学术风气的空前浓厚、摄取外来文化的优秀成分作为促成宋代文化发展的因素。

邓广铭《略谈宋学》(《论文集》第 3 集)认为,"宋学是汉学的对立物","理学是从宋学中衍生出来的一个支派,不应该把理学等同于宋学"。陈植锷《从疑传到疑经》(《福建论坛》1987 年第 3 期)认为,以讲明义理为特点的宋学,始自北宋中期的疑古思潮。他在《北宋儒学与古文运动》(《集刊》第 2 集)中指出,古文学是宋学传播的主要工具,古文运动是儒学复兴的最亲密伙伴,但因价值取向等原因,二者最终走向对立。他在《宋学通论》(《中国社会科学》1988 年第 4 期)中,对宋学做了较详尽的论述。

较全面地论述宋代的理学和哲学思想的著作有侯外庐、邱汉生、张岂之主编的《宋明理学史》上、下册(人民出版社 1984 年、1987 年出版),张立文著《宋明理学研究》(中国人民大学出版社 1985 年出版),石训、姚瀛艇等著《北宋哲学史》(河南人民出版社 1987 年出版)等。应当如何评价理学?陈正夫、何植清《程朱理学与封建专制主义》(《学术月刊》1981 年第 5 期)认为,程朱理学系统完整地表现了封建主义思想意识,使地主阶级的政治专制和文化专制进一步加强,阻碍了文化科学和民主思想的发展。尹协理《重评理学》(《晋阳学刊》1985 年第 3 期)则认为,北宋的封建经济正处在成熟的发展时期,适应和维护这一制度的理学不是反动的强心剂,而是符合历史发展的进步意识形态。应当怎样看待理学的集大成者朱熹?潘富恩、施昌东《要重新评价朱熹》（《浙江学刊》1981 年第 2 期）等文主张，给予朱熹以公允的评价。较系统地研究朱熹思想的著作有张立文《朱熹思想研究》（中国社会科学出版社 1981 年出版）、杨天石《朱熹及其哲学》（中华书局 1982 年出版）、陈来《朱熹哲学研究》（中国大百科全书出版社 1988 年出版）等。

张邦炜、朱瑞熙《论宋代国子学向太学的演变》（《论文集》第 2 集）考察了演变的阶段和原因，指出这一演变促进了教育的发展、人才的成长和理学的形成，在教育史上具有变往开来、除旧布新的意义。袁征《宋朝中央和州郡学校教职员选任制度研究》（《广东社会科学》1989 年第 3 期）认为，"宋朝是中国古代教育史上的辉煌时期"，"出现了当时世界上最先进的教师考选制度"。郭宝林《北宋的州县学》（《历史研究》1988 年第 2 期）、《北宋州县学生》（《中国史研究》1988 年第 4 期）、《北宋州县学官》（《文史》第 32 辑）对北宋地方官学做了较详尽的研究。

宋代文化史的研究，史学方面成果较多。著作有裴汝诚、许沛藻《续资治通鉴长编考略》（中华书局 1985 年出版）、王云海《宋会要辑稿研究》[《河南师范大学学报》（哲学社会科学版）1984 年增刊]、《宋会要辑稿考校》（上海古籍出版社 1986 年出版）、顾吉辰《宋史比事质疑》（书目文献出版社 1987 年出版）。李裕民《四库提要订误》（书目文献出版社 1990 年出版）对《四库全书总目提要》著录之书的书名、卷数、版本、作者及其生平、内容评价等方面的错误进行了订正，并纠正了近人余嘉锡《四库提要辩证》的 10 多处疏误，其中大多涉及宋代文献。刘乃和、宋衍申主编的《资治通鉴丛论》（河南人民出版社 1985 年出版）收录有关论文 17 篇。陈光崇《司马光与欧阳修》（《史学集刊》1985 年第 1 期）比较了这两位史学家的一生行踪、政见异同和学术思想。徐规《〈梦溪笔谈〉中有关史事记载订误》（《论文集》第 1 集）纠正了该书史事方面的 14 条错误。他在《〈旧闻证误〉研究》（《论文集》第 3 集）中认为，李心传这一历史著作是考订两宋史实的第一流笔记、宋代历史考据学的代表作。陈智超《〈宋会要〉食货类的复原》（《文献》1987 年第 2、3 期）基本上恢复了宋时会要原食货类的目录。杨渭生《沈括对历史学的贡献》(《沈括研究》,浙江人民出版社1985 年出版)认为沈括是名副其实的杰出的历史学家,他在史学领域的成就体现了当时头等的学术水平。许沛藻《〈皇朝编年纲目备要〉考略》(《论文集》第 3 集)考述了作者陈均的生平、《备要》的原貌及其取材问题。彭久松《北宋〈神宗实录〉四修考》(《文史》第 24 辑)对《神宗实录》又修于元符年间的背景、经过、结局进行了考证。汪圣铎《〈宋史〉标点本举正》(《古籍整理与研究》1989 年第 4 期)对宋史点校本提出了若干意见。蔡崇榜《宋修起居注考述》(《论文集》第 4 集)认为,宋代修注官记录言的范围变窄,而记事的范围扩大。他在《南宋编年史家二李史学研究浅见》(《史学史研究》1986 年第 2 期)中,比较了李焘、李心传史学的异同。刘复生《李焘和〈续资治通鉴长编〉的编纂》(《史学史研究》1980年第 3 期)论述了李焘的治史精神和《长编》的史学成就。梁太济《〈两朝纲目备要〉史源浅探》(《文史》第 32 辑)考证了《备要》的史源同李心传的著述的关系,进而指出李心传"不愧为一代史学大师"。

2. 社会史

朱瑞熙《宋代的避讳习俗》[《上海师范大学学报》(哲学社会科学版)1988 年第 4 期]论述了宋代的官讳和私讳及其弊病;《宋代官民的称谓》[《上海师范大学学报》(哲学社会科学版)1990 年第 3 期]指出宋代的称谓可以分为尊称、卑称、通称、美称、恶称、谬称等 6 种,有些沿用历史旧称,同时又出现了许多新的称谓。他在这方面的论述还有《宋代的北食和南食》(《中国烹饪》1985 年第 11 期)、《宋代的节日》[《上海师范大学学报》(哲学社会科学版)1987 年第 3 期]、《宋代的服装风尚》(《文史知识》1989 年第 2 期)等。周宝珠《北宋东京的社会风俗与精神文明》[《河南大学学报》(哲学社会科学版)1985 年第 4 期]认为,当时的社会风俗与政治、经济、文化状况息息相关。许怀林《"江州义门"与陈氏家法》(《论文集》第 4 集)、《陆九渊家族及其家规述评》[《江西师范大学学报》(哲学社会科学版)1989 年第 2 期]通过对陈氏家法、陆氏家规的分析,对宋代封建族权的实态做了探讨。宋三平《试论宋代墓祭》（《江西社会科学》1989 年第 6 期）认为，宋代墓祭是维系封建家族制度的重要途径。研究生育风俗的论文有吴宝琪《宋代产育之俗研究》[《河南大学学报》（哲学社会科学版）1989 年第 1 期]、陈广胜《宋代生子不育风俗的盛行及其原因》（《中国史研究》1989 年第 1 期）、黄燕生《宋代的"生子不举"》（《中国历史博物馆馆刊》1989 年第 11 期）等。

张邦炜《婚姻与社会·宋代》（四川人民出版社 1989 年出版）论述了唐宋之际婚姻制度、习俗和观念的变化，试图从这个方面展示当时历史运动的轨迹和宋代社会的面貌。方建新《宋代婚姻论财》（《历史研究》1986 年第 3 期）论述了宋代婚姻中论财的习俗及其对社会的危害。他还著有《宋代婚姻礼俗考》（《文史》第 24 辑）。唐代剑《宋代妇女再嫁》[《南充师院学报》（哲学社会科学版）1986 年第 3 期]认为，宋代妇女不以再嫁为耻的原因在于婚姻开放、战乱和女真风俗的影响。吴旭霞《试论宋代的贞淫观》（《江汉论坛》1989 年第 5 期）指出，宋代妇女贞节观念并不浓厚，但贞淫观开始趋向保守。

总之，中国大陆的宋史研究近 10 年来进展迅速，成绩显著。研究成果数量之多、范围之广前所未有；研究水平从总体上说，超过从前。特别是经济史、典章制度研究以及文献的整理与研究成绩比较突出，有的研究方向取得突破性进展，有的学术论著属于开拓性成果。有待解决的问题也不少，这时姑且举出以下两个。

一个是如何进一步提高研究水平。不必讳言，高质量和较高质量的论著在为数众多的研究成果当中所占比例并不高，史实认定上和史料运用上的"硬伤"时有发现，论著之间相互重复的问题有之，作者本人自相重复的现象亦有之。这些缺陷之所以会产生，大概是由于急功近利即"短期行为"。

再一个是如何进一步拓宽研究领域。迄今只有一部《宋代经济史》，还没有一部诸如《宋代政治制度史》《宋代文化史》《宋代社会生活史》一类的专史公开出版，这本身就表明宋史研究发展不平衡。在 2000 多篇论文中，举例来说，历史地理方面仅 50 篇，宗教方面仅 18 篇，社会生活方面仅 51

篇，何况其中某些篇目，严格地说还不能叫论文。以研究成果较多的政治史而论，探讨外戚和宦官问题的论文各1篇。拿素来受到重视的历史人物评价来说，孝宗号称南宋英主，涉及他的论文只有1篇；真宗刘皇后垂帘听政长达11年，专门论述她的论文居然没有一篇。尤其是高屋建瓴、融会贯通、纵谈两宋并且很有分量的通论性论文，实在太少。研究状况如此，要有一部令人十分满意的两宋断代史谈何容易，加之治宋史者往往并不兼治辽夏金史，至今还没有一部严格意义上的辽宋夏金史。

对于某些断代史研究的未来，人们喜欢说："山重水复疑无路，柳暗花明又一村。"至于宋史研究的前程，则应该说：大功远未告成，同行亟须努力。展望中国大陆今后10年的宋史研究，希望与困难并存。希望在于近10年来成长起来的一批人才，又有比从前厚实一些的研究基础可以凭借。困难从外部条件来说，有出版困难等社会问题；从内部因素来说，有短期行为等学风问题。随着这些问题的逐步解决，宋史研究必定会更上一层楼。

（原载日本中国史学会编《中国史学》第1卷，1991）

嘉惠学林　流传久远

——《全宋文》评介

宋人别集素有资料宝库之称，可惜早已散佚了许多。就其现存者来说，数量仍然很大并且相当分散，利用起来诸多不便。清代中期以后，学界虽有《全上古三代秦汉三国六朝文》《全唐文》可供检索，但苦于无囊括一代、巨细兼收的宋文总集置于案头。1985年盛夏，四川大学古籍整理研究所着手编纂《全宋文》并被全国高校古籍整理研究委员会列为重点规划项目。研究者们普遍认为这是一件填补空白、嘉惠学界、流传久远的盛事。欣喜之余，也有两大忧虑：

一是何时才能成书？人们的担忧并非没有来由。清人严可均编纂《全上古三代秦汉三国六朝文》历时27年。清仁宗为编纂《全唐文》专门设立全唐文馆，人员多达100有余，其中包括阮元、徐松等知名学者，并且有旧藏《唐文》160册作为凭借，尚且花费了整整7个寒暑。尽人皆知，宋文数倍于唐文，仅传世的宋人别集便有五六百部之多。《全宋文》工程之浩大，可想而知。何况当前古籍出版周期，大有越来越长之势。难怪就连中年人当时也担心今生有无使用《全宋文》之福分。

二是能否确保质量？缪钺先生将编纂《全宋文》的困难，简要地概括为四点，即普查搜采难、校勘辨订难、分类编序难、制订条例难。难度这样大，《全宋文》的班底莫非是"没有金刚钻，揽了瓷器活"？人们如是发问，或许主要出于整理古籍理当依靠老专家，而川大古籍所总共不过十来号人，又大多是些无大部古籍编纂经验的中青年，尽管都学有专长，但此前从事两宋历史文化研究者寥寥无几。曾枣庄、刘琳两位教授出任主编，当时有同志风趣地把他们比喻为杂技演员走钢丝。我与曾、刘二君年纪相若且相识有年，更是为他们捏了一把汗。

令人惊喜的是，短短 3 年之后，《全宋文》第 1 册由巴蜀书社在 1988 年 6 月刊行于世。又仅仅过了 3 年，到 1991 年 5 月，《全宋文》北宋段的编纂工作完成，已出版 20 册，另有 70 册已编就，将陆续发排。至此，人们的种种忧虑大都烟消云散。《全宋文》的编纂和出版进度之快，在当今堪称奇迹。于是，连古稀老人也有了读完《全宋文》的希望和打算。至于其质量，照不少前辈学者看来，胜过《全唐文》。评价虽然很高，其实并不过分。下面仅从体例、小传、辑佚、考订四个方面，举例略加证实。

就体例来说，《全宋文》取《全唐文》之长，去《全唐文》所短，无疑优于《全唐文》。以下两点，便是最为明显的例证。

首先，采用以作者标目，以文从人的编纂方法，是《全唐文》的一大长处。《全宋文》对此加以沿袭，可谓处理得当。但《全唐文》将作者地位高下作为编排顺序，则是其编者封建等级观念的表现。《全宋文》对此予以摒弃，将作者年代先后作为编排顺序，实属理所当然。至于《全宋文》将宋太祖赵匡胤作为例外，置于卷首，仅仅是因为他意味着两宋这一历史时代的开始，与封建等级观念风马牛不相及。

其次，采辑群书不注出处，改动文字不做交代是《全唐文》的一大缺陷。不注出处则不便核查，不做交代则不知是编者以意改，还是另有所据。《全宋文》与之相反，重要改动均出校记，收录文章都注出处，并且以"又见"的形式注明其他主要出处。这不仅有利于对宋人别集做进一步加工整理，而且为两宋历史文化研究提供了不少线索。特别是"又见"部分，用处很大。

尤其难能可贵的是，《全宋文》的编者对待体例问题，态度非常严肃，遇到疑难之处，深入研究之后，再做妥善处理。

如何处理跨代作者是其难题之一。编者仔细分析了前人使用的三种方法，得出只有合理性而无可行性的正确结论。他们根据实际情况，决定上限从严、下限从宽。所谓上限从严，是指凡由五代十国入宋的作者，《全唐文》已收者，一般不再重收，其原因在于有一个与《全唐文》衔接的问题。所谓下限从宽，是指凡由五代十国入宋的作者，通常被视为宋人和在南宋有文者，一律予以收录，其原因在于不存在与《全元文》衔接的情形。编者这样处理，可谓集合理性与可行性于一体。现在《全元文》已上马，当然也有一个与《全元文》编者协商处理的问题。

现存宋人别集中的文章是否全部收录又是一道难题。"四部之书，集部最杂。"编者深入研究了宋人别集的复杂性，认为有的实际上是丛书，有的虽然不是丛书，但内中包罗各种专书，诸如经义、语录、诗话、笔记、族谱、年谱等。而《全宋文》并非宋人著述丛刊，只是宋代全文总集，"旨在将所有流传至今的宋代单篇散文、骈文和诗词以外的韵文汇为一集"。因此决定原则上只收诗文集中的文章及专书的序跋。但又考虑到传世宋人别集久已成形，因而剔除集内作品，必须慎之又慎。对于集外作品，则坚持标准，从严掌握。这种既有统一体例，又不搞一刀切的做法，显然可取。

怎样编排每个作者的作品才合理？《全宋文》的编者斟酌再三：编年虽好，但不可行，只能分体。无奈文体为数众多，少说也有100种。文体分得太细，不免支离破碎，眉目不清。为了做到纲举目张，有条不紊，他们采取以十六大类统属上百小类的办法。主编曾枣庄同志在《〈全宋文〉编纂纪事》一文中，详尽地开列了文体分类的细目①。从这一细目中，人们不难看出，编者确定体例的态度何等审慎。

就小传来说，《全宋文》吸取了《全唐文》错误较多的教训，切实采取措施，避免将非宋人误作宋人、一人误作几人、几人误作一人。与《全唐文》相比，《全宋文》的作者小传显然准确得多。如《全唐文》将徐铉的字号鼎臣误作丹臣，籍贯广陵误为会稽，而《全宋文》则予以订正，就是个明显的例证。

台湾学者王德毅教授等编《宋人传记资料索引》，无疑为《全宋文》作

---

① 曾枣庄：《〈全宋文〉编纂纪事》，《古籍整理与研究》第 5 期，中华书局，1990。

者小传的撰写提供了许多方便。但在有文传世的 1 万余名宋代作者中，《索引》未收者多达 4000 人。编者对于这些作者不轻易下"无考""不详"的结论，而是下苦功编辑《各省通志人名索引》《宋元笔记人名索引》，力图网罗有关材料，多写出些作者小传。

更难得的是，《全宋文》的编者不但绝不照抄《宋人传记资料索引》的小传，而且补充、纠正其缺失并取得了可喜的成绩。如《索引》不载王随、王羲、王贻永、王举元、石普、陈荐、钱公辅的生卒年，编者依据有关史料，把他们的生卒年分别确定为 973～1039 年、978～1041 年、986～1056 年、1009～1070 年、961～1035 年、1016～1084 年、1021～1077 年。《索引》记述丁骘、张颐的生平事迹过于简略，编者分别根据明人黄佐《广州人物传》卷 6 和湖南常德近年出土的墓志，充实了丁、张两人的小传。《索引》将王德用、徐锴、曹修睦的生卒年误断为 987～1065 年、901～974 年、979～1046 年，编者在综合分析各种史料之后，将他们的生卒年分别更正为 979～1057 年、921～975 年、987～1046 年。《索引》把王诜一人误为王诜、王铣二人，王海一人误为王海、王海说二人，王巩一人误为王巩、王定国二人，两个王震误为一人，一个刘昉误为两人。对于上述错误，编者一一予以纠正。凡此种种，不胜枚举。仅由此也可看出，编者功力之深、用力之勤。

就辑佚来说，《全唐文》遗漏较多，缺陷明显，于是在清朝末年有陆心源《唐文拾遗》《唐文续拾》问世。而《全宋文》的编者则将普查、辑佚这项最艰苦、最烦琐的工作视为成败的关键。为此，他们将普查的范围扩展到方志、碑刻、法帖以及考古文物资料，并不畏酷暑，不避严寒，跑遍全国各大图书馆，共查阅碑刻、法帖约 3000 件，各类图书 7000 余种，其中包括方志 2000 余种。"一分耕耘，一分收获。"《全宋文》的辑佚工作成效显著，硕果累累。

在《全宋文》收录的作者当中，有文章传世而无别集存留者占 95%。编者从各种资料里，为他们搜寻佚文。以已出版的前 20 册为例，辑得佚文较多的有：王钦若 56 篇，编为两卷；孙抃 63 篇，编为 4 卷；张俞 41 篇，编为 4 卷；富弼 93 篇，编为 12 卷；何郯 48 篇，编为 4 卷；范镇 159 篇，编为 12 卷。特别是富弼和范镇，可以毫不夸张地说，他们久已失传的文集如今又以辑本的形式得以复行于世，无怪乎人们称赞《全宋文》的编者"功德无量"。

在《全宋文》前 20 册里，现存别集的作者有 28 位。编者为他们网罗佚文，很少一无所获。辑得佚文 10 篇以上的有徐铉等 15 人，其中篇数较多的有王禹偁 38 篇、范仲淹 89 篇、宋庠 31 篇、胡宿 24 篇、宋祁 70 多篇、文彦博 53 篇、欧阳修 49 篇、张方平 38 篇、韩琦 73 篇。徐铉的文章在《全唐文》中仅有 10 卷，而在《全宋文》中多达 23 卷。晏殊的文章在传世别集中只有 19 篇，编者辑得其佚文达 33 篇之多。陈植锷同志在校点石介别集时，下了很大功夫，辑得佚文 7 篇。编者除此之外，又辑得佚文 20 篇。足见，集体力量势必大于任何个人。

就考订来说，《全唐文》疏漏之处不少，清人劳格《读书杂识》、近人岑仲勉《读〈全唐文〉札记》多有匡正。尤其是《全唐文》将文章原有写作年月一并抹去，极不便于使用者。而《全宋文》恰恰在文章系年的考订上取得了很大的成绩。

诏令系年，尤其要紧。《全宋文》的编者纠正《宋大诏令集》系年之误甚多：太祖朝 16 条，太宗朝 28 条，真宗朝 82 条。其中对《开宝遗制》《赵普罢相授使相制》等诏令颁布时间的勘订，关系到太祖死于何时、赵普罢相于何时等重大史实。

再以包拯文章的系年为例，在 1963 年中华书局校点本收录的 177 篇文章中，有系年者仅 20 篇。《全宋文》的编者经过仔细考证，为 84 篇文章确定了具体写作时间。其中对《请依旧封弥誊录考校举人》《论保州事》等奏疏作于何时的考证，牵涉到《新定贡举条例》颁行时间、保州兵变发生时间等重要史事。

总之，《全宋文》价值大、成书快、质量高，这是肯定无疑的事实。编者在短短几年中，取得成绩如此巨大，原因固然是多方面的。如电子计算机运用于古籍整理，前人无法想象，如今变为现实。但更重要的原因在于编者具有两大可贵之处。

一是把开拓进取与脚踏实地结合起来。如果说编者敢于承担这一清代学者望而却步的重任，是其开拓精神的体现，那么他们当初对于艰巨性的充分估计，则是其务实态度的反映。编纂过程中遇到的种种困难，事前早已料定，事后经过努力，终于一一克服。

二是把虚怀若谷与择善而从结合起来。编者在准备阶段就广泛征询学术界的意见，成书之后又乐于听取来自各方面的批评。他们建议将徐规先生的书面意见公之于世，专门刊登文章《欢迎对〈全宋文〉提批评意见》，设立《全宋文》补正专柜。这种有错就改的态度无疑值得称道，并且有利于编纂质量的提高。

尽管"无错不成书"不应当被奉为格言，然而事实上但凡"全"字号大部头，缺点以至错误总是少不了的。《全宋文》自然也不能例外。就体例而言，别集原有篇名与编者另拟篇名似乎应当用符号加以区别；《宋史纪事本末》《续资治通鉴》《宋稗类钞》这类明清人的晚出著述恐怕一般没有必要列入"又见"。就小传而言，如将宋真宗刘皇后的卒年1033年误为1023年、辑得杨亿集外佚文误为253篇、张方平的文章50卷误为44卷等，或许是由于校对欠精细。就正文而言，误"六"为"元"、误"钧"为"筠"、误"瀛"为"嬴"、误"阁"为"阁"等鲁鱼亥豕之误，虽然并不算多，但应力求避免。就辑佚而言，方志数量多，碑刻搜集难，究竟在多大程度上做到网罗无余，尚有待历史检验。随着时间的推移，研究者们在利用过程中，将越来越充分地认识到其重要价值，也将越来越多地发现其缺陷。若干年后也许会有《宋文拾遗》《读〈全宋文〉札记》一类的著述问世，何况《全宋文》的编者早有编辑《〈全宋文〉补正》的打算。但《全宋文》同《全唐文》一样，只能补正，无法替代，必将传诸后世。

当《全宋文》第2册刊行时，邓广铭先生评论道：只有小毛病，没有大问题。这一总体性估价相当中肯，并且完全适用于前20册。眼下《全宋文》虽然大局已定，可是毕竟尚未大功告成。相信《全宋文》未出版部分将大问题不出、小毛病更少，会编得更完善、出得更迅速。但愿全书尽快出齐，特别是书末附录的各种索引及其副产品《〈全宋文〉研究资料丛刊》能早问世、多问世，是为学术界的一致企盼。

（原载《中国典籍与文化》1992 年第 2 期）

蓄之既久　其发必厚

——读王曾瑜新著《宋朝阶级结构》

　　而今书价随着物价的上扬而上扬，书籍不值钱，已成为过去。然而置于案头的这部《宋朝阶级结构》（以下简称《结构》）则分文未掏。这不由得叫我要感谢宋史研究会，是它为会员提供了以文会友的机会，使我近十余年来与不少同行相识、相交并相知。王曾瑜研究员即是其中的一位，他在1996年昆明宋史年会上以其新著《宋朝阶级结构》相赠。研究会秘书长李华瑞教授约我为此书写一书评，实属义不容辞。然而要对这部厚重之作做中肯评论，谈何容易。受学殖与水平所限，只能写些感想。

　　《宋朝阶级结构》一书是作者多年治学心得与研究成果的结晶。该书以宋朝的农民阶级、地主阶级和非主体阶级为探讨对象，内容包罗乡村下户、客户、皇室、官户、吏户、乡村上户、僧道户、野人、坊郭户、商人、手工业者、奴婢、人力、女使等社会阶层，涉及经济史、政治史、文化史乃至社会生活史等研究领域。全书洋洋40万言，由河北教育出版社于1996年8月出版。作者对这一课题的研究开始于青年时代，早在70年代末80年代初便有《宋朝阶级结构概述》（《社会科学战线》1979年第4期）、《宋朝的差役和形势户》（《历史学》1979年第1期）、《从北朝的九等户到宋朝的五等户》（《中国史研究》1980年第2期）、《宋朝划分乡村五等户的财产标准》（《中华文史论丛增刊·宋史研究论文集》，上海古籍出版社1982年出版）、《宋朝的官户》（与朱家源合作，《中华文史论丛增刊·宋史研究论文集》，上海古籍出版社1982年出版）等一系列论文接连发表。这些论文当时在史学界影响颇大，作者一时之间声名鹊起。他此后又锲而不舍，继续前进，相关论文相继问世，诸如《宋朝的产钱》（《中华文史论丛》1984 年第 4 期）、《宋朝的坊郭户》（《宋辽金史论丛》）第 1 集，中华书局 1985 年出版）、《宋朝的诡名挟户》（《社会科学研究》1986 年第 4、5 期）、《宋朝乡村赋役摊派方式的多样化》（《晋阳学刊》1987 年第 1 期）、《宋朝的奴婢、女使、人力和金朝奴隶制》（《文史》第 29 辑，1988）、《宋朝的吏户》（《新史学》第 4 卷第 1 期，1993）等。"蓄之既久，其发必厚。"这部厚重之作绝非数年速成，可谓由来有自。拜读之后，我认为《结构》至少有以下两大学术贡献，并体现了作者的史学观点和治学风格，在给人启迪之余，也留下了一些让人思索的问题。

《结构》的贡献之一在于：确立户口分类的概念并以此与阶级结构相表里。宋朝的阶级结构无疑是宋史研究中的重大课题，理所当然受到研究者的普遍关注。在国外，如日本学者曾我部静雄、周藤吉之、柳田节子、丹乔二、佐竹靖彦、千叶熙、草野靖、高桥芳郎等都先后对此做过或多或少、或深或浅的研究。有的学者探讨范围相当广泛，如柳田节子曾对佃户、地客、雇佣人、奴婢，形势户、坊郭户、户等制等问题进行专门考察，其研究成果集中地反映在东京创文社 1995 年 10 月出版的《宋元社会经济史研究》一书中。在国内，研究者更是将由经济生产而产生的以阶级结构为主要内容的社会结构视为政治和精神的历史的基础，陈乐素、华山、漆侠、朱家源、王云海、朱瑞熙、陈智超、梁太济、郭正忠、柯昌基、曾琼碧、郭东旭、葛金芳、邢铁等为数众多、难以备举的老中青几代学者均有相关研究成果刊布于世。其中以对个别阶层的研究居多，尤其是客户问题曾经是个热门论题。也有从总体上进行探讨的，如朱瑞熙《宋代社会研究》，周宝珠、陈振主编《简明宋史》分别辟有"宋代的社会阶级结构"专章、"北宋的户等划分与阶级构成"专节。漆侠在《宋代经济史》一书中对宋代的地主阶级和农民阶级以及城镇居民的阶级构成做出了自己的概括。然而依我看来，单就这一课题而言，用力最勤、研究最多的似乎仍然是本书的作者，并且其研究成果自有其特色。为了易于反映宋朝的历史特点，他不采用大中小地主、民庶地主、品官地主一类的名称，而把研究宋朝的户口分类制度作为剖析宋朝阶级结构的突破口，独到地主张："宋朝的乡村客户、乡村下户、乡村上户、形势户、坊郭户等，作为户口分类制度下的法定户名，在相当程度上可以说是反映了宋朝的阶级结构。"并同时指出："户口分类制度所反映的阶级结构只是近似的，不能将户口分类等同于阶级划分和阶级结构的分析"（第25页）。作者认为："在某种意义上说，宋朝户口分类制度的确立，正是隋唐以来阶级结构变化的终结"（第8页）。在宋朝为数甚多的户名中，最重要、最常见、最普遍的并与阶级结构相关的主要有四类：一是按人户身份区分，有官户与民户，形势户与平户之别；二是按人户居住地区分，有乡村户与坊郭户之别；三是按有无田地等重要生产资料、有无房产等重要生活资料区分，有主户与客户之别；四是按财产多少区分，乡村主户和坊郭主户又分为五等和十等。书中分别对这四类人户做了具体入微的剖析。从单纯地论述某一人户到全面系统地探讨户口分类制度，再到以此反映当时的阶级结构。这在学术研究上显然是一大进展。

《结构》的贡献之二在于：从阶级结构方面为"唐宋变革论"提供了若干论据。尽管《结构》的作者并不一定是唐宋变革论者，他对"唐宋变革论"持保留态度，低调处理，认为唐宋时代的变化"若与春秋、战国时期相比，至多只能算是一个小变革期"（第1页）。可是书中依据大量史实所做出的不少结论，恰恰起到了为"唐宋变革论"张目的作用。在地主阶级内部的变动方面，作者论述了主户、形势户正式作为法定户名以及非官僚地主法定户名的出现这三大历史现象。他指出：唐会昌年间"衣冠户一词的出现，适应了门阀士族阶层消亡的社会现实"，"宋代正式将官户作为法定名称，并且确定了比官户范围更大，包括富裕吏户在内的形势户的法定户名"（第3页）。"至于非官僚地主，唐代尚无正式的法定名称"，"宋代则大致以乡村上户和坊郭上户为名"。在农民阶级内部的变动方面，作者描述了佃农成为编户齐民与乡村雇佣制的发展这两大历史走向。他指出："自五代至宋，正式确定了乡村主、客户的分类，佃农在原则上须以乡村客户的身份，实际上也时或以乡村下户的身份，列入国家的户籍登记。"并强调：
"这是租佃关系发达和成熟的反映"（第78页）。在非主体阶级方面，作者
着重探讨了坊郭户的形成与某些法定贱民的消亡这两大历史过程。他指出：
唐宪宗时已有"坊郭户"一词，"宋朝更将坊郭户和乡村户的区分，作为基
本的户口分类之一"（第4页），并认为："坊郭户作为法定名称的确立，在
相当程度上标志着工商业者队伍的壮大。"他指出："唐律中原先规定的奴
婢和部曲、客女两等贱民都趋向消亡。部曲作为一种特殊的贱民，在宋朝已
不复存在。"宋时"私家奴婢大部分雇佣化，人力和女使成为法定名称，其
社会地位有所提高"（第5页），并画龙点睛："宋人抛弃了奴婢'类同畜
产'的观念，反映了唐宋之际在阶级结构方面一个较重要的进步和变动"
（第6页）；"由秦汉时代的奴隶制逐步转变为后来的雇佣制，唐宋之际正是
进行此种转变的重要时期"（第7页）。虽然作者一开篇便声明：唐宋变革
时期阶级状况的变动，"由于史料的欠缺，要准确地勾勒一个大致的轮廓，
难度颇大"（第1页）。此言恐属自谦之词，其实《结构》一书已经将这一
轮廓较为清晰地呈现在读者眼前。

　　同作者的其他论著一样，《结构》强调社会历史现象的复杂性，主张全
面看问题，不肯轻易下结论，认为对某些问题的认识只能模糊些。如在分
析农村雇佣关系时，作者强调情况"错综复杂"，指出：被雇者"与雇主
的身份性差别或大或小，其人身依附关系有强有弱，很难一概而论。""身
份相差悬远者"有之，"实无身份性差别者"亦有之（第87~88页）。在
对分成地租与定额地租进行比较时，作者肯定"宋朝定额租的记录多于唐
朝"之后，立即指出："要准确地判断宋代地租以定额租为主，还是以分
成租为主，是不可能的"（第126页）。对于宋代地主与佃客之间的依附关
系，作者在"勉强地作出一些结论"之前，事先声明："要将宋代主客间
依附关系，同前朝作一些哪怕是粗略的对比，也是极其困难的"；"宋代人
身依附关系的发展趋势如何，这同样是难于作出判断的问题"（第207~
208页）。对于差役的性质，作者认为"是个复杂问题"，只能"大体上
说"："乡村上户服差役，可以成为武断乡曲的特权；乡村下户服差役，往

221

往成为他们沉重的经济负担"（第217页）。这一分析和论证问题的方法在《结构》一书中屡见不鲜。大概正是在看问题应全面这一思想指导下，作者对史料舍得下功夫，绝不采取"视而不见""逆我则无"的态度，力求一概加以网罗。因此，他的论著总是以资料丰富见长，并在筛选、爬梳之后，不厌其烦地一一加以排比。如关于定额地租、货币地租，在《结构》一书中分别排比出10路、13路的相关记录，所占篇幅分别长达11、13页。关于宋人对佃农的习惯性称谓，更是排比出41种，并逐一予以介绍和分析，所占篇幅达17页之多。作者强调全面看问题，而某些学者则着重抓主要倾向，显然属于两种不同的治学风格。就治学风格而论，肯定远不止此两种。各种风格都有其长处和短处，不可能十全十美，更不可能定于一尊，强求一律。如有"硬伤"，理当指出；观点相左，可以争鸣；风格不同，则宜彼此相互尊重。一种独具特色的治学风格的形成是难能可贵的，史学风格的多样化恐怕应当视为史学繁荣的标志之一。对于《结构》作者的史学风格，我不打算也不应该说三道四，谨祝愿他更上一层楼，发挥得更加淋漓尽致。

《结构》的确给人留下了一些不得不思索的问题，这或许也可算作者的成功之处。我们注意到作者忌讳使用"封建"二字，他指出："夏、商、西周与秦汉至明清，显然是两种不同的社会形态"（第1页）。然而究竟是哪两种社会形态，作者未予说明，未免过于模糊。如今将秦汉至明清称为"帝政时代"者有之，称为"专制个体型家国同构农耕文明时代"者亦有之，而作者则将唐宋社会称为"以租佃关系为基础的农业社会"（第1页）。这些表述是否比封建社会或封建社会某阶段更确切？到底如何表述为好？只怕大家都应再思索。作者认为"依附关系又可分为经济强制和超经济强制两类"（第190页），并且应当包括"国家权力"（第203页）。按照我的理解，所谓人身依附关系即地主对佃农的人身支配权，其表现形式为超经济强制，它是前资本主义文明时代所共有的社会现象。而经济强制与国家权力则是整个文明时代所共有的社会现象。如何理解恰当些，似乎亦可再斟酌。作者在第1编《综述》中指出：宋朝"以科举入仕为核心的新的官僚地主阶层，处于某种稳定状态"（第3页）。遗憾的是在第3编《宋朝地主阶级》中对这一阶层缺乏专门探讨，恐怕今后研究者应多些关注这一阶层。如果还有遗憾的话，则是《后论》仅1000字，显得单薄了些，读过不免有不满足之感，似应再多做些概括和引申。

（原载中国宋史研究会编《宋史研究通讯》1997年第1期）

读《吴天墀文史存稿》

  而今学界老成凋零，87 岁高龄的著名宋史专家吴天墀教授在我国宋史学界和四川历史学界已是硕果仅存的老前辈了。天墀先生早在 1931 年，年仅 18 岁时，就有论文刊布于世。从那时算起，他在学术园地里已辛勤地陆续耕耘了近 70 个寒暑，并以其学术名著《西夏史稿》享誉于海内外学林。由四川大学出版社于 1998 年 9 月推出的《吴天墀文史存稿》（以下简称《存稿》）凡 42 万言，选入论文 32 篇，其中包括旧作数篇，是近 50 年来读者不易读到的。《存稿》论题相当广泛，其重点在于著者尤其擅长的包括西夏史在内的"大宋史"。这一系列论文集中地体现了著者深厚扎实的功力、开拓创新的追求和求真务实的精神。

  《存稿》所载论文虽无一篇以"探微""钩沉""发覆"等词语为题目者，但发前人未发之覆处颇多，而其后盾则是著者深厚的功力。著者早年的作品《张咏治蜀事辑》即是一例。张咏在宋太宗、真宗时两度出任益州知州，使当时极不稳定的四川地区趋于稳定。宋人刘敞将他与赵普、寇准合称为北宋开国以来的三大功臣。然而对于张咏其人其事，长期以来因无专文论述，以致人们知之甚少。《事辑》一文纠核各类资料达数十种之多，并分门别类，厘定为"初任""识断""兴作"等 12 门，于是张咏治蜀前后七载的经过与政绩，乃至于性情与嘉言，才得以彰明于世。不止于此，著者进而从治国之才具、隐逸之志节等四个方面剖析其为人，并肯定了张咏在北宋士风从清静无为到崇名重节这一历史性变化中的地位和作用。有治宋史者于数年前，因整理《乖崖集》而论及张咏治蜀，其分量与水平从总体上说尚未超出这篇数十年前的旧作。北宋前期的卓越思想家龙昌期著作等身，名动士林，因非议《六经》，诋毁周公而遭到禁锢，以致《宋史》无传，其名字在宋代以后几乎被人遗忘。著者在《龙昌期》一文中钩沉发覆，将众多残存的点滴资料集腋成裘，使这位被埋没了的异端学者的生平事略与学术思想得以重见天日。著者并不满足于就事论事，他还从政治与学术两个方面深入分析龙昌期的学术思想遭到禁锢的缘由，进而论及北宋时期蜀、闽两地和中原地区的学术空气的不同及其与龙昌期学术风格形成的关联，其中多有精当之论。难怪不少宋史研究者一读过此文，便对著者的功力与学识赞叹不已。再如北宋时期的河湟吐蕃曾是宋、辽、夏以外的第四种力量，但其状况长期以来若明若暗，《唃厮啰与河湟吐蕃》一文同样颇见功力，它较早地将唃厮啰政权由盛而衰的全过程相当清晰地展示在读者面前，并对其社会经济乃至风俗习惯特别是交通网络做了相当全面的论述。此外，如《宋代四川藏书考述》一文将有关反映宋代四川官私藏书状况的资料几乎网罗无余，凡此种种不胜枚举。

从《存稿》中不难发现，著者将开拓创新作为自己的学术追求，他发现、提出并解决了不少问题，其论著实有解疑释惑之效。如宋太宗继承太祖皇位是否正常，至今仍有千古疑案之称。早在30、40年代之交，著者与谷霁光、张荫麟两位史学名家几乎同时选择这一具有学术魅力的疑难问题进行研究，都在1941年先后有论文发表，并各有千秋①。其中，以著者的《烛影斧声传疑》一文篇幅最长、最为详尽。著者"不愿斤斤于太祖怎样的死，及太宗怎样的得位一类恍惚迷离的问题"，而注重此事与彼事的关联及其对后世的影响，其方法比推测太祖究竟是死于酒精中毒抑或脑出血之类，也许要科学些。约3万言的《传疑》首先仔细入微地分析了事情的全部经过，列举出种种可疑之迹，接着揭示了太宗忌刻、迷信、矜骄、护过的个性。进而将此后发生的各种事件联系起来加以探究，指出宋太宗继位的所谓合法依

① 吴天墀：《烛影斧声传疑》，《史学季刊》第1卷第2期，1941年3月；谷霁光：《宋代继承问题商榷》，《清华学报》第13卷第1期，1941年4月；张荫麟：《宋太宗继统问题考实》，《文史杂志》第1卷第8期，1941年7月。

据——"金匮之约"破绽颇多,分明是太宗与赵普两人合伙编造出来的。最后考察了太祖后裔的复位运动以及"太祖之后,当有天下"的社会心理,直至太祖的七世孙孝宗终于继位。如今《传疑》的论断在宋史学界影响颇大,得到了不少研究者局部乃至全部认同。又如西夏何以自称其国为"邦泥定"?"邦泥定"即"白上国",虽然已经成为定论,而"白上国"是何含义,仍悬而未决。30年代,俄国学者聂历山将"白上"解释为"白河上",而我国学者王静如则认为"白上"或是"上白"。① 数十年之后,有学者重申聂氏旧说。著者则在《西夏称"邦泥定"即"白上国"新解》一文指出,释"白上"为"白河上",犯了"增字解经"的错误,并对王氏之说做了更为明确、更加充分的阐释,《新解》认为"上"与"尚"相通,"白上国"即崇尚白色之国。著者从多方面对此说详加论证,诸如按照阴阳五行学说,"白""西""金"三个概念相互纠合,西夏以此作为国名,借以表明本国乃是足以同南朝赵宋、北朝契丹鼎足而立的"西朝"。西夏特别崇信佛教,佛教教义尚白,以此名国,以便为其政权涂上神学的油彩。党项族及其邻近少数民族都有尚白的风俗,西夏以此名国,既有利于激发其民族自尊感,又便于笼络各族,进而孤立宋朝。其论证新意迭出且颇有说服力。于是著者与王静如先生成为力主"白上国"即"尚白国"之说的两大主要代表。此外,如西夏王室拓跋氏究竟与羌族同源,抑或出自鲜卑?著者在《论党项拓跋氏族属及西夏国名》一文中,从六个方面详尽地论证了"党项人民是羌族,而其中拓跋氏是鲜卑",此说得到学界较为广泛的认同。②

学术的生命在于不断推陈出新,一味媚世为乡愿而缺乏求真务实的精神,很难真正有所创获。这话说则容易做则难,而《存稿》正处处洋溢着这种可贵的精神。程朱理学曾经被视为反动哲学,作为批判对象。《试论宋代道学家的思想特点》则是一篇为宋代理学即道学全面翻案之作。著者在此文中认为,应当将处于萌生形成阶段的宋代道学与作为皇

① 聂历山:《关于西夏国名》,《北平图书馆馆刊》第9卷第2期,1935年3月;王静如:《再论西夏语及其国名》,《西夏研究》第2辑(中研院历史语言研究所单刊之十一),1933。
② 参见李蔚《简明西夏史》第2章第2节,人民出版社,1997。

权婢仆的明清道学区分开来，将道学与假道学区分开来，实属中肯之论。在从尊重理性、追求理想、"就身上做工夫"、乐天精神、经世致用等五个方面具体地论述了宋代道学在思想上的创新和对学术的贡献之后，著者着重就人们对道学的某些误解陈述己见。如道学家"存天理，灭人欲"的主张最受非难。著者指出，这一命题的性质与义利之辨、公私之辨相同。道学家认为合理的人欲即是天理，他们并不主张禁欲、绝欲。又如道学强调纲纪伦常，造成专制君权登峰造极，长期以来几乎视同定论。著者认为，道学家是反对绝对权威、主张"民贵君轻"的孟子的继承者。并以无数实例证明，他们并不特别拥护专制君权。这些论断令人耳目一新。王安石是位棺已盖而论未定、当前争议颇大的历史人物。著者虽未正面参与这场争议，但他另辟蹊径，在《王安石生活散记》一文中描述了王安石包括性格、癖好、习惯、作风等在内的日常生活，指出王安石虽身居高位，却始终保持俭朴直率的学者风度。这对人们全面认识并评论其人，显然很有助益。尤其值得一说的是，关于王小波、李顺起义的研究。70年代出版的某些书籍难免打上时代烙印，它们从农民起义总是由土地问题引发、农民起义的领袖理应是纯正的贫苦农民的思维定式出发，片面而笼统地强调王、李起义是四川地区土地高度集中、旁户众多的结果，否认王、李出身茶贩，将他们的成分定为茶农。至于当时颇为流行的调查研究方法，其实很难解决近千年前的这类历史问题。见仁见智，当时便有学人对上述说法持怀疑态度，认为其方法未必可取，其结论未必可信。然而对此首先公开提出质疑的是著者。他在《王小波、李顺起义为什么在川西地区发生？》一文中，以大量的史实论证了川西在四川并非土地最集中、旁户数量最多的地区之后，敏锐地提出：王、李起义"不首先在'旁户鸠集'或客户最多的大土地所有制更为盛行的川中、川北或川东等地区爆发，而偏偏在大土地所有制相对不怎盛行的川西地区爆发，这又该怎样解释呢？"著者的结论与众不同："正是由于川西地区独具社会生产、经济、文化的高度发展这一特点，导致王、李起义在这个地区首先爆发。"并从多方面对此详加论证，诸如城市贫民成批出现、雇佣劳动大量增多等。他如实地肯定"贩茶失职"是王、李起义的直接导火线，首先发动起义的是茶民集团等历史实情，并指出：王、李"在贩茶活动中，增多了社会经验，培养和锻炼了组织群众及对封建政权进行斗争的能力"。这些论述充满着求真务实的精神，令人信服。《存稿》对这一课题的研究，其贡献尚不止于此。如果说著者在《北宋庆历社会危机述论》一文中所论王则起义如何利用弥勒教，已经成为学界的共识，那么王、李起义也曾利用宗教信仰，未能引起学人的足够重视。《水神崇奉与王小波、李顺起义》一文别开生面，著者通过对点滴史料的纠全、核查与诠释，从以下三个方面对此做了充分的论证：李顺曾主持祠祀灌口水神的群众活动，并很可能因此在起义前夕被捕下狱；成都江渎庙有李顺画像，证明李顺也崇奉江神；李顺所建大蜀政权以"应运"为年号，表明他利用以水灭火的五行阴阳学说，表达其大蜀将取代以火为国运、有"炎宋"之称的赵宋王朝的意愿。李顺究竟死于何年，是道难题，在宋代便有淳化五年、天禧初年、景祐年间三种不同的说法。张荫麟主景祐说，著者则主天禧说。他在《李顺死年考证》一文中经过细密考证，认为景祐说出自沈括记忆之误，当以陆游所记天禧初年为是，足以成一家之言。

学无止境，但凡本色学者大抵不会自我炫耀。著者对宋史研究的贡献虽大，但并不自以为是。如在探讨宋代为什么未出现全国性大起义时，他首先肯定问题已由时人提出。其实，当时的研究者只是附带论及，且往往仅着眼于民族矛盾的尖锐转移了起义农民的视线。著者则将其视野从宋代社会外部转向内部，涉及范围相当广泛，诸如笼络士人与荒年募兵的政策、乡规民约的建立、社会救济与慈善事业的开展，特别是尽管地方武备废弛，可是中央禁军为数甚多，以致农民起义发动容易、发展困难。著者在文末表示，这些仅是未必正确的探索性意见，可见其态度之谦逊。

《存稿》也有个别美中不足之处。如著者早年认为张咏治蜀"方诸葛武侯之治蜀，亦无所愧"，似乎评价过高。《张咏治蜀事辑》因系旧作，其注释大多只注书名、不注卷次。这固然符合当时的习惯，如今选入《存稿》，似宜补足。这些只不过是白璧微瑕而已。《存稿》所展示的老一辈学者创新的追求、纯正的学风、深厚的功力、宽阔的视野乃至坦诚的态度，均足以垂范后学。

[原载《西南民族学院学报》（哲学社会科学版）1999 年《历史·旅游经济专辑》]

黄宽重《宋代的家族与社会》读后

家族史受到历史研究者的格外关注是理所当然的。众所周知，家庭是社会最基本的细胞，而家族则是家庭的复合体，有"微型社会"之称。这一以血缘与婚姻关系为纽带结合而成的社会群体，在中国传统时代是社会的基本单位，历代当政者将它作为维护基层社会秩序的重要支柱。台湾学者黄宽重先生的新著《宋代的家族与社会》（以下简称《家族》）分为3篇，共301页，凡20余万言。① 此书是作者多年潜心探索的结晶，既总结以往，又面向将来。它给我的第一感受是宽重先生以研治宋史而知名，其成就是多方面的，尤其有功于宋代家族史研究。他往复于抽象与具体之间，将这一领域的研究不断引向深入。

一　80年代：以"义门"为研究重点

有学者指出：宋代家族"真正的研究是从20世纪80年代兴起的"②。的确，80年代在中国当代学术史上不愧为思想解放、理论创新的时代，研究者们拓展领域，追求突破。宋代家族史研究勃兴于此时，徐扬杰先生

---

① 黄宽重：《宋代的家族与社会》，台北东大图书股份有限公司，2006。
② 朱瑞熙、程郁：《宋史研究（二十世纪中国人文学科学术研究史丛书·史学专辑)》，福建人民出版社，2006，第269页。

《宋明以来的封建家族制度述论》①一文可谓开风气之先，此后相关论著接踵而出，达数十种之多。②回顾当年的研究状况，特点十分鲜明，局限也相当明显。在我个人看来，其特点及局限主要有以下三点。

一是在研究取向上以"义门"为重点。所谓"义门"，以财产为家族公有、世代同灶共炊为特征。如江州德安（今属江西）陈氏到宋仁宗天圣年间，已"聚居二百年，食口二千"③。抚州金溪（今属江西）陆氏"累世义居"，"阖门百口，男女以班，各供其职，闺门之内，严若朝廷"④。婺州浦江（今属浙江）郑氏从宋代开始到元武宗至大年间，"其家十世同居，凡二百四十余年，一钱尺帛无敢私"，"家庭中凛如公府"⑤。陈氏、陆氏、郑氏等"义门"一度成为主要的探讨对象⑥，固然有助于加深对古代社会结构的认识。然而任何历史时代，总是旧的拖住新的，死的抓住活的，旧的模式与新的形态并存。宋代家族的形态除累世同财共炊的"义门"而外，还有个体小家庭聚族而居的非"义门"。同财共炊的"义门"只不过是魏晋隋唐门阀士族的遗风余绪，在商品经济活跃、土地私有制深化的宋代，已难以维持，呈衰颓之势。如金溪陆氏"公堂之田，仅足给一岁之食。家人计口打饭，自办蔬肉，不合食。私房婢仆，各自供给"⑦。用现在的话来说，即是大

---

① 徐扬杰：《宋明以来的封建家族制度述论》，《中国社会科学》1980年第4期。
② 已有学者对宋代家族史研究做了较为全面的概述，如王曾瑜《中国大陆宋代家族与社会研究的回顾》，王曾瑜：《锱铢集》，河北大学出版社，2006，第316～323页。又如朱瑞熙、程郁《宋史研究（二十世纪中国人文学科学术研究史丛书·史学专辑）》，福建人民出版社，2006，第269～279页。
③ 李焘：《续资治通鉴长编》卷101，天圣元年十二月癸亥，中华书局，2004，第2344页。参见漆侠《宋元时期浦阳郑氏家族之研究》，漆侠：《知困集》，河北教育出版社，1992，第196～210页。
④ 脱脱等：《宋史》卷434《儒林四·陆九龄传》，中华书局，1977，第12878～12879页。参见许怀林《陆九渊家族及其家规述评》，《江西师范大学学报》（哲学社会科学版）1989年第2期。
⑤ 《元史》卷197《孝友一·郑文嗣传》，中华书局，1976，第4451～4452页。
⑥ 许怀林：《江州"义门"与陈氏家法》，邓广铭、漆侠等主编《宋史研究论文集》，河北教育出版社，1989，第387～400页；许怀林：《〈郑氏规范〉剖析——兼论"义门"聚居的凝聚力》，邓广铭、漆侠主编《中日宋史研讨会中方论文选编》，河北大学出版社，1991，第153～165页。
⑦ 罗大经：《鹤林玉露·丙编》卷5《陆氏义门》，王瑞来点校，中华书局，1983，第323页。

锅饭很难再吃下去，以大家族公共食堂为核心的"义门"摇摇欲坠。南宋初期人便指出："自大宋有天下，垂二百年，民之析户者至多。"① 还值得注意的是，宋朝政府对"义门"的政策，并非一味大力提倡，而是"既奖励扶持，又加以限制"②。扶持是出于维护家长制及基层社会秩序的需要，而限制则是为了防止大家族势力膨胀，以致危及地方政府乃至朝廷。宋仁宗嘉祐七年下诏强令德安陈氏别籍分居，即是朝廷打击"义门"的例证。黄宽重先生在《家族》一书中，以熙宁十年朝廷令地方官强迫德兴（今属江西）大族张氏析产异籍为例（第211页），进一步证实朝廷并非一味提倡"义门"。总之，宋代家族的主要形态不是共财同炊，而是别籍异财。"义门"在当时的家族中，绝对数字不大，所占比例更小。非"义门"作为宋代最普遍的家族组织形式，其认识价值显然高于"义门"，理当成为宋代家族史研究的主要对象。

二是在史料使用上以族规、宗谱为重要依据。如此使用史料，与将"义门"作为研究重点有关。如研究婺州（治今浙江金华）"义门"郑氏，主要借助于郑氏族规《郑氏规范》，其史料价值之高毋庸置疑。但宋元族规毕竟传世极少，《郑氏规范》实属凤毛麟角。何况纸上条文不能等同于社会现实，其施行状况究竟如何，还应同相关史实相印证。至于如今仍传世的宗谱，几乎概莫能外地编定于宋代以后。如研究者据以研究宋代江州（治今江西九江）"义门"陈氏的《义门陈氏大成宗谱》便编成于清代道光二十七年，其卷首所载《陈氏家法三十三条》很难证明它确实形成于宋代乃至元朝。不少后世编成的宗谱往往以讹传讹，甚至故意造假。③ 与宋代族规相比，作为史料，清代宗谱的局限性显然更大。

三是这一领域的研究毕竟方兴未艾，某些论题未免太抽象、较笼统。同

---

① 李心传：《建炎以来系年要录》卷88，宋高宗绍兴五年四月辛未，中华书局，1988，第1476页。
② 戴建国：《宋代家族政策初探》，《宋代法制初探》，黑龙江人民出版社，2000，第304页。
③ 参见邓广铭《对有关〈杨氏宗谱〉报导的质疑》，《人民政协报》1983年9月21日，收入《邓广铭全集》第8册，河北教育出版社，2005，第8~9页；胡道静《伪造的沈括家谱》，《社会科学报》1987年3月5日；朱瑞熙《〈须江郎峰祝氏族谱〉是伪作》，《学术月刊》1988年第3期。

探讨任何历史问题一样，研究宋代家族当然应当站在应有的理论高度，对其总体状况做宏观把握。但在未做深入的具体研究之前，就急于对带趋势性的大问题下判断，做概括，这些判断和概括难免简单化，不准确。如果说朱瑞熙先生的专著《宋代社会研究》第7章"宋代的封建家族组织"①、王善军先生的论文《唐宋之际宗族制度变革概论》② 还属于从微观到宏观的考察，那么我那篇短文《中国封建时代的家庭制度》③ 大而无当、大题小做的弊病则较为明显。从那时研究尚处于起步阶段的实际情况出发，只怕应当避免太抽象，从较为具体的个案考察做起。正如黄宽重先生所说："个案研究的好处是提供基础的掌握。一开始做家族或社会史的研究，就想得到通盘全面的了解，就宋代来讲不太可能。透过积累个案，也许可以得出较整体的看法。"④

二 90年代：开掘史料宝库——墓志铭

或许正是基于对上述研究状况的深入了解和仔细分析，黄宽重先生同柳立言先生一道，联络陶晋生、马伯良、佐竹靖彦先生以及我等大陆学者在内的12位宋史学界同行，从1993年开始，共同开展了为期3年的《宋代家族与社会》研究计划，目的在于将宋代家族史研究引向深入。1998年印行的《中国近世家族与社会学术研讨会论文集》便是其重要成果之一。⑤ 宽重先生作为这一研究计划的发起者，他的《家族》一书集中

① 朱瑞熙：《宋代社会研究》，中州书画社，1983，第98~111页。
② 王善军：《唐宋之际宗族制度变革概论》，邓广铭、王云海等主编《宋史研究论文集》，河南大学出版社，1993，第146~166页。
③ 张邦炜：《中国封建时代的家庭制度》，《四川师范学院学报》（社会科学版）1983年第3期，收入《宋代婚姻家族史论》，人民出版社，2003，第265~273页。
④ 黄宽重、刁培俊：《学科整合、国际化趋势与数位化时代的史学研究与教学——著名学者黄宽重先生访谈录》，《历史教学》2006年第4期。
⑤ 台北中研院历史语言研究所编印《中国近世家族与社会学术研讨会论文集》，1998年6月。

地体现了研究计划的开拓创新、务实求真精神。其主要特色大致可归纳为以下三点。

首先，在史料运用上尤其重视墓志铭。黄宽重先生指出："在明清时代可以借丰富的族谱及地方志的资料，将家族发展变化的图像清楚地勾勒出来。但是，宋代的族谱及相关资料，由于年代久远保留不易，除了极少数之外，以个人生平事迹为主的传记资料，成为描绘家族发展历程的主要凭借"（第27页）。而墓志铭便是一种很重要的传记资料。一提到墓志铭，人们往往立即想到盛行于唐宋时代的"作碑谀墓"之风，怀疑墓志铭的准确性及史料价值。宋人曾说："近世行状、墓志、家传，皆出于门生、故吏之手，往往文过其实，人多喜之，率与正史不合。"① 此说虽然不无道理，但也未免片面。其实，墓志铭对于墓主的自然状况，诸如先世、籍贯、迁移、寿命、婚姻、科第、仕宦、子孙等的记载均较详尽并大致可信。正因为如此，对于家族史研究，其史料价值尤其高。《家族》一书第1篇《墓志史料与家族史研究》第2章"墓志史料的价值与限制"以樊氏夫人墓志铭和孟邦雄墓志为例，做了既具体又全面的中肯分析，认为墓志铭确有"文过其实"以及隐恶扬善乃至理想化等弊病，但"有不可忽视的价值"，既应"充分利用"，又需"斟酌考订"（第14页）。宽重先生90年代初所作《宋代四明袁氏家族研究》一文在史料运用上便以充分利用并仔细考订墓志铭为特色。② 我作为《宋代家族与社会》研究计划的参与者，在探讨盐泉（今四川绵阳市游仙区玉河镇）苏氏、仁寿（今属四川）虞氏家族时，便以《四明袁氏》一文为蓝本，从着力搜集有关墓志铭入手。但凡家族史研究者都有这样的体会，如果未能发现几份有价值的墓志铭，将无法理清任何家族的来龙去脉。进入90年代以后，宋代家族史的研究者们纷纷将墓志铭作为史料宝库而尽力加以挖掘，并出现了以研读墓志铭为主题的读书会。这一研究风气的形成，与宽重先生的提倡与示范不无关系。

---

① 赵彦卫：《云麓漫钞》卷8，傅根清点校，中华书局，1996，第134页。
② 黄宽重：《宋代四明袁氏家族研究》，《中国近世社会文化史论文集》，台北中研院历史语言研究所，1992年6月，第105～131页。

值得注意的是，黄宽重先生尤其重视数量颇多而又未加充分利用的新出土宋代墓志铭。他下功夫搜集到宋代墓葬资料 317 件，其中墓志资料较完整的有 172 件，并对它们一一进行研究。《家族》一书第 1 篇第 1 章"近五十年出土宋人墓志史料"分门别类，列举许多实例，仔细论证出土墓志资料的价值。如以王拱辰、曹豳等 6 件墓志为例，说明墓志可增补《宋史》列传；以王纯中、刘瑾等 9 件墓志为例，说明墓志可辑补、校勘宋名臣文集；以赵汝适、宋德章等 12 件墓志为例，说明《宋史》无传的宋人墓志广泛地反映了宋代社会的种种面相，史料价值极高。宽重先生还以府州（治今陕西府谷）折氏、饶州（治今江西波阳）洪氏、眉州（治今四川眉山）苏氏等 9 个家族为例，说明出土墓志对理清家族兴衰过程以及名人的先世与后代的特殊价值。同时又指出，这些墓志资料"有点校误谬、校对不精等现象，甚至有考订错误的情况出现"，强调使用者"应该进一步去查核、考订"（第 45 页）。

对于出土墓志资料在家族史研究中的价值，我个人有切身体会。既有正面的经验，如在探讨仁寿虞氏时，起初对虞允文次子公著一系知之甚少，后来读到 1982 年四川彭山出土的《虞公著碑志拓本》《留氏碑志拓本》，① 才将虞氏家族的发展过程理清，并得知虞允文与宋光宗朝宰相留正系儿女亲家。留正在任四川安抚使时，为报答虞允文当年的提携之恩，将其女嫁与虞公著。也有反面的教训，如为了论证宋代的社会流动，我与一些同行一样，曾一再著文将宋真宗时官至工部侍郎的许骧和宋神宗时任枢密使的冯京作为由商而士的典型。许氏由商而士依据正史，富商李唐"思教子以兴宗绪"，"罄家产"② 为其子许骧聘名师，许骧于太平兴国二年中进士。冯氏由商而士则仅仅根据笔记，冯京"其父商也"③。近读 1981 年河南密县④出土的冯

① 四川省文管会、彭山县文化馆：《南宋虞公著夫妇合葬墓》，《考古学报》1985 年第 3 期。

② 脱脱等：《宋史》卷 277《许骧传》，中华书局，1977，第 9435~9436 页。

③ 罗大经：《鹤林玉露·乙编》卷 4《冯三元》，中华书局，1983，第 192 页。

④ 河南密县，现称河南新密市。

京墓志铭，才知冯京出身"小官门户"①，其曾祖冯碧为著作佐郎，祖父冯禹谟为殿中丞，父亲冯式为左侍禁，"知书，善教子"②。冯京的父、祖虽无墓志资料传世，但其母亲朱氏墓志铭今存。其墓志铭称：因其"自薄奉养"，"故冯氏虽甚贫，而婚嫁能不失其时"。又称：朱氏在其夫去世后，"方困约时，惟知教子之为乐，不以不自给为忧"③。此言或文过其实，但冯京应举时，家境并不宽裕，绝非富商之子。明代学者杨慎早已指出："（冯）京父未尝为商，又不名商也。小说不足信，当依正史之传可也。"④ 可惜我等未加细察。其实，宋代由商而士的事例不是绝无仅有，而是为数不少。刚讲到的仁寿虞氏家族即是一例。虞氏"岁久家富族滋"，"素倚牢盆为助"。⑤ 所谓"牢盆"，即以煮盐为业。虞祺在政和五年中进士后，虞氏才由商而士。在《家族》一书中，如四明高氏"以手艺为业"，"经二代辛苦经营，颇具财富"（第175页），后来才实现了"由商向儒的转变"（第191页）；德兴张氏因辛勤经营包括工商业在内的产业而家产日富，便聚集图书，延聘良师，让子弟专心举业，由科举入仕（第204～206页）；浮梁（在今江西景德镇北）程氏因从事渔业产销而致富，让子弟程节、程筠读书应举，二人相继登科入仕（第229～231页）。所有这些都是宋代由商而士，社会流动的实例。

其次，在研究方法上特别注重个案研究。黄宽重先生认为："以个案方

---

① 李心传：《建炎以来系年要录》卷93，宋高宗绍兴五年九月乙亥，第1545页载："皇祐元年，沈文通考中第一。仁宗曰：'朕不欲以贵胄先天下寒俊。'遂以冯京为第一，文通第二"。王珪：《华阳集》卷55《永寿郡太君朱氏墓志铭》曰："谆谆尚书，知女所从，不择高华，而择于冯"（文渊阁四库全书影印本，第7页）。称冯京为"寒俊"，认为冯氏并非"高华"，均系相对而言。

② 河南省文物研究所、密县文物保管所：《密县五虎庙北宋冯京夫妇合葬墓》，《中原文物》1987年第4期。此资料很宝贵，但释文或有误。如"五代之乱，避地走空藤间"，"空藤"或系"宜（州）、藤（州）"或"容（州）、藤（州）"之误。又如冯京之祖父"冯禹"恐当作"冯禹谟"。因该刊所载《冯京墓志局部》图片不清晰，尚无法断定。

③ 王珪：《华阳集》卷55《永寿郡太君朱氏墓志铭》，文渊阁四库全书影印本，第7页。

④ 杨慎：《升庵集》卷50《冯京》，文渊阁四库全书影印本，第23页。

⑤ 赵琦美：《赵氏铁网珊瑚》卷5《杨椿〈书虞秦公祺传〉》，文渊阁四库全书影印本，第1页。

式进行研究，可以避免选题太大，过于宏观、见林不见树、流于空泛的弊病"（《序》第2页）。但与从前不同，他所说的个案并不是以"义门"家族为重点的个案，而是"环绕着中型士人家族为中心的个案"（第3页）。宋代的家族虽然有"同居共财大家庭""基层社会中的强宗豪族""专制政治中的世家"等多种类型，①但只有士人家族才是"新时代的主角"（第27页）。在宽重先生看来，研究中型士人家族，有两大优点："一是资料量适中，适宜在一定时间内搜集讨论"；"二是便于反映宋代家族的特性"（《序》第2页）。对宋代家族做个案研究并非始于宽重先生，但他着手较早，用力至勤，成果最多。从90年代开始，继四明袁氏家族之后，他又专门探讨了四明楼氏、汪氏、高氏及德兴张氏、浮梁程氏等家族。《家族》一书的第2篇《四明家族群像》、第3篇《江西家族群像》便是以这些脚踏实地的探讨为基础，再做新的整合和升华而成。从中不难看到，这些家族的兴起大致都经过先发家致富，再教子读书，后登第入仕的道路。宋人张载说："朝廷无世臣"，"无百年之家"。②此说不免绝对了些，但这些家族确实兴衰起伏无常。而这正是宋代家族的主要特性之一。至于其兴衰起伏的决定性因素，依照本书的研究，使用现在的语言，大致可以简要地归纳为：经济是基础，科举是关键，联姻很重要，关系不可少。据此，宽重先生得出了一个值得重视的结论："宋代是一个竞争性强、开放性高的社会。"（第262页）并进而指出，社会因此"能呈现多样的面貌和活力，而非死水一潭，僵硬无力"（第270页）。

个案研究也有其弊病与局限，较为常见的弊病是公式化。在研究者笔下，任何家族的演进历程往往是崛起——兴盛——衰败三部曲，至多再加起伏。探究其原因，则不外乎从家产、教育、仕进、婚姻、交游等几个方面着手。宽重先生在探索中追求同一性与多样性的统一，力求抓准各个家族的不同特点，尽量避免千篇一律。如四明袁氏、高氏均为学术文化名门。但袁氏

---

① 参见王善军《宋代宗族和宗族制度研究》下篇《宋代几项重要宗族类型的分析》，河北教育出版社，2000，第139~212页。

② 《张载集·经学理窟·宗法》，中华书局，1978，第259页。

作为陆学传人，在当地弘扬陆学。而高氏起初则"传承洛学，是四明理学的先驱"（第195～196页）。研究袁氏着重阐述其"因注重教育而再获功名，也因推广教育而名垂四明"（第100页）。探讨高氏则论述其后代在政治上"与理学家疏远，在学术上由经学转向史学及文学"（第198页）。又如从致力于地方公共事务切入研究四明楼氏，并由此观察当地社会发展的状况。研究汪氏家族则探讨其何以"在高、孝、光、宁四朝，成为推动四明地区社会文化建设的中流砥柱"（第137页）。再如德兴张氏推行治生与仕宦相结合的家族发展规划，在让一些子弟尽力经营产业的同时，又让另一些子弟安心读书应考。研究张氏家族，便以剖析这个士、商并重的发展规划为重点，进而指出："科举与经济是中国传统家族兴衰的重要标志"（第224页）。而研究浮梁程氏则抓住其起家既靠科举，更靠荫补的特点，分析道："荫补也能适度地维系家族的发展。不过这种累代靠荫补入仕的情况，对家族的发展固然具有稳定作用，却也同时降低了家族的竞争力。"（第31页）并认为这是程氏家族兴盛时期仅有两代的重要因素。这些分析全面、客观，说服力强。

对于个案研究的局限，黄宽重先生有着清醒的认识。他说："由于资料不足，以至于我们对更多发展失败或一般平民家族，缺乏了解，使得宋代家族的研究，难以勾勒出多样发展的社会面貌"（第3页）。如何挖掘有关发展失败家族及一般平民家族的资料并加以研究，是个应当正视但又很难解决的问题。这不禁让人想到前面讲到的包括行状、家传在内的墓志资料。其书写对象远远多于正史有传者，并不完全局限于达官显贵、社会上层。它不仅是研究士人家族，而且是探讨平民家族的史料宝库。在一定程度上仍奉行重本抑末政策的宋代，商人家族属于平民家族。在宋代为数众多的墓志中，有商人的资料。如秦观撰《徐君主簿行状》，其书写对象便是高邮（今属江苏）"金钱邸第甲于一乡"的富商徐成甫。此人的主簿一职系捐纳而来："熙宁某年，以入粟试将作监主簿。又五年，始至京师，授潭州宁乡主簿，皆非其好也。"从中不难看出，他并未离乡赴任，仍在高邮经商。所谓主簿挂名而已，徐氏是个比较标准的商人家族。徐成甫的治家之道是："子当读书，女必嫁士人。"希望后代通过应举与联姻两条途径，实现家族由商而士的转化。然而直至他去世时，仍因其商人身份而被士人看不起。即所谓："不幸以多赀之故，士大夫以嫌自戒者，或不能究言。"① 因此，像高邮徐氏这样的商人家族从某种意义上也可称为发展失败家族。近年来已有学者从研读商贾墓志铭入手，探讨宋代的商贾家族。② 这可以说是开启了一条研究宋代平民家族和失败家族的门径。

最后，在研究取向上注重将个案研究的深度与区域研究的广度相结合。一个家族的崛起、发展与变化既有其内在因素，也有其外在原因。内在因素包括前面强调的教育、科举以及人丁、寿命等，外在原因则主要是指与其他个人或家族之间的人际关系，诸如同乡、同学、同年、交游、婚姻等错综复杂、盘根错节的关系网络。而诸如此类的人际关系往往离不开地区这个场域。此其一。其二，士人家族参与社会活动，其目的固然是经营人际关系以维系其家族地位，但结果则影响到地方政治乃至基层社会、地域文化的面貌。如果我们的理解不错，黄宽重先生正是基于上述考虑，特别强调家族与社会密不可分。《绪言》指出："因此透过家族间的互动，也是观察宋代基层社会现象的重要指标。鉴于以往研究家族的学者对这一方面较少关注，因此在本书中有较多的着墨。这也是本书以《家族与社会》为题的重要理由"（第7页）。本书并非就家族论家族，而是为剖析社会而探讨家族。从中也不难看出，《家族》一书的价值与意义。宽重先生的成绩与贡献并不仅仅限于家族史。为了更好地将家族个案研究与区域社会研究相结合，90年代开展《宋代家族与社会》研究计划时，大致是按区域分工。如我分工探讨宋代四川地区的家族，而宽重先生本人从那时起便着重研究明州（治今浙江宁波）即四明以及饶州地区的家族。③ 《家族》一书第2篇《四明家族群

① 秦观：《淮海集》卷36《徐君主簿行状》，文渊阁四库全书影印本，第10~12页。
② 参见郑铭德《宋代的商贾墓志铭》，《东吴大学历史学报》第12期，2004年12月。
③ 《家族》一书《绪言》称："宋代江南西路饶州"（第4页）。其实，饶州在整个两宋时期都不属于江南西路，而属于江南东路。"西"字恐为"东"字之笔误。该书第3篇题为《江西家族群像》，其中"江西"一词是个现代概念，若改为《饶州家族群像》更确当。

像》、第 3 篇《江西家族群像》所论述的 6 个家族正是分别属于这两个地区。

家族的确不是一个孤立的社会组织，而是与当地、与外界有着千丝万缕、错综复杂的联系的社会群体。即使就教育、科举等所谓内在因素来说，其实也并不是纯内在的。如"陆门四弟子"袁燮、杨简、沈焕、舒璘都是四明人，他们有着共同遵从的师长——陆九渊兄弟，有着共同信仰的学术——陆学。而这种因受教育而结成的同学乃至学术团体的关系，加强了四明地区家族之间的群体凝聚力，是袁氏等家族兴盛的重要因素。又如四明楼氏与袁氏有师生、同学等多重关系，楼郁是袁毂的老师，楼钥兄弟又与袁方、袁燮同学，而袁燮在中进士前，又在楼氏精舍任教，弟子众多。这种关系增进了彼此之间的深厚情谊，对两个家族的发展均有助益。再如德兴张氏聚集图书，聘请教师，让张氏子弟与本地有希望的青年学子彭汝砺、熊本、刘正夫、程节等人一起读书学习，从而与其他士人家族建立了良好关系。后来彭、熊等人任职于朝，与张氏子弟彼此援引、互相支持，是张氏成为饶州名族的重要因素。同年是因科举考试而形成的一种重要的社会关系。如汪大猷与宋孝宗朝宰相史浩既是四明同乡，又同为绍兴十五年进士，友谊深厚，并且在官场中交游甚广，互为奥援。这是汪大猷能够在朝廷任高官的原因之一。所有这些关系往往又以缔结婚姻的方式而加以强化，将彼此之间的关系由友情提升到亲情，从而建构起牢不可破的社会网络。无论是在四明还是饶州，名门望族之间往往亲上加亲，结成盘根错节的婚姻关系。总之，家族要想发达兴旺，必须在地方上、社会上营造各种关系，任何家族组织都离不开地方基层社会。黄宽重先生在《家族》一书的《序》里说："为了结合以往研究成果、扩展研究范畴，我准备着力探讨唐宋基层社会，感觉现在应该是告别家族史研究的时候了"（第 4 页）。其实，基层社会研究在很大程度上是家族史研究合乎逻辑的扩展和延伸。正如宽重先生所说："从家族延伸到社会，可以观察社会文化发展的一面，以及地方社会一些共同性或特殊性的问题。"[1]

---

[1] 黄宽重、刁培俊：《学科整合、国际化趋势与数位化时代的史学研究与教学——著名学者黄宽重先生访谈录》，《历史教学》2006 年第 4 期。

他近年从家族走向社会与当年为剖析社会而探讨家族，目标完全一致，均瞄准社会——这个历史研究的主题。

还值得注意，每个地区的名门望族几乎无不热心于服务桑梓，回报社会。只有这样，他们才能在乡里受到尊重，增强影响力，成为地方名族。如德兴张氏正是靠积极参与地方公共事务，诸如救灾、办学、造桥补路、排解纠纷等而跻身德兴名门望族。又如四明汪氏虽然在功名、仕宦、学术等各个方面都不能同史氏、袁氏、楼氏等相提并论，可是其家族成员相继施展组织才能，联络当地名族共同推进公共事务，成为四明地区的公益事业的主要推动者，在地方上的实际影响超过史、袁、楼等名族而取得领导地位。服务桑梓、回报社会不仅出自确立名族地位的实际需要，而且源于传统学术文化的理性追求。南宋人楼钥说："四明乡谊最重。"① 四明地区洛、陆、吕（祖谦）三学并兴，陆学尤盛。四明作为学术文化重镇，名族乡里观念特重、团体意识最浓是完全可以理解的。由于众多名族的先后积极组织和参与，四明地区的地方公共事业和文化建设事业尤其兴盛，并涉及社会生活的方方面面。其中有两件事特别引人注目。一是建立乡曲义庄。四明地区最初出现的家族义庄显示这里的士人"超越'家'而重视'族'的意识"（第126页）。经过酝酿、筹办，到绍熙元年正式运作的乡曲义庄则"显示从个别家族兴衰的考虑延伸到对乡里整个士人阶层的关怀"，并且表明由"临时性的赈济"发展到"地方家族间集体公益活动常态化、制度化"（第128页）。二是乡里定期聚会。士人结社由来已久，既非始于宋代，也非始于四明。但南宋时期的士人结社则以四明地区最典型。绍兴年间参加五老会的"四明五老"都是进士出身的致仕官员，此后的八老会、尊老会、真率会，"由于参与成员的资历不等，逐渐转而加强乡谊的成分，而成为更具乡里交游性质的聚会"（第128页）。乡里定期聚会"不仅巩固、增进了彼此的情谊，更易于引发共同兴趣，凝聚集体的观念"（第161页）。德高望重的士人在一

---

① 袁桷等：《延祐四明志》卷14《学校考·本路乡曲义田庄·楼钥〈义庄记〉》，《宋元方志丛刊》第6册，中华书局，1990，第6344页。

起讨论共同关心的乡里议题，推动乡里公共事务的开展。所有这些都表明，四明地区士人的乡里集体意识特别强，家族之间的来往与合作尤其频繁。他们在政治上互为奥援，以致在朝廷内成为一大势力。难怪南宋时有此一说："满朝朱紫贵，尽是四明人。"①

三 未来：新的研究增长点何在

研究任何问题只怕都应当从抽象到具体、从具体到抽象，如此循环往复，最后对问题做出新的、抽象的、较准确的概括。如果说宋代家族史研究从前曾出现选题较笼统，大而无当、大题小做的弊病，那么当前似乎走向另一个极端，出现选题一般较具体，小而无当、小题大做的倾向。如何将具体与抽象、微观与宏观很好地结合起来，或许是宋代家族史研究应当面对的问题。黄宽重先生这位当年个案研究的推动者，进入21世纪以后认为："个案研究的论文已经够多了，以后除非有新资料出现，个案研究恐怕不容易有大的发展，此时应该是做总结的时候。"②《家族》一书以大量的微观的具体研究为基础，在题为《科举社会下家族的发展与转变》的结论中，从"家族发展的轨迹""家族与地方社会""家族兴衰与社会流动"三个方面，对宋代家族问题做了较为抽象和宏观的概括。概括虽然简要，但既总结过去，更指向未来，启发研究者去思考新的研究增长点。宽重先生指出："家族在地方角色的扮演，也影响基层社会运作。"③从探讨家族组织进而研究基层社会，无疑是一条合乎逻辑的深入门径，并且近年来已经取得可喜的成绩。宽重先生的论文《唐宋基层武力与基层社会的转变——以弓手为中心》，便

---

① 张端义：《贵耳集》卷下，学津讨源本，第33页。
② 黄宽重、刁培俊：《学科整合、国际化趋势与数位化时代的史学研究与教学——著名学者黄宽重先生访谈录》，《历史教学》2006年第4期。
③ 黄宽重：《唐宋基层武力与基层社会的转变——以弓手为中心》，《历史研究》2004年第1期。

是一例。即使就宋代家族史研究自身而言，仍有拓展的余地，仍可百尺竿头，更进一步。具体说来，至少可以从下面三个方面着手。

其一，进一步凸显地域个性。《家族》一书选取各具特色的明州、饶州进行研究，其目的之一即是揭示不同地域家族的不同地域特性。明州"民富于蟹稻之利，地大物萃"，"人才英拔，比他郡为甲"①。这里既是"人才汇集、经济发达的要区"，又是"东海航路和南海航路的重要贸易港口"，还是"推动道学、宏扬学术的重镇"。明州史氏、袁氏、楼氏等家族"相继成为对朝政乃至学术都有极大影响力的全国知名望族"（第3~4页），这里地方公共事业和文化建设事业尤其兴盛，自在情理之中。而饶州虽然素有"物产丰饶""家富户羡"之称，并有"饶阳因富得州名"之说②，但与发达地区明州相比，毕竟仅属于次发达地区。饶州张氏、程氏等家族只是地方名族，其地位与影响不能与明州史氏、袁氏等家族相提并论，完全可以理解。在饶州，黄宽重先生又选择富县浮梁和穷县德兴进行研究。德兴虽然是穷县，但"荐士德兴为最"。③ 据宽重先生统计，两宋时期德兴获进士者占饶州总数的35.5%，而浮阳仅占18.2%（第5页）。这或许是由于德兴有特别重视教育的传统。不必讳言，《家族》一书对明州、饶州家族的地域个性的揭示还谈不上全面，仍有待深入。但作为宋代四川家族的研究者之一，我不免感到惶愧。因缺乏研究，时至今日，我们仍然只能说："我们目前主要关注的是四川与全国的共性，至于个性，则是下一步要探讨的内容。"④ 苏轼《眉州远景楼记》称："吾州之俗，有近古者三：其士大夫贵经术而重氏族，其民尊吏而畏法，其农夫合耦以相助。盖有三代、汉、唐之遗风，而他

① 王象之：《舆地纪胜》卷11《两浙东路·庆元府·风俗形胜》，中华书局，1992，第613、614~615页。
② 祝穆撰、祝洙增订《方舆胜览》卷18《江东路·饶州·事要》上册，施和金点校，中华书局，2003，第323、326页。
③ 祝穆撰、祝洙增订《方舆胜览》卷18《江东路·饶州·事要》上册，中华书局，2003，第323页。
④ 邹重华、粟品孝主编《宋代四川家族与学术论集·序》，四川大学出版社，2005，第2页。

郡之所莫及也。"① 在苏轼看来，这里"重氏族"的主要表现是："大家显人以门族相上，推次甲乙，皆有定品，谓之'江卿'。非此族也，虽贵且富，不通婚姻。""重氏族"是不是宋代眉州乃至四川家族的个性之一？我们还不能做出肯定或否定的答案。北宋初期有记载："西川及山南诸州百姓祖父母、父母在者，子孙多别籍异财。"②《宋史·地理志》亦称：川峡四路"亲在多别籍异财"③。"多别籍异财"仅存在于北宋前期，还是有宋一代都如此？它是不是四川地区独有的现象？能否作为宋代四川家族的个性？我们同样难以给予明确的回答。足见，在宋代家族史研究中，如何凸显地域个性可视为新的研究增长点。

其二，进一步把握时代共性。要把握宋代家族的时代共性，就必须将它放到历史发展的总进程中去做动态考察。黄宽重先生指出："以往学界囿于断代研究之限，将唐宋的历史问题明显区隔，分别讨论，以致将历史现象孤立化，缺乏联系。"④ 他认为："唐代以前，世家大族在政治、社会乃至经济上都具有举足轻重的地位，形成门第社会。到了宋代，科举考试成为步入政治的主要阶梯，也是影响家族荣枯的重要因素。经济的发达与教育的普及，使新兴起的士人家族，逐渐成为新时代的主角"（第27页）。在中国家族史上，不同的时代的确有不同的主角。依据前人的研究，按照我个人的理解，先后经过五次大的变化，即：商周乃至秦代的封建贵族—两汉的豪宗巨族—魏晋乃至隋唐的门阀士族——宋元的士人家族——明清的绅士家族。其中，先秦的贵族、魏晋的士族以及明清的绅士家族属于典型形态，而汉代的豪族以及宋代的士人家族则属于过渡形态。贵族作为西周时代的主角，经历春秋、战国以至秦末的变乱而瓦解，汉代家族重组，豪族逐渐形成。然而汉代的豪族并非典型形态，它只不过是魏晋士族的雏形而已。如果说西周的贵族为封土建邦的制度所规定，那么魏晋的士族则以注重婚宦的传统为支柱。士族作为魏晋乃至隋唐时代的主角，经历唐末五代的变乱而解体，宋代家族重

---

① 苏轼：《东坡七集·东坡集》卷32《眉州远景楼记》，四部备要本，第5页。
② 李焘：《续资治通鉴长编》卷9，开宝元年六月癸丑，中华书局，2004，第203页。
③ 脱脱等：《宋史》卷89《地理五·夔州路》，中华书局，1977，第2230页。
④ 黄宽重：《唐宋基层武力与基层社会的转变——以弓手为中心》，《历史研究》2004年第1期。

组，士人家族逐渐形成。如果说魏晋的士族以传统为支柱，宋代的士人家族则在很大程度上为政策所缔造。正如宽重先生所说："这些新兴的士人家族是宋代重文政策及科举仕进制度化的受惠者"（第7页），并认为它们大致具有耕读传家、富不过三代等共同特性。不过应当承认，我们对中国古代家族的演进历程以及宋代士人家族的总体认识仍然比较笼统，有待进一步深化。而宋代家族的主角如何简称为宜，因事关这一总体认识，有必要附带指出。《家族》一书有时将宋代家族的主角称为名门望族，简称"名族"，更多地则将其称为士人家族，简称"士族"。陶晋生先生也这样简称，他在《北宋士族（家族·婚姻·生活）》一书中说："最常见关于士人家族的称呼是'士族'。"① 这一简称虽然在宋代的史料中可以找到某些依据，但容易引起误解，以致将质的规定性大不相同的魏晋士族和宋代士族混为一谈。我个人认为，宋代士人家族以简称"名族"为宜。

其三，进一步做长时段研究。要认清宋代名族的时代特征，不仅要瞻前，即与唐五代相比较，而且要顾后，即同元明清相联系。瞻前与顾后，各有其意义，不可或缺。邓小南教授说得对："'唐宋'并提，将宋作为一系列变化的整理定型期；而'宋元明'的概念则将其视为一系列新发展的开端。"② 然而目前学界谈唐、宋变革多，论宋、明因袭少。③ 其实，就家族史而论，元明清时代对宋代的因袭是有脉络可寻的，并且较为清晰。黄宽重先生指出："宋与明清的家族史研究虽然重点不同，但从中仍可观察出中国家族发展接续脉络。本书中讨论的几个家族的兴起与衰落，均与仕进相系。这样的现象延续到明清家族更为清楚"（第267～268页）。如果说汉代的豪宗巨族是魏晋乃至隋唐时代的门阀士族的雏形，那么宋代以至元代的士人家族则是明清时代的绅士家族的先驱。什么是绅？"'士大夫居于乡者为绅。'绅也就是缙绅，是专指那些有官职科第功名居乡而能得到乡里敬重的人士。"

---

① 陶晋生：《北宋士族（家族·婚姻·生活）》，台北乐学书局有限公司，2001，第7页。
② 邓小南：《近年来宋史研究的新进展》，《中国史研究动态》2004年第9期。
③ 参见葛兆光《"唐宋"抑或"宋明"——文化史和思想史研究视域变化的意义》，《历史研究》2004年第1期。

"典型的绅士一定是居乡的士大夫，是有功名科第的退休林泉的官员。"① 因此，绅士亦称"乡绅"或"官绅"。《家族》一书所论及的"庆历五先生""陆门四弟子""四明五老""四明八老"等，如果使用明清时代的语言，实属名副其实的绅士，甚至连明清时代绅士的继替方式也源于宋代。在明清时代，"一般乡间的绅士都是在四十多岁的时候就仿效他们的父祖一起回到故乡，继承先业"②。早在北宋时期，便有这类事例。如黄庭坚所记述的戎州（治今四川宜宾）王默。此人系治平四年进士，历任通泉（四川射洪境内）知县等职，官至朝奉郎，即"请老而归，年始四十有八"。他返乡后，扶持弱者，"于乡邻恤其无而收其弱"，主持公道，"至其无赖者，众会唾辱之，里人畏之，甚于刑罚"，并代表乡里，监督地方官府："性狷介，不能容人之非，州县有过举，辄上书论之。"③ 王默其人与明清时代的绅士没有多大差别。南宋时期这类事例更多，如《家族》一书论及的四明汪大猷。他与王默仅有两个不同之处：一是王默系"请老"，汪大猷是"被罢"；二是汪大猷回乡年龄大于王默。他"五十六岁即赋闲在家，回到乡里，参与旧有的诗社等组织，以及推动乡里建设"。"凡里中义事，率自公倡之"（第160页）。正是因为汪大猷居乡达25年之久，汪氏才在四明地区确立了领袖地位。诸如此类，不一而足。如果逆向考察，倒看历史，将宋代与元明清时代联系起来做长时段探讨，深入研究的余地是显而易见的。总之，宋代家族史研究应做、可做的事情还多，绝非山穷水尽，而是柳暗花明。

（原载《历史研究》2007 年第 2 期）

---

① 史靖：《绅权的本质》，吴晗、费孝通等：《皇权与绅权》，天津人民出版社，1988，第 131、132 页。
② 史靖：《绅权的继替》，吴晗、费孝通等：《皇权与绅权》，天津人民出版社，1988，第 140 页。
③ 《黄庭坚全集·正集》卷 30《墓志铭·朝奉郎致仕王君墓志铭》，刘琳、李勇先、王蓉贵点校，四川大学出版社，2001，第 810、811 页。

｜忆｜旧｜

蒙老叫我读《文鉴》

——为纪念蒙文通先生110周年诞辰而作

与现在不同，从前青年学生崇拜的对象通常不是球星、歌星，而是专家、教授。蒙文通老先生是我从青少年时代便开始敬仰的硕学鸿儒之一。20世纪50年代初，在西康省雅安中学读初中时，我即耳闻蒙老其名。先父告诉我，四川省盐亭县出了一位兼通经学、史学、理学、佛学的国学大师，他的名字叫蒙文通（1894~1968）。蒙老30年代在北京大学任教，先父正在北京求学，但他并不学历史，竟知道蒙老的大名和学识，固然事出有因①，然而也可见蒙老当年在大学生中名声之大、影响之深。50年代中期，转学到四川省成都十二中读高中后，我即目睹蒙老其人。同学中四川大学教工子弟甚多，他们知道我偏好历史。一次路经九眼桥，与一位留长须、穿长衫的慈祥老者不期而遇。有位同学告诉我，他就是川大教授、历史学家蒙文通。仔细端详之后，景仰之情油然而生。50年前的事至今仍历历在目，无疑是由于我不久即到兰州大学读历史系（曾一度并入甘肃师范大学）。然而我毕竟不是蒙老的学生，无缘在课堂上聆听蒙老的教诲，对蒙老知之甚少，仅登门拜访一次，只记得寥寥数语而已。

确实，小事情也离不开大环境。我去拜访蒙老是在大饥荒还没有完全

---

① 先父张安国（1913~2001），号定民，化名祯祥。他说，蒙老其人其事，最初是听同乡兼同龄人傅成镛先生介绍。傅先生系蒙老在北大历史系任教时的学生，曾跟随蒙老到天津女子师范学院任教。

过去的 1962 年夏天，从兰州回成都家中过暑假。带领我去拜访蒙老的是当时在川大历史系任教的乡贤黄少荃（1918～1971）前辈。民国时期在家乡川南小县江安，黄、张两个乡绅家庭素来过从甚密，但 50 年代则几乎无往还，以至于我虽然听说，并且知道少荃先生 1941 年毕业于重庆中央大学（现称南京大学），是钱穆先生在成都齐鲁大学执教时的研究生，学问很好，被誉为"才女"，但从未见过这位前辈。政治运动年代，人人谨小慎微。先父为人忠厚老实，新中国成立后一向被称许为"组织纪律性强"，行事极谨慎。今天回忆起来，他乐于带我去见少荃先生，并赞成我去拜访蒙老，与当时的政治环境比较宽松，全国各个高校都在学习、贯彻后来被批判为"右倾投降"的《高教六十条》有关。如果迟至秋天，"千万不要忘记阶级斗争"的口号提出后，很可能就没有这回事了。先父告诉少荃先生，我在甘肃师范大学（现为西北师范大学）读研究生，学宋史，请她一定多多指教。少荃先生先满口应承，又谦逊地表示她对先秦和明清比较熟悉，对两宋知之不多，但可以带我去拜访你们两父子都应当知道的蒙文通先生，他正在指导宋史研究生。先父喜出望外，并说他久仰蒙先生盛名，不久前亲耳听省委杜心源书记讲，要把老专家的绝学继承下来，准备请蒙先生指导经学研究生。

要去拜访学问博大精深的蒙老，机会难得，我既高兴，又畏惧。当时，我不仅对经学、理学、佛学几乎一无所知，即使是历史知识也少得可怜，宋史尚未入门。在去水井街蒙老住所的路上，少荃先生要我到时多提问。我说提不出问题，心里害怕，怕说错话，请少荃先生多讲。少荃先生答应先代我提个问题。到达蒙老住所，蒙老还在午休，因事先约好，蒙老即刻起床，同我们交谈。蒙老问我在哪里读书，导师是谁，我一一如实简要回答。少荃先生开门见山，代我提问：他年纪轻，基础差，学宋史，读什么书好？蒙老说，先读李仁甫的《续资治通鉴长编》，而且要精读。我说正在读，但读起来很模糊。蒙老说，那就读吴成权的《纲鉴易知录》，浅显易懂。少荃先生先向我介绍，这是一部很好的启蒙读物，可以使人终身受益。又转过头来对蒙老说，他毕竟是学宋史的。蒙老说，那就读吕东莱的《宋文鉴》好了。

我表示，还不知道这部书，一定找来认真读。遗憾的是，我当时太拘谨，没有抓住机会，进一步询问《宋文鉴》有什么价值和特点，应当如何阅读，听蒙老多发表高见。蒙老接着同少荃先生谈论了些学术问题，我不大听得懂，因此记不住。少荃先生在告辞时，代我向蒙老表示，以后学好了，再登门请教。两年后，我将毕业论文《北宋租佃关系的发展及其影响》从邮呈送少荃先生。少荃先生回信说，不仅是她，蒙先生也看了论文以及我发表在《光明日报》上的习作《关于宋代客户的身份问题》，蒙先生还叫人以教研室的名义，写个评语，寄给学校。我不久便远走西藏，"文革"随即开始，蒙老、少荃先生相继不幸去世，"再登门请教"只能成为梦想。回忆及此，不免令人辛酸。

拜访蒙老的第二天，我去春熙路古旧书店买到蒙老的两本名著，一本是民国年间印行的旧书《古史甄微》，另一本是出版不久的新书《周秦少数民族研究》，还买到一部万有文库本《宋文鉴》。这些书伴随我到兰州，去拉萨，回成都，翻越无数名山大川，度过许多难忘岁月，至今仍放在书架上。每当我阅读《宋文鉴》时，总情不自禁地想到，这是蒙老叫我读的书。

当时没问，过后常想，蒙老为什么不让我读赵汝愚的《宋朝诸臣奏议》，而叫我读吕祖谦的《宋文鉴》？或许是《奏议》当时难找，或许是《文鉴》成书早于《奏议》，或许是《文鉴》作为北宋诗文总集，比性质单纯的《奏议》更能全面反映北宋时期的世态乃至人心。新近出版的一本《中国古代史史料学》在介绍宋代史料时，只字不提《宋文鉴》，自有其缘故，但恐怕终究是个失误。如果是因为当时就有人否定它，说什么"《文鉴》所取之诗，多言田里疾苦之事，是乃借旧作以刺今，又所载章疏，皆指祖宗过举，尤所非宜"①，那么这些显然正是其优点之所在。南宋著名学者张栻称《文鉴》"无补治道，何益后学"②，是在未见其成书之时

---

① 吕乔年：《太史成公编宋文鉴始末》，吕祖谦编《皇朝文鉴》卷首，四部丛刊本。
② 陈振孙：《直斋书录解题》卷15《总集类·皇朝文鉴一百五十卷》引张南轩即张栻语，文渊阁四库全书影印本。

所说。读过《文鉴》之后，宋孝宗称赞："采取精详，有益治道。"朱熹肯定："此书编次，篇篇有意。"① 朱熹还说："其所载奏议，亦系一时政治之大节，祖宗二百年规模，与后来中变之意，尽在其间。"② 至于"收入了不少平庸之作"云云，则是从纯文学的角度片面的评议而已。总之，无论如何《宋文鉴》理当受到足够的重视。我遵照蒙老指引，反复阅读《宋文鉴》，的确获益良多。如读李泰伯《哀老妇》诗："里中一老妇，行行啼路隅。自悼未亡人，暮年从二夫。寡时十八九，嫁时六十余。"（卷17）引发了我探讨宋代妇女再嫁问题的兴趣。而苏东坡的《陈季常所蓄朱陈村嫁娶图二首》："闻道一村唯两姓，不将门户嫁③崔卢。"（卷28）则成为我论述北宋"婚姻不问阀阅"的例证。读江公望《论蔡王府狱》（卷62），我最终写成《宋徽宗初年的政争》一文。而司马光《葬论》（卷96）、程颐《葬说》（卷108）、宋祁《治戒》（卷108）等文，则是我描述宋代丧葬习俗的重要依据。诸如此类，不胜枚举。更主要的是《文鉴》使我刚步入研习宋史之途，便真切地体会到宋人文集确实是研究宋史的资料宝库，理当在这一领域狠下功夫。我想，宋孝宗作为帝王，评论《宋文鉴》，其标准当然是是否"有益治道"，而蒙老作为思想家治史，叫后学读《宋文鉴》，或许旨在让其从中领悟北宋一代的时代精神和社会风韵。而我只不过把它作为史料，从中寻章摘句而已。这只怕正是凡夫俗子与硕学鸿儒之间不可逾越的差距。

说实话，我虽然将蒙老的《古史甄微》《周秦少数民族研究》等名著放在书架上，但读得并不认真。在蒙老的著作中，我认真拜读并深受教益的当推那篇洋洋十万言的长文《中国历代农产量的扩大和赋役制度及学术思想的演变》④。其中某些重要结论，我每年都会在课堂上向同学们介绍一遍，

---

①　王应麟：《玉海》卷54《艺文·总集文章·淳熙皇朝文鉴》，江苏古籍出版社、上海书店，1988年影印浙江书局本。

②　马端临：《文献通考》卷248《经籍考七十五·集·皇朝文鉴一百五十卷》，万有文库本。

③　"嫁"原作"买"，据祝穆《古今事文类聚·后集》卷13《人伦部·婚姻》改，文渊阁四库全书影印本。

④　载《四川大学学报》1957年第2期。

因此背诵如流。如"魏晋之于两汉、明清之于唐宋，都是述多于作，不如唐前唐后这一变化深切明著"（第31页）；"金元两代，和宋相比，农业生产，毫无进步"（第51页）；王安石新法"宜于南而不宜于北"，司马光旧法"宜于北而不宜于南"（第90页）；租庸调进一步是二税法，二税法退一步是租庸调，再进一步是一条鞭，金、元将二税法拉回到租庸调（第91页）；等等。《演变》堪称历史论文的典范，它给我的最大教益在于，研究中国古代史应当力求做到纵通和横通结合，宏观与微观互补。蒙老对秦汉至明清的两千多年的历史演变做了深入的纵向考察，将其分为四个段落，又对每个段落从社会生产力（立足于农产量）到生产关系（着眼于赋役制度），到上层建筑（以学术思想为代表），做了全面的横向解剖。《演变》具有高瞻远瞩的全局观和一切俱变的历史感，站得高，很宏观，同时又具体入微，严谨的史事考订、缜密的定量分析随处可见，使精妙的宏观剖析建立在坚实的微观研究基础之上，既不流于空疏，又不失之琐碎。最近再读《演变》，我才较为确切地领悟到如今人们常说的一句话：个别结论是可以讨论的，大师是不可超越的。

最后，还有一件与蒙老有关的事，趁此予以说明。蒙老当初问我，导师姓甚名谁。我回答道，吾师姓金名宝祥（1914～2004），浙江萧山人氏，是蒙老在北大执教时的学生，抗战后期曾在川大历史系任教。蒙老说，记不得，浙江史学传统深厚，相信他学问不错。老师记不得学生是常有的事，但学生永远记得老师。先师有件事一直萦绕于心，晚年多次对我谈及。事情是这样的：先师在北大读书时，同时选修蒙老的《魏晋南北朝史》和冯家昇先生的《沿革地理》。冯老放暑假前布置作业，先师急于回浙江度假，就将听蒙老讲课的笔记整理增补后，交给冯老。冯老评阅后，认为写得很好，大力加以推荐。此文标题为《汉末至南北朝南方蛮夷的迁徙》，载《禹贡》杂志第5卷第12期，1936年8月出版，作者署名金宝祥。先师生前讲，一定要说清楚，此文的作者不应当是他，理当是蒙老。此事先师告诉过他的不少弟子，因而中国社科院经济所魏明孔师弟在介绍导师早年的著述时，仅列举《南宋马政考》等文，绝不提及《南方蛮夷的迁徙》①。至于蒙老"把历史当作哲学在讲"②，与先师一贯强调"读历史应当读出哲学的意境"，是否有某种师承关系，则不得而知。

[原载蒙默编《蒙文通学记》（增订本），
生活·读书·新知三联书店，2006]

---

① 魏明孔：《追随金宝祥先生学习历史》，田澍等主编《中国古代史论萃——庆贺历史学家金宝祥先生九十华诞论文集》，甘肃人民出版社，2004，第517~525页。
② 蒙季甫：《文通先兄论经学》，蒙默编《蒙文通学记》，三联书店，1993，第74页。

风范永存：缅怀邓广铭先生

宋代历史研究的主要奠基人邓广铭先生去世的噩耗传来，我并不感到突然，但去电信局发唁电时，仍情不自禁地掉下了眼泪。回想去年秋天，我到北京友谊医院探视先生，这位学术老人尽管重病缠身，仍侃侃而谈。他谈话的主题依旧是学术，并以其新近由北京大学出版社印行的《邓广铭治史丛稿》相赠。先生不能进食已达数日之久，只能卧床休息。但他定要起身在书上题字，在场的北大历史系党委书记王春梅女士、邓先生的女儿邓小南教授和我连忙劝阻。然而性格倔强的邓先生坚持用他那颤抖不止的手，在书上题写"邦炜教授仁兄指正"等字，共20个字。先生颇为感慨："谁知我们两人的第一次单独交谈，不是在家中，而是在医院"，并叮嘱我下次再来北京，一定到他家中做客。小南教授送我走出病房，面带愁容，指着书上的题字对我说："这或许将是最后的纪念！"殊不知数月之后，这20个字果真成为邓先生最后留给我的最为珍贵的纪念品，而我再也没有可能应先生之邀，到先生府上，拜望我素来十分敬重的史学前辈。忆及此情此景，怎不叫人伤感！

我平生深感遗憾的是，由于自己学业基础欠缺，虽有意但无缘做邓先生的学生。我到北京不止一次，总觉得先生太忙，从未到先生府上，向先生请教，以致痛失良机，同先生接触极少。然而邓先生作为宋史学界的泰斗和一代宗师，其学术沾溉所及并不局限于其弟子及再传、三传弟子。我这个与先生长期素昧平生的后学，也曾受到先生的鼓励、关怀、扶持和指教。

记得1964年我在西北师范大学历史系研究生毕业时，学校将毕业论文送请邓先生评议，因先生正在乡下参加"四清"运动而未果。第二年，我将论文中的一小部分改写为短文《关于宋代客户的身份问题》，寄予《光明日报》，得到当时担任《史学》专刊编辑组长的邓先生认可，很快予以刊载。这对一个史学青年来说，是个极大的鼓励。此后，我虽远走西藏，从事新闻工作，但志趣所在，依然是历史，与此不无关系。

还有一件往事，尤其令人难忘。"文革"结束之初，我因故仍下放在西藏贡嘎县东拉区做文书，友人朱瑞熙研究员对此颇为不解。他向邓先生述说此事，先生当即表示应尽力争取将我调到北京，并通过有关人士嘱托西藏地震史资料组负责人，请他设法。我在喜马拉雅山中、羊卓雍湖畔，从瑞熙的来信中得知此情，简直喜出望外。我万万没有想到，一位声名卓著的大学问家竟如此关怀一个素无往来且处于困境中的无名小卒。后因北京的户口问题与西藏方面的缘故，工作调动一事虽未办成，但我对邓先生的感激之情永世难忘。

在雪域高原生活15年之后，我终于得以回到故乡，并在四川师范大学历史系任教，但学业早已荒疏，亟待得到前辈的扶持与指教。此后，我多次参加以邓先生为会长的宋史研究会年会，每次提交的论文都被选入先生主编的论文集。邓先生先后主持两次国际宋史研讨会，我都在应邀出席者之列，既受到教益，又感到幸运。有位出身北大历史系的亡友生前曾直言相告："邓先生对学生素来要求严格，而对你们则相当宽厚。"我才恍然大悟，原来邓先生为人或许有条原则：亲者严，疏者宽。邓先生主编论文集，态度极认真。先生曾发现我所写论文的误讹和不当之处，并嘱其助手张希清教授写信告知，让我修改后再刊登。

我虽无缘在课堂上接受邓先生的教诲，但多次聆听先生在宋史年会和国际宋史研讨会上的讲演。先生的讲演每次都很精彩，并对宋史研究具有指导意义。如长期以来人们往往将宋学与理学混为一谈，先生在讲演中首次提出"应当把宋学与理学加以区别"，并公开承认自己从前所说："支配两宋三百多年的哲学思想是理学"，"是完全说错了的，是亟应加以纠正的"。这种胸怀与勇气，对于一位史学名家来说，实在太难得。20世纪80年代初，先生在讲演中曾呼吁宋史学界："赶紧以最大努力去生产成果，培育人才，去追赶国内各断代史的研究水平，并夺取国际上宋史研究最高水平。"这对宋史学界同人来说，无疑是莫大的激励与鞭策。在先生的倡导和组织下，改变宋史研究滞后状态的努力而今已初见成效。

先生远去，风范永存。愿我们与先生一样，以掌握大量的历史资料，具备独到的见解和考索的功力为追求，为促进宋史研究水平的进一步提升添砖加瓦，去完成先生的未竟之业！

（原载《仰止集——纪念邓广铭先生》，河北教育出版社，1999）

令人怀念的"三严"史家

——我所认知的邓广铭先生

方今学术腐败成灾，且未见其止。面对学界的某些乱象和某些学者的劣迹，我不时想到以严谨、严肃、严格著称的"三严"史学名家邓广铭先生和他立身行事的准则："至于'奄然媚世为乡愿'的那种作风，更是我所深恶痛绝，一直力求避免的。"①

邓先生治学之严谨，我从其论著中早有体会。至于他为人处事的风格，从前知之甚少。仅风闻他"文革"后出任北京大学历史系主任期间，曾大刀阔斧地推行"新政"，被学界戏称为"邓广铭变法"。我第一次见到邓先生是在 1982 年宋史研究会郑州年会上，当即领教了他那严肃、严格的学者风骨，有两件事给我留下很深的印象。

一件是关于"入场券"。宋史研究会有条规矩，凡出席年会者都必须提交论文。会员们把这条规矩通俗地叫作"要交入场券"。在年会上，有位学者没有提交论文，年会操办者或许是怕得罪人，就此事向会长邓先生请示：怎么办？可否下不为例？邓先生毫无乡愿气，当即毅然决断：请他离开年会。于是，这位没交"入场券"的学者悻悻离去。在我这个见识不多的西部人眼里，邓先生如此行事，实属惊世骇俗之举。我赞叹邓先生的担当，从此对敢逗硬、不媚俗的邓先生心存敬畏。会员们普遍赞同不能将研讨会异化为游玩会，大家认真开会，踊跃发言，各抒己见，每届宋史年会总是充满浓

---

① 《邓广铭治史丛稿·自序》，北京大学出版社，1997，第 2 页。

郁的学术氛围。

另一件是编选论文集。80年代初，邓先生出任宋史研究会会长，当时百废待兴，人才奇缺。他通过抓年会来发现和培育人才，促进宋史研究走向繁荣。而提高年会论文的质量是开好年会的关键。凡是他主办的宋史研讨会，总是提前半年以上就预先发通知，要求与会者认真撰写论文。到开会时，组织与会者认真评议论文。会后经过严格挑选，编辑出版论文集。挑选论文如何做到保证质量、公平公正是件很繁难的事。邓先生采取两条措施：一是集思广益，群策群力，理事们都参与其事；二是坚持标准，认文不认人。有位理事的论文未入选，他一再申辩，邓先生很重视，专门组织人员复议，最后仍然维持原议。由于邓先生敢于坚持原则，他主编的宋史年会编刊《宋史研究论文集》学术水平较高，为学界所重，与当今某些粗制滥造的学会论文集不能同日而语。

邓先生既严格认真，又宽宏大量。1991年8月，邓先生与其弟子漆侠先生联合发起的第二届中国国际宋史研讨会在北京盛唐饭店召开。这是海峡两岸宋史学者较早共聚一堂、切磋学问的一次盛会。对于台湾学者直言不讳的风格，我们大陆学者当时还很不习惯。如果说邓先生在郑州年会上给我的印象是不媚世，那么在北京会议上给我的印象则是有气度。与那班学问不大霸气大的学痞不同，先生对有益的意见和建议乃至尖锐的批评，有虚心接受以至开怀采纳的雅量。会上也有两件事，我至今仍清楚记得。

一件发生在分组讨论会上。邓先生在座，一位来自台湾成功大学的先生对邓先生的一名学生所提交的论文提出尖锐批评，其言辞之激烈令与会学者咋舌。在我看来，这位先生不仅措辞欠斟酌，而且看法也不无偏颇之处。可是邓先生作为前辈权威学者，居然泰然处之，既没有反驳这位先生，更未指责分组会的主持人。其包容精神，令我钦佩。

另一件发生在总结大会上。邓先生主持会议，来自台湾大学的一位教授公开批评会议午睡时间过长，不应当在会议期间安排到房山云居寺等处进行学术考察。坐在我身旁的一名大陆学者对我悄然私语：入乡随俗嘛，这位先生的话说得太牛气。而邓先生岂止认真听取，而且欣然接受，并切实改进。

以后宋史学术会议一概取消午睡，会议期间不安排学术考察，学者会后如自愿旅游，由旅游公司办理，费用自理。

宋史研究会的会员人数多，来自不同地区、不同学校，师承关系有别、研究风格有别。尽管邓先生德高望重，然而要把会员们凝聚、整合起来，也并非易事。由于我不是邓先生的学生，长期以来对邓先生相当隔膜。好在我的同行学友中有不少邓先生的弟子，同他们的交往无形中增进了我对邓先生的了解。如1996年夏天，我与邓先生的女公子兼弟子邓小南教授一同到台湾参加学术活动，在台中东海大学图书馆门前的月台上，小南向我介绍了好些我从前不知道的有关邓先生的情况。不必讳言，我也曾以常情揣度邓先生，在处理研究会的事务中，会不会亲亲疏疏，并同一些同人私下议论过。我的好友赵葆寓兄生前对我说："你不了解邓先生，他'疏者宽，亲者严'，对我们这些北大历史系学生要求很严，对你们就另当别论了。谁都知道邓先生很看重朱瑞熙，我看邓先生对你也不错嘛。"当时我半信半疑，后来越来越感到葆寓兄的这番话实属言之凿凿。

邓先生是位名不虚传、不可多得的严师。与那班不搞学派搞帮派的学痞不同，邓先生对学生要求之严在今天很罕见，太难得。宋史研究者几乎无人不知，邓先生的研究生如果学位论文质量差、不合格，不用评议人或答辩委员会否决，他自己首先否定，无论谁出面说情，都无济于事。他的弟子如果条件还不十分成熟，邓先生是不会赞成他们晋升职称的。我曾亲耳听到邓先生的弟子偶或因此口出怨言，这恰好是邓先生严师风范的见证。在邓先生早年的弟子中，有的成就大，名望高。但邓先生恨铁不成钢，对他们仍有针对性极强的规劝和开导，有时甚至言辞很激烈。常言道："严师出高徒。"难怪邓先生的弟子通常学术水平都相当高，其中不乏宋史学界的中坚和栋梁。

作为宋史学界的一代宗师，邓先生的学术沾溉所及并不局限于其弟子及再传、三传弟子。就拿我这个与先生长期素昧平生的后学来说，也受到先生的鼓励、关怀、扶持和指教。曾任《光明日报》总编辑的穆欣先生在《无曲学以阿世的史学家邓广铭》一文中称赞邓先生当年通过主办《史学》专刊培养史学人才，说："有好几位青年史学工作者，他们的第一篇论文是在

《史学》专刊上刊出的","他们的研究工作是从《史学》专刊这块园地上起步的。"① 60 年代前期,我在校外发表的第一篇历史文章也是刊载在邓先生主持的《光明日报》史学专刊上。80 年代,我在邓先生主编的宋史年会编刊《宋史研究论文集》上发表的论文又岂止一篇而已。

由于对邓先生心存敬畏,我从未到邓先生府上拜望。1988 年秋,突然收到邓先生的博士生包伟民兄从杭州寄来他的学位论文《宋代地方财政史研究》,说邓先生要我写个同行专家评议。邓先生居然还想到远在成都的我,实话实说,当时我有受宠若惊之感。评议写成后,寄到北大历史系,不久邓先生的助手杨若薇女士从邮局汇来 10 元钱,附言上说是博士论文评议费。后来又听说,按规定只有 5 元,经邓先生亲自出面争取,才增加到 10元。10 元钱数额虽小,但饱含着邓先生对后学的提携与关爱的一片深情。

邓先生生前,我只是在 1997 秋,专门去拜望过他老先生一次。可惜不是在府上,而是在北京友谊医院。邓先生当时病危,声音虽然依然洪亮,但行动已十分不便。他非常热情,滔滔不绝,说个不停,要我等他出院后,到他家里做客。我告别时,他定要起身,以新近出版的《邓广铭治史丛稿》相赠,并硬是坚忍地用他那颤抖不止的手在书上题写"邦炜教授仁兄指正"。邓先生不久便与世长辞。如今邓先生离开我们已达十余年之久,每当我诵读邓先生的赠书、目睹书上的题签,都为当年曾对邓先生竟然有所揣度而惶愧。每当我为当前的学术腐败而忧心时,总是情不自禁地想到邓先生。愿学界少些乡愿气,多涌现出邓先生式的"三严"学者。我怀念邓广铭先生,崇敬他那绝不"奄然媚世为乡愿"的精神!

(张世林编《想念邓广铭》,新世纪出版社,2012)

---

① 穆欣:《无曲学以阿世的史学家邓广铭》,《炎黄春秋》1999 年第 12 期。

特立独行的思想型史家

——纪念金宝祥师百岁诞辰

金宝祥先生出生于 1914 年 2 月，浙江萧山（今属杭州市）临浦镇人，家道殷实，3 岁丧父，由母亲抚育成人。儿时，母亲为其聘请当地名士、知名历史小说家蔡东藩任启蒙老师。[①] 在蔡东藩潜移默化的影响下，先生从小便对古往今来的历史深感兴趣。1934 年，先生在浙江省立杭州高级中学毕业后，考入北京大学史学系，先后聆听多位名师教诲，其中孟森、钱穆、陈寅恪、冯家昇等对先生的影响尤其大。先生后来回忆道："论钱、陈风格，钱波涛汹涌，一泻千里；陈潺潺溪流，意境幽远。从表象看，前者博大，后者精深，实则殊途同归，博大中有精深，精深中有博大。"[②] 先生当年曾选修《沿革地理》课，写下作业《汉末至南北朝南方蛮夷的迁徙》，任课教师冯家昇大加赞赏并推荐发表。1936年 8 月，《迁徙》一文刊载于顾颉刚、冯家昇所编《禹贡》半月刊第 5 卷第 12 期。大学本科低年级学生就有这样的成果是难得的，从而增强了先生日后终生从事历史研究的信心和勇气。当年先生以母校为荣，如今母校以先生为荣。先生的学术成就成为 "20 世纪 30 年代的北大史学系

---

① 蔡东藩当年在金氏家中创作《历代通俗演义》，如今金氏祖居作为蔡东藩故居，列为市级文物保护单位，因其坐落在钱塘江支流浦阳江边，称"临江书舍"。该文物保护单位标明，临江书舍业主金宝祥教授。

② 魏明孔：《追随金宝祥先生学习历史》，田澍等主编《中国古代史论萃——庆贺历史学家金宝祥先生九十华诞论文集》，甘肃人民出版社，2004，第 520 页。

堪称中国现代史学家的摇篮"① 的例证之一。

先生在北大念书期间，正值国难当头。1935 年，他与同班同学曹振之、孙思白、杨志玖、余行迈、詹瑛、高亚伟、王德昭、巫省三等一道参加"一二·九"学生爱国运动。先生扛着大旗，走在游行示威队伍前头。王德昭、巫省三曾一度被当局拘捕，全班同学欢迎王德昭、巫省三释放返校的合影保留在《从改革到革命》一书中。在这张合影中，先生青年时代的英俊身影仍依稀可见。20 世纪 80 年代初，孙思白所作怀旧诗《题一九三五年冬北大同班照片》云："负笈红楼忆少年，东西斋对汉花园。心期班马千秋业，呼号街头腊月寒。"②

先生随北大南迁，经湖南长沙，1938 年在云南蒙自毕业。他一度任职于《三民主义丛书》编纂委员会，此后始终从事教学工作。曾任四川大学讲师，英士大学副教授。新中国成立后，历任西北师范学院（曾称甘肃师范大学，现称西北师范大学）教授、历史系主任，《甘肃师范大学学报》主编、甘肃省历史学会会长及名誉会长、中国史学会理事、中国唐史学会顾问、中国敦煌吐鲁番学会顾问。五六十年代，曾任《历史教学》编委。1956 年加入中国共产党，1986 年被授予全国教育系统劳动模范称号，荣获"五一劳动奖章"，并被甘肃省政府特聘为终身教授。先生的代表作有《唐史论文集》、《隋史新探》以及《宋高宗南渡前后两淮及西北居民之南迁》、《南宋马政考》、《西夏的建国和封建化》、《唐史探赜》、《吐蕃的形成、发展及其和唐的关系》等。他中年以后的论著"被视为学术精品"。③ 2004 年 2 月，先生喜逢九十华诞，中国社会科学院历史所、经济所等学术机构、学

---

① 北京大学历史系尚小明教授在《抗战前北大史学系的课程变革》中说："在傅斯年幕后主持北大史学系的几年中，有 21 名毕业生后来成为史学家。"其中包括"1934 级的王德昭、金宝祥、杨志玖、高亚伟"（《近代史研究》2006 年第 1 期）。似应增加孙思白，原名孙兴诗。

② 孙思白：《追念王德昭教授》，王德昭：《从改革到革命》，中华书局，1987，第 6 页。

③ 中国社会科学院历史所、经济所等：《金宝祥教授九十华诞贺信》，田澍等主编《中国古代史论萃——庆贺历史学家金宝祥先生九十华诞论文集》，甘肃人民出版社，2004，第 515 ~ 516 页。

术团体联合发来贺信，称赞"先生学识渊博，思想深邃，在中国古代史的诸多方面都取得了重要的研究成果，尤以隋唐史的研究成果最为卓著"。当年8月，先生在兰州家中溘然仙逝，享年91岁。

但凡对金宝祥先生有所了解、有所听闻的学人都知道，先生在历史学界是一位特立独行、极具个性的学者。

先生服膺哲理。他说："研究历史必须有一定的哲学作为基础。纵观古今中外，任何历史学家必然是哲学家。""读历史读不出哲学的意境来是可悲的。"先生认为，自己的学术基础由文献资料、东方哲学名著、西方哲学名著三部分组成，并经历了三个发展阶段。第一阶段：大学生时代，笃信考据学，认为"有了史料便有了一切"，做学问以钱穆的《先秦诸子系年》为楷模。第二阶段：大学毕业后，读佛经，为东方哲学所折服，认为佛经中蕴含极其精粹的哲理。第三阶段：新中国成立后，反复读马克思的《资本论》，"使自己的思维功能扩展了许多"。先生感慨："正是读了《资本论》，我才对历史上的诸多问题提出了自己的独特的看法，即使对历史文献也有了新的认识。"先生又进而研读黑格尔的《小逻辑》《精神现象学》，他说：黑格尔的书"意味深长，给人以无限的启迪，使人浮想联翩"，"享受到无限的乐趣"。先生强调文献资料、东方哲学名著、西方哲学名著"这三部分间的关系不是孤立的，而是互为依赖，相辅相成的。只有三部分合而为一，浑然一体，才谈得上研究历史"①。他将哲学名著特别是马、恩著作视为显微镜、望远镜，以增强自身的洞察力、抽象力。正如中国社会科学院历史所、经济所等单位在贺信中所说："先生是一位思想型学者，在学术方面追求主客观相通、古今相通的境界，其理论修养称誉学界，其著作给人深刻的启迪。"

先生崇尚理性。他一再强调："历史研究者的任务就是弘扬理性精神。一个真正具有理性的人，不见得能成为伟大的史学家、文学家、科学家和思想家，然而一个真正伟大的史学家、文学家、科学家和思想家，必定具有光

———————
① 沈颂金：《历史研究与理性思维——金宝祥教授访谈录》，《文史知识》1993年第10期。以下引文凡出自此文者，不再一一注明。

辉的理性。"什么是理性？黑格尔说："理性是世界的灵魂，理性居住在世界中，理性构成世界的内在的、固有的、深邃的本性。或者说，理性是世界的共性。"① 先生进一步认为："理性是人的最高本质"，"纯粹至美"。他说："无论历史如何发展，总有一些具有理性思维的人，他们不应该被遗忘。"先生高度评价西汉的司马迁、唐代的杨炎。他说："司马迁的《史记》之所以名垂千秋，至今仍闪烁着耀眼的光芒，原因就在于司马迁具有一种理性思维。"赞扬杨炎"具有正义感、是非感"，"是最具理性思想的人"。先生同时又认为，理性是"在实践的基础上，通过思维活动反映在头脑中的正确认识；或者说，主观思维和客观本质相一致的认识，即理性，方可称为真正的思想"，强调"只有通过理性思维，才能探索出客观世界的本质"。

先生主张"学贵自成体系"。他认为："历史的最终归宿集中到一点，所谓'一点'，就是形成一种体系，但要达到这一点却非常难。"在先生看来，所谓"一点"，除"体系"而外，还指"历史的本质""最一般的关系""内在的规律性"。在他的常用辞典里，这些词汇近乎同义语。先生研究历史，总是致力于不被假象所迷惑，透过现象看本质，揭示一定历史时期的最根本、最一般的关系。他追求伟大的历史感，始终深信恩格斯所说人类的历史"是人类本身的发展过程，而思维的任务现在就是要透过一切迷乱现象探索这一过程的逐步发展的阶段，并且透过一切表面的偶然性揭示这一过程的内在规律性"②。先生是一位高屋建瓴的学者。他强调贯通，认为通史姓"通"，通史贵在一个"通"字，不能局限于一朝一代，任何断代史都只是历史工作者的研究重点或突破口。先生 50 年代末所作《关于中国封建社会内部的分期问题》③ 一文便体现了他"通古今之变"的学术追求。先生中年以后虽然专门研究隋唐史，但他对整个中国古代史都有探索性的思考和

---

① 黑格尔：《小逻辑》，商务印书馆，1980，第 136 页。
② 《马克思恩格斯选集》第 3 卷，人民出版社，1995，第 363 页。
③ 甘肃师范大学历史系中国古代中世纪史教研室：《关于中国封建社会内部的分期问题》，《历史教学与研究》1959 年第 2 期。此文由时任教研室主任的金宝祥先生总其成。

心得并自成体系。

先生强调"读书贵能得间"。所谓"得间",就是"看出问题"。① 他认为:"读历史文献,要得间,要有新意;读经典著作,要得间,要有新意。"② 先生读基本史籍,不是翻翻、查查、检索而已,而是细读、熟读、反复读。他对隋唐基本史料的熟悉程度,罕有其匹。他说:"(我)不喜欢寻求一些稀奇古怪的材料,而是从常见的材料中找出别人看不到的问题。在这方面,陈寅恪师给了我很大的影响。"其实,以博学著称的余嘉锡又是一例。他自称"读已见书斋",有《读已见书斋随笔》传世。③ 先生深信:"读书百遍而义自见。"④ 他读史料如此,读马、恩的书更是如此。先生说:"尤其是马克思的《资本论》,我读了足有二三遍。每读一遍都犹如上了一个新台阶。"他主张用《资本论》的方法、从抽象到具体的方法研究中国古代历史,一再强调马克思解剖资本主义社会从商品入手,我们剖析中国封建社会应当抓住人身依附关系这个要害,人身依附是封建社会"最内部的秘密""隐蔽着的基础"⑤,是最根本、最普遍、最一般的关系。先生认为,人身依附与自然经济是封建社会的基本特征,封建时代的土地所有权具有品级性、凝固性即非运动性。但封建社会自有其自身发展的阶段性,漫长的封建时代并非一成不变,商品这一"革命要素"的前后变化特别值得注意。他认为:"在封建社会内,人身依附关系与商品货币关系是互相抵触的。当人身依附关系处于强化的时候,商品货币关系便显得冷落。反之,当人身依附关系处于减轻的时候,商品货币关系便显得繁茂。"⑥ 正如中国社会科学院历史所、经济所等单位在贺信中所指出:"由先生所倡行的以直接生产者人

---

① 金宝祥:《治史门径》,《兰州学刊》1984 年第 5 期。
② 《金宝祥自传》,晋阳学刊编辑部编《中国现代社会科学家传略》第 4 辑,山西人民出版社,1983,第 292 页。
③ 《余嘉锡论学杂著》,中华书局,1963,第 642 ~ 681 页。
④ 陈寿撰、裴松之注《三国志》卷 13《王朗传》裴注引《魏略》,中华书局,1959,第 420 页。
⑤ 马克思:《资本论》第 3 卷,人民出版社,1953,第 1033 页。
⑥ 《金宝祥自述》,高增德、丁东编《世纪学人自述》第 5 卷,北京十月文艺出版社,2000,第 104 页。

身依附关系和商品货币关系的变化剖析古代社会发展的理论与方法，得到了国内外学术界的高度评价。"①

先生潜心学问，无功名利禄之心。他说："做学问本来就是一桩枯燥乏味的工作。只有耐得住寂寞，习惯坐冷板凳，抛弃功名利禄等私心杂念，方能成功。"先生从不粗制滥造，论著皆有新意。"勤于读书，慎于提笔；勤于写作，慎于发表；宁可少些，但要好些。"先生以此勉人并自勉。他说："我每写一篇论文，总先考虑，是否有自己独到的见解，是否掌握了比较精确的史料。如果有，就写，否则，决不写。"②先生从不急功近利，他在1947年写成的论文《和印度佛教寓言有关的两件唐代风俗》，直到1958年才发表，一搁就是十余年。与时代有关，先生从未经受量化考核的困扰。在他的脑海里，没有"项目意识""获奖意识"，只有"学问意识""质量意识"。先生说："文章要写，但切勿贪多，多必滥，而滥便保证不了质量。"他不知"核心期刊""权威杂志"为何物。70年代末，先生因事在中国社会科学院近代史所停留，《历史研究》杂志一主编专程前往索稿，先生当即将刚写成的《北朝隋唐均田制研究》一文交给他。此文长达4万余言，主编读后，在称赞之余，仅请先生将"问题的提出"一节稍加压缩。先生一字不改，送本校学报刊载。先生独具个性，由此可见一斑。

先生襟怀坦荡，有求真求是之意。他自中年以后，对前辈极少吹捧，对朋辈极少称许，对自己不断否定。如80年代初，先生在评论自己1959年发表的《论唐代的土地所有制》时说："对于作为国家土地所有制的均田制，也已看清只是从属于世族地主所有制的一种形式。但我还没有认识，均田制的实质是国家佃农人身依附关系的强化。"③正是因为先生不断否定自己，所以他的理性思维越发深邃，研究水平不断提升。先生开展学术批评，丝毫

---

① 中国社会科学院历史所、经济所等：《金宝祥教授九十华诞贺信》，田澍等主编《中国古代史论萃——庆贺历史学家金宝祥先生九十华诞论文集》，甘肃人民出版社，2004，第515页。

② 《金宝祥自传》，晋阳学刊编辑部编《中国现代社会科学家传略》第4辑，山西人民出版社，1983，第292页。

③ 金宝祥：《唐史论文集·自序》，甘肃人民出版社，1982，第2页。

不留情面。即使在大庭广众之中，面对外国学者，也直言不讳。最典型的事例是，80 年代初，先生在兰州主持日本学者藤枝晃教授的学术报告会，听众近千人。藤枝晃在报告中说："敦煌在中国，敦煌学在日本。"先生在长达近一个小时的总结发言中对此直截了当地提出异议。他论述了敦煌藏经洞的发现和文物流失的历史，列举包括中国学者在内的世界各国学者的敦煌学研究成就，纠正了一些外国学者对中国学者的偏见，旨在说明"敦煌在中国，敦煌学在世界"。先生的发言赢得听众经久不息的掌声。此事已经成为"敦煌学史上的一段学术公案"，在学术界传为佳话。①

金宝祥先生称赞钱穆"博大中有精深"，陈寅恪"精深中有博大"，其实先生的论著正是以其师长为楷模，力图做到精深与博大相结合，即学人常说的以小见大，以大见小，大小互补。

先生善于从小处入手，如他具体而微地考察从割股供养到割股疗亲、从燃灯祈福到燃灯歌舞的演变，旨在揭示印度佛教风俗传入中国后，如何在儒家思想的影响下演变为富有儒教内容的新兴儒教习俗的过程。又如先生搜集大量史料并经过仔细的辩证和思考，指出所谓"杨炎害死刘晏"纯属"谣传"，是"历史的错谬"。他并不止步于此，进而论证杨炎"创立两税法，实欲收回由宦官控制下的财政，按等第征税，再也没有其它徭役，减轻人民的负担"，"是具有理性的人"。

先生又注重从大处着眼，如他研究两税法，将其置于历史的长河之中作瞻前与顾后的思考，指出"两税法的出现是我国中世纪上的一件大事，是我国历史上赋税制度的一大变革。它承上启下，影响巨大"。但先生的考察是从"什么是两税"这一具体问题开始。研究者们通常认为两税是夏秋两季两次征收的户税加地税的总和。他通过考证，提出与众不同的观点，即"两税仅是夏秋两次征收的户税而已，并不包括地税"。又如先生认为"私家佃农人身依附关系由强化而减轻是唐代历史的基本内容"，这

---

① 参见魏明孔《追随金宝祥先生学习历史》，田澍等主编《中国古代史论萃——庆贺历史学家金宝祥先生九十华诞论文集》，甘肃人民出版社，2004，第 522 页；刘进宝《敦煌学史上的一段学术公案》，《历史研究》2007 年第 3 期。

一宏大而抽象的论点以若干具体的史实和考证作支撑。他以私家佃农而负担国家赋税、力役系于户税是两税的真正特色等来证实唐代后期人身依附关系确有所减轻。

先生独到的见解还有很多。如从前研究者们总是认为唐代后期经济发展水平倒退，而先生则指出这一时期正是商品货币关系的繁盛时期，货币的广泛流通、商品高利贷资本的迅猛发展等就是例证，关键在于人身依附关系的减轻。又如唐代后期为什么形成藩镇割据，先生认为在人身依附关系减轻的历史条件下，国家权力本应继续强化。形成藩镇割据的原因在于当时上层建筑与经济基础一度脱节，具体来说是个财政问题，长安政府的财赋收入，既不足以建立一支强大的中央禁军，也不足以供养边兵和镇兵。一旦中央政府的财赋收入充裕，藩镇割据的局面很快成为过去。再如隋文帝父子、唐太宗父子为什么倾全国之力，三番五次攻打高丽，先生经过多年潜心研读，认为是因为在隋唐帝国外围形成了一个东西呼应、笼罩北方的强大弧形包围圈。隋唐攻打高丽的根本原因是中原王朝竭力消除这一弧形包围圈。诸如此类，不一而足。

金宝祥先生从事教学工作凡60余年，学生不计其数，遍布全国各地，其中不乏学有所成，成就卓著者。先生自幼生长在江南水乡，后又毕业于著名学府，但他扎根西北50多年，终生以他乡为故乡。先生并非没有"孔雀东南飞"到名校任教的机会。出于对西北的感情，他始终留在兰州。先生生性好静，不喜活动。他读书在书房，写作在书房，吃住在书房，备课在书房，从早至晚，不避寒暑。先生的习惯是备课到凌晨，人们不知道他书房中的灯光什么时候才熄灭。先生始终站在本科教学第一线，他上课从不照本宣科，总是讲自己的心得，内容充实，见解独到，充满激情。学生们"无不以受先生之教为荣，读先生大著为快"①。先生指导研究生，强调教学相长，重视师生之间的相互启发与互动，注重培养弟子的独立研究能

---

① 李清凌：《陇原不息的智慧之光——金宝祥先生和他的史学研究》，《甘肃社会科学》2005年第5期。

力和创造性，告诫弟子切忌死守师说。先生将教学与科研有机地结合起来，从教学需要选择科研论题，以科研成果充实教学内容。他的讲义别具一格，很有分量。先生被授予全国教育系统劳动模范称号，当之无愧。

[原载《西北师范大学学报》（社会科学版）2014 年第 1 期]

川内开花川外红

——缅怀吴天墀先生

依据"钱学森之问",人们往往认为,我们的时代无大师。只怕同时也应当注意,当今人才管理机关和管理学术部门大有求才若渴之势,为培育名人投入了不少财力、物力和人力。"管理出效益",以致眼下"项目多、著作多、获奖多、头衔多、荣誉多"的学者不乏其人,其著述动辄上千万言①。与这些"五多"名人相比,吴天墀先生(1913~2004)不免微不足道。他是不是有资格的博导,还有待考证。难怪在四川,莫说知识界,即便在习史者中,知道吴先生其人者似乎为数并不多。

然而吴先生在国内外宋史学界声誉颇高,尤其在西夏学学界更是被奉为开拓者之一。徐中舒先生为其《西夏史稿》作序,称赞《史稿》"填补了西夏史研究的空白",或有老师勉励学生之嫌。然而与吴先生素不相识、一贯拒绝廉价吹捧的蔡美彪教授在《历史研究》发表长篇书评给予高度评价②,其态度之客观则毋庸置疑。《剑桥中国辽西夏金元史》在回顾西夏史研究时说:"中国最重要的成果是吴天墀的《西夏史稿》","这部著作是当前最有

---

① 董健在《高校颓风日盛的深层原因》一文中指出:"各种渠道的科研'项目'和'课题'越来越多,经费投入的力度和学术'成果'的数量都甚可观,五花八门的'学术'活动既隆重,又频繁。然而看看那些'热闹'上市的'作品'吧,有的弥漫着'官腔',有的充满了'商气',以致抄写剽窃、胡编乱造,其中有不少被人们称为'文化垃圾'"。(《中华读书报》2008年4月15日)

② 蔡美彪:《〈西夏史稿〉读后》,《历史研究》1982年第4期。

价值的党项史的综合论著"①。《西夏史稿》在一版、再版、三版之后，又于2011年选入商务印书馆《中华现代学术名著丛书》第1辑。四川学者的入选著作有蒙文通先生所著《佛道散论》及吴先生此书，仅两种而已。

吴先生的《西夏史稿》在四川省社会科学优秀成果评奖中仅获二等奖。有人愤愤不平，并对那位既是"运动员"又是"裁判员"的评奖者颇为不满，说他那本小册子不过是政治学习材料，居然得了头等大奖。一次，我去看望吴先生，适逢其单位负责人赵迎生在同吴先生摆谈此事，想来是在做思想工作。我与老赵是大同乡，还算认得，于是大胆议论了一番。我说社科奖是政府奖，具有极强的政治性，势必注重政治导向，纯学者的纯学术著作还能得奖就算是照顾了，并介绍了我的同事彭久松有关评奖的精辟见解②和超然态度。评奖问题太多，积重难返。《中国社会科学报》近年刊载的报道《从学术评奖看学风：浮躁和不正之风侵蚀"净土"》值得一读。报道披露："学术评奖沦为学术交际场，学者蜕变为'长袖善舞'的'交际花'。"尤其是"滥评奖，评烂奖"③六个字，实属一语破的。读罢，更知评奖与得奖就是那么一回事。吴先生颇有长者之风，对此事并不怎么在乎，但旁观者的抱怨之声不绝于耳。

"理性者寿，方正者刚。"吴天墀先生长寿，享年92岁。2002年，吴先生九十大寿。数月前，省历史学会刚为一些有成绩的历史学界学人举办七十寿宴④，并有媒体予以报道。然而省历史学会并无为吴先生祝寿的打算。有人为吴先生鸣不平，发出了"川内开花川外红"的感慨。孟子曰："不以规

① 〔德〕傅海波、〔英〕崔瑞德编《剑桥中国辽西夏金元史》，史卫民等译，陈高华等审校，中国社会科学出版社，1998，第775页。
② 有学人近来指出："拥有一定学术权力的学者，在项目分配、评奖、学科评估中的腐败现象，比比皆是。""他们通过自己的权力把自己变成了'学术泰斗'，而不是通过学术成就、人格等在专业同行中自然形成的。""追求真理、一心向学的学者品性，在这样的环境中早已退出了学者的公共意识。"（孟繁华：《学术的"通途"与"小路"——中国学术体制批判》，《新华文摘》2012年第15期）彭久松先知先觉，类似看法他20多年前早已有之。
③ 陈静、刘方圆：《从学术评奖看学风：浮躁和不正之风侵蚀"净土"》，《中国社会科学报》2010年7月29日。其深刻精当之处不胜枚举，但记者仍在寻求治疗痼疾的药方。浅见以为，除少评不评外，恐别无良药可治。
④ 其中有个别学人与历史学似乎并无多少干系。

矩，不能成方圆。"更有人指责省历史学会无原则、讲关系，并向会长李绍明当面直陈。老李坦言：确有不妥之处。但他不便披露内中隐情是可以理解的。吴先生的九十大寿是在医院里度过的。出院后，由其公子出资补办寿宴，参加者不少，多为吴先生的亲友和弟子。既不收礼，又未动用公款，更未编辑出版赠送颂寿论文集之类。有人认为吴先生的寿辰办得好，祝寿敛财之风不可长，公款祝寿之风也不可长。

前人曰："名师出高徒。"今人云："高徒出名师。"吴先生在蜀中名头不响，其原因之一大概在于学生较少。早年的学生如常绍温等早已走出夔门，而伍仕谦、唐嘉弘等则被扣上右派帽子。晚年的弟子如蔡崇榜、刘复生等都不是风风火火之人，似乎不愿也不善张罗和宣扬。但蔡、刘二位对吴先生这位高龄师长，可谓关怀备至。老蔡不时骑着后面加挂座位的自行车，拉着吴先生外出的情景，我至今仍历历在目。老刘后来与吴先生系近邻，对吴先生晚年照料颇多。"有其师必有其徒。"其实，吴先生本人何尝不是如此，他回忆、评介徐中舒、蒙文通、王恩洋三位恩师的文章①虽然颇具学术深度，并充满浓浓真情，但出言审慎，不肆夸张，与眼下某些不实胡吹的回忆性文字大异其趣。

不必讳言，吴先生之所以学生较少，原因在于他在历史上有"青年党""'伪'县长"的经历。吴先生在抗日战争时期任芦山县县长，由西康省主席刘文辉委派。按照50年代初的政策，与国共战争时期的具长有实质性的区别，不应当以"伪"字相称。吴先生自幼才思敏捷，理当毕生潜心学问，怎么去做那些事？我颇为不解。一次不禁当面脱口而出："吴先生，你还当过县长哈。"吴先生先笑了笑，再回答道："不会做，做不好。"后来读了吴先生的《往事悠悠》② 一文，才多少有些理解。吴先生之所以几度短暂从政，除了某些偶然因素外，还同他"父早亡母又离却"的孤儿身世有关。与油盐柴米一概不愁不问的富家子弟不同，他不得不养家糊口。但吴先生心不

---

① 《王恩洋先生二三事》《蒙文通先生的治学与为人》《为学术、教育毕生尽瘁的徐中舒先生》，《吴天墀文史存稿》，四川大学出版社，1998，第432~480页。
② 《吴天墀文史存稿》，四川大学出版社，1998，第521~534页。

在此而在彼，"总想搞学问"①。于是，他一次又一次弃政从学，回归学界。

吴先生为什么参加青年党而且是其中坚？这又是我不理解的问题。为此，找来我院研究生彭叶飞的硕士论文《国家主义之梦——中国青年党建国理论研究》②浏览，才明白了一些。吴先生那代人与我们这代人迥然不同。我等自幼生长在"一个国家，一种主义，一位领袖"的环境里，从小高唱"我们是共产主义接班人"，在信念问题上无须也不可能自己去动脑筋。而吴先生的青年时代不是舆论一律的时代，无明确的舆论导向，全靠自己去选择。当时，三民主义、共产主义、国家主义、无政府主义、托洛茨基主义等各种理念与思潮错杂纷呈。青年党自称"革命政党"，以国家主义相号召。所谓"国家主义"，其宗旨据说是"以全民革命的方式外抗强权，力争中华民国之独立与自由，内除国贼，建设全民福利的国家"，当年在青年人中具有相当的吸引力。用现在的语言来说就是很能忽悠人。九一八事变后，青年党宣扬："我们目前的忧虑，只有国难；我们的仇人，只是日本。"主张"捐弃前嫌，共临大敌"。吴先生在抗战期间参加青年党，只怕并不奇怪。1947年初，在当众顶撞青年党党魁曾琦之后，他毅然做出回川大历史系教书的选择。这意味着吴先生在思想上已与青年党决裂。他走出政界，回望官场，感慨万端。"最后的结论是：天下的老鸹一般黑！"③吴先生此言可谓入木三分。

吴先生青年时代的这段阅历，今天可以理解，但对他年富力强的中年时代影响极大。唯其如此，他才有50年代初在成都街头靠拉板车为生的经历。好在有徐、蒙、王三位恩师的资助和鼓励，吴先生才熬过了那些艰难的日日夜夜。王恩洋先生赠吴先生诗云："不羡崔巍不厌卑，随缘饮啄息柴扉。春风桃李离离好，冰雪梅花也自辉。"其《贺吴浦帆④教授

① 《吴天墀文史存稿》，四川大学出版社，1998，第527页。
② 彭叶飞：《国家主义之梦——中国青年党建国理论研究》，硕士学位论文，四川师范大学，2009。
③ 《吴天墀文史存稿》，四川大学出版社，1998，第530页。
④ 吴先生别名浦帆。

拉车》一诗①，尤其感人。吴先生在三位恩师的指点和支持下，从 1955 年开始研究西夏史。次年秋季，经徐先生举荐，得以回到川大历史系任高级资料员。二十余年磨一剑，1980 年底《西夏史稿》终于由四川人民出版社印行。出版后，吴先生又痛下功夫，仔细予以增订。《西夏史稿》实属锲而不舍出精品的范例，而急功近利只能制造文化垃圾。

我是在 80 年代初认识吴先生的，我当时刚从西藏调回成都，到四川师大任教。回川之初，颇有独学无友、举目无师之感，不知如何研习宋史才能登堂入室。我较早认识贾大泉，当时我住通惠门，他住百花潭，住地相距甚近，过从甚密。老贾告诉我，吴先生有学问，同他喝茶聊天，定能从中受益。于是，我登门拜访吴先生。后来，又几度与吴先生等一道到外地参加宋史研讨会。四川治宋史者人数较多，被同行戏称为"蜀党"。当时重庆季平、南充柯昌基等尚健在，加之北京郦家驹、武汉李涵、上海朱瑞熙、芜湖杨国宜等理所当然地自称"蜀党"，乃至与四川毫无关系的北京赵葆寓等也以"蜀党"自命。所谓"蜀党"一时声容甚盛，而吴先生无疑是"蜀党"中的年高德劭者。他早在 40 年代初就有《张咏治蜀事辑》《烛影斧声传疑》等开创性的长篇论文发表在顾颉刚先生主编的《史学季刊》。与我等不同，吴先生参加宋史研究会是会长邓广铭先生因《中国大百科全书》事在北京专门宴请吴先生时特地邀请的②。后来宋史界内部关系一度复杂起来，据说有所谓"北派""南派"之分（其实系"乌有先生言"），我们才谢绝了"蜀党"这一戏称，照实声言："西蜀无党。"

天长日久，与吴先生渐渐熟悉起来。吴先生是前辈，我对他既敬重又坦诚，他愿意同我摆谈。我每年都会去看望吴先生若干次，谈论的话题围绕着宋史。吴先生的谈吐既增长了我的知识，又启发着我的思维。因我是在兰州上大学的，没听老师说到过刘咸炘其人。听吴先生介绍后，才到学校图书馆

---

① 《吴天墀文史存稿》，四川大学出版社，1998，第 435、532 ~ 533 页。

② 据我所知，邓广铭先生专门邀请参加宋史研究会的老一辈学者还有我的授业师张孟伦先生，他在 40 年代即有《宋代兴亡史》一书由商务印书馆出版，现收入《民国丛书》。因张先生当时已年近八旬，行动不便，未能参加宋史研究会的活动。

读线装本《推十书》，特别是其中与宋史有关的篇章，诸如《北宋政变考》《南宋学风考》《宋太学专辑》《重修宋史述意》等。读后眼界豁然开朗，仿佛别有洞天。80年代我之所以较快找到研习宋史再起步的门径，因素较多，其中吴先生的指点不失为一大重要原因。

吴先生与我的住处始终距离相当远，但他也曾回访。一次听到敲门声，开门一看，原来是吴先生。他拄着拐杖，气喘吁吁，进门就说："找来你的几篇文章看，写得都很'跳战'。"说罢就走，因为楼下还有上不了五楼的同路老者在等着他。我出川在外20多年，对四川方言不太熟悉。什么叫"跳战"，是褒义还是贬义，我始终没有弄明白。我的妻子是东北人，她理解为贬义。她至今仍不时告诫道："吴老头批评你'跳战'哈。"那天，我系系主任刘达永正在我家谈事，于是与吴先生相识。老刘稍后造访吴先生，代表学校将他礼聘为四川师大兼职教授，并请他到学校讲演。吴先生是我的教授职称论著校外评审人之一，蔡崇榜事后才告诉我。吴先生偶然谈到此事，他说看熟人的材料更要认真，不然人家怀疑我们通同作弊。对你提交的材料，我是提了意见的。至于吴先生提了什么意见，我至今不得而知。吴先生还说，一位熟人的送审材料竟将"僮仆指千"解释为"一千个奴隶"，这类常识性错误，他不能不如实指出。

由于知道吴先生的从政经历，认识吴先生之初，我总以为他多少应当有些政客习气。而吴先生政治嗅觉极差，管他东南西北风，只知坚守自己心仪的研究领域。既不会赶浪头，以便一举成名，更不会利用媒体，提升自己的知名度。岂止如此而已，吴先生刚直敢言。按照职称评定的有关规定，职称外语考试不合格者是不能晋升职称的。一位研究涉外问题的处长外语考试不合格，单位某位领导定要将他评为教授。其理由是出于学校工作的需要，并拿史学名家郑天挺先生说事。他说：郑天挺既是校长又是教授，代表学校说话才有力量。吴先生反对这一违规做法。领导话音刚落，他赓即当众反驳道："郑天挺先生是先当教授再当校长的哈。"此事成为笑谈，不胫而走，人们议论纷纷。有的说：领导对郑先生竟如此无知、如此大不敬，亏他还是学历史的。有的说：这话在四川说说尚可，在北大、南开讲，是要挨耳光的。有的说：这分明是典型的崇尚权力、无视学术的奇谈怪论。这类歪歪道理出自某些自以为"大"权在握的领导之口，其结果是祸害高校，危害学术。第一，使高校深深地陷入行政化泥潭。一位大学校长直言不讳："学术资源配置以行政为中心，校长、处长、院长几乎掌握了学校的所有学术与公共资源。"在价值观上，"管理至上"取代"学术至上"，教师被边缘化，"大学的本质被异化"①。第二，"使中国的学术界变了样、走了形"。最近《光明日报》连连载文炮轰当前的"职称评审"。编者敏锐地指出："'学术腐败'因'职称评审'而生，这已经将中国的学术界引向了不轨之路。这种混乱局面若不予以澄清、纠正，中国的学术界就会彻底走向浮躁、不实的境地，中国的学术领地就会被邪恶掌控，真正的学术成果将被埋葬，学术研究的科学精神就会彻底丧失！"并称："这几炮轰得准、炸得响！"② 面对种种乱象，学人很难相信学界还能返璞归真。近年虽有"去行政化"之说，但雷声不大，雨点更小。

刚纪念邓广铭先生 105 岁冥寿，又迎来吴天墀先生百岁诞辰。我常想，我们这代人与前辈优秀学者有何不同？差距似乎在于：前辈方正者多、乡愿者少，严谨、严肃、严格，敢于逗硬。我等坚守者少、油滑者多，随俗、趋时、附和，得过且过。学人操守的沦丧，实乃当今知识界之悲哀也。"过犹不及"，前辈优秀学者通常并不走极端。他们总是"方而不割，廉而不刿，直而不肆，光而不耀"③，不会轻易伤害他人。

吴先生的话说得很多，我记得最清楚的是那句最朴素的大实话："天下的老鸹一般黑！"同时又不禁联想到周一良先生"毕竟是书生"的感叹。不

---

① 徐显明：《大学断想十则》，《中国社会科学》2010 年第 6 期。第 7 则为"如何理解中国大学的'行政化'"，而王曾瑜则干脆将行政化称为衙门化（《衙门化：大学、科研机关的沉疴痼疾》，《同舟共济》2006 年第 2 期）。

② 田文姝、靳晓燕：《透视职称评审制度系列报导（4）：祛痼弊创机制荐人才》，《光明日报》2012 年 9 月 3 日。

③ 苏辙：《老子解》卷下《其政闷闷章第五十八》，文渊阁四库全书影印本。沙少海、徐子宏译注《老子全译》将这四句话译为："方正而不显得倨傲，有棱角而不至于伤害别人的尊严，正直而不至于肆无忌惮，明亮而不耀人刺眼。"译注者认为老子"适可而止，不要过分"的主张"是违反辩证法思想的"（贵州人民出版社，1989，第 118、117 页），只怕未必。当然这个"度"是很难拿捏的。

同时期、不同缘由、不同类型的涉政学者给后辈学人留下的共同教训只怕是：依附权力，失去自我，学人所戒。读书人理当心无旁骛，同权势保持一定距离。"善远权势""能远权势""推远权势""避远权势"①一类的话语，每每见于我们常读的《宋史》，只是我们往往漫不经心。当年吴先生担任刘文辉的秘书，为他写了许多讲演稿。讲稿写多了，不免感到厌倦和苦闷。吴先生说："这些为他人作嫁的东西"，"有什么保留价值呢！"他"一篇也未保留"②。其实，如果保留下来，倒是当今研究民国时期康藏历史的宝贵资料。然而吴先生一生所心仪的研究领域是包括西夏史在内的大宋史，无论什么时候，他总想徜徉于自我认定的这一研究领域之内，"独立的思考，自由的表达"③。而今吴先生还在天国思考着、表达着吧！

（原载四川大学历史文化学院编《吴天墀教授百年诞辰纪念文集》，四川人民出版社，2013年。又载四川省社会科学院主办《当代史资料》2013年第2期）

---

① 脱脱等：《宋史》，中华书局，1977，第8656、13562、13565、13586页。
② 《吴天墀文史存稿》，四川大学出版社，1998，第528~529页。
③ 《大学须具有独立思考自由表达的灵魂》，《人民日报》2012年2月2日。

一位对宋史研究有特殊贡献的长者

——忆程应镠先生

程应镠先生（1916～1994）是20世纪"上海十大史学家"①之一。掐指算来，已仙逝20多年。人到老年常念旧。这些年来，我经常想到他，不时讲到他。讲到他对中国宋史研究的特殊贡献，讲到他的为人与治学之道。想到在他引领下工作的那些日子，想到他留给我的一些不理解或不甚理解的疑问。

我有幸认识程应镠先生是因为参加编审《中国历史大辞典·宋史卷》。《大辞典》是20世纪70年代末80年代初中国历史学界的一项重大工程，由当时资格最老、最具感召力的历史学家郑天挺先生任总主编，著名历史学者多半参与其中，担任分卷主编或编委。据介绍，这部大辞典"是迄今为止新中国编纂出版的第一部由国家组织编写的特大型历史专科辞典"，号称"当今世界上最全面、最权威的中国历史百科全书"。《大辞典》有14个分卷，《宋史卷》的主编是邓广铭、程应镠两位先生。因邓先生忙于编撰《中国大百科全书·中国历史》辽宋西夏金史分册，《中国历史大辞典·宋史卷》由程先生全权负责。

我初次见到程先生是在上海桂林路100号——现在的上海师大徐汇校区。1982年春，应程先生之约，我与徐规先生等前辈学者及朱瑞熙、王曾瑜等朋辈先进一同来到这里，在程先生的主持下，编审《中国历史大辞

---

① 姜义华主编《史魂：上海十大史学家》，上海辞书出版社，2002。

典·宋史卷》。2012 年秋，程先生的高足虞云国教授邀请我到上海师大访问，我当即欣然应允。因为在这个"书香惹人醉，花落梦里回"的地方，给我留下了不少美好的记忆和若干值得回味的往事。30 年后，这里旧貌换新颜，装修整饬一新，让我几乎无法辨认。经云国兄提示，我才发现早餐饭厅就是从前的食堂。徐规先生和我等当年在此处拿着饭碗，和同学们一道，依次站立，排队打饭，然后回宿舍就餐。下榻的宾馆正是当年我们寄宿的招待所，外地来的七位学人在此住宿。两人一间屋，兼做办公室。刚从南京大学毕业、分配到上海师大任教的元史研究生，后来大名鼎鼎的萧功秦教授和我同住一室，徐规、颜克述两位先生与我们毗邻而居。徐先生是温州平阳人，每餐必饮老白干，工作时总要打开收音机听越剧。越剧声音开得很大，并不影响徐先生工作。他是个"有脚书厨"，有宋一代史事大多烂熟于心，酒后头脑反而特别清醒，眼力非凡，一般无须查阅任何资料，就能迅速发现我们的错误，并快速一一予以纠正。程先生年纪稍长于徐先生，他请徐先生把关，可谓知人善任。此刻，我仿佛回到 30 年前的时光，想得最多的、同云国兄谈得最多的无疑是我们的主编程应镠先生。

程先生最初给我的直觉印象有二：一是体格格外健壮。他身材高大，目光炯炯，有锻炼身体的好习惯。每天清早都看到他穿着当时很时尚的运动鞋，在学校大操场里跑步，他年轻时似乎是个体育运动爱好者。二是组织能力超群。他非常讲求效益，从不开会闲谈，依靠曾维华[①]、虞云国两位助手开展工作。行政事务一概由曾维华负责，编审事务则通过虞云国上传下达。任务一清二楚，工作井井有条，我们几乎没有任何事情和问题需要直接找程先生。

程先生事业心极强，为集中精力，全力以赴编撰《大辞典》，辞去校内一切事务，一人专心致志在家里办公。我们不便打扰，只是晚饭后偶尔到他家短暂拜望。程先生颇有长者之风，待人诚恳，乐于助人，有求必应。当时我刚调离西藏，到四川师大任教，想趁机观摩上海师大历史系的课堂教学。

---

① 21 世纪初，我到上海师大时，曾维华兄刚从科研处处长岗位上退下，他专程前来与我会面，共同述说着当年的往事趣事。

程先生立即安排，让我听他的大弟子李培栋老师讲课。李老师讲五代十国，讲得十分精彩，至今记忆犹新，给我很大启发。

当年从事国家特大重点科研项目，条件之艰苦，生活之简朴，在今天难以想象。参与者无任何"好处"，每人每天仅有生活补助费3毛6分钱。或许是为了弥补一下吧，离开上海前，程先生耗资40元，请我们在徐家汇衡山饭店吃了一顿淮扬菜，算是"奢侈"了一回。应邀作陪的有早年著有《宋金战争史略》一书的沈起炜老先生。其中一道鲜虾仁炒豌豆，味道异常鲜美，始终让人回味。

在程先生的精心组织和辛劳工作下，《中国历史大辞典·宋史卷》于1984年由上海辞书出版社印行，在各断代分卷中是最早出版的。这本辞书的缺点虽然相当明显，正如程先生所说，最大的缺点是"所收词目远远不能符合读旧史时的需要"①。然而直至21世纪初仍是宋史研究者案头必备的工具书。程先生对宋史研究的特殊贡献远不止如此，主要在于以下两大方面。

其一，创建上海师大古籍整理研究所，将它建设成为我国宋史研究的重镇。《宋史》《续资治通鉴长编》两大部书的点校本是由上海师大②组织整理的，主持者主要是程先生。这两大部书的点校本相继问世，在当年是宋史研究者的两大福音。程先生有远见、有抱负，他决心在此基础上迈出大步伐。他说："宋代史料整理的工作，是大量的，没有一个相当长的时间，不认真组织人力，是整理不完的。"③ 程先生为此网罗了不少人才，于是上海师大古籍所在80年代是宋史研究者人数最多、整体实力最强的单位，足以同当时以研究人才少而精著称的中国社科院历史所宋辽金元史研究室媲美。后来宋史研究基地增多，但上海师大古籍所始终是我国最具实力的宋史研究重镇之一。2014年，在杭州宋史年会上，会员海选理事，上海师大当选理事者竟多达5位，成为一大"怪事"。其实怪事并不太怪，这在一定程

---

① 《编辑〈中国历史大辞典·宋史卷〉卮言》，《程应镠史学文存·流金集》，上海人民出版社，2010，第522页。

② "文革"期间，华东师大曾与上海师大合并，称上海师院。

③ 《杂谈宋史研究》，《程应镠史学文存·流金集》，上海人民出版社，2010，第517页。

度上表明上海师大宋史研究实力之强为学界同人所公认。营造这方宋史研究重镇，程应镠先生厥功甚伟。难怪每当讲到、来到上海师大，我和同人们一样，总是情不自禁地想到程先生。

其二，主持宋史研究会秘书处，将它建设成为"会员之家"。程先生是宋史研究会的发起人和筹备组成员之一，并负责具体筹备工作。1980 年 10 月，宋史研究会成立大会及第一届年会在上海师大召开，由程先生主持。程先生出任第一任秘书长，稍后又任副会长兼秘书长。第一本宋史年会论文集由邓广铭先生领衔主编，程先生具体操持。《宋史研究通讯》由程先生创办，并亲笔题写刊名。研究会在民政部注册、年审等相当琐细的事务，程先生都操心不少，由其弟子范荧等奔忙，研究会的规制最初是在程先生参与下制订、形成的。在知名学者当中，程先生是一位难得的办事能力极强的干才。打个不恰当的比方，当年的宋史研究会，如果说会长邓先生是"董事长"，那么程先生便是"总经理"。他为草创时期的研究会做了许多实事。当年，我到上海或路过上海，总是选择投宿桂林路 100 号，连招待所的工作人员也要用欢迎的口气说一声"又来了"。因为我们研究会的秘书处就设在这里，这里熟人最多，来到这里多少有些回家的感觉。如果程先生健在，秘书处只怕应当始终设在上海这个大都会，不会迁往"上不沾天，下不着地"（漆侠先生语）的保定。

程应镠先生给我留下的最深刻印象是爱惜人才，提携后进，并自有其特点。我在上海师大编审《大辞典》期间，程先生不仅做主引进了萧功秦等青年才俊，而且千方百计将朱瑞熙从中国社科院近代史所调到上海师大，并准备让贤。程先生与朱瑞熙既无师生情谊，之前又无交集，看重的是朱瑞熙的学识。我后来致信程先生，将他盛赞为"韩荆州"，并非溢美之词。程先生爱才，具有兼容性，不拘一格。微观考据型、宏观探索型、微观宏观研究复合型三种人才，一概受到程先生的赏识和提携。经他建议留校的俞宗宪、刘昶、虞云国三位爱徒，照我看来，大体属于上述三种不同类型的人才。

俞宗宪属于第一种。我在上海师大期间，程先生指导的六位我国第一批古籍整理研究专业硕士生刚毕业不久。他们的毕业论文，我有幸拜读。俞宗宪的论文《宋代职官品阶制度研究》考论精详，受到邓广铭先生等史学名家称赞，很快被《文史》杂志采用，刊登在第21辑上。其他五篇论文质量都很不错，如李伟国有关宋代内库的探索、朱杰人有关苏舜钦的研究等。至今我还记得，据朱杰人考证，苏舜钦的祖籍不是梓州铜山县（治今四川德阳中江县广福镇），而是绵州盐泉县（治今四川绵阳游仙区玉河镇）。此说虽然未获广泛认同，但我个人认为，可信度最高。程先生指导的这批硕士生水平这么高，一是由于在校内校外广聘名师授课，如天远地远从兰州请来我母校的郭晋稀老师讲音韵学。二是特别重视实习课，让每位研究生点校一本宋人笔记，如李伟国校欧阳修《归田录》、王松龄点苏轼《东坡志林》、俞宗宪标校苏辙《龙川略志·龙川别志》、朱杰人整理王铚《默记》等，均由中华书局出版，收入唐宋史料笔记丛刊。程先生的弟子们由于基本功厚实，后来的成就往往不局限于某一领域。我见闻有限，据我所知，如李伟国系宋史、文献学、敦煌学专家，朱杰人则是宋代文学、文献学、朱子学等方面的行家里手，李、朱二位均为出版大家。

刘昶属于第二种。来上海师大前，我就知道他的大名。刘昶读本科时所作《试论中国封建社会长期延续的原因》一文很有见地，经程先生认可，先在《上海师范大学学报》（哲学社会科学版）1980年第4期上发表，《历史研究》1981年第2期全文重登。文章开篇敏锐地提出："中国封建社会为什么这样漫长？历史，特别是现实，把这个严峻的课题摆在人们的面前，迫切地要求回答。"于是在史学界引发一场相当热烈的再讨论。我老来记忆力差，但始终记住文章里的这句话："六道轮回，出路何在？"因我与萧功秦同住一室，我亲眼看到，刘昶及程先生门下的在读硕士生、后来成长为中国中古史及宗教学专家的严耀中教授等不时来找萧功秦谈论学问。这或许可以称为学术小沙龙。这些青年才俊思想如此活跃，固然是时代使然，只怕与程先生的倡导也不无关系。

虞云国属于第三种。我刚到上海师大，就听说虞云国虽然年纪轻轻，但很不简单。1980年秋，他是唯一列席宋史研究会第一届年会的在读本科生，提交年会的论文《从海上之盟到绍兴和议期间的兵变》占有史料相当全面，被邓广铭先生收入他主编的年会论文集。编审《中国历史大辞典·宋史卷》期间，虞云国作为程应镠先生的学术助手，态度异常严肃认真，搜寻核查考索之功很强。徐规先生和我等在程先生近前，夸奖他。程先生谦逊地说："虞云国不是我程应镠培养出来的，而是社会造就的，他进大学时水平已经很不错。"其实，虞云国走上研究宋史之路缘于程先生引领，他发表的第一篇宋史论文经程先生点拨并厘正。起初我仅仅认为虞云国与俞宗宪相似，是个能成大器的历史文献学好苗子。离开上海前，他以其新近发表的大作《经典作家对拿破仑的不同评价及其原因和启示》相赠。论文理论性强，表现出相当高的抽象思维能力，与刘昶在伯仲之间。我才恍然大悟，虞云国是位不可多得的复合型人才。

或许因为程应镠先生有 1957 年错划右派的遭遇，在很长时间里，我对程先生的身世与阅历知之甚少。在我心目中，仅仅将程先生定位为一位学风严谨的古籍整理专家，甚至误以为他是个象牙塔里的迂夫子，因而留下了一些疑问。最大的疑问是，与微观考据型人才相比，程先生为什么更赏识宏观探索型与复合型人才？据说还特别欣赏擅长理论思维的赵俪生老师的高足葛金芳师弟，并给予很大支持。后来读过《程应镠自述》及虞云国所著《程应镠评传》等传记资料，才发现我从前的定位大谬不然，于是疑问迎刃而解。

程应镠先生青年时代的经历跌宕起伏，丰富多彩，颇具传奇性。与其同龄人赵俪生老师性格虽然不尽相同，但经历多有惊人的相似之处。青年时代的程、赵二先生都属于理想主义者，或可定位为"党外布尔什维克"。20 世纪 30 年代程应镠先生在北平读大学时，酷爱写诗著文，参加北方左联，创办文学刊物。在民族危亡关头，投身"一二·九"爱国学生运动，加入民族解放先锋队，奔赴抗战前线，在八路军 115 师当过战地记者，到过宝塔山下的延安。稍后又跟随奉命潜伏的同学、中共党员、有"红色卧底"之称的赵荣声到洛阳，相继在第一战区长官卫立煌司令部、13 军汤恩伯部任同上校秘书。抗战胜利后，在反独裁、争民主的斗争中，他壮怀激烈，加入民盟，被特务盯梢，上了黑名单。程先生绝非读死书的书呆子，他志向高远，写下"斗争文字疾风雷""报国谁知白首心"等诗句以言志。青年时代的程先生是令人崇敬的战士、斗士和勇士。

程先生先后就读于燕京大学、西南联大等名校，迭经沈从文、闻一多等文史名家指点，其治学主张与方法在当时相当前卫，至今仍很有价值。按照我的粗浅领会，其主要精神或可概括为"三个交融结合"。程先生反对食古不化，主张古与今交融结合：以史为鉴，古为今用。他强调史料不等于史学，主张史与论交融结合：重视理论，推崇会通，既追求高屋建瓴，又鄙弃不根之论。他认为史无文则不行，主张文与史交融结合：文笔简练明快，生动流畅。程先生的《南北朝史话》、《范仲淹新传》和《司马光新传》等史学论著即是其治学主张与方法的具体体现。依我看来，如果 1957 年程先生不被错划为右派，是不会主要从事古籍整理的，必有更多、更好、更加厚重的史学论著问世，像《南北朝史话》一样，令专家交口称赞，让读者齐声叫好。

据说，文化有京派与海派之分。对两者一概贬斥者有之，如鲁迅："在京者近官，近海者近商"，"'京派'是官的帮闲，'海派'则是商的帮忙"。一概肯定者也有之，如曹聚仁："京派笃旧，海派骛新，各有所长。"① 更为普遍的是扬京抑海，视京派为正宗，视海派为异类。在某些方言如四川话中，"海派"属于贬义词。其实广义的海派文化，其内涵和外延都具有不确定性，是个相当含混的概念。至于海派史学一说，只怕更难成立。"识大而不遗细，泛览而会其通"的吕思勉先生，"纵论古今，横说中外"的周谷城先生，较早用历史唯物论探索我国古史的李亚农先生，力图"以史经世"的陈旭麓先生，同属当代"上海十大史学家"，但他们的学术追求和治学风格各不相同，差异性远远大于同一性。如果一定要将程应镠先生视为海派史学家，那么我坚定地认为：海派不"海"。程先生治学，标新不立异，严谨而笃实，不另类，很正宗。我怀念程先生这位对我国宋史研究有特殊贡献的长者。

（原载《光明日报》2016 年 4 月 7 日，第 10 版《光明人物》）

---

① 参见陈旭麓《说"海派"》，《陈旭麓文集》第 2 卷，华东师范大学出版社，1997，第 598～602 页。

我所知道的"江安黄家三姊妹"

　　川南地区从前有两句俗话："金犍为,银富顺";"荣州不让嘉州好,富顺才子内江官。"江安在川南是个中等县份,既称不上"聚宝盆",又算不上"人才库",但可称为才子、才女者为数不少。江安籍历史学家、梁启超的高足周传儒说:"江安出了许多闻人,在全省全国皆知名。如南街朱山父子,皆工诗、能文、通经,北街傅增湘弟兄,皆翰林。傅氏双鉴楼藏书之富,版本学之精,为天下第一。东街冯飞(号若飞)留日后为张群秘书长,以诗文书法名世。黄荃斋、黄稺荃父女善诗、精书法,名震成都。"① 其实学贯中西、博古通今的周传儒本人就是一位江安才子②,稍后还有以编导川剧著称的戏剧家席明真享有"江安才子"的美誉③。

一　"江安三黄"

　　当年人们说得最多的无疑是:"男有三傅,女有三黄。""江安三傅"指傅增堉、傅增濬、傅增湘三兄弟,一门三进士两翰林。"三傅"中以北洋政

---

① 周传儒:《学路历程》,邓九平编《中国文化名人谈治学》,大众文艺出版社,2000,第322页。
② 晓吟:《我国著名的历史学家周传儒教授》,《辽宁大学学报》(哲学社会科学版)1984年第3期,第97~98页。周传儒先生是个很有故事的学者,我的高中同学、徐中舒先生的儿子、川大数学系徐安石教授同我讲了许多。
③ 刘厚生:《川剧功臣,老当益壮》,《四川戏剧》1991年第3期,第6页。

府时期官至教育总长的藏书家、版本目录学家傅增湘最知名。傅增湘的长孙、当今国家文物鉴定委员会主任、中国工程院傅熹年院士可视为傅氏家学的传人。"江安三黄"指黄稺荃、黄筱荃、黄少荃三姊妹，可以民国年间遴选为妇女界立法委员、共和国建立后曾任四川省政协常委的诗书画家黄稺荃为代表。稺荃先生生前一再说："江安只有'三傅'，没有'三黄'。"一半是事实，"三黄"与"三傅"不能等量齐观；一半系自谦，吕碧城、钱穆、徐中舒、周汝昌等硕学鸿儒对"三黄"均称誉有加。稺荃先生早年有诗集《稺荃三十以前诗》刊布，被与秋瑾并称"女子双侠"的政论家、诗人吕碧城盛赞为"蜀中才女子""今之李青莲"①，从此负有"巴蜀才女"的盛名。

有"新中国红学研究第一人"之称的周汝昌著有《黄氏三姊妹》一文。他称许道："她们能诗擅赋，才情过人。""稺荃在三姊妹中，论其才貌都居首位，诗、字都不同凡响。"② 可是"三黄"命运多舛，筱荃（1911~1968）26岁即丧夫寡居，少荃（1919~1971）35岁方择偶出嫁，且在"文革"中均因受迫害而自尽。稺荃（1908~1993）虽享年八十有五，但一生多病多灾，35岁时其丈夫、时任西康省民政厅厅长的大邑冷融被人暗杀于路途③。行文至此，让人感叹："自古才女多薄命。"

对于"三黄"的生平事迹与学术成就，袁庭栋教授《怀念先师黄少荃先生》一文④评述甚详，既到位且深刻。我的老师赵俪生先生晚年高度赞赏袁文，特地推荐。我家祖上与黄家有亲戚与世谊双重关系，我也曾受到黄氏长辈关照。新近出版的《黄少荃史论存稿》引发了我的一些回忆，下面仅就"三黄"的家事之类稍作补充，不免拉杂琐碎。

---

① 吕碧城：《传言玉女》，黄稺荃：《杜邻诗存》卷一附录，四川人民出版社，1994，第53~64页。

② 周汝昌：《黄氏三姊妹》，《岁华晴影——周汝昌随笔》，东方出版中心，1997，第255~258页。

③ 参看黄稺荃《冷融和他的遇害前后》，《杜邻存稿》，四川人民出版社，1990，第257~278页。

④ 袁庭栋：《怀念先师黄少荃先生》，张世林编《学林往事》下册，朝华出版社，1990，第1480~1498页。又附录于袁庭栋辑《黄少荃史论存稿》，四川大学出版社，2018，第193~211页。

二 家事点滴

江安地跨长江南北，江南称南乡，江北叫北乡。民国年间，江安黄氏大家族以北乡寨子上黄家最知名，南乡夕佳山黄家次之。而今夕佳山系我国目前保存最完整的古代民居建筑群之一，被确定为国家重点文物保护单位、国家 4A 级景区，并建立民俗博物馆。其名声大大超过寨子上，以致人们误以为黄氏三姊妹系夕佳山黄家人。其实不然，两大黄氏家族并无血缘关系，仅因同姓而联宗，认为本家。寨子上黄家原住水清铺承受垮，稊荃、筱荃出生于此。民国初期，长江、沱江三角洲一带，土匪横行。黄家为抵御匪患，在山间修建宁远寨，并移居于此，因而人称寨子上黄家。据说这里现在是一所小学。

稊荃、筱荃、少荃的排行不是大、二、三，而是三、五、七。其实稊荃先生既非老大，也非老三，而是老二。她说："我上有一兄，早殇，本应行二，祖母为我命名曰三弟（即"招弟"之意），遂讹三为之行次，后遂依此为序。"[1] 至于为什么无行四、行六者，是因为夭折，还是别的缘故，不得而知。称"三黄""无兄无弟"，虽有所据，但不很确切。稊荃先生有一位比她年长三岁的兄长，叫黄幼荃，从其二伯父膝下过继而来，由他传宗接代，掌管经营家业[2]。黄家田产甚多，每年收租在千石黄谷以上，解放后被定为特大地主。江安最大的地主不是黄家，而是"土老肥"刘福生。此人年收租超过两千石，但同长工和谐相处，亲自下地劳动，平时打赤脚，进城快到时才在冬水田边洗脚，穿上草鞋。土改时，因他无势力，未作恶，受到宽大处理，后来行医为生。黄幼荃则被批斗，参加斗争大会的群众成千上万。时任江安县委书记的刘结挺亲临现场，称黄幼荃为"江安黄世仁"，当

---

[1] 黄稊荃：《罔亟之恩》，《杜邻存稿》，四川人民出版社，1990，第 279 页。

[2] 黄稊荃《罔亟之恩》云："母亲深以无儿为恨，是时（大约是指 1920 年）遂抚二伯父之次子名先本者为子，父亲字之曰幼荃，遂以字行"（《杜邻存稿》第 284 页）。

即予以镇压。《川南日报》刊登消息，将他作为川南恶霸地主的典型，大张挞伐。儿时听说此公有些"诳"，其父对他不甚满意，曾写诗开导："耕读相承二百年，未能耕作读为先。教儿我亦无奢望，不坠宗风即是贤。……记取今时垂泪教，莫令迟暮海无成。"[1] 他有何罪过，我当时年幼，不知究竟。

稚荃、少荃先生的事迹，有关材料言之较详，可补充者不多。关于稚荃先生，疑问有二：一是她1931年到北平师大读研究院，导师究竟是谁？傅增湘当年曾问及，稚荃先生的回答是："黄晦闻（后改名节）先生。"[2] 她晚年向我解释，其导师为北方学者、北师大高步瀛，向北大黄节请教更多。高步瀛也是一大名家，所著《汉魏六朝文选》《唐宋文举要》诸书曾多次重印，流布甚广。有学者将稚荃先生称为"黄季刚（名侃）的学生"[3]，但黄侃不是其研究院导师，她只是不时向黄侃讨教。二是稚荃先生曾任立法委员，解放之初是怎么过关的？据长辈告知，她当时在重庆，已被列入拘捕名单。重庆市军管会负责人、后来曾任上海市市长的曹荻秋是稚荃先生读成都高师时的同年级同学，知道她无任何劣迹，且颇有才华，将其从名单中勾去，稍后又安排为市政协委员。

至于少荃先生，听长辈说，有个绰号叫"不堪回首"。她风度非凡，身材修长，喜着旗袍，很吸引眼球，可惜儿时曾患天花，面部留下微痕。少荃先生就读于中央大学研究院，师从缪凤林教授，后到内迁成都华西坝的齐鲁大学跟随钱穆先生钻研战国史。稚荃先生说："钱先生对少荃甚重视"，[4] 有钱老《师友杂忆》可证。钱老夸奖道："以一女性而擅于考据，益喜其难得。"并称其善烹调，能饮酒，"可独自尽一瓶"。由《师友杂忆》可知，少荃先生著有《战国编年》一书，其"楚国一编凡八卷"，此书已散失。钱老

---

① 黄稚荃：《罔亟之恩》，《杜邻存稿》，四川人民出版社，1990，第284页。
② 黄稚荃：《傅沅叔先生》，《杜邻存稿》，四川人民出版社，1990，第210页。
③ 盛静霞《中央大学师友轶事琐记》：黄季刚"喜欢漂亮的女学生。和我同一年级的黄少荃告诉我：他姐姐黄稚荃很漂亮，是黄季刚先生的学生。一天，季刚先生约稚荃出去吃饭。吃饭时，他直瞪着稚荃，一句话也不说；吃完饭，就走了，账也不付，最后还是稚荃付了账"（《中华读书报》2017年4月19日第7版）。
④ 黄稚荃：《悼两妹》，《杜邻存稿》，四川人民出版社，1990，第255页。

后来重印其《先秦诸子系年》时，"增入少荃语数条"①。据我的中学历史老师、20 世纪 80 年代曾任四川师大历史系主任的徐溥教授回忆，钱老抗战期间在成都时，有所谓"金童玉女"，"金童"即金宝祥先生，"玉女"为少荃先生。金先生是我读研究生时的导师，我曾向其询问此事，答案是没有这回事。金先生说，钱老是他上北大历史系时的老师，后来又在川大同事，但接触很少。少荃先生研究院毕业后任教华西大学，1952 年院系调整，奉调四川师院，当时校址在南充。与留美农学博士、遂宁杨允奎在南充成亲后，于 1954 年到四川大学历史系任教。杨先为二级，后升一级教授，曾任四川省农业厅厅长兼农科院院长，并兼任四川农学院院长，"文革"中曾住"牛棚"，1970 年病逝。

筱荃先生的生平，有关记载较少。她 1928 年考入成都大学英语系，后并入四川大学。1932 年毕业后，在成都任中学英语教师，许配富顺王乃雍。王毕业于中央大学，通过高等文官考试，先后出任陕西山阳、四川荣昌县长，将到而立之年即病逝。筱荃先生曾任江安女中校长，按照当时规定，必须加入国民党并兼任区分部主任。这便是她"文革"中被关进"牛棚"的缘故。筱荃先生精于岐黄之学，一是出自家传，其母亲及舅家樊氏有通晓医书的传统，二是久病成良医。中华人民共和国建立后，筱荃被四川大学校长周太玄聘为校医，后在成都工学院校医院任中医师。"三黄"身高均在 165 厘米左右，筱荃稍低。稺荃是小脚，行走艰难；筱荃是天足，行动自如。筱荃相貌不在稺荃之下。她能文善诗，但留下作品极少。幸存者有《奉题汝昌先生〈红楼梦新证〉并请教正》七绝四首，其一为："说法分明早现身，最荒唐处最酸辛。纷纷索隐皆余子，省识庐山未有人。"② 堪称佳作，博得周汝昌好评。

三 沾亲带故

民国时期，识字率低，读书人少。江安知识界往往非亲即故、不时过

---

① 钱穆：《八十忆双亲·师友杂忆》，岳麓书社，1986，第 222 页。
② 凌梅生：《〈红楼梦新证〉诸家题诗补遗》，《文史杂志》2014 年第 5 期。

从，仅有远近、深浅、多少之分，是一张不大不小的关系网。穆荃先生同我讲到过这方面的一些情形，可举两例。

其一，与周传儒的往还。20世纪80年代初，八十高龄的周传儒从沈阳到成都，直奔他的清华研究院同窗好友徐中舒先生家中小住。其间，曾造访穆荃先生，进门便以黄三孃相称，并以其刚发表在《中国社会科学》上的论文《论〈兰亭序〉的真实性兼及书法发展方向问题》①抽印本相赠。穆荃先生连忙叫他周八哥，与我母亲对周传儒的称呼相同。看来黄、周两家不止一层亲戚关系，辈份计算方法在两种以上。穆荃先生为人方正，不屑奉迎，她作为书法大家，一看题目就当面直言："你懂什么书法。"可见他们从前来往很多，相当熟悉。穆荃先生告诉我，读后方知，确有新意。数年后，周传儒去世，其后人将其骨灰送回江安西门外七里半故里安葬，路过成都，请穆荃先生题写墓碑，她慨然应允。

其二，与朱山父子的关系。如今说到朱山，只怕知之者甚少。说到朱山的外孙武汉大学历史系朱雷教授，治中国古代史者几乎尽人皆知。往昔在蜀中，辛亥英烈、《蜀报》主笔朱山及其养父文坛怪杰朱青长是大名人。穆荃先生说：在成都高师，朱青长是受业师；"论亲戚，我叫他姨丈。"②所谓姨丈者，母亲的姐妹夫也，俗称姨父。抗日战争时期，朱青长一行曾在其大邑县鹤鸣镇家中寄居达两年之久。朱山"才华天纵，为革命壮烈牺牲"，竟遭到误解乃至诬蔑。穆荃先生愤然写下《朱山事迹》一文为其辩诬，称颂朱山"投身民主革命的行列"，"是其中最壮烈的先行者之一"③。

至于前引周传儒提到的冯若飞，解放后任江苏省文史馆馆员，穆荃先生说，和她系表亲，为同辈。黄家与傅增湘家族有转弯抹角的"间接姻亲关系"④。1931年旧历九月十三，傅增湘六十大寿，江安同乡齐聚石老娘胡同

① 周传儒：《论〈兰亭序〉的真实性兼及书法发展方向问题》，《中国社会科学》1981年第1期，第103～122页。
② 黄穆荃：《我所知道的朱青长先生》，《杜邻存稿》，四川人民出版社，1990，第228页。
③ 黄穆荃：《朱山事迹》，《杜邻存稿》，四川人民出版社，1990，第192～208页。
④ 黄穆荃：《傅沅叔先生》，《杜邻存稿》，四川人民出版社，1990，第209页。

七号傅宅祝寿，正在北平读书的穉荃先生以及我父亲等均应邀前往，出席者还有驻守喜峰口一带、在 29 军任团长的杨文琭。杨系黄埔二期生，曾率部参加淞沪会战、武汉会战、粤北会战，由旅长而师长，后升任整编第 72 师中将师长，1947 年在泰安被俘。

黄家与我家是什么关系？我起初不知其详。20 世纪 80 年代中，四川大学研究宋史的唐光沛老师约我参与他的硕士生毕业答辩。唐老师对我说，听少荃先生讲，你同她沾亲带故，有瓜葛亲。一次，我去枣子巷寓所拜望穉荃先生，随便询问。她对"瓜葛亲"三字颇为不满，称少荃当时年纪小，不知情。穉荃先生向我解释道，她称我祖父为三老表，原因是她祖母姓刘，我祖父的母亲也姓刘，黄刘氏与张刘氏是至亲骨肉、姑姪关系，黄刘氏为姑，张刘氏为姪。因此，我父亲虽然比少荃先生大六岁，仍以黄七孃相称。我们兄妹称"三黄"分别为三、五、七姑婆。我下次再到枣子巷，穉荃先生说，上次我走后，她脑海里像放电影一样，播放着我们两家的过从往还，一幕又一幕。她一桩桩慢慢道来，旁听者有川大图书馆张老师（仿佛是位宋版古籍研究者）。诸如：那年我祖父在万县做事，祖母在成都灯笼街去世，丧事全由她父亲操办；我父母早婚，她参加婚礼，亲眼看到两个小娃儿拜堂；某年暑期她在成都放假回江安，搭乘的是我家包的木船，从合江亭经乐山、宜宾一直坐到江安龙门口，我祖父一路骂我父亲；……颇具故事性。

四 "幺二三四五"

我父亲认为，称黄、张两家为瓜葛亲，并无大错，但两家世谊关系超过亲戚关系。穉荃先生的父亲叫黄沐衡字荃斋（1876～1944），1998 年版《江安县志·黄沐衡传》由穉荃先生亲笔撰写，开头就说："幼从北乡增生张世禄学。"① 同书《张乃赓传》称："父世禄，前清增生，是北乡的著名

---

① 江安县县志编辑委员会编《江安县志》，方志出版社，1998，第 832～833 页。

塾师。"① 张世禄字列卿是我的曾祖父，张乃赓名宗高（1888～1950）是我的祖父②。《黄沐衡传》又说："沐衡与其业师张世禄之子张乃赓交好。"稢荃先生对我说，我祖父称其父为四表叔或四老辈，两人是所见略同、齐心合力的好友。

旧时代，各地都有所谓"护官符"。按照当时人的说法，江安的"护官符"是"幺、二、三、四、五"，即袁幺爷（只知其原籍为长宁）、赵二爷（子超，北洋政府时期国会议员，原籍古宋，后并入兴文）、张三爷（乃赓）、黄四爷（荃斋）、冯五爷（雪岷，冯若飞的叔父）。"五老"之说不一定很确切，据说"幺、二"二老实际作用不大，而"三黄"的父亲黄四爷荃斋则名望高、影响大。他以道德文章享誉当地，并任省参议会议员，姻亲大邑冷氏又是川康地区有名的官宦之家。与黄四爷不同，我祖父张三爷乃赓早年投笔从戎，系行伍出身，北洋政府时期曾在川军中任少将旅长，虽是所谓"长衫子军人"，但省内人脉广，在家乡颇有号召力。黄、张两人，一文一武，配合默契。

张任县参议长由黄推荐。《江安县志·黄沐衡传》称："沐衡以张乃赓开明任事，力荐张乃赓作县参议会议长，并以多做公益事相勉。如以馀款项为中学设奖学金，即黄所主张而张通过县参议会以实现者。"同书《张乃赓传》列举了他在县参议长任上"为人民做的一些好事"。抗战期间国立剧专迁江安由"五老"协力促成。剧专校长余上沅的亲戚冯若飞牵线，张乃赓奔波操办。有人反对剧专入住文庙，黄荃斋出面说服。稢荃先生记述道："国立戏剧专门学校将迁来江安，校址定在文庙，县中老先生有反对者。父亲曰：'孔子严夷夏之防，孔子圣之时者，孔子若处此抗日战争时期，定当自动让出文庙。'于是全体欢笑无异议。"③ 黄、冯、张三大家族和衷共济，

---

① 江安县县志编辑委员会编《江安县志》，方志出版社，1998，第839～841页。
② 我父亲的老战友、当时川南地下党负责人陈野苹，后来曾任中组部部长。他对我祖父评介是："张乃赓当过旧军队的旅长，是开明士绅，我们的统战对象"（陈野苹：《泸县中心县委的回忆》，中共重庆市委党史工作委员会编《川东地下党的斗争（回忆录专辑）》，1984，第71～77页）。刚解放，政务院周恩来总理就委任张乃赓为川南行署民政厅副厅长。
③ 黄稢荃：《罔亟之恩》，《杜邻存稿》，四川人民出版社，1990，第295页。

互为奥援，大有"一荣俱荣，一损俱损"之势。"人体解剖是猴体解剖的钥匙。"民国时代的江安基层社会或可作为认知明清士绅社会乃至宋代士大夫社会的参照系，不同的是具有某些近代性。离题远了，此处不多说。

五　承蒙关照

对于黄家三位姑婆，儿时只知其名，并无实感。有机会见到她们是在1955 年西康省并入四川省，我们兄妹跟随父母从雅安搬迁成都之后。在我的记忆中，见到黄五姑婆筱荃先生仅有一次。我家迁到成都不久，她提着一大摞精美糖果到狮子巷来看我们兄妹。我的印象是这位姑婆既苏气又热情。会到三姑婆稺荃先生、七姑婆少荃先生的次数则不少，她们对我的关照与帮助也多。

稺荃先生对我父亲就有所关照。家父张安国（1913～2001）号定民，化名祯祥，系中共地下党员。20 世纪 40 年代初稺荃先生丈夫冷融的兄长冷寅东在宜宾专员[1]任上，上方令其拘捕家父。冷寅东通过黄家向我祖父通风报信，家父赓即远走西昌避难。1949 年夏，我父亲奉川东特委之命，前往雅安做西康省主席刘文辉的策反工作，路经成都，形势十分紧张。家父灵机一动，投宿黄瓦街稺荃先生府上，稺荃先生予以庇护。[2] 当时冷寅东正担任民国时期末任成都市市长，住冷家很安全。稺荃先生说，来了客人添双筷子加个碗就是，一点也不费事。稺荃先生任国史馆纂修期间，我二叔张安汶正在南京工作，两人来往颇多。二叔恭请稺荃先生为我祖父题写墓碑，稺荃先生不日即完成，其书法之精美令人叫绝。因当年家乡刻工水平有限，刻在石碑上有些走样。

拙著《宋代婚姻与社会》将出版，二叔又出面请稺荃先生题写书名。

---

① 宜宾专员，当年其全称为四川省第六行政督察区专员。
② 参看张安国《党派我去雅安工作》，中国人民解放军历史丛书编审委员会编《解放战争时期·国民党军起义投诚（川黔滇康藏地区）》，解放军出版社，1996，第 413～418 页。

她是位严肃的学者，怀疑宋代婚姻难出新意。我奉上书稿请教，穉荃先生过目后才说写出了些特色，于是欣然挥毫泼墨。写了隶书与行书两种，每种都一写再写，供出版社选用。穉荃先生后来还为我写了一副对联："文发春华，学徵秋实；才横东箭，器重南金。"勉励之情见诸笔端。

一次，我贸然询问穉荃先生："你老人家是国民党员吧？"她说："非也，无党派。"我起初感到奇怪，后来觉得并非不可理解。如人们以为我祖父一定是国民党员，其实他只是 1908 年在成都读玉龙中学时曾参加同盟会，从未加入国民党。穉荃先生反问我："你是共产党员吧？"我回答道："同你老人家一样。"她有些惊讶。或许因为我们都具有"统战人士"的相同身份，穉荃先生晚年同我摆谈较多，还专门请我吃江安菜豆花。我被安排为省政协委员，是穉荃先生最先告诉我的。1993 年放寒假时，穉荃先生病危，我闻讯前往省医院探望。病房门上写着"谢绝探视"，我违命闯了进去，不一会她开始说话了。穉荃先生说，她昏迷已两天，我来了，才苏醒。接着便问我："你不是在开省政协全委会吗？"我以没有相答。她说新一届省政协委员的最后名单上有我，讨论时她发言说了些赞许的话。第二天学校才通知我去报到，会议开了四天。穉荃先生不久即仙逝。

1957 年秋，我刚到兰州大学历史系读书，就听系主任李天祜教授说，为增强师资力量，经高教部特许，已从山东大学调来赵俪生先生，四川大学黄少荃先生也将到任，他们都是学术造诣高、精力正旺盛的中年学者。后来少荃先生对我说，兰大拟调，确有其事，她既要服侍老母，又要照料丈夫，实难离开成都。我初次见到少荃先生，是 1962 年暑期我在西北师大读研究生时，家父带我前去川大铮园请教少荃先生。少荃先生不久又带我去水井街拜望蒙文通老先生，此事我在《蒙老叫我读〈文鉴〉》一文①中有记述。1965 年 8 月，少荃先生在《光明日报·史学》版上读到我的习作，曾来信鼓励。还有两件事值得一说：一是借阅甘肃地方志。少荃先生研究清代西北

---

① 张邦炜：《蒙老叫我读〈文鉴〉》，四川大学历史文化学院编《蒙文通先生诞辰 110 周年纪念文集》，线装书局，2005，第 19～22 页。

回民问题，需要查阅多种甘肃地方志，当时只有线装本且不易找到，由我一部一部陆续从甘肃省图书馆借出，航寄给她，她半月后即按期航寄归还。少荃先生做学问之认真、勤奋、辛劳，可见一斑。少荃先生的学生缪文远教授当年发现少荃先生居然有甘肃省图珍藏古籍可读，心里感到奇怪，同我相识之后才知由我代为借阅。二是同赵俪生先生的交往。少荃先生与赵先生年纪相若，又都是顾炎武研究者，相知而不相识。少荃先生《顾炎武的抗清活动》一文刻印本通过我转交赵先生，赵先生《顾炎武〈日知录〉研究》一文打印本又交我转赠少荃先生，他们二人始终未曾谋面。1972 年，赵先生路过成都，先拜访徐中舒先生，还打算看望少荃先生。徐老"惨然地说，不久前她刚刚悬梁自尽，你已见不到这个人了"①。2002 年夏天在兰州开宋史年会，葛金芳师弟和我陪同黄宽重、张元两教授去拜望赵俪生先生。赵先生对我说到少荃先生的冤死，深以为憾，并向我大力推荐刊载于《学林往事》上的袁庭栋教授所著《怀念先师黄少荃先生》一文。我 1980 年从西藏内调成都后，时常想到少荃先生。如果她健在，欣逢改革开放，一定著作等身，而我也一定能受到更多的教益。谨以此短文缅怀黄家三位姑婆。

（西华大学人文学院陈鹤博士对本文有所贡献。原载《澎湃新闻·思想·私家历史》2018 年 7 月 21 日）

---

① 赵俪生：《从铮园到绿杨邨，再回到铮园——记我与徐中舒先生的几次接触》，《赵俪生文集》第 5 卷，兰州大学出版社，2002，第 465 页。

无私无畏的益友

——恭贺朱瑞熙教授八十大寿

人到老来最念旧。回望漫漫人生，在迂回曲折的研习宋史道路上，对我帮助最多最大的，无疑首推朱瑞熙兄。他乐于助人——无私，更让人刻骨铭心的是，在我一生中最艰难的那些日子里，瑞熙兄挺身而出。他伸出援手——无畏，有此无私无畏之益友，实乃今生之一大幸事！近期，我常常念叨着：瑞熙兄快80岁了。做九还是做十，没来得及询问。顷得其得意弟子戴建国教授来函，邀我撰文祝寿。正合我意，二话没说，欣然应允。交稿期限太紧，只能长话短说。

我与瑞熙兄因一偶然机缘，1962年相识于成都。他复旦大学毕业后，到四川大学读研究生。我本科考入兰州大学，研究生就读于甘肃师大。我们的研习方向都是宋史。瑞熙兄只比我大两岁，但以学校"门第"而论，他是"望族"，我是"寒门"。他的导师是学问博大精深的当代史学大家蒙文通老先生，而我的导师金宝祥先生是蒙老早年在北京大学任教时的学生。就师承关系来说，他比我高一辈。然而所有这些差别和差距，对我们之间的交往毫无影响。或许是志趣相投吧，两人竟一见如故，视为知己，无话不谈，凡事均可直言坦陈。从此开始了长达半个多世纪的友谊。

读研究生时，瑞熙兄是名家门下、出类拔萃的尖子生，对我的帮助是多方面的。他借书给我读：当时参考资料少，书籍很难找。瑞熙兄阅读面广，但凡他读过的书，只要我需要，都让我带回兰州，读后再邮寄还他。诸如曾我部静雄的《宋代财政史》、仁井田陞的《支那身份法史》之类。他教我做卡片：从那时起，瑞熙兄便以勤于积累，擅长做卡片闻名。在他的影响下，我也做了起来，在 60 年代初还算比较时髦。当年研习宋史，苦于国内学者相关论著相当少。瑞熙兄告诉我，日本学者成果较多。于是，我几乎浏览了系资料室订的每一期《东洋史研究》和《史学杂志》。特别是商务印书馆 1963 年为供批判用内部刊行的《宫崎市定论文选集》，读后从中得到不少反面的刺激和正面的启示。瑞熙兄还提醒我要注意地下、地上的实物资料。他说，川大历史系研究生毕业论文答辩，考古学家冯汉骥先生要参加。如不使用这类资料，冯先生是会否决的。于是在《历史研究》《历史教学》之外，《考古》《文物》也是我必读的期刊。为此我还查阅了不少金石志。有了这位乐于助人的好友，学术信息还不算十分闭塞。由于交流较多，我们的毕业论文题目很相近，他是《论宋代的佃客》，我是《北宋租佃关系的发展及其影响》，属于当年的热门论题。我在毕业论文中引用的一条出自《陇右金石录》的史料，瑞熙兄 1965 年发表在《史学月刊》上的论文曾注明加以转引。其实，这条史料正是在他的提示下搜寻到的。

"一生交给党安排"，"党指向哪里就奔向哪里"。毛泽东时代的年轻人，无论先进与后进，都会这样说。瑞熙兄和我并非先进分子，还多少有些所谓"白专"倾向，但知道"听话要听党的话"，也会这样做。1965 年，研究生毕业后，瑞熙兄以其优异的学业成绩被点名要到中科院近代史所通史组工作，协助范文澜老先生编著《中国通史》辽宋西夏金部分。而我则听从党的安排，远走雪域高原，改行做新闻广播工作。学友不在远近，只在真心。拉萨与北京远隔千山万水，我们的联系并未中断。我只要到北京，总要登门看望。瑞熙兄白天公事私事都忙，晚上还要挑灯夜战做学问，直到深更夜半。但只要我到访，他立刻放下一切，同我交谈，一聊就是大半天，话题离不开宋史。瑞熙兄喜得"两千金"后，生活相当拮据，出门腰无半文，但还是要留我在家吃住。

70 年代，我一度被打成"现反"。身陷囹圄之后，下放到喜马拉雅山区、羊卓雍湖畔。处境艰难，心灰意冷。夜间无事，烤着牛粪火，对着酥油灯，读读雨果的《悲惨世界》、巴尔扎克的《人间喜剧》之类而已。瑞熙兄得知此情，十分关切，愤愤不平。在亲友中，他是敢于同我通信的第一人。瑞熙兄在来信中感叹，雪域"天高皇帝远"，并鼓励道："艰难即将过去，曙光就在前头。"于是我才重新拾起史书，闲时继续研读。须知在当时，瑞熙兄的这些信件一旦被发现，吃不了兜着走，是会以立场不稳、界限不清、敌我不分等罪名受到处理的，风险极大！在我往日的印象中，瑞熙兄是位行事较谨慎、胆量并不大的文弱书生。殊不知这时他竟如此勇敢。瑞熙兄的勇敢自有其缘故。除对我本人的理解与信任外，还在于他对当年西藏的情形时有所闻。在瑞熙兄的近代史所同事中，有一位西藏消息灵通人士①。果不出瑞熙兄所料，情况很快好转，我从羊卓雍湖畔调到气候较好的雅鲁藏布江边。此时，瑞熙兄更挂念远方的我，总想设法将我调离西藏。邓广铭老先生复出，他前往说项。蔡美彪先生出任地震史资料总编，他又去活动。邓、蔡二先生虽然都表示愿意尽力②，但此事绝无可能。当年西藏的口号是："长期建藏，边疆为家"；"死在西藏，埋在西藏"。西藏是只让进，不让出的。毋庸讳言，瑞熙兄一介读书人而已，其作用与能量很有限。我最终走出困境，应当"感谢群众感谢党"。然而瑞熙兄这片深情厚谊，至今仍令我感动不已，将永志不忘。行文至此，不禁联想到另一件事。瑞熙兄的研究生同学

---

① 后来瑞熙兄告诉我，这位西藏消息灵通人士系王其梅的内侄。王其梅生前是西藏自治区党委书记处书记，被打成"薄一波等六十一人叛徒集团"成员之后去世，不久又被定性为"叛徒、内奸、工贼刘少奇在西藏代理人"。王其梅书记的夫人王先梅老人不服，不断向中央申诉，他们一家始终关注着西藏。1979年1月，中共中央在北京全国政协礼堂为他举行了平反昭雪追悼大会，悼词称赞他为"中国共产党的优秀党员""我军优秀军事指挥员和政治工作者"。王其梅书记曾任18军副政委兼昌都人民解放委员会主任、进藏部队先遣支队司令兼政委、西藏军区副政委兼军区后方司令部政委等职。老西藏亲切地将他尊称为"王四号"。

② 唐山大地震后，全国各省区都建立了地震史资料小组。西藏小组的负责人是新华社西藏分社资深记者陈家琎先生。80年代初，陈先生负责筹办西藏自治区社会科学院，并担任《西藏研究》主编。一次，在成都与我不期而遇。他问：你怎么认识蔡美彪？我答道：至今没见过。他告诉我，蔡美彪知道你。接着又说，那年苦于西藏无人会弄地震史，我向蔡美彪请求支援。蔡的回答是：西藏怎么没有人，金宝祥先生的研究生张某某，现在贡嘎县东拉区做文书，此人可用。我告诉他，张某某，我知道，现在暂时不行，不久即可调用。蔡先生将我的工作地点说得这样具体，显然是瑞熙兄提供的。不过稍有误差，当时我已从山上的东拉区调到江边的吉雄区，即拉萨机场所在地。

甘俊才因故遭到错误惩处，他曾为其抱不平。俊才兄同我不止一次说到此事，感激之情溢于言表①。足见瑞熙兄为人一贯正直、善良，不油滑，不奸狡，不愧为活脱脱、好端端的一位本色书生。

　　1980 年，终于梦想成真，我从西藏内调回家乡四川。工作如何安排，瑞熙兄为我操心，使用了当年在成都的一切老关系。我到四川师大任教，固然是组织上的安排，但四川师大乐于引进，且态度异常积极，则与瑞熙兄的游说关系极大。人到中年，学业荒疏。瑞熙兄为我提供了一次再学习的绝好机会。1982 年春，经他推荐，我到上海师大，在程应镠先生的主持下，参与编审《中国历史大辞典·宋史卷》，与徐规先生等前辈学者和王曾瑜兄等朋辈先进在一起紧张地工作。历时逾月，深受教益。于是，我较快地顺利回归宋史研习者行列。

　　我参加中国宋史研究会，介绍人又是瑞熙兄。为出席 1982 年秋在郑州召开的宋史研究会年会，我写下论文草稿，但心里没底，寄请瑞熙兄指教。他认真修改，增加了最后一段概括性文字，题目《宋代国子学向太学的演变》是由他改定的。这篇论文有幸被邓广铭老先生收入他主编的《宋史研究论文集》。如今学会论文集受到轻视，而当年邓老主编的论文集则为学界所重。除了量化考核的缘故而外，主要原因在于邓老严肃、严格、严谨，审稿严，要求高。然而我此后提交年会的论文篇篇被邓老采用。有同人怀疑其中是否包含瑞熙兄等人美言的成分，其实我心中也有些嘀咕。

　　从前，我与瑞熙兄交往主要靠书信。80 年代以后，年年见面，当面交流，向他请教的机会更多、更直接。90 年代中期，我们先后应宋晞先生、黄宽重先生邀请，两次一道到台湾访问，参加学术研讨会。因故我们还一同到陈立夫先生寓所，与他相会。和瑞熙兄合作是我向他学习的重要方式之一。最大的一次合作是王曾瑜兄邀约瑞熙兄以及刘复生兄、蔡崇榜兄和我共同撰写《辽宋西夏金社会生活史》。《生活史》一版再版，新近又由剑桥出

---

① 甘俊才兄早年是考古学名家冯汉骥先生指导的研究生，后来曾任成都师专（已并入西华大学）历史系主任。90 年代，我们二人均为四川省政协委员，因而相识。

版社印行英文版。曾瑜兄在再版后记中说："此书朱瑞熙先生出力尤多"，或有自谦之处，曾瑜、瑞熙二兄的贡献似乎相等。但图片"全由朱瑞熙先生一人承担"则是事实。无图不成书，插图丰富多彩，编排恰当得体，是瑞熙兄长期积累、潜心研究的成果。

"路遥知马力，日久见人心。"瑞熙兄是我情笃意真的一位益友。称他为我的半个良师，也不为过。至于瑞熙兄的学术贡献和治学特点，因交稿在即，本文言之甚少。其实不必多说，瑞熙兄的学问为学界所公认和推重，是朋辈宋史研究者中最具代表性的人物之一。学友之交淡如水。纸短情长，谨以此短文恭贺瑞熙兄八十大寿。

（原载《澎湃新闻·思想·私家历史》2017年7月11日。又载戴建国、陈国灿编《朱瑞熙教授八秩寿庆文集》，中国商务出版社，2017）

成名于改革元年的学者

——庆贺王曾瑜先生八十大寿

今天是个令人欣喜也让人感叹的日子。相识时风华正茂，而今王曾瑜先生已到八十高龄。同王先生交往多年，自以为对他相当了解。王先生道德高尚，学识超群，原则性强，富有正义感，是我从心底里佩服的学者。这些天，我常想：王先生哪些地方值得我学习，值得青年学友借鉴？长话短说，就我所知，仅凭记忆，举些例子吧。

王先生治学，至少有三个优长之处。

一是厚积薄发。在我印象中，王先生40岁以前基本无论文发表。他在干什么？坐冷板凳，埋头苦读。"文革"期间，不少朋辈难免卷入，而他默默无闻，闭门钻进故纸堆，成天研习有"宋代资料宝库"之称的《宋会要辑稿》，同事给他取了个"王会要"的绰号。1978年，王先生40岁，党中央号召解放思想，改革开放。这年春天，科学大会召开，郭沫若先生热情欢呼："这是革命的春天，这是人民的春天，这是科学的春天！让我们张开双臂，热烈地拥抱这个春天吧！"正是这年，王先生如坐东风，爆发了。他的《岳飞之死》《王安石变法简论》《宋朝的差役和形势户》等多篇重磅论文接连刊载于《中国社会科学》《历史研究》《历史学》等顶级刊物。"不鸣则已，一鸣惊人"，王先生顿时名满学界。真可谓"十年寒窗无人问，一举成名天下知。"此后势头更猛，锐不可当，新见迭出，著作等身。相信将来会有《王曾瑜全集》出版，据我估算，应当超过20册。不少学者认为，王先生"是继邓广铭先生、漆侠先生之后，又一位被国内外宋史学界公认的宋史大家"。中国社会科学院人才济济，王先生脱颖而出，被遴选为荣誉学部委员，绝非偶然，实至名归。改革开放年代与"文革"期间迥然不同，随着知识分子政策的落实，"臭老九"脱帽加冕，成为工人阶级的一部分，学者们心情舒畅，意气风发，独立思考、自由探索蔚然成风，从而造就了一批成功人士。"时势造英才"，成名于改革元年的学者为数不少，王先生只是其中的一位。

二是点面结合。断代不可为史。记得王先生曾说，断代探讨无非是通史研究的突破口。他研究面广，既注重纵通，上自汉唐，下及明清；又注重横通，囊括经济、政治、文化、社会生活，涵盖辽、宋、西夏、金。他的专著《辽金军制》在辽金史专家看来也是一部不可多得的力作。没有重点，很难深入。王先生的重点无疑是两宋，并且在社会结构、军事制度等诸多领域披荆斩棘，获得多项具有开创性的重要成就。《宋朝阶级结构》《宋朝兵制初探》是其享誉学界的两部代表作。宋代往哲前贤的警句名言不少，如范仲淹曰："作官公罪不可无，私罪不可有。"岳飞云："文官不爱钱，武官不惜死，天下太平矣。"对于这些警句名言，王先生反复述说，并予以阐释。岳飞是他潜心研究的宋代重点人物之一，有《尽忠报国——岳飞新传》《岳飞和南宋前期政治与军事研究》等多种论著问世，取得引人注目的突破性成就。2003 年，王先生满怀深情，为《中国社会科学报》撰写《纪念伟大的爱国英雄岳飞诞辰九百周年》一文。2006 年，又在《求是》杂志、《北京日报》发表《天地有正气，凛烈万古存——纪念文天祥诞辰 770 年》《岳飞、文天祥不该称为民族英雄吗》两文。王先生还致力于普及历史知识工作，出版《靖康奇耻》《河洛悲歌》《大江风云》等七部系列宋代历史纪实小说，讴歌英雄，宣扬正气。

三是史论并重。王先生视史料为治史的根基，力图竭泽而渔，一网打尽，其学术成果素以史料翔实，征引宏富著称；并从事古籍整理，参与校点《名公书判清明集》，独著《鄂国金佗稡编、续编校注》。王先生同漆侠先生一样，格外强调理论的重要性，认为研究水平的高低往往取决于理论水平的高低。针对较长时期以来某些轻视理论学习的现象，他开导引导、勉励激励晚生后学选读马恩经典著作,苦口婆心、不厌其烦。如此看重理论,在宋史学界,王先生只怕是继漆侠先生之后的第二人。他以身作则,老来还每天一页一页地精读《资本论》,在今天太难得。

王先生为人,也有三个优长之处。

一是忧国情怀。王先生身在象牙塔,超乎象牙塔,继承发扬我国读书人忧国忧民的优良传统。宋人楼钥诗云:"一片忧国心,辗转中夜思。"① 王先生身患失眠症,自有其缘故。王先生爱憎分明,他憎恨为富不仁的"山西煤老板",憎恨恶贯满盈的贪官污吏。他以"新松恨不高千尺,恶竹应须斩万竿"(陈毅元帅题杜甫草堂联)的气概,奋笔疾书,20世纪90年代有《腐败就是今天的国耻》《用巴黎公社原则根治当今腐败》等警世宏文刊载于《北京日报》《北京观察》等报刊。王先生心向平头百姓,热爱普罗大众,并见于行动。十年前,汶川大地震,他要到四川参加抗震救灾,被我以年纪不饶人为由劝阻。王先生当年不知为地震灾民流了多少眼泪,并不富裕的他不用动员,多次主动为灾民捐款。

二是不好名利。21世纪初期,王先生在河北大学宋史研究中心任特聘教授期间,分文不取,将全部收入悉数捐给贫困学生,作为奖学金。此事在学界传为佳话,博得赞扬。我亲历亲见的有两件事,一件是著书不当空头主编。我们五人合著《辽宋西夏金社会生活史》,分明是王先生领来的项目,他出力最多,写得最多,理当出任主编。但他执意不肯,定要以年龄为序,五人共同署名。按照这一原则,朱瑞熙先生应当署名第一,署名第二者非王先生莫属。他又不肯,坚持名列末尾。另一件是讲课拒收课时费,那年在四川大学弄得大家很为难,只能将已经领下来的这笔课时费用于师生共同考察三苏祠。像王先生这样的自愿义务劳动者,在当今学界有几人?

三是提携后学。我读到不少王先生的弟子和私淑弟子们写下的许多动人记述,有关学友自会现身说法。王先生在年龄上是我的朋辈学友,但在学问上是我的半个老师。他乐于助人,有求必应,毫无保留。特别是1982年春

① 楼钥:《攻媿集》卷2《古体诗·送赵子直贰卿帅三山》,文渊阁四库全书影印本。

天在上海师大、1983 年上半年在中国社科院历史所，与他共事相处，他给了我许多帮助，我深受教益。

王先生有缺点吗？当然有。"金无足赤，人无完人。"王先生是个耿直的人，他品评别人，即便是好友，也往往一分为二。记得王先生在祝贺张泽咸先生八十大寿时，高度肯定张先生的贡献之后，赓即指出张先生的三个不足之处①。这里我只说一个，如果高标准、严要求，与漆侠先生相比，王先生在理论修养与运用上还有一定差距。人都老了，就让这个遗憾随风而去吧。可是王先生很有自知之明，而今还在细读精读《资本论》。王先生老而弥笃，活到老，学到老。这种毫不懈怠的精神尤其值得我好好学习。

俗话说："高官不如高寿，高寿不如高兴。"祝愿王先生天天高兴、天天开心，高寿长寿！

（原载《澎湃新闻·思想·私家历史》2018 年 6 月 8 日）

---

① 王曾瑜：《汉唐史专家张泽咸的学术成就与不足》，《中国社会科学报》2010 年 6 月 8 日，第 18 版。

置身功利外　心在学问中

——怀念刘浦江教授

年初，惊闻浦江走了。我异常悲恸：浦江，你走得太早！由于年龄与探讨重点的差异，我与刘浦江教授交往不算多，但对他印象极好——得邓广铭先生真传，最具书生本色。常言道："金无足赤，人无完人。"或许因为了解不多，在我心目中，浦江只有优点，几乎没有缺点，形象很高大——置身功利外，心在学问中。在士风卑下，功利至上，读书人大多很现实的今天，太难得。

其时正值严冬，我同众多老年亲友一道远在海南岛避寒。我们这个非亲即故的过冬群体，来自各行各业，是个"小社会"。我向亲友惋惜地述说浦江，其实不用我多说，当时《光明日报》《澎湃新闻》《东方早报》《凤凰新闻》等不少媒体海量宣扬浦江，浦江魅人的人格、精深的学问、脱俗的境界，活灵活现地展现在人们眼前。亲友们阅读后，被浦江的纯真、质朴、豁达深深打动，异口同声称赞这位"真学者""好老师"。不知怎的，我不禁想起宋朝人的两句话："天下之患，莫大于士大夫无耻"[1]；"百物踊贵，只一味士大夫贱！"[2] 眼下社会各界均为若干读书人的堕落而深感忧虑与不齿，"砖家""叫兽""无良"一类的称呼，让读书人脸面无光。浦江总算

---

[1] 游酢：《上徽宗论士风之坏》，赵汝愚编《宋朝名臣奏议》卷24《君道门·风俗》，北京大学中古史研究中心校点整理，上海古籍出版社，1999，第240页。

[2] 朱彧：《萍洲可谈》卷1，李伟国点校，中华书局，2007，第121页。

为读书人争了口气，挽回了一点颜面。于是，我在格外惋惜、十分悲痛之余，才平添了些许自豪感。

我与浦江相识较晚，迟至1997年。那年初秋，台湾大学王德毅教授访问北京大学，要专门会会北京地区的宋辽金史青年研究者。我恰好去东北，途经北京。因我与德毅教授在北京和台北曾几度会面，时任北大中古史研究中心主任的张希清教授邀我作陪。在座谈会上，我初次见到浦江。他给我的第一感受是：年轻、睿智且自信。浦江的发言独具一格，主要是感叹辽金史研究受冷落，辽金史学者很孤寂："缺乏同道，缺乏对话者，与唐宋史学界的风光场面不可同日而语。"发言仿佛很低调，其实内中饱含着拓荒者的勇气和打通宋辽金史研究的雄心。德毅教授大概如此鼓励他：与唐宋史学者同行，就不寂寞；辽金史有待开垦的荒地甚多，正好大展拳脚。和我并肩而坐的辽金史专家李锡厚兄向我耳语：这位年轻人是邓广铭先生老来器重的弟子和助手。从此，我和浦江开始接触，有所往还，诸如互赠论著之类。我偶有所托，如本系同事申请到北大进修等事，他都依规热情尽力办理。据我观察，浦江多有酷似邓先生之处。记得，我曾对邓小南教授说，从性格上看，浦江或许比你更像令尊。小南当即表示认同。

清代史家章学诚说："高明者多独断之学，沉潜者尚考索之功。"邓广铭先生引用此语，激励后学，应将"高明"、"独断"与"沉潜"、"考索"作为自己的学术追求和奋斗目标，在这两大方面狠下功夫[1]。仅就选题而言，浦江便是个"高明者"。他有两个取向：一是关键性题材，浦江不会为凑考核数量，去探究"洪秀全的胡子"一类鸡零狗碎的碎屑论题；二是难度指数高，他也不会靠耍小聪明取巧，去做那些"得来全不费工夫"的事情。"取乎法上，得乎法上。"浦江发前人所未发，道前人所未道，在辽金史领域取得开创性的成果和系统性的进展。仅凭正置于案头的《辽金史论》和《松漠之间》两书，也足见其"独断之学"与"考索之功"。这些，辽金史学者多有评论，不用我再多说。我辈"先天不足，后天失调"（王曾瑜

---

① 《邓广铭治史丛稿·自序》，北京大学出版社，1997。

兄语）。无论大环境还是小气候，浦江与前辈相比，都是幸运的。他没有遭遇"抗战十四年"的艰难。至于四川的"三年饥荒"，他毫无记忆，只是听说而已。从某种意义上说，浦江的成就是时代造就的。

浦江不赶时髦、不凑热闹，是位做"真学问"的"沉潜者"。研讨会对学术研究究竟有多大推动作用？如今研讨会太多，或可称之为"会灾"。浦江对于参会，兴趣不大，不会十处打锣九处在。岂止不积极，浦江可能又极端了些。他身为宋史研究会会员，似乎从未出席宋史年会。这也是我和他接触较少的重要原因之一。浦江书生气重，就"课题意识"与"人民币意识"两项而论，他是个"双差生"。如果再加上"获奖意识"，浦江还是个"三差生"。据小南介绍，他一生极少请奖和得奖。浦江追求的是"更为恒久的学术价值"。他在《松漠之间·自序》中说："至于能不能申报什么项目，有没有经费资助，是不是当下学术界的热门话题，是否合乎国际汉学界的口味等等，则只好置之度外了。"浦江宣称："我的著作是决计不要名家作序的。"熟人皆知，浦江身处北大，又是个出类拔萃的青年才俊，要请位名家作序，易如反掌。但他在《辽金史论·自序》中说："既然是学术著作，何须来这种俗套？如果连这点自信都没有，即令有名家捧场又能怎样？我们处在一个价值判断力彻底沦丧的时代，人们不得不依靠序引、'书评'或者获什么奖之类的名堂去衡量学术水准。这真是学者的最大悲哀。"① 有段时间，"唯文凭论"甚嚣尘上，以致文凭真假难辨，于是出现了"假的真文凭、真的假文凭"一类的顺口溜。让我钦佩的是，浦江岿然不动，拒不攻硕，更不攻博。他淡定自若，不图虚名而务实学，坚信"学位不等于学问"。浦江临终，仍然是个活脱脱的"刘学士"。这正是他本色书生的绝佳写照。

浦江也有心不在学问的时候。他数年前曾担任北大历史系副主任，主管教学工作。那两年，我曾几度访问或顺访北大，传入我耳中的是叫好声。"在其位，谋其事。"浦江将自己的辽金史研究放在一边，一心扑在全系的工作上，不仅服务态度好，而且办事效率高。这是多么可敬的献身精神。凭

---

① 刘浦江：《辽金史论》，辽宁大学出版社，1999，第 1~3 页。

着浦江这股劲头，如果假以天年，北大历史系兴许还有第二次"邓广铭变法"①。只是其推行者将不是邓先生，而是其高足刘浦江。

　　邓先生最反感的是："奄然媚世为乡愿。"② 浦江同样厌恶"人情练达、乖巧玲珑的那一类人"③。他为人耿介磊落，和邓先生一样，敢于并善于开展学术批评。本人就领教过浦江的"犀利"。2005 年冬，我以拙著《宋代政治文化史论》相赠。他当即来信，不按常规出牌，不用"但书法"，而是批评在先，表扬在后。他开门见山："书名有问题，'政治文化'一词系误用。"然后说："先生的长处在于大局观，值得学习。"我回信说："批评极是，但我在《前言》开头有解释：'本书的内容不外乎宋代政治与文化。'"④ 浦江对王曾瑜兄《金朝军制》一书的平议，又是一例。浦江痛感"今日中国学术界书评的庸俗化、操作的程序化乃至语言的格式化"，为避免此类弊病，他动笔之前先致书曾瑜兄，申明书评将是"一篇纯学术性的严肃的文字，不含任何庸俗的成分"。曾瑜兄的态度极端正，立即回信："欢迎任何批评。"⑤ 浦江的书评在充分肯定的同时，毫不掩饰地指出《金朝军制》一书的不足。曾瑜兄作为前辈北大人大致是出于恨铁不成钢的心理，素来对后辈北大人期望高、要求严、好评少。然而数年后，他居然在上海宋史年会上，破例公开表扬他的这位批评者。我耳闻目睹后，多少有些吃惊。如果说浦江的《〈金朝军制〉平议》有"高高举起，轻轻放下"之嫌，那么浦江与李锡厚兄的讨论相当较真。在讨论辽朝头卜军州的起源时，锡厚兄认为辽朝的头下与唐代的头下户有关。浦江则断言："（李锡厚先生的论断）没有什么史料凭据"，"是我所不能接受的"，甚至使用了一些较为尖刻的语言，如"唐朝的'头下户'与辽朝的'头下'一词只不过是一个偶然的巧合，前者是汉语词，而后者是契丹语的译音，两者之间没有任何关系，就像

---

① 20 世纪 70 年代末，邓广铭先生出任北大历史系主任，大刀阔斧，推行新政，学界戏称为"邓广铭变法"。

② 《邓广铭治史丛稿·自序》，北京大学出版社，1997。

③ 刘浦江：《松漠之间》，中华书局，2008，第 403 页。

④ 张邦炜：《宋代政治文化史论·前言》，人民出版社，2005。

⑤ 刘浦江：《松漠之间》，中华书局，2008，第 387～388 页。

葡萄与葡萄牙毫不相干一样"。语言虽然较尖刻，但仅限于学术讨论范围。浦江敬重锡厚兄，他赞扬"（李锡厚先生）率真的性格""学者的本色"①。关于辽朝头下军州的起源，锡厚兄仍坚持己见。但他接受浦江对其《叶隆礼和〈契丹国志〉》一文的批评，认为"所言极是"②。不久，锡厚兄偕同夫人来成都探亲，趁机与我相聚。二人谈及"葡萄与葡萄牙"这桩学术公案，锡厚兄不是痛心疾首，而是开怀大笑。我问锡厚兄："浦江其人如何？"他的回答是："学问好，人品好。"（大意）浦江与锡厚兄的学术交锋，真可谓两位"真学者"之间的"真讨论"。

浦江和曾瑜兄、锡厚兄受业虽有先后，都是邓广铭先生的高足，同为宋辽金史研究的中坚。"严师出高徒"，邓先生素以对弟子既循循善诱又严格要求著称。据说，浦江也是一位严师。他日所思、夜所想的是学生，临终向同事托付的唯一身后事依然是学生。他的弟子们如今已崭露头角，日后前程无量。浦江事业未竟，所幸后继有人。

浦江离世已达数月之久，我仍不时想到他，想到他那些超凡脱俗之处，甚至认为他不愧是一位用特殊材料做成的人。浦江是标杆，是镜子，用他做尺子量量自己，差距真不小。此生已是西边的太阳，愿来世同浦江一样，做"真学问"，当"好老师"。浦江的高大形象活在我心中！

（原载邓小南、荣新江、张帆主编《大节落落　高文炳炳——刘浦江教授纪念文集》，中华书局，2015）

---

① 刘浦江：《松漠之间》，中华书局，2008，第78、403页。
② 李锡厚：《临潢集·后记》，河北大学出版社，2001，第319页。

自 述

研习宋史：我的自主选择

20世纪60年代初，我开始研习宋史时，专攻宋史的学者屈指可数，宋史领域待开垦的荒地多，值得探究的问题多，理当修订的成见多。今非昔比，鸟枪换炮。宋史学界队伍壮大，研究的深度和广度大幅度提升。近年来，每当拜读优秀青壮学人所赠大著，"一代新人胜旧人"之感油然而生，不禁想到这首打油诗："长江后浪推前浪，前浪死在沙滩上。后浪风光能几时，转眼还不是一样。"我有一幅"自画像"："思维方式——止步于80年代之初；知识层面——停滞于21世纪之前。"这绝非"贾雨村言"。本人即便有一星半点成绩，已是宋史研究处于薄弱阶段的往事，而且有待纠谬，岂敢张扬。因友人一再盛情相约，终于勉为其难，写下这篇自述。鉴于何玉红、刁培俊两位教授已有访谈录[①]刊布，本文尽量减少重复。

一 "我的事情我做主"

常听学生说，他学历史出于偶然或无奈，甚至抱怨历史捉弄人，走错了房间。我则不然，学历史实乃平生志趣之所在，是我独立自主做出的选择。

我对历史的浓厚兴趣是20世纪50年代中期在成都十二中（旧称，今称川大附中）读高中时养成的。时值社会主义改造基本完成之时，李政道、

---

① 何玉红、刁培俊：《两宋历史的多角度探讨——访张邦炜教授》，《历史教学问题》2007年第6期。

杨振宁荣获诺贝尔奖之初，党中央响亮提出："向科学进军。"这5个字入耳入脑入心。实不相瞒，我当年心中的榜样是中科院院长郭沫若。我对未来的向往是：像郭老那样，研究历史，做无党派人士①。我崇拜郭老，与正处于青春躁动期关系极大。我和不少同学一样，喜欢他的诗篇《天狗》："我是一条天狗呀！我把月来吞了，我把日来吞了，我把一切的星球来吞了，我把全宇宙来吞了。我便是我了！"何等气概！喜欢他的剧本《屈原》："我思念那洞庭湖，我思念那长江，我思念那东海，那浩浩荡荡的无边无际的波澜呀！那浩浩荡荡的无边无际的伟大的力呀！那是自由，是跳舞，是音乐，是诗！"相当震撼！郭老在我心中威望下降，始于其诗集《百花齐放》面世。人们议论纷纷："郭老郭老，诗多好的少。"相传连郭老本人也说："老郭不算老，诗多好的少。"然而我酷好历史之心始终不变，曾将史可法的对联："斗酒纵观廿一史，炉香静对十三经"作为座右铭，悬挂于陋室。②

1957年高中毕业时，我一心报考历史系，没想到居然遭到历史知识相当丰富的父亲一再劝阻。他认为历史只能作为爱好，不能作为职业，建议我报考物理系。定要学文科，就报经济系。他说，物理学、经济学比较实用，更能直接为社会主义建设服务。今天看来，父亲很务实，他的主张不无道理。然而当时父亲的阻拦适得其反，我的逆反情绪飙升。正好语文课刚学过李白的《梦游天姥吟留别》："安能摧眉折腰事权贵，使我不得开心颜！"我竟然将较为开明的父亲视为"家庭权贵"，心想：你青年时代投身于"让一切不民主的制度死亡"的战斗，我今天要向你的封建家长制开火，扬言："我的事情我做主。"当时高考可填报12个志愿，我一口气填了12个历史系，抱定非历史系不读的决心。

我大哥1946年考大学，接连考取中央大学、北平大学、重庆大学三大名校，三选一，选择上北大。父亲高兴地让他坐飞机上北平。这次我会考取

---

① 后来才知道，郭老早在1927年八一南昌起义后，就加入了中国共产党。
② 如果要准确些，应改为："斗酒纵观两宋史，炉香静对一屋书。"我曾请有"巴蜀才女"之称的乡贤黄稚荃前辈书写这14个字，以备悬挂。谁知她老人家写的竟是："文发春华，学微秋实；才横东箭，器重南金。"愧不敢当，只能珍藏。

什么大学呢？录取通知书是星期天全家在人民公园喝茶娱乐时收到的，我被录取到兰州大学历史系。这个结果遭到父亲当众嘲笑：邦炜考起了个第八志愿。我脸红了一阵，心想：好学校有差学生，差学校有好学生，关键不在于学校，而在于自己。父亲的嘲笑鞭策着我日后加倍努力学习。我表示要像列宁那样，不知疲倦地读书，每天学习 12 小时。从那时起，我即养成"开夜车"的习惯，是个"夜猫子"。大学阶段，我的历史专业课成绩在班上始终名列前茅。

父亲是 20 世纪 30 年代前期先后在北平、东京上大学的，对后来崛起的兰州大学不大了解。其实兰大不算差，用现在的高校分类来说，毕竟是个 211、985 大学。不过当时理科强、文科弱。江隆基校长后来曾说，兰大文科有水平的教师就是个赵俪生①。其实赵先生也是 1957 年才从山东大学调来的。为解决学生普遍关心的师资问题，校方大量临时聘请名校名师。我们班大一的考古学通论是北大阎文儒、吕遵谔老师上的，中、外两门通史由中山大学丘陶常、梁作干老师讲授。当时兰大文科主要靠中大支援。大二安排的课程中有中大容庚、商承祚先生讲古文字学，刘节先生讲中国史学史。后因容、商、刘三大家受到学术批判而未果。1959 年，校方因噎废食，干脆采取果断措施，取消文科，兰大历史系一度合并到西北师院，改称甘肃师大，现称西北师大。"三反以后不管钱，反右以后不发言。"同学们对这个决定虽然不满，只能听从。我的本科以至研究生阶段的学业是在甘肃师大完成的。平心而论，当时西北师院历史系的师资力量强于兰大历史系，西北师院抗战时期曾称西北联大师范学院，因其前身是北平师大，文科藏书比兰大要丰富些。如果不图虚名而务实效，这也不失为一项可取的举措。

"我的事情我做主。"我还"自主"地做出了以下三大选择，这些都深深地影响着我这一生。

其一，自告奋勇当"白旗"。从 1957 年到 1958 年，兰州大学的反右派

---

① 这句话不一定很准确，兰大文科有水平的教师还有杨伯峻先生等。只是杨先生调来得迟，调走得早，时间短。

斗争、"拔白旗"运动搞得轰轰烈烈。继陈时伟副校长夫妇等被戴上右派帽子之后,校党委刘海声书记又拔了林迪生校长的"白旗"。师生中右派、"白旗"的数量都不少。当时的口号是:"插红旗寸土不让,拔白旗一个不留。""拔白旗"运动与"向党交心""红专辩论"交叉进行。班上开会讨论:谁是白旗?我傻乎乎地(在今天看来)站起来交代自己的只专不红思想,并自报"白旗"。我的错误是晚上熄灯后还在盥洗间读郭沫若的《甲骨文字研究》、陈梦家的《殷墟卜辞综述》,早上不起床参加体育达标活动,拖全班后腿。起初认为"白旗"只是思想认识问题,不是一顶政治帽子,算不了啥。当学校在大喇叭里通知,"白旗"同右派一起到工地参加劳动,才认识到问题之严重。好在《红旗》杂志1959年初发表评论《不要乱戴白旗帽子》,据说是传达党中央的新精神。总书记邓小平指示:"拔白旗不要乱拔。"中宣部部长陆定一发话:"红旗可以插,白旗、灰旗不要拔。"于是"拔白旗"运动匆匆结束,我的"白旗帽子"自行作废。1960年底,党中央纠正甘肃省委书记张仲良的"左"倾错误。受到降职处理的刘海声副书记专程到师大向我们这些"白旗"赔礼道歉,态度相当诚恳。兰大党委为郑重起见,出于好意,决定正式平反,于是这段经历被记入档案。其实际后果是人事干部此后不时提起我十七八岁时留下的这个"历史污点"。

其二,出于爱好学宋史。1961年,我本科毕业后,留校做中国古代史研究生。我这个"揭帽白旗"居然留校,与当时的形势有关。学校正贯彻《高教六十条》,整顿教学秩序,强调以教学为中心,以教师为主导。我这个专业课成绩好的学生理所当然地留校了。究竟研习哪个朝代的历史?教研室主任金宝祥先生是唐史专家,他征求我的意见。受何兹全、梁作干等先生的魏晋封建论和侯外庐、胡如雷等先生的唐宋变革论影响,我认为魏晋与两宋的历史朝着相反方向发展,时代特征很鲜明,但揭示欠充分,后者尤其薄弱。我不愿跟唐史专家学唐史,而选择学宋史。金先生可能有些失望,但他很开明,认为兴趣是学习的第一推动力,表示尊重我的志趣。金先生说,《续资治通鉴长编》很难找,学校图书馆有一部浙江书局本。《宋会要辑稿》前些年刚影印批量发行,利用得很不够。你不要浮皮潦草,而要认真仔细地研读这两大部书。当时书籍少，读书用书的人更少。学校图书馆允许我将馆藏线装书借回寝室细读。单就这点来说，条件比今天好。我十分感激金先生，是他让我做自己想做的事。2014年，金先生百岁冥寿，我既撰文纪念——《特立独行的思想型史家》，又瞻仰其出生地——浙江萧山临浦镇临江书舍，还到兰州他老人家墓前祭拜。

其三，心血来潮进西藏。研究生毕业前要填工作分配志愿表，表上有工作性质与工作地区两栏。填表前，学校动员毕业生到边疆去，到祖国最需要的地方去，组织我们到兰州剧场看话剧。"一生交给党安排"，"党指向哪里就奔向哪里"，"祖国的需要就是我们的志愿"，话剧深深地打动了易于激动的我。填表时，我按照话剧里的语言，在工作性质一栏填上五个字："为人民服务"，在工作地区一栏填了三个字："全中国"。恰逢西藏方面向教育部要文科研究生，有关领导看中这张志愿表：西藏很艰苦，正需要这样的同志！于是我进藏了，分配到西藏人民广播电台任编辑。[①] 当时组织上只讲进藏、不讲出藏，没有"援藏"这个词，口号是："长期建藏，边疆为家。"谭二号（谭冠三政委）又加了八个字："死在西藏，埋在西藏。"藏族群众将"文革"前进藏干部称为"永久牌"，"文革"后进藏人员称为"飞鸽牌"。我这个"永久牌"虽然没有"埋在西藏"，但在西藏待的时间不短。陈乐素老先生是宋史研究的奠基人之一，后来他批评我：你在西藏的时间那样长，十分难得。你不学藏文，不搞藏学，不研究藏传佛教，仍然搞宋史，是你一生中最大的失误。陈老的批评很中肯，然而我研习宋史的兴趣实在太大。我进藏时的行李是八个小纸箱，里面装着心爱的数百册书籍，几乎全部与宋史有关。它们骑过西藏高原上的毛驴，坐过雅鲁藏布江里的牛皮船，还乘坐汽车翻越了昆仑山、唐古拉山、念青唐古拉山、米拉山、色齐拉山等一座座高山，始终陪伴着我。在当时的西藏，《长编》《会要》这类书籍根本无法找到，研究宋史的基本条件不具备。工余之暇，除读史书外，也读些

---

① 可参见拙稿《西行万里到拉萨》，西藏人民广播电台编《走向辉煌》，西藏人民出版社，2004。

"闲书"。至今仍不时回忆起当年的情境：在喜马拉雅山区、羊卓雍湖边，坐在酥油灯下，烤着牛粪火，夜读巴尔扎克的《人间喜剧》、雨果的《悲惨世界》。

实话实说，我的长期建藏思想并不牢固，总想有朝一日，回到内地，继续研习宋史。对于我进西藏改行做新闻工作，师友们当面对我没说啥，心里很惋惜，认为用人不当。"文革"一结束，金先生就试图调我回学校。研究生期间结识的老友朱瑞熙后来分配到中科院近代史所工作，他曾为将我调往北京而活动。当时的西藏只能进、不能出，内地是不能向西藏要人的。赵先生对他的研究生葛金芳等说："兰州从前有两个优秀史学青年，可惜一个跳黄河，一个远走西藏了。"要求他们的学位论文达到我们的毕业论文的水平。其实他们后来居上，更上一层楼。"一个跳黄河"是指我的研究生同学余用心，他的毕业论文受到明史两大家夸奖。郑天挺先生的评语是"足以成一家之言"，王毓铨先生说"研究生而有这样的成就是罕见的"。令人痛惜的是，用心在"文革"期间失踪。

1980年，我在西藏工作15年之后，终于梦想成真，得以返回故乡，到四川师大历史系任教。人过中年，学业荒疏。值得庆幸的是，80年代前期，我获得两次再学习的机会。一次是1982年春天，经朱瑞熙推荐，到上海师大，在程应镠先生的主持下，参与编审《中国历史大辞典·宋史卷》，与徐规先生等前辈学者在一起紧张地工作，深受教益。另一次是1983年上半年，经友人贾大泉介绍，与中国社科院历史所副所长郦家驹先生认识，由郦先生提供方便，到历史所访问，得到陈智超、王曾瑜、吴泰等朋辈先进的关照，获益良多。当时处于业务人员青黄不接的时期，不少单位都缺人。离京返川时，郦先生劝我不要走，就在历史所，调动问题由他负责解决，我十分感激，但很不现实，不仅本单位不会放我，而且一家四口的北京户口绝无解决的可能。我曾想就近在成都换个以研究为主的单位，恰逢曾枣庄、刘琳二位主持川大古籍所，正着手编撰《全宋文》，需要研究宋史的人。事情正在进行中，柯昌基等同人提醒我：古籍整理非你我所长。我才恍然大悟：我的老师无论金宝祥还是赵俪生都是理论派。金先生要求学生："做有思想的历史研究"，"从史书中读出哲学的意境"。赵先生常说："要考辨，更要思辨。"与师承关系有关，受经历、地域等因素局限，古典文献学之类正是我的短板。于是此事作罢。普通师范院校教学任务重，研习宋史只能在教学之余。但毕竟是在做自己想做的事，还有几位一心向学的友人在一起谈学问。友人们后来皆学有所成，有的大名鼎鼎，恕我略去他们的姓名，以免"拉大旗作虎皮""我的朋友胡适之"之嫌。友人远走高飞，而我始终在四川师大任教，直到退休。以教师为职业，站在课堂上，面对一张张年轻的笑脸，自有其乐趣。

二 "商榷派"有什么不好

如今人们常说"问题意识"，只怕并不是一个全新的概念。读研究生时，我就从刊物上知道，研究学问不过是发现问题、提出问题、解决问题，难点在于发现问题，如能提出真问题，问题已解决一大半。"吾爱吾师，吾犹爱真理。"对老师、前辈乃至权威的既有结论不应轻信，凡事都要多问几个为什么。于是身上揣个小本本，抓住一瞬间，将蓦然想到、稍纵即逝的各种问题及时记录下来，以备日后思考。与今天不同，当时不以著述多少论高低。金先生要求我们多读书、多思考、多积累、少写作。他说："宁肯少些，但要好些，多必滥！"但我手痒痒，总想写。写得并不多，已被嘲笑为"多产作者"。所写习作有两篇被采用，《试论宋代的官田》刊载本校学报，《宋代客户的身份问题》[①] 由《光明日报》登载。毕业论文《北宋租佃关系的发展及其影响》[②] 虽然尚未公开发表，但学校将它铅印成册，不仅呈送评审人北大邓广铭、南开杨志玖教授，而且寄给各高校中古史教研室，广泛征

① 载 1965 年 8 月 11 日《光明日报》，发表时题目改为《宋代存在着大量的自由佃农吗——与束世澂先生商榷》。
② 《甘肃师范大学学报》（社会科学版）1980 年第 3、4 期连载，人大复印资料《中国古代史》1980 年第 3 期、1981 年第 2 期连续全文转载。

求意见。华东师大束世澂、中大何竹淇、武大李涵等不少前辈学者主动寄回评语。据说当时还健在的蒙文通老先生也看过，并叫人写评语。因此《影响》一文在宋史学界小圈子内有一定影响，朱瑞熙在《史学月刊》1965年第6期发表的论文中引用了这篇未刊稿。至于中科院历史所孙毓棠先生的意见很具体，仔细到措词遣句，是《历史研究》编辑部转给我的，叫我参照孙先生的意见修改后寄回发表。我当时正在酒泉县东洞公社搞"四清"运动，没时间修改，而《历史研究》已于1966年初停刊。此文迟至1980年才公开发表，其实是篇旧作。在今天看来，《官田》等文问题不少，很稚嫩。如《官田》一文的参考文献只有《文献通考》《宋史·食货志》《宋会要辑稿·食货》三种常见史料，但都是我认真读过的。引用的恩格斯论述："支配农民的租赋就远比支配他们的人身重要很多"，是我从《德国古代的历史和语言》一书中读到的，只怕还是第一次被引用。不转引、不拼凑，对初学者来说应当是个优点。

当时我二十岁刚出头，血气方刚，是个"易胆大"。《官田》等文均属于商讨性文章，商榷的对象主要是云南大学李埏先生的《〈水浒传〉中所反映的庄园和矛盾》以及束世澂老先生的《论汉宋间佃农的身份》。李先生在《矛盾》一文中认为宋代是个无处无庄园的"庄园世界"，庄园是在经济上与外界无交往的"绝缘体"，并将宋代的庄园定性为农奴制。我的老师陈守忠先生在讲课时对李先生的观点大加赞赏，我则认为很值得商讨。我在《官田》等文中提出了一些与当时主流认识不同的论点。第一，宋代的主要土地经营形态不是庄园制而是租佃制。宋代的官庄已难以为继，或出卖或出租，陆续被租佃制取代。第二，宋代农民的主体既不是农奴，也不是自由佃农，而是租佃农民。佃农退佃"自由"的争得、私家佃农而负担国家赋役、超经济强制权力的削弱等，一概表明宋代历史发展的总趋势是人身依附关系趋于弱化。第三，宋代还残存着少量庄园，但大多并非与外界隔绝的"绝缘体"，宋代农村商品经济相当活跃。我的《官田》一文是1962年底发表的，第二年冬天在《历史研究》上读到邓广铭老先生的《唐宋庄园制度质疑》。我在赞同之余，也有一点想法：唐代庄园与宋代庄园只怕不完全是一回事。邓老此文以及山东大学华山先生的一论、再论宋代客户身份两文在学界影响较大，此后宋代庄园制、"绝缘体"一类的说法不再流行。

　　从具体到抽象，从抽象到具体，往复于两者之间。我还从具体史实中抽象出两个简明扼要或许有些新意的看法。一个是宋代"赋重役轻"。从兵役大体消失、厢军分担夫役、夫役雇法施行三个方面加以论证，认为这是宋代赋役制度的一大变革。数十年后，包伟民教授在《宋代财政史研究述评》一文中对这一归纳给予积极评价。另一个更为重要的观点是：宋代"弱而不贫"。长期以来，人们将宋史视为一部窝囊史。一说到宋代，就是四个字：积贫积弱。对于这一成见，我大不以为然，有两句打油："人云宋史本痛史，我谓宋史亦壮篇。"我在《影响》一文《引言》中以人口增长、耕地扩大、产量提高等量化数字为依据，认为："在我国中世纪史上，有宋一代放射出来的光彩足以同汉、唐两朝前后相辉映、相互争妍丽。"这些数字后来被《在历史的表象背后》《兴盛与危机》等著述征引。这些推算得来的数字是不准确的。当时我就说："只是些近似值。从绝对意义上讲，并不可靠。就相对意义而言，所展示的趋势是可信的。"宋代"弱而不贫"的观点，我始终坚持。后来在《瞻前顾后看宋代》①一文中又将宋代的历史地位概括为"两大超越"："横比当时世界各国，超越世界各国，处于领先地位；纵比前代，超越前代，是中国古代历史上继汉朝、唐朝之后的又一座新高峰。"

　　八九十年代，在研讨会上，多次听到一位前辈学者嘲笑"商榷派"。我心想：鄙人不就是个"商榷派"么？跟着又想："商榷派"有什么不好？理性的学术商榷与粗暴的学术批判有实质性的不同。当年提倡学术的战斗性，学术批判多，我们这些懵懂小青年参与了不少。几天前，在中国知网上偶然看到一篇史清的《驳冯定同志的社会主义社会阶级斗争熄灭论》，使用粗暴语言，给冯老扣上"修正主义"帽子，不免脸红，深感惶愧。所谓"史清"

---

① 载《河北学刊》2006年第5期，《新华文摘》2007年第1期、人大复印资料《宋辽金元史》2007年第1期全文转载。

就是我们几位研究生同学的集体署名，是当年批判冯老的《平凡的真理》时写的。戚本禹《评〈李秀成自述〉》发表后，我们还跟着瞎起哄，写了一篇《李秀成是怎样走上叛徒道路的》，批判罗尔纲等老先生。其实，就连这位前辈学者本人也既学术批判他人，又受学术批判。这个教训是很深刻的。学术批判不可取，学术商讨不可少，真理未必一定越辩越明，然而正常的学术商讨确乎是推进学术繁荣的助力，严肃的学术批评胜过廉价的相互吹捧何止千百万倍。我的《官田》等文未必很理性，但大体还在正常的学术商榷范围之内。《身份问题》一文的末尾原本有句与当时的"四清"运动相联系的话，陈守忠老师叫我删掉，说两者丝毫不相干。好在这次我听了师长的话，不然又多一个历史污点。对于学术商讨，李埏先生宽宏大度。80年代初，我拜会李先生。他告诉我，读到你们学校寄来的《影响》一文，他立即给学校写信：这样的学生应当受到表扬。李先生的长者风范，令我敬佩不已。向李先生学习，我欢迎别人批评。后来北大李立博士从方法论的角度批评包括我在内的不少同人，我多次在公开场合高兴地讲到此事。宋史学界有个敢于批评的"监督岗"真好，有利于提高探讨质量、端正学术风气。可惜李立毕业不久就改行了。

三　让"唐宋变革论"丰满些

我曾以"较为固执的唐宋变革论者"自称。研究生时，几篇习作不过是从土地制度、赋役制度的角度探讨唐宋变革。这一探讨因远走西藏而中断，后来断而相续，且越发自觉，并有所拓展。之所以如此"固执"，与日本学者宫崎市定特别是钱穆老先生不无关系。1963年，读到商务印书馆刚翻译出版的《宫崎市定论文选集》。虽然我并不认同宫崎将宋代艳称为"东方的文艺复兴时代"，认为东方的文艺复兴早于西方的文艺复兴几百年，并引发了西方的文艺复兴，也不赞同宫崎将由唐入宋定性为从中世到近世的转化，但他的有关论述大大加固了我从前业已初步形成的唐宋变革论。受时代局限，钱穆等老一辈历史学家的著述，我青年时代读得很少。迟至1983年在历史所时，才读到钱老的《理学与艺术》一文。钱老视宋代社会为"纯粹的平民社会"，我觉得不甚确当。但他说："论中国古今社会之变，最要在宋代。""就宋代而言，政治经济，社会人生，较之前代，莫不有变。"给我莫大启发。阐释唐宋变革论，仅着眼于农民起义口号的变化、人身依附关系的减轻、土地私有制的深化，未免太干瘪。要让唐宋变革论丰满起来，必须进行多角度、全方位的考察。

主攻方向虽然明确，但毕竟是重起炉灶，应当从何入手，一时拿不定主意。先写些调适性文章，偶有所感，即兴而作，无中心，很零乱。如因官员及其家属经商等问题开始凸显，写下《宋代官吏经济违法问题考察》[①]《宋代禁止官吏经商始于何时》[②]《宋代官吏经商问题剖析》。因高薪养廉之说蜂起，写下《宋代"省官益俸"的构想及其实践》[③]《宋神宗的重禄法》，认为"益俸"必须以"省官"为前提，"重禄"应当与"重罚"并举。因当时正着手建立各种回避制度，写下《宋代避亲避籍制度述评》[④]。此文有"取巧"之嫌，赵瓯北《陔余丛考》书中就有《避亲避籍》一条。我确实从中转引了一些史料，但主要依据当时没有标点本、只有线装本的《庆元条法事类》，是《丛考》不曾引用的。"文章合为时而著"，《宋代官吏经济违法问题考察》或因"趋时"而被《新华文摘》全文转载，但其学术性则相当差。范文澜老先生曾告诫我们，借古说今宜审慎。这类文章容易陷入"古今不分，漫谈时政"的泥淖，是不宜多写的。还是应当回归唐宋变革这一关键性强且颇具牵动力的重大论题。

"老虎吃天，从何下手。"在拿不定主意的郁闷之中，忽然想到南宋史家郑樵《通志·氏族略》里的第一段话："自隋唐而上，官有簿状，家有谱

---

① 载《社会科学研究》1986年第1期，《新华文摘》1986年第5期全文转载。

② 载《中国史研究》1986年第4期。

③ 载《四川师范大学学报》（社会科学版）1987年第1期，人大复印资料《宋辽金元史》1987年第2期全文转载。

④ 载《四川师范大学学报》（社会科学版）1986年第1期，人大复印资料《宋辽金元史》1986年第2期全文转载。

系。官之选举必由于簿状，家之婚姻必由于谱系。""自五季以来，取士不问家世，婚姻不问阀阅。"这段名言研究者人人皆知，但似乎谁也没有加以深究，于是豁然开窍。到四川师大任教不久，我首论"取士不问家世"，再论"婚姻不问阀阅"。

断代史研究应前后贯通，力争做到"断中有通"。然而说者容易做则难。因我的导师金先生主治唐史，我对唐代虽无研究，还算略知一二。有位前辈学者断定，唐代"科举制是最主要的做官途径"，唐代"绝大部分都是科举出身而致位宰相的"，唐代科举制"替庶族取得政治地位大开了方便之门"。我在《略论唐代科举制度的不成熟性》一文中，依据史实对这三个重要结论逐一提出异议，认为"是把北宋才发生的事情提前到唐代"。唐代科举取士"采名誉""重素望"，"每岁策名无不先定"，"榜出率皆权豪子弟"。新瓶装旧酒，极而言之，科举其名，荐举其实。难怪唐人说"文章世上争开路，阀阅山东拄破天"，并进而指出，唐代死的抓住活的，新的生长着的官僚政治与旧的衰落着的门阀政治正在激烈较量，几乎势均力敌。《不成熟性》是为《论北宋"取士不问家世"》①做铺垫。《不问家世》一文对包括糊名等措施在内的北宋前期科举改革做了概述，认为宋代大体确立了"取士不问家世""一切考诸试篇"的原则。宋人说："惟有糊名公道在，孤寒宜向此中求。"这一原则的确立堪称我国古代选士制度史上的一大变革。至此，魏晋隋唐"官之选举必由于簿状"的时代告终，典型的官僚政治形成。进而指出，北宋的官僚政治不仅同"公门有公，卿门有卿"的魏晋门阀政治以及"粗人以战斗取富贵"的五代武夫政治大异其趣，而且与隋唐的半门阀半官僚政治明显不同。宋代政治亦可称为士大夫政治。隋唐政权是门阀士族等级与庶族地主阶层的联合政府，而两宋王朝则是由科举出身的读书人组成的士大夫阶层当权。用宋朝人的话来说，即为"满朝朱紫贵，尽是读书人"。门阀士族等级具有排他性、世袭性，即所谓"官有世胄，谱有

---

① 载《四川师范大学学报》（社会科学版）1982 年第 2 期，人大复印资料《中国古代史》1982 年第 11 期全文转载。

世官"，而士大夫阶层则具有开放性、非世袭性，即所谓"骤得富贵"，"其家不传"。从门阀政治到官僚政治，不失为一大历史性进步。学校制度与科举制度相关联。我与朱瑞熙合著《宋代国子学向太学的演变》一文，论述国子学即贵胄子弟专门学校转化为太学即士庶子弟混合学校的过程，旨在从学校制度演进的角度阐述唐宋变革。此文初稿的题目是《论宋代国子学的太学化》，完稿后寄请瑞熙斧正。他认为"化"字不甚妥帖，改了标题，并有所增补，于是两人共同署名。《宋代文化的相对普及》[①] 一文则揭示科举、学校制度的变革在很大程度上造成了"人人尊孔孟，家家诵诗书"的新局面。陆放翁诗云："力穑输公上，藏书教子孙。"宋代这类耕读家庭相当普遍。至于"人人""家家"云云，系当时人的文学语言，未免言过其实。

关于宋代婚姻，起初只写了三篇文章，都围绕唐宋变革这个中心，具有明显的连续性。第一篇《试论宋代"婚姻不问阀阅"》[②]，从"士庶婚姻浸成风俗"、后妃"不欲选于贵戚"、宗室婚姻"不限阀阅"三个方面予以阐述，借以证明从前士庶不婚的陈规大体被打破。苏东坡咏叹："闻道一村惟两姓，不将门户嫁崔卢。"陆放翁歌咏："寒士邀同学，单门与议婚。""不问阀阅"又问什么？我的回答是："不问阀阅"而"贵人物"。所谓"人物"即"贤才"，说穿了，是进士。王安石诗云："却忆金明池上路，红裙争看绿衣郎。""绿衣郎"是新科进士的代称，诗句形象地描述当时盛行的榜下择婿风气。第二篇《宋代的"榜下择婿"之风》[③] 对此有所阐释，认为这一风气的形成表明社会心理由"尚姓"即"崇尚阀阅"转向"尚官"即"崇尚官爵"，意味着历史的车轮迈过严格的门阀政治时期，进入典型的官僚政治阶段。与前代相比，宋代是更为标准的郎才女貌时代。在当时，所谓郎才女貌，其实质是郎官女貌。"从一定意义上说，榜下择婿无非是在新的历史条件下，达到新的门当户对的一种特殊手段。"二程子说："饿死事

---

① 载北京大学古文献研究所、四川大学古籍整理研究所编《国际宋代文化研讨会论文集》，四川大学出版社，1991。
② 载《历史研究》1985 年第 6 期，人大复印资料《宋辽金元史》1986 年第 2 期全文转载。
③ 载《未定稿》1987 年第 4 期。

极小，失节事极大。"据此，人们长期以来普遍认为：唐时礼教束缚不严，宋人贞节观念颇重。第三篇《宋代妇女再嫁问题探讨》① 对上述传统说法提出异议，指出：宋代妇女再嫁者仍然较多，法律在原则上允许妇女再嫁，舆论并不笼统谴责妇女改嫁，二程子那句"名言"对宋代社会的实际影响并不大。进而认为：宋代不是贞节观念骤然增长、妇女地位急转直下的时期；理学是宋代的官方哲学和主要统治思想一说并不确切；理学兴起于两宋，适应时代需要、体现时代精神，自有其历史的正当性，其流弊主要在明清。人们通常认同："妇女解放的程度是衡量社会进步与否的天然尺度。"该文的撰写意图在于说明由唐入宋并非意味着传统社会从发展到停滞。

有关婚姻问题的史料相当零散，80 年代没有电子检索版，搜集史料很费功夫。宋人所撰类书帮了我不少忙。如"榜下择婿"一词，我首先是从谢维新《古今合璧事类备要》前集《科举门》里读到的。然后再查《宋史》列传、墓志铭等传记资料，这类现象相当普遍。宋人笔记对典型事例有绘声绘色的描述，而"未第不娶"这一"家训"或"志向"以及"晚娶甚善"、"壮年不嫁"之类则出自《事类备要》前集《婚礼门》。唐、宋两代的改嫁妇女究竟孰多孰少？举例论证法说服力太差，应当有个较为具体一些的数量性概念。别无他法，只得采用抽样考察法。《太平广记》与《夷坚志》是两种性质相近的小说集，分别反映唐、宋社会的实情。我将这两部书中所载再嫁、三嫁妇女一一查出，列为表格，得出的结论是：宋代改嫁妇女不比唐代少，南宋改嫁妇女甚至多于北宋。总之，在当时的条件下，史料根本无法网罗殆尽，只能力争做到说明问题而已。

上述三篇文章发表后，一家出版社约我写本书，暂且名为《两宋婚姻》。于是我将探讨范围扩展到族际婚、中表婚、异辈婚、收继婚以及进士卖婚、宗室卖婚、商贾买婚、"婚嫁失时"即大男大女等问题。这本书只有 14 万字，最后定名为《婚姻与社会·宋代》，因故改由四川人民出版社于 1989 年出版。首先撰文推荐这本小书的是同门师弟魏明孔研究员，他将此

---

① 载鲍家麟编《中国妇女史论集》第 3 集，台湾稻香出版社，1993。

书称为"一幅多彩的宋代社会生活图"。好友赵葆寓编审随后以《开拓宋史研究的新领域》①为题，在《中国社会科学》发表书评。台湾学者黄宽重研究员在《新史学》上也有书评②。师弟李华瑞教授后来回顾道："20世纪末以前，讨论问题直接与唐宋变革论联系并加以肯定的学术论著，大致只有张邦炜先生的《婚姻与社会·宋代》。"③ 这些评议出自"关系户"之口，不一定很客观。当时物流不畅，这本书在成都卖不掉，外地买不到。时任北大历史系总支书记的郑必俊老师到邓广铭先生家中借来复印。邓老开玩笑说：你的书在北大，读的是复印本。可能是书评影响所致，台湾宋史座谈会召集人宋晞先生在港、台两地无法买到此书，辗转通过其学生、香港梁天锡教授同我取得联系。我立即将拙著相赠，从此与宋先生相识。他早年毕业于浙江大学，师从张荫麟、陈乐素二老，后来曾任中国文化大学文学院院长，1995年邀请我到台北参加宋史国际学术研讨会。

经过一段时间的探讨，我对唐宋变革论形成了一些总体性的初步认识：唐宋之际确实发生了一场具有划阶段意义的变革。它不是一种社会制度代替另一种社会制度，并非严格意义上的社会革命。它不是以突变的形式出现，而是一个"剪不断，理还乱"的渐进性长过程，大致开始于中唐前后，基本完成于北宋前期，可以北宋的建立为路标。它不是下降型转化，而是上升型运动，并不意味着中国传统社会从发展到停滞，相反标志着宋代进入了传统社会进一步发展的新阶段。对于这场变革的程度和意义既不能低估，也不能高估，它与春秋战国之际的社会变革很难相提并论。《两宋时期的社会流动》④一文又有所补充："传统社会是个封闭式的凝固态社会，犹如一潭死水，人们的政治地位、经济地位乃至职业一概具有非运动性。宋代与前代相比，呈现出较为明显的社会流动倾向。"并将其表现归纳为三个方面："政

---

① 载《中国社会科学》1990年第5期。
② 载台北《新史学》第5卷第1期，1991年3月。
③ 李华瑞：《"唐宋变革论"对国内宋史研究的影响》，《中国史研究》2010年第1期。
④ 载《四川师范大学学报》（社会科学版）1989年第2期，人大复印资料《宋辽金元史》1989年第5期全文转载。

治上：'贱不必不贵'"；"经济上：'贫不必不富'"；"职业上：'士多出于商'"。认为社会流动倾向"不仅使人们的门第观念相对淡化，而且给宋代社会带来某些生气"。后来唐宋变革研究有走向泛化的迹象，台湾学者柳立言研究员及时指出，所谓变革"不是一般的转变，而是一些巨变，这些巨变有一个特色，就是它们对政治、社会和经济等造成'根本的改变'"。我深表赞同，"唐宋变革是个筐，一切变化往里装"的偏向应当避免。如果将唐宋变革论抬高到指导思想的高度，势必掉入另一类以论代史的窠臼。

四　"被牵着鼻子走"

举一反三，由此及彼。八九十年代，唐宋变革研究领域新的学术增长点为数不少，可开掘的论题较多。我在《婚姻》一书的《结语》中列举了一些："诸如学校方面的'广开来学之路'、社交方面的'所交不限士庶'、学术方面的从汉学到宋学、文学方面的从'雅'到'俗'、书法方面的从碑书为主到帖书为主、绘画方面的从宗教画、政治画为主到山水画、花鸟画为主等等。"然而我未能朝着这个可持续性强的方向继续前进，后来只是应李华瑞之邀，写了篇述评性文字《唐宋变革论与宋代社会史研究》以及《唐宋变革论的首倡者及其他》①。有学生问我：为什么未能继续？我说了句玩笑话："被别人牵着鼻子走了。"我从事学术探讨，向来是个"小生产者"，有一条原则是一般不与他人合作，以免因署名等问题扯皮，出了问题，互相推诿，然而这条原则在 80 年代后期被打破。

1987 年，从南开开会返回成都，路过北京，王曾瑜约我同戴静华、朱瑞熙两位一道撰写《辽宋西夏金社会生活史》②。郦家驹先生在座，他很赞成。项目是曾瑜从历史所领来的，按照惯例，主编非曾瑜莫属。但他表示不

---

① 载《中国史研究》2010 年第 1 期。
② 中国社会科学出版社 1998 年、2005 年再版，2016 年剑桥出版社英文版。

设主编，四人共同署名，以年龄为序，他一定排在最后。时下物欲横流，曾瑜看薄名利。话说到这个份上，除应允外，无话可说。后因戴静华先生过早去世，曾瑜邀请吴天墀先生的两大弟子刘复生、蔡崇榜教授参与，署名原则不变。按照曾瑜的安排，我承担婚姻、妇女、生育、养老、丧葬等章节。因而写下《辽宋西夏金时期少数民族的婚姻制度与习俗》[①] 等描述性文字，算是正式着手之前的"热身"。本来这个项目正好与唐宋变革论相结合，但不能"一切变化往里装"。何况曾瑜不大赞成唐宋变革论，既然合作，在一本书里就要保持基本观点的大体一致。在进行这一项目时，我也探究了一些问题，如避回煞、烧纸钱、看风水、做道场等丧葬习俗，以及宋代盛行火葬的原因等。通常认为，宋代火葬盛行是佛教传入中国的结果。其实是有问题的：佛教从汉代传入，到唐代后期已达900年之久，为什么火葬者屈指可数？在我看来，火葬习俗形成于五代十国时期，关键在于"五季礼废乐坏"，包括死者以"入土为安"在内的不少传统观念动摇。加之适逢战乱，生者尚且苟延残喘，死者后事只能从简，火葬在变乱中悄然成为风俗。火葬是契丹、党项、乌蛮、末些蛮的原始葬俗，而吐蕃受党项影响，女真受契丹、汉族的共同影响，转而实行火葬。由于各民族之间丧葬习俗的相互交流，无论汉族还是少数民族，火葬者越来越多。于是宋辽西夏金时期成为我国历史上火葬最为盛行的时期。然而这些探讨大体都不着眼于唐宋变革。

我与黄宽重先生1989年冬天相识于重庆钓鱼城研讨会上，他认为我提交研讨会的论文《宋代的公主》质量不错，带回台湾发表，此后往还较多。90年代中，宽重与柳立言先生邀请陶晋生、马伯良、佐竹靖彦等12位中外宋史学者共同探讨"宋代家族与社会"。我在被邀请者之中，可能与我曾经为《中国大百科全书·法学卷》撰写"封建家庭制度"条目有关，是郦家驹先生要我写的。我将封建家庭制度的发展过程归纳为习惯规范、以礼代法、以礼入法三个阶段，将其特点概括为尊长卑幼、夫主妻从、嫡贵庶贱、亲亲疏疏，认为这一制度"突出父权，旨在强化皇权"；"维系家庭，旨在

[①]　载《社会科学研究》1998年第6期，人大复印资料《宋辽金元史》1999年第1期全文转载。

加固根基"。"皇帝大家长，家庭小朝廷。"我儿时在传统大家庭里生活过，多少有些实感，特别对尊长卑幼这一点，体会较深。与今天的"小皇帝"们不同，我在祖父面前，没有坐的资格，只能毕恭毕敬地站立，小小年纪就领教过"家法"的滋味："楠竹笋子煎坐墩肉"（家乡俗语对"打屁股"的戏称）。我习惯于中观研究，多采用举例式的论证方法。这种方法的局限性是显而易见的。宽重这次要求采用个案研究的方法，对我来说是一次新方法的训练和尝试。说真话，我对这一研究方法很不习惯。于是依样画葫芦，按照宽重《宋代四明袁氏家族研究》的模式，写下《宋代盐泉苏氏剖析》①《宋元时期的仁寿——崇仁虞氏家族研究》② 两文。但我不愿止步于对苏氏、虞氏家族做一般性描述，总想写出其特色，如将苏氏、虞氏分别定性为政治型名门、学术型名门，并做了一些论证。参与宋代家族个案研究，我有两条体会。一条是宋代家族研究从前往往以累世聚居于一地、财产为家族所共有的"义门"为重点，其实宋代家族的主要形态不是共财同炊，而是别籍异财。另一条是任何方法都既有其长又有其短，应扬其长而避其短。记得前人曾说，汉学其特色为考证，其流弊为烦琐，宋学其特色为玄想，其流弊为空疏。如果能入于汉学出于宋学，或入于宋学出于汉学，固然很好，但只怕鱼与熊掌很难兼得。宋代家族个案研究后来出现千篇一律的公式化倾向，任何家族的演进历程无非崛起——兴盛——衰败三部曲，探究其原因不外乎从家产、教育、仕进、婚姻、交游等方面着手。个案研究的流弊显现出来，宽重对此有所批评③。与方法相比，态度更重要。"咬定青山不放松"的坚守，"板凳要坐十年冷"的潜沉，尤其要紧。

因我曾发表《再嫁》、《公主》以及《宋真宗刘皇后其人其事》等文，被误认为妇女史探讨者，柳田节子、伊沛霞、鲍家麟、刘静贞乃至高彦颐等研究女性史的女性学者视我为同行。1996 年邓小南教授与我一道到台湾中研院史语所访问，于是熟悉起来。她一度致力于性别史研究，约我参与，因

---

① 载台北《新史学》第 5 卷第 1 期，1994 年 3 月。
② 载台北中研院历史语言研究所编印《中国近世家族与社会研讨会论文集》，1998 年 6 月。
③ 可参见拙稿《黄宽重〈宋代的家族与社会〉读后》，《历史研究》2007 年第 2 期。

而写下少量有关文章。中国古代妇女史研究从前从反对男尊女卑、提倡尊重女权的美好意愿出发，将妇女史视为"一部妇女被摧残的历史"，其正确性很难置疑。进而引申为古代妇女"无知识、无职业、无意志、无人格"，只怕就过犹不及、适得其反了。我在《两宋妇女的历史贡献》一文中，不赞成古代妇女的全部生活仅仅是围着锅台转、生儿育女，认为两宋时期不同阶层、不同职业的妇女的历史贡献是多方面的，包括参与政治、发展经济、繁荣文化、主持家政等。90年代以后，性学书籍在社会上广为流行。有些书籍往往拿历史说事，把唐代渲染为性自由奔放的阶段，将宋代斥责为性禁锢最为严厉的时期，并认为古代性学鼎盛于隋唐，阻滞于两宋。我在《两宋时期的性问题》一文[1]中认为：相当开放的敦煌性文化并不代表唐代全国各地的整体状况。如仅以某一特定地域而论，宋代岭南某些地方盛行的"卷伴""听气""飞驼""多妻"等习俗表明，其性生活的开放程度与唐代敦煌地区不相上下。从总体状态上说，唐、宋两代均处于性压抑期，并无实质性的不同，只有程度上的差异。同时指出：宋代理学家的主流性观念既非纵欲，也非禁欲，而是节欲。他们的节欲主张无可厚非。南宋养生学家李鹏飞提出的"欲不可绝""欲不可早""欲不可纵""欲不可强"等原则相当精辟，在中国性学发展史上应当占有一席之地。小南后来似乎与妇女史告别，我问她原因何在，她的回答大致是：海外传入的新观点太多，跟不上。小南尚且如此感叹，至于我则更无跟进的可能。上述涉及妇女方面的文章，后来大多收入人民出版社2003年印行的个人论文集《宋代婚姻家族史论》。刘复生教授嘱其弟子韦兵博士撰写书评，题为《从婚姻家族看唐宋之变》[2]。

五　转向王朝史

或许与"将帝王将相、才子佳人赶下舞台"的号召有关，我对王朝史

---

[1]　载北京大学中古史研究中心编《唐宋女性与社会》下册，上海辞书出版社，2003。
[2]　韦兵：《从婚姻家族看唐宋之变》，《中国图书评论》2006年第2期。

素来无兴趣。之所以转向王朝史，是被好友赵葆寓"牵着鼻子走"。葆寓出身北大，为人耿介，好学深思。我于80年代初与他相识，一见如故。1987年，中国社科院历史所周远廉、宋家钰两位川籍历史学者张罗编写多卷本《中国封建王朝兴亡史》，两宋卷由葆寓承担。葆寓要我写北宋，他写南宋，我二话没说，慨然应允。谁知葆寓一病不起，只得由我一人独自承担。我怀着缅怀好友的心情，花了几年工夫，将两宋历史发展的历程较为认真地梳理了一遍。此书对有宋一朝的重大历史事件、重要历史人物以及关键性制度和国策都有概述和评介，可能因此而被小南列为北大历史系本科生学习宋史的参考书之一，一些大学历史系也跟着如此。因为是集体著作，完稿时间一开始就约定。为了如约按期完成，梳理重大事件只能依靠以事件为中心的纪事本末体史书。当时《长编纪事本末》一类的书籍较难找，篇幅又大，我主要参考《宋史纪事本末》。《本末》不具有原始性，可作为入门书，是不能作为基本史料引用的。但它毕竟将重大事件从头到尾，集中记叙，为我编写王朝史提供了方便。至于如何评议这些事件，《本末》中华书局1955年版每卷之后所附"张溥论正"多少给了我一些启示，并参读王船山《宋论》。至于吕中《宋大事记讲义》之类，当时很难找到。多卷本《王朝兴亡史》出版后获中国图书奖。但以两宋卷而论，至多只能体现80年代的研究水平，在今天看来，相当"小儿科"，有待厘正深化细化的问题很多。进入21世纪以后，邓小南发表《宋代政治制度史研究的"再出发"》等文。在小南的引领和感召下，她的弟子们和研究团队取得了令人瞩目的成就。至于整个宋史学界，相关著述比比皆是，其中有分量者不少。两宋王朝史到了应该改写、重写的时候。

我那本王朝史是概要性的，唯其如此，充实扩展的余地较大，因而此后临时要赶写一篇什么文章，虽不能说信手拈来，但确实比较容易。诸如《韩侂胄平议》《宋孝宗简论》《吴曦叛宋原因何在》等，在很大程度上均可视为两宋王朝史的副产品。然而其主要副产品当推一本书和一篇论文。

一本书是《宋代皇亲与政治》①。书名可改为《两宋内朝研究》，同《婚姻与社会·宋代》一样，是以论文为基础扩充而成。我先前著有《论宋代"无内乱"》②《宋代对宗室的防范》③《宋朝的"待外戚之法"》④《北宋宦官问题辨析》⑤《两宋无内朝论》⑥ 等文。宋代的政治制度可以分为外朝即官僚系统与内朝即皇亲系统两大体系。前者可谓热门话题，研究者们云集于此，后者则"门前冷落车马稀"。内朝具有两大基本特征，一是由皇帝的亲属或亲信组成，二是凌驾于以宰相为首的外朝之上。与外朝相比，内朝更能体现传统政治"家天下"统治的属性。宋人说："权重处便有弊。宗室权重则宗室作乱。""外戚权重则外戚作乱。"宋代最高统治者汲取这一历史教训，对皇亲国戚乃至家奴的权势都做了较为严格的制度性限制。这本小书分为宗室、后妃、外戚、宦官四个部分，分别揭示宋代宗室任职受限、后妃较少插手朝政、外戚基本不预政、两宋大体无阉祸四个历史现象，从而得出了宋代大体无内朝、基本无内乱两大结论。宋代皇亲国戚之间虽有权力之争，但不曾激化到兵戎相见的程度，最高权力的转移总的来说比较平稳。宋人炫耀："本朝超越古今"，"百年无内乱"。宋代大体无内朝意味着基本无内乱，两者之间的因果关系是显而易见的。内部较为安定的社会环境作为一个重要因素，促成了宋代社会经济的腾飞和文化的高涨。该书出版后，让我感动的是年事已高、健康堪忧的冯汉镛先生奖掖后学，生前主动写下《〈宋代皇亲与政治〉书后》⑦，予以推荐。事前事后均未告知，是别人看到后告诉我的。师弟、西北师大胡小鹏教授以及河南大学苗书梅、北京师大游彪教授也分别

---

① 张邦炜：《宋代皇亲与政治》，四川人民出版社，1993。

② 载《四川师范大学学报》（社会科学版）1988年第1期，人大复印资料《宋辽金元史》1988年第2期全文转载。

③ 载《首都师范大学学报》（社会科学版）1988年第1期，人大复印资料《宋辽金元史》1988年第3期全文转载。

④ 邓广铭、漆侠等主编《宋史研究论文集》，河北教育出版社，1989。

⑤ 邓广铭、漆侠主编《国际宋史研讨会论文集》，河北大学出版社，1992。人大复印资料《宋辽金元史》1993年第3期全文转载。

⑥ 载《河北学刊》1994年第1期，人大复印资料《中国古代史（二）》1994年第3期全文转载。

⑦ 冯汉镛：《〈宋代皇亲与政治〉书后》，《文史杂志》1994年第4期。

在刊物上撰文评介①。游彪早年在四川师大历史系念本科，出于师生情谊，难免言不由衷。

一篇论文是《论宋代的皇权和相权》②。宋代皇权与相权的关系，自1942年钱穆老先生《论宋代相权》一文问世以来，学界一概认同钱老的皇权加强、相权削弱论。80年代中期，王瑞来教授反其道而行之，针锋相对提出相权加强、皇权削弱说。在撰写两宋王朝史的过程中，我结合史实思考这个问题，得出第三种结论，写下《论宋代的皇权和相权》一文。此文指出：两种此强彼弱的观点看似截然相反，其实出发点惊人的一致，都立足于皇权与相权的绝对对立，只怕有"在绝对不相容的对立中思维"（恩格斯语）之嫌。皇权与相权并非两种平行的权力，作为最高行政权的相权从属并服务于作为最高统治权的皇权，两者相互依存。宋代在通常情况下，皇权和相权都有所加强。皇权的强化表现在皇帝的地位相当稳固，没有谁能够同他分庭抗礼，因而宋代被称为"看不见篡夺的时代"。相权的强化表现在以宰相为首的外朝能够比较有效地防止皇帝滥用权力，作为皇帝分割外朝权力工具的内朝大体上不存在。何以如此，应从宋代当权的士大夫阶层的特质中去寻求。与从前的门阀士族相比，由科举出身的读书人所组成的宋代士大夫阶层个体力量虽小，群体力量却大，因而在政治生活的各个方面都能发挥举足轻重的作用。一个问题居然有三种答案，引起有关学者关注。赵俪生老师的高足、我的师弟葛金芳教授来信表示赞同，信中有"读后彻夜难眠，茅塞顿开"等相当夸张的语言，并嘱其弟子桂始馨博士予以评介，认为此文"突破了皇权与相权此强彼弱、简单对立的旧框架，将二者作为一个相互依存的有机整体来考察"。

我们那套多卷本《王朝兴亡史》的出版经过若干年的周折，最终由人民出版社张秀平编审推荐给广西人民出版社印行。秀平是我兰大历史系的先后同学，她于90年代中期，约我写一本有关宋徽宗及其大臣们的书。我起

---

① 游彪：《〈宋代皇亲与政治〉评介》，《中国史研究动态》1994年第10期。
② 载《四川师范大学学报》（社会科学版）1994年第2期，人大复印资料《中国古代史（二）》1994年第6期全文转载。

初迟疑，最终接受。迟疑的原因是梁启超、鲁迅都强调，历史不应当是帝王将相的家谱。因而吉林文史出版社曾约我写一本宋朝帝王传，我托故婉谢。而最终接受则出自友情。受人之托，忠人之事。我花了不少时间，探究徽、钦两朝。但只有点滴体会，始终未能形成系统性的新见，于是惭愧地交了白卷。这些点滴体会陆续写成 7 篇文章，主要探讨两个问题。一个是：徽宗初政为什么受到好评？徽宗即位之初，人们寄予厚望。黄山谷诗云："从此滂沱遍枯槁，爱民天子似仁宗。"后来博得赞誉，王船山说："徽宗之初政粲然可观。"其原因之一是徽宗即位具有极大的偶然性，并无深厚根基，不得不谨慎行事，推行平衡新、旧两党的建中之政。《宋徽宗角色错位的来由》《关于建中之政》两文对此有所揭示。更重要的原因在于徽宗初年"内外皆有异意之人"，他更不敢胆大妄为。据《宋徽宗初年的政争》① 一文考察，其反对者上层有蔡王、章惇集团，中下层有赵谂及其同党。另一个是：北宋为什么亡国？并非落后挨打，实因腐败亡国，如北宋晚期士大夫阶层集体堕落。关键在于最高统治集团极度腐败，以致民怨鼎沸，民变连绵。《北宋亡国的缘由》一文指出，徽宗唱的不是老调子，而是唱着"新"调子，但依然无法逃出亡国的命运。北宋晚期之所以腐败，《北宋亡国与权力膨胀》②一文认为，是由于北宋开国以来所形成的随意性较大、具有脆弱性的权力制约体系，到徽宗时全面崩溃，皇权以及内朝、外朝的权力一概恶性膨胀。"靖康岌岌，外猘内讧。"至于靖康内讧，虽然次要，也不失为导致北宋亡国的一个具体原因。大难临头、国破家亡之际，徽宗、钦宗居然反目，父子钩心斗角，钦宗甚至将其父亲徽宗变相软禁。对此，《靖康内讧剖析》③ 一文有较为详尽的考察。这些文章大多收入人民出版社 2005 年印行的《宋代政治文化史论》。我手中无"资源"，两本个人论文集的出版主要靠当时本

① 载《西北师范大学学报》（社会科学版）2004 年第 1 期，人大复印资料《宋辽金元史》2004 年第 2 期全文转载。
② 载《天府新论》2000 年第 1 期，人大复印资料《宋辽金元史》2000 年第 3 期全文转载。
③ 载《四川师范大学学报》（社会科学版）2001 年第 3 期，人大复印资料《宋辽金元史》2001 年第 3 期全文转载。

335

单位负责人杨天宏教授奔波①。此书出版后，路育松编审在《书品》2006年第 2 期中予以推荐。著有历史小说《柔福帝姬》的米兰女士以《拨开春秋笔法的迷雾》为题，用本报书评人的身份，在《南方都市报》发表书评②。她曾在网易读书频道工作，约我开个专栏，暂名"两宋逸闻"。我毕竟比较古板，又不愿意贴近现实，结果只能是点击率太低，因而作罢。我与这位女士始终未曾谋面，至今不知其真名实姓。

六　休息之外动点脑筋

从前有句豪言壮语："战士死于沙场，学者死于讲座。"或许与当年教师退休制度不完善有关，如今只怕学人一般都应当退休。我是 2008 年退休的。同人们退休后，有的"金盆洗手"，有的退而不休。而我从自己的健康状况、学术积累等实际情况出发，处于两者之间。据说不动脑筋要痴呆。李华瑞在首都师大历史学院替我找了点力所能及的事做，于是休息之外，动点脑筋。几年来，因无工作之累，写些缅怀一类的文章，如《令人怀念的"三严"史家》③《川内开花川外红》④《置身功利外，心在学问中》⑤《为人沉稳，待人宽厚》《一位对我国宋史研究有特殊贡献的长者》⑥ 等。除此而外，姑且可称为学术论文的写了近 20 篇，多半刊载本校学报。否定之否定，螺旋式上升。老来似乎返璞归真，又同青年时代一样，有一股不轻信、不盲从的劲头，所写文章大多具有商榷性。不同的是，理性随着阅历的增多而增长，认为应当尽力做到不趋时、不迎合、不走极端、不杀偏锋。虽然写了若干商榷性文章，但绝不使用伤害性语言，并不具有战斗性。

---

① 天宏对我帮助甚多，我无科研经费，连复印资料也是由他解决。
② 米兰：《拨开春秋笔法的迷雾》，《南方都市报》2005 年 12 月 5 日。
③ 载张世林编《想念邓广铭》，新世纪出版社，2012。
④ 载四川大学历史文化学院编《吴天墀教授百年诞辰纪念文集》，四川人民出版社，2013。
⑤ 载邓小南等主编《大节落落，高文炳炳——刘浦江教授纪念文集》，中华书局，2015。
⑥ 《光明日报》2016 年 4 月 7 日。

80 年代以后，我写的商榷文章比重明显减少，自有其缘故。80 年代前期，发生了两件事。一件是漆侠先生在郑州举行的宋史研讨会上提出"西不如东"说，将川峡四路一概划入西部落后地区。漆先生征询我的意见，我说：宋代四川既有足以同两浙路媲美的成都府路，也有同广南西路一样落后的夔州路。后来与贾大泉合著《宋代四川经济发展的不平衡性》①一文，由我执笔，史料主要靠大泉提供。大泉年长于我，比我"成熟"。他告诫我：自说自话，不要商榷。因而谁也看不出这是一篇商榷文章。唯独漆先生敏感，他采纳我们的意见，在其著作中补充了一句："宋代西部地区，除成都府路、汉中盆地以及梓州路遂宁等河谷地（即所谓的'坝子'）而外。"② 另一件是我那篇《略论唐代科举制度的不成熟性》提交在成都召开的唐史研讨会，指名道姓，坦诚商榷。消息传来，老先生虽然无所谓，但其弟子们颇为不满。文章后来被胡如雷先生选入《唐史论文集》，我将老先生的姓名删掉，只针对观点。当年我至多只是个"中生代"，写商榷文章，不能不有所顾忌。如今已是退休老者，无功利可言，顾忌少了。

宋朝从前备受贬损，而今博得赞美，有学者甚至认为："宋朝达到中国文明的顶峰。"并相应地提出宋代农民欢乐说、宋代妇女幸福说、宋代官场廉洁说、宋代士大夫人格高尚说，盛赞宋朝统治者实行君相互制制、党派互监制，推行高薪养廉、保障言论自由等政策。这些说法只怕相当偏颇，人们难免会问：没有最好，只有更好，何来顶峰？一家一姓坐天下的赵宋王朝真的好上天了么？"真理往前多走一步就是谬误。"连我这个较早反对宋朝积贫积弱说，认为宋朝实现了"两个超越"的老年人也坐不住了，起而写下《不必美化赵宋王朝——宋代顶峰论献疑》③ 一文，依据基本史实对上述种种说法一一提出异议。"大宋"一词，我少年时代曾听说，是在看川戏时。

---

① 载孙毓棠等主编《平准学刊》第 2 辑，中国商业出版社，1987。
② 漆侠：《宋代经济史》上册，上海人民出版社，1987，第 44 页。
③ 载《四川师范大学学报》（社会科学版）2011 年第 6 期，人大复印资料《宋辽金元史》2012 年第 2 期全文转载，《历史学文摘》2012 年第 2 期摘登。

《五台会兄》杨五郎唱："大宋朝有一个火山王。"《三尽忠》文天祥道白："老天爷，你莫非要灭大宋！"北宋统一规模有限，南宋只是半壁河山，将宋朝称为"大宋"，分明是不确切的。"横看成岭侧成峰"，历史是多面的，认识是多元的，争议还会继续。让我感到欣慰的是朱瑞熙、王曾瑜、葛金芳、虞云国等不少同道对此文持肯定态度，何忠礼、许怀林两位教授还以不同形式予以再传播。而今"厓山之后无中国，明亡以后无华夏"之说流传很广，甚至认为"元朝根本不是中国的一个朝代"。究其根源，在于孙中山的"两次亡国"论。为此，我在《应当怎样看待宋元易代》一文中，扼要剖析了孙中山从汉民族主义者转化为中华民族主义者的过程，认为："他的民族主义思想在辛亥革命前后发展变化较大。孙中山是中华文明从未中断论的首倡者之一，他较早采用'中华民族'新概念，力主'中国境内各民族一律平等'。"谭其骧先生说得好，不应当"以宋朝人自居"。我们作为现代的中国人，固然是宋朝人的后代，但辽朝人、西夏人、金朝人、大理人、吐蕃人、元朝人都是我们的祖先。我们不能仅仅站在宋朝人的立场上看待历史问题。"厓山之后无中国"的感叹并未完整准确地表达宋朝遗民的愤懑心理，有替腐朽的晚宋王朝唱挽歌之嫌。长期以来，人们对元代文化误解较多。元代"汉文化不受尊崇"，便是一大误解。元代社会有退有进，中华文明在元代又有新的发展和进步。明朝取代元朝后立即着手官修《元史》以及传统的"二十四史"之说都是对元朝系中国历史上的正统王朝的认定。

关于宋代的士大夫和富民，均有两种绝对对立的观点。对于前者，持"君子论"者有之，将宋代盛赞为"君子时代"，颂扬"宋朝的文人士大夫是中国历史上最高傲、最有骨气的一群知识分子"。持"粪土论"者亦有之，断言宋代士大夫大多数"是卑鄙龌龊之徒，更有巨恶大憝之辈"，将士大夫从总体上痛斥为"群小"，比喻为"粪土"。对于后者，持"中坚论"者有之，将富民认定为"社会中坚力量"。持"豪横论"者亦有之，将富民一概斥责为"奸富"，一言以蔽之，为富不仁。我个人认为，两种观点各走极端，都具有片面性，于是写下《君子欤粪土欤——关于宋代士大夫问题的一些再思考》①、《宋代富民问题断想》② 两文。翦伯赞先生半个世纪以前就告诫我们："不要见封建就反，见地主就骂。" 今天我们能"见士大夫就反，见富民就骂"吗？反之亦然，也不能"见士大夫就赞，见富民就捧"吧？我特别不赞成将以土地拥有者为主的宋代富民称为主要纳税人一说，当时的田赋分明是地租的分割，是地租中的一小部分。不应当把劳苦大众排除在外，片面地将富民视为社会的中坚力量。至于《昏君乎明君乎——孟昶形象问题的史源学思考》一文，并非商榷性文章，旨在剖析后蜀后主孟昶两种不同形象的形成背景及演变路径，并探究其原因，以揭示蜀地民众对北宋朝廷从对立到认同的历史过程。

《重文轻武：赵宋王朝的潜规则》③ 一文开篇就说："开拓新领域与深化旧论题是推进学术研究的两翼，前者固然尤其重要，后者似乎也不可或缺。旧论题往往在本学科领域具有绕不过、避不开的关键性，且其中不无某些值得再探究的新问题。" 相比之下，我比较看重旧论题，这或许是出于无力开拓新领域的老年人的偏见。但我在这一旧论题中试图写出一些新意，如文武并重是赵宋王朝半真半假的真宣言，重文轻武则是其心照不宣的潜意识，以及文臣、武官两大群体既非一概势如水火，也非各自铁板一块之类。是否达到预期目标，只能由读者去评判。《王安石的鄞县施政与熙宁变法之异同》一文除力求"旧中有新"而外，也多少表达了一点对社会现实的有限关怀。《战时状态与南宋社会述略》④ 一文本想提出一个新论题：战时状态是认知南宋历史的一把钥匙。认为从总体上说，两宋社会经历了从和平环境到战时

① 载《人文杂志》2013 年第 7 期，人大复印资料《宋辽金元史》2013 年第 5 期全文转载，《历史学文摘》2013 年第 4 期摘登。
② 载《四川师范大学学报》（社会科学版）2012 年第 4 期，人大复印资料《宋辽金元史》2012 年第 6 期全文转载，《历史学文摘》2012 年第 4 期摘登。
③ 载《四川师范大学学报》（社会科学版）2015 年第 1 期，人大复印资料《宋辽金元史》2015 年第 2 期全文转载，《历史学文摘》2015 年第 2 期摘登。
④ 载《西北师范大学学报》（社会科学版）2014 年第 1 期，人大复印资料《宋辽金元史》2014 年第 2 期全文转载，《历史学文摘》2014 年第 2 期摘登。此文依据 2013 年 8 月 19 日在河北大学的讲稿整理而成。《光明日报》2013 年 9 月 9 日第 5 版《光明论坛》栏目曾以《战时状态：南宋历史的大局》为题，将这次讲演用整版篇幅摘要刊出。两篇文章因来源相同，不免有重合之处。

状态的演变。与大局的变换相适应，两宋的时代主题也经历了从变法图强到救亡图存的转化。长期处于战时状态或准战时状态这一南宋历史的大局，制约并牵动着南宋社会的诸多（不是一切）方面，并从经济、政治、文化三个方面举例式地做了一些粗略考察。文章发表后，才偶然在网上发现黄宽重似乎有篇论文，题为《绝境求生——南宋政治文化的蜕变》。我当面询问宽重，他说前些年在中国人民大学只是讲讲而已，并未形成文字。内容是否雷同，没有细问。

拉拉杂杂，已经写了不少，最后再说一件事。我的《两宋史散论》电子版是四川师大电子出版社为获上级批准于 2009 年紧急制作的，无版权页。因赶得太急，其中错字相当多。北京师大特聘教授葛金芳师弟是个感情色彩极浓的性情中人。他来信说："此书并不'散'，而是有主线贯穿的，此线即'唐宋变革论'。兄在宋史研究中所抓皆大问题、关键问题。经济如租佃代庄园，政治如'尚姓'到'尚官'，社会如'婚姻不问阀阅'和'榜下择婿'，文化如国子学向太学的转变及文化普及，军事如'枢密院——三衙——都部署'体系等，皆抓住大关节、大趋势。可见'眼光'与'功夫'两者同等重要，功夫中有眼光，眼光又统率功夫。"大概是我退休不久，第二天又是我的70 岁生日，师弟要给我这个不成功人士一点安慰，信中过分的话不少。他还说："'二十五字真言'，既不失传统，又与时俱进，既是吾兄为人之写照，又是后学应学之榜样。"所谓"二十五字真言"是怎么一回事呢？20 世纪末，河南大学刘坤太教授因开办中国宋史研究网站，来信问我的斋名和自语。我的回答是："我这个人糊里糊涂过日子，没有什么斋名。我对历史现象乃至社会现实一概看不真切，一切恍恍惚惚，如果一定要取个斋名，姑且名之曰：'恍惚斋'。至于自语，暂且写下 25 个字：'遇事洒脱些，做事认真些，待人坦诚些，性情开朗些，生活潇洒些。'"就此打住，不再啰唆。一句话：此生还算幸运，多数时间在做自己想做的事，自娱自乐，乐在其中。

（原载四川省社会科学院、省文史馆《国学》第 4 集，四川人民出版社，2017）

文坛巨匠·驼峰英烈

——我所崇敬的两位下江人

在四川人的词汇中，"下江人"起初专指从长江中下游逃难入川的外省人。因口音难以分辨，下江人后来成为对所有外省人的通称。抗日战争时期，我的家乡江安县和四川各地一样，陆续涌入一大批下江人。在这些下江人中，以国立戏剧专科学校（中央戏剧学院的前身）师生居多。其中大家名流不少，诸如余上沅、洪深、焦菊隐、张骏祥、陈白尘、黄佐临、金韵之（即丹尼）、章泯、马彦祥、吴祖光等。最有名者，当推时任国立剧专教务主任的曹禺。他还只是个三十岁上下的年轻人，已享有"中国的莎士比亚"的美誉。

我的祖父张乃赓虽从军中退役还乡多年，但被推选为县参议长，在家乡颇具影响力。当时川南地下党负责人陈野苹，后来曾任中组部部长。他对我祖父评价是："张乃赓当过旧军队的旅长，是开明士绅，我们的统战对象。"[1] 祖父性格开朗，热情好客，乐善好施，重义气，善交友。在抗日战争的艰难岁月里，我家可谓蓬荜生辉。祖父结交了两位下江人，一文一武，文为文坛巨匠，武为驼峰英烈。他们长期居住在我家，与我家结下了深厚的情谊。后来虽然先后离去，因家人时常提谈到他们，所以我还有一些依稀的记忆。

---

① 陈野苹：《泸县中心县委的回忆》，中共重庆市委党史工作委员会编印《川东地下党的斗争（回忆录专辑）》，1984，第71~77页。

　　文坛巨匠指的是曹禺，当时人们更多地叫他的真名实姓——万家宝。曹禺住我家是应我的祖父和父亲邀请。祖父一向礼贤敬士，请曹禺住我家，是为了表达对文化名人的倾慕和关照。我父亲张安国当时的公开身份是县高级小学校长、县抗敌后援会演出队队长，秘密身份则是中共江安县委代理书记。他要贯彻周恩来和中共中央南方局的指示，精心安置曹禺。这个指示是由川东特委书记廖志高在泸州视察工作时亲口传达的。将曹禺安排在我家，以便在生活上加以关心，安全上给予保护。祖父为曹禺提供住房，介绍佣人。当时曹禺经济相当拮据。祖父逢年过节必宴请曹禺，平时家里有什么好吃的都送到曹禺家中。我父亲在北平上过大学，又曾留学日本，还在东京办过《留东新闻》。曹禺与父亲谈得来，说得拢，往还颇多，交谈甚欢。特务曾跟踪监视曹禺，据说是因为巴金专程来访，曹禺家中慕名前来拜会者络绎不绝。1941年皖南事变后，宪兵队竟然抄曹禺的家。经祖父查询，原因是鲁迅艺术学院发来贺电，祝贺《日出》在延安公演成功，电报被特务机关劫获。但宪兵搜查，一无所获。祖父施展其影响力，对有关当局提出严正交涉，迫使有关当局向曹禺和我家赔礼道歉。

　　为便于曹禺创作，祖父不仅提供住房，还特地为他安排了一间既清静又明亮的书屋。曹禺写作于此，会客于此。巴金来访期间，巴、曹两好友在这间书屋内彻夜畅谈。曹禺说："巴金这次来江安，我们谈得太投机了，每天都谈得很晚很晚。"[1] 为了将巴金的小说《家》改编为话剧，曹禺亟须了解旧时结婚的礼仪。祖父陪他去拜访前清秀才黄荃斋。黄荃斋一一为其讲述，曹禺茅塞顿开。曹禺的《蜕变》《北京人》《正在想》等作品都是在那间书屋里写成的。这些作品中的人物往往有我家家人的影子。曹禺自称江安时期是他创作最旺盛的时期。

　　曹禺居住我家不久，我即呱呱坠地。我的名字"邦炜"是他取的。曹禺年纪比我父亲稍长，我叫他万伯伯，他叫我炜炜。何谓炜炜，兴盛的样子也。而邦炜即是国家强盛的意思，这是国难深重的年代，举国上下的热切企

---

　　① 田本相：《曹禺传》，北京十月文艺出版社，1988。

盼。万伯伯很喜欢我，我依稀记得，万伯伯多次抱着我观看国立剧专的演出。一次看《雷雨》，突然雷声大作，吓得我心惊胆抖，幸好我在万伯伯的怀抱之中。万伯伯的大女儿与我年纪相若，常在一起玩耍。大概是由于艰难时期，生活单调，大人们以捉弄小孩为乐，居然叫我们拜堂，一拜天地，二拜高堂，三对拜。

万伯伯在我家居住数年之后，将到重庆复旦大学任教。田本相《曹禺传》记述道："（他）舍不得离开那间安静的书室，也舍不得酒庐①的主人。"我祖父设宴为他饯行，万伯伯在惜别宴会上，感激之余，还开了个大玩笑，竟然说："让炜炜和我女儿定亲吧！"他送我两件礼物：一件是洋瓷碗，另一件是制作十分精美的鼓儿灯（当年的儿童玩具），并称："这些就是送给炜炜的聘礼。"② 我母亲当时已生六个男孩，很想要个女孩。万伯伯祝愿母亲早得贵女，并为我的大妹预先取了个名字叫邦宠。万伯伯对我母亲说，你一定最宠爱她。

惜别十余年之后，我父亲与万伯伯重逢于1955年在北京召开的全国第一次文化工作会议上。当时，父亲担任西康省文化处党组书记、处长。这时，万伯伯才惊喜地得知我父母亲都是共产党员。他赞叹道："你们夫妇出身在这样的家庭，居然投身革命，纯粹是为了追求理想，可敬可佩！"此后，我父亲、叔父、堂姐邦珍、大妹邦宠都去拜望过他。万伯伯总是热情接待，合影留念，并不断地重复着他赞扬我父母亲的那番话。

至于驼峰英烈，是指飞虎队员井守训。建成于20世纪90年代、矗立于南京紫金山北麓的航空烈士纪念碑镌刻着他的英名："井守训，上尉，山东观城人。"据有关资料记载，他生于1916年，系中央航空学校第六期学员，曾任教于航校。抗战时期，但凡抗日将士，均为最可敬的人。我们全家老老少少，包括祖父在内，都尊称他为井教官。他的夫人姓林，我们兄妹叫她林孃孃。祖父请井教官一家到我家长期居住，除出于对抗日将士的敬重外，还

---

① 我家住宅名酒庐，房名由祖父好友、邻县长宁名士梁叔子亲笔题写。
② 《曹禺传》第18章"江安岁月"，并参见田本相等编著《苦闷的灵魂·曹禺亲朋访谈录·访张安国》，江苏教育出版社，2001。

因为井教官是他两个儿子的好友。我的叔父张安汶与井教官同为飞虎队队员，可谓金兰之交。父亲与他相识并短期共事，自有其缘故。抗战初期，父亲在家乡积极组织开展抗日救亡活动，名声很大。陈野苹一言以蔽之："搞红了。"① 组织上担心他处于半暴露状态，不安全。1939 年，党组织先将他调到泸县中心县委任宣传部部长，以中学教员身份做掩护。后又让他打入当时迁到云南的中央航空学校长期潜伏，相机行事。父亲已到航校任日语教员，但党的组织关系总是转不到云南，始终接不上头。父亲苦苦等待半年之后，只能悻悻返回四川。

父亲与井教官在航校共事时间虽短，但关系很不错。1943 年 9 月，父亲 30 岁生日，井教官特意邀请我父母亲到宜宾菜坝空军机场过生日。父母亲叫我同行，去看飞机。井教官开着吉普车，带我逛机场，还让我上飞机观赏。我坐在飞机的翅膀上，得意扬扬。殊不知井教官下月即因飞机失事，牺牲于驼峰航线，年仅 27 岁。《中央航空学校第六期学员名册》的记载极简略："1943 年 10 月，井守训与林大纲同驾 C - 47，由印度经驼峰返国，人机失踪。"C - 47 是来自美国的新型运输机。网上有篇题为《解开戴笠空难身亡之谜》的文章讲到此事："1943 年 10 月 28 日，林大纲、井守训驾 C - 47 前往印度汀江，准备接运航校十三、十四期，在美国完成战备训练，准备返国的第二批新血液。为避开日机拦截，夜航驼峰时失踪。十三期的彭成干、林天彰、杨鼎珍，十四期的罗谨愉、高士恒等 5 位热血青年，出师未捷身先殒，此为空军建军以来最惨痛的损失！"井教官失踪的噩耗传到江安，我们全家极为震惊，悲恸异常。祖父将井教官的夫人林孃孃收为义女。抗战胜利后，听说林孃孃远走美国了。因我家长辈早已先后仙逝，关于井教官夫妇更多的情况，已无从询问。

我还要感谢另一位下江人——毕医生。我不知其真名实讳，他对我有救命之恩。江安县从前只有中医，没有西医，更无医院。毕医生是江安县的第

---

① 陈野苹：《泸县中心县委的回忆》，中共重庆市委党史工作委员会编印《川东地下党的斗争（回忆录专辑）》，1984，第 71～77 页。

一位西医。我出生不久，背部长毒疮，中医称为背瘩。这个病在当时很难治，弄不好，会死人。母亲请毕医生替我治病，他医术精到，手到病除。当年避难入川的下江人总说要感谢四川人，如万伯伯就说："我们喝过江安的水，吃过江安的粮，忘不了江安人民对我们的恩情。"其实，下江人对四川的贡献极大。正是四川人与下江人的互助互爱，我们才共同渡过抗战难关，终于熬出了抗日战争的最后胜利。

我家与抗日

今天是七七卢沟桥事变 78 周年纪念日，不禁忆及我家与抗日那些点滴往事。适逢 12 岁的孙子圃铨放暑假在家，便同他絮絮叨叨地谈起。抗日战争时期，我还是个孩提，本不该记事，只因某些事情太惊人，长辈又反复述说，我才有一些依稀的记忆①。

我出生在 20 世纪 40 年代的第一个春天。韩昌黎《早春》诗云："最是一年春好处。"然而这年春天并非"小雨润如酥"的美好季节，而是战云密布，国难当头。儿时，母亲告诉我：你不是生在家里，更不是生在医院，而是生在江安后坝②乡下，生在一间矮小、潮湿的茅屋里。我问：为什么？母亲的回答是：躲警报！这个词今人大多不解其意，那时三尺童子皆知，是指躲避日本侵略军的空袭，警报一响，人们四处躲避。当时日军狂轰滥炸，不仅炸重庆、炸成都，还炸我的家乡川南地区。我出生前几个月，日军既炸泸州钟鼓楼，又炸宜宾菜坝机场，人们惊恐万状。母亲别无选择，只得将我生在乡下。我儿时的同窗好友冯良桓③与我同年同月生，只比我大七天。他的母亲王德勋与我母亲是亲密无间的好友，她闻讯搬到后坝，与母亲一起坐月子。我们两对母子在这间茅屋里共同度过了那些提心吊胆的日子。

每当母亲说我命苦，接着就会说我二哥命更苦。我的父母亲是 1930 年

---

① 本文所述大多来自长辈言说，并参照一些史籍，如中共宜宾市委党史研究室《中国共产党宜宾历史》第 1 卷，中共党史出版社，2005。

② 后坝在江安县城郊。

③ 冯良桓，四川大学材料科学学院教授，光伏专业专家。

到北平念大学的，父亲张安国（号定民，化名祯祥）上平大，母亲曹继昭（名永禄）读师大①。第二年夏天，母亲在协和医院生下我二哥。出院不久，九一八奉天事变爆发，父母带着二哥仓皇返回家乡四川江安。当年回川之路路漫漫，极艰辛，二哥夭折于返乡途中。他还没取名，只有个小名叫平生。母亲一说到此事必流泪。二哥比我大 9 岁，如果他健在，已是 84 岁的老人。

我的祖父张乃赓（名宗高）曾是川军将领②，与孙震同在 21 师任少将旅长。七七事变爆发时，他已退役乡居数年，被推选为县参议长。如果他仍在军中，理当奔赴抗日前线，极有可能在台儿庄战役中血战滕县。祖父虽无缘战斗在前线，但他战斗在后方，出任本县抗敌后援会负责人，他的妻子、我的后奶奶杜嗣芝任妇女抗敌工作团团长。祖父依靠一批热血青年（多为中共地下党员），将江安县的抗日后援活动开展得有声有色。

我父亲当时在家乡的公开身份是县高级小学校长，其秘密身份则是中共江安县委代理书记。他与党内同志一道，参与创办联谊书屋（其前身为合众书店），推销《新华日报》以及《群众》《解放》《大声周刊》《国难三日刊》等抗日爱国报刊，并成立戏剧协会。吴雪、陈戈率旅外抗敌演出队来江安演出《放下你的鞭子》《塞上风云》，戏协积极配合，上演话剧《卢沟桥之战》、《中华民族的子孙》、清唱京剧《八路军开展游击战》、《大战倭奴平型关》。戏协的主要演员是席明真、冯振华、雷南（又名雷光禄）、王德勋等，都是父母的党内同志。父亲无任何艺术细胞，外号人称"硬人"，也登台充当配角，闹了不少笑话，被长辈传为谈资。父亲作为县抗敌后援会演出队队长，还带领演出队前往全县各主要乡镇进行抗日宣传演出。母亲作为妇女抗敌工作团成员，教群众唱抗日歌曲，做抗日宣传讲演，号召妇女们有钱出钱，有力出力，开展义卖活动。武汉保卫战期间，不少妇女捐出金银首饰，并将义卖所得钱物，全部支援武汉前线。

---

① 当时并无明确的法定结婚年龄，更无学生不许结婚的规定，民间早婚之风盛行。
② 我祖父两度在旧军队中任朱德元帅部属，1950 年初被政务院周恩来总理任命为川南行署民政厅副厅长，不久病故。

祖父率先垂范，我家人人抗日。父母战斗在后方，二叔张安汶则浴血奋战在前线。他原本是四川大学英语系学生，1935 年愤然退学，为抗日而前往日本，改学飞行。"文载道，诗言志。"当时他赋诗一首："不是屠刀惊梦幻，安能投笔慕从戎。为求虎子虎穴闯，壮志凌云试御风。"后来他成为一名光荣的飞虎队队员，长年驰骋驼峰，一度远征印度拉合尔（今属巴基斯坦）。当年家人都说，二叔是我们全家的骄傲。1944 年冬，贵州独山失守，抗战形势危急。国民政府以"一寸山河一寸血，十万青年十万军"相号召，广泛动员学生参加青年军。当时四叔张安庆只是一名中学生，年仅 16 岁。祖父送子参军，让他奔赴前线，英勇杀敌。行前，全家举行了简朴的送别仪式，之后四叔戴着大红花上街游行。因抗战不久即胜利，四叔才回到家乡，又上中学。

我一生中清楚记得的第一件事是 1945 年 9 月 3 日抗战胜利，普天同庆。母亲欣喜异常，她同她的党内女性同志们组织各界妇女开展庆祝活动，并亲自参加耍龙灯。妇女耍龙灯在江安县尚属首次，热闹非凡。那年，我 5 岁。在父母的组织和安排下，我同冯良桓等小伙伴们一道，在震耳欲聋的鞭炮声中，兴高采烈地耍起儿童龙灯。联谊书屋①发点心，祖父家中领红绫，对窝井樊家②吃粑粑……耍到哪里，吃到哪里，高兴到哪里，快乐到哪里，其情其景至今仍历历在目。

我生于茅屋、二哥死于战乱，是家人常讲的故事。1985 年，在杭州国际宋史研讨会期间，我曾向国内同人述说往事。上海师大许沛藻半开玩笑地对我说：你现在正与日本学者握手言欢。确实，我与不少日本宋史专家如柳田节子、佐竹靖彦、近藤一成等都较为熟悉。与他们交往较少，主要是我日语不行，而他们又中文欠佳（佐竹除外），并不是因为他们是日本人。要将日本人民与日本军国主义分子区别开来，上学时政治课老师总是这样教育我们。正视历史，不忘国耻是为了面向未来，珍视和平。当然，与日本学者相

---

① 联谊书屋，当年江安在党组织领导下，由地下党员创办的销售进步书刊的书店，并出版发行《联谊周刊》。
② 对窝井樊家，从前江安县一大户人家。

处也偶有心情凝重的时候。1990 年，在北京国际宋史研讨会期间，中方学者与日方学者一道考察周口店之后，又一同参观卢沟桥。行走在桥上，面对石狮子，双方学者面面相觑，无言以对。

写于 2015 年 7 月 7 日

西行万里到拉萨

"宁肯东行万里，不可西行一步。"这句话当年在兰州地区的大学毕业生中颇为流行。在我的研究生同学里，东行万里到北京、到上海者有之。而我呢，岂止西行一步，而是西行万里到拉萨，并且在西藏人民广播电台编辑部工作了整整 15 年。

那时研究生人数极少，都由教育部直接分配。教育部分配我到西藏工作的消息，我是 1965 年 10 月在陇东的窑洞里知道的。当时全国各地农村分期分批开展"四清"运动，大学生也分期分批参加"四清"工作，据说目的在于让青年学生在社会实践中锻炼成长。1964 年我在西北师大历史系宋史专业研究生毕业后，先在甘肃省酒泉县东洞公社搞了一期"四清"，这时刚进驻庆阳专区宁县盘克公社郝家湾大队不久。我是大队"四清"工作组的秘书，主要职责是填报表，写材料。工作组的组长是宁县的武县长。① 按照工作队的规定，一律不准称官衔，二三十名组员都叫他老武。老武和我住在大队办公室的窑洞里，在老乡家搭伙，不准吃肉食、吃鸡蛋，生活苦、纪律严，任何人不允许以任何理由"临阵脱逃"。公社"四清"工作队特许我离队，理由之一是教育部通知，其二则是不是去别的地方，而是去西藏。

直到 20 世纪 60 年代，西藏在许多人心目中仍是个相当陌生甚至让人感到恐惧的地方。老武和我坐在炕上，聊了许久西藏。忘掉了许多，现在只记

---

① 几年后，洛桑新巴同志去甘南出差回拉萨，他告诉我：甘南州委武书记夸奖你能写，他向你问好。我想这位武书记定是当年的武县长，可惜我把人家的名字忘记了。

得他说：上级调干部进藏，干部必须绝对服从，没有任何条件可讲，否则开除党籍、开除公职。去年庆阳专区调干部进藏，地委书记李正林同志去了，有一个县委书记硬是不去，结果被"双开"。我发现老武担心我不愿意进藏，或许是奉命对我进行进藏教育。当时的口号是："长期建藏，边疆为家"；"死在西藏，埋在西藏"。组织上只讲进藏，不讲出藏。我没有想到后来会内调回四川。

其实对于西藏，我并不陌生，更无恐惧感。我的大哥董之方①、大嫂王友梅 1956 年初在西康省委撤销后，即奉调进藏，先后在西藏工委宣传部、日喀则分工委、扎东特委工作，因此途经成都的不少西藏干部，都到过我家。这时我的耳边不禁响起他们念过的那句顺口溜："西藏西藏，三年一趟，两年存钱，一年还账。"按照规定，西藏干部三年休假一次，但常常因故推延。于是我产生了先回成都探望父母，再进藏的念头。宁县经西安即可到成都，不必绕道兰州。

教育部为研究生安排工作，一般都有具体单位。我进藏到哪个单位工作？工作队说不知道，要我问学校。为了及时知道调我进藏干什么，并请假回成都看父母，我到庆阳专署所在地西峰镇，跟学校人事处老解打电话。老解是我高班次的同学，对我比较了解。他知道我酷爱宋史研究，并且势头不错，已有《关于宋代客户的身份》《论宋代的官田》等论文刊载于《光明日报》等报刊，史学权威刊物《历史研究》杂志已决定修改后刊登我的毕业论文《北宋租佃关系的发展及其影响》。老解在电话中告诉我：分配到西藏人民广播电台工作，只能服从；可以回成都，但不要超过半个月，西藏方面催得紧。我发现他怀疑我不愿改行从事新闻工作。其实，"一生交给党安排""党叫干啥就干啥"是毛泽东时代青年人的格言，何况又正在批判所谓"厚古薄今"，强调所谓"厚今薄古"，古代历史开始受到轻视。我虽然是个党外群众，但毕竟亲身经历"反右"运动，懂得"党指向哪里就奔向哪里"，否则将犯大错误。

---

① 原名张邦本。

　　我在成都家中只待了一个星期，便先到学校，再到西藏驻兰州办事处报到，随即只身一人踏上了西行万里之路，经柳园①进藏。从兰州到柳园，要坐足足20多个小时的火车，望着车厢外绵延不绝的戈壁滩，不免感到凄凉。谁知在柳园下火车，刚进西藏运输站，就与刘若愚同志不期而遇，实有"他乡遇故知"之感。他和我大哥一道进藏，当时担任西藏交通厅政治部主任②，正在青藏公路沿线检查工作。刘主任向我介绍了不少西藏的情况，我们还一道游览了敦煌莫高窟。只因他沿途有公务、要停留，我不能搭他的北京牌吉普车进藏。

　　从柳园到拉萨，班车很难等。我是乘运汽油到拉萨的解放牌油罐车进藏的，行李则交运输站托运。我的行李是8个小纸箱，里面装着《宋史》《文献通考》等数百册我心爱的历史书③。解放牌汽车的驾驶室相当小，里面除驾驶员和我之外，还坐着从湖南进藏，刚休完产假，回那曲专区人民医院的欧阳秋医生。她年龄和我相若，但已是两个孩子的母亲，面目清秀，身材修长，性格开朗，喜欢说话。谁都知道，西藏最艰苦的地方除了阿里，就是那曲。我心想这位弱女子尚且能够"风雪高原炼红心"，我这个男子汉又有何不可。欧阳医生沿途有说有笑，使人不再感到凄凉。驾驶员则很辛苦，青藏公路虽然道路平坦，但路况、车况都很差，汽车水箱不时开锅，要下车找水、加水。特别是汽车早上很难发动，必须躺在地上用喷灯将水箱烤热。而我得当帮手，和副驾驶员相差无几，全身很脏。

　　从柳园到拉萨，汽车走了6天。前三天，什么长草沟、花海子、大柴旦、小柴旦，一路虽然很荒凉，但与河西走廊相比，只是一百步与五十步之别。在城里住久了，来到这些一望无涯的地方，顿感天地宽阔，叫人心旷神怡。后三天，过了格尔木、五道梁，问题就大了。从托托河、雁石坪开始，

---

① 兰新铁路线上的一个火车站，已更名敦煌站。
② 他或许已调任昌都专区副专员，这时是回交通系统搞"三教"。
③ 这些书骑过西藏高原上的毛驴，坐过雅鲁藏布江里的牛皮船，后来又乘着汽车翻越了从米拉山、色齐拉山到雀儿山、二郎山等川藏公路上的一座座高山，至今大多仍放在我的书架上。它们是我入藏15年的绝好历史见证。

不仅吃夹生饭①，而且高原反应越来越厉害。在安多、那曲，乃至当雄，吃不下饭，睡不着觉，头痛难忍。近年来，学生们问我：当年是怎样进藏的？我的回答是：别笑我太天真，我是念着毛主席语录进藏的。这不是笑谈，而是事实。那时，毛主席的语录诸如"越是困难的地方越是要去"之类，确实给了我战胜困难的力量和勇气。

1965 年 11 月中旬，我终于到达目的地——工作单位西藏台。人保科小吴（江西人）接待我、驾驶员老野（陕西人）替我拉行李的情景，至今仍历历在目。从此，我便在布达拉宫脚下、靠近龙王潭的这座美丽的林卡里，度过了一生中精力最旺盛的 15 年。组织上安排我到专题组工作，起初不会编广播稿，还得请教同组的张玉琴同志。后来逐渐适应了广播电台的工作。但"文革"不久开始，没做什么有意义的工作，没写什么有价值的稿子。如果重读当年所写所编的稿子，其中肯定笑话很多。

我为什么会到西藏台工作？后来听汪敏成同志讲，是他随同副台长张献庆同志专程去北京要的。西藏台编委会为了加强编辑部的力量，经区党委同意，到教育部要高校文科青年教师。教育部不给，张台长一行又持西藏区党委的介绍信去找中组部，中组部叫教育部一定要支援西藏。于是教育部给了些文科研究生的档案，让张台长挑选。据老汪讲，选中的不止我一人，还有三位南开大学中文系、武汉大学哲学系毕业的研究生。由于"文革"不久爆发，人事调动冻结，他们才未进藏。我虽然算不上什么，但西藏台领导竟如此重视延揽人才，在当年实属难能可贵。

至于为什么选中了我，老汪问我：你记得你的志愿表是怎么填的吗？我这才恍然大悟。当时研究生的毕业志愿表有两栏，一是工作性质，二是工作地区。临毕业前，学校进行毕业教育，动员大家到边疆去，到祖国最需要的地方去，组织同学们看话剧。"祖国的需要就是我的志愿"，话剧深深地感动了时年 24 岁的我。于是我按照话剧上的语言，在工作性质一栏填上："为人民服务"；在工作地区一栏填上："全中国"。老汪讲，张台长正是看

① 当时高压锅很少，在高原上米饭煮不熟。

中了你的这张志愿表，他说：我们西藏很艰苦，就是需要这样的同志！

我进藏距今已38年，内调回乡到四川师大任教已23年。然而这些年来，熟人们仍不时谈到、问及这件悠悠往事。老汪乃至张台长，每次和我相逢，必谈此事。张台长是位1939年参加革命的老广播，不少同志把他亲切地称为张老头。他内调回湖北广播局任副局长后，仍然关心着我这个老部下。一次在北京相逢，张老头劝我到湖北台工作。我说：搞新闻工作，我不是科班出身。本人的愿望是回家乡，教历史。老汪在湖北台退休前夕，到成都出差，西藏台在蓉老同志聚会款待他。他酒后竟失声痛哭，后悔当年不该调我到西藏，叫我在西藏受苦。当时，背着背包进藏的18军老战士刘旭林、韩筠、徐承舜等都在座，我真不知该如何安慰老汪，直说：我在西藏受的苦不比老汪多，不比各位多；我到西藏经风雨、见世面，没有什么不好。

至于同人们对此则赞叹者、惋惜者、批评者均有之。我在《宋代皇亲与政治》一书的《后记》中，曾言及西藏15年的经历。宋史研究名家、台湾大学梁庚尧教授读后，兴奋不已，专门来信赞叹：如此经历，如此成绩，太不容易。而更多的同人则喜欢假设，他们惋惜我远走西藏，如果不去，成绩会更大，包括我的老师赵俪生先生在内。而我想到的则是马克思的名言："人体解剖对于猴体解剖是一把钥匙。"古、今相通，新闻、"旧"闻相通，如果对于现实生活毫无体验，只怕有价值的历史文章一篇也写不出。读过《篱槿堂自述》后，我想俪生老师的史学论著之所以别具一格，既深刻且生动，与他在中条山打游击，与日本侵略者浴血奋战等经历，不无关系。去年在纪念著名历史学家陈乐素先生百岁冥寿的时候，我想起了他生前对我的批评：你在西藏15年，实在是十分难得的大好机会。藏学是绝学，你不学藏文，不搞藏学，仍搞宋史，是你一生中最大的失误。乐素先生此言，颇有道理。然而世上并无后悔药，还是套用已故西藏台老同志贾廷贤那句话吧：我在西藏15年，无怨无悔。

我一生中工作时间最久的单位不是西藏台，而是四川师大。由于业务方面的缘故，这些年来往最多的是我的宋史学界同人，然而感情最深的依然是当年朝夕相处的西藏台老同志。我忘不了拉萨西郊那座古木参天的林卡以及布达拉宫与药王山之间的白塔，忘不了奔腾的雅鲁藏布江、美妙的羊卓雍湖。我在羊卓雍湖畔的那间小屋里，烤着牛粪火，坐在蜡光下，夜读二十四史以及雨果的《悲惨世界》、巴尔扎克的《人间喜剧》等书的情景，更是刻骨铭心，令人永生难忘。

（原载西藏人民广播电台编《走向辉煌》，西藏人民出版社，2004）

在政协中领悟政协

掐指算来，我子继母"业"，继先母①之后，任四川省政协委员，已达12个年头。说真话，我进政协，实在太偶然，甚至纯属误会。

常言道："病从口入，祸从口出。"我是个胸无城府、嘴无遮拦、性情急躁、说话随便的人，并因此惹下或大或小的祸患。1980年，当我在西藏人民广播电台工作15年后，奉调到四川师大历史系任教时，关爱我的老领导、西藏区党委郭锡兰书记动情地告诫我："娃娃啊，您说话太随便、太大胆！只宜搞业务，一定不要从事政治方面的工作"，"您应当知道，我就喜欢'促生产'，不愿'抓革命'。"并勉励我："您基础好，只要专心学问，定会学有所成。"此言实属肺腑之言。我不禁感叹："知我者，郭书记也。"其实，我对参政从政素来无兴趣。早在1958年，在兰州大学历史系读书时，就因所谓"只专不红"，被戴上"白旗"帽子。来到四川师大后，我牢记郭书记的告诫，躲进小楼、埋头书本，绝不担任职务，哪怕是小组长。然而"江山易改，禀性难移"，我虽稍有收敛，大实话大致还是照说不误，给人的印象是心直口快。

1989年春夏之交，因女儿遭遇车祸，我请假在家照料。当时我家住十二桥，离学校太远，失去说话的机会。殊不知一旦不说话，"好"事竟接踵而来。1990年9月，一向不求上进的我居然被省政府授予"四川省优秀教

---

① 先母曹继昭（1911~1975），四川省江安县人，1933年北平女子师范大学肄业，1938年加入中国共产党，新中国成立后曾任西昌专区保育院院长、西康省保育院副院长、四川省商业厅幼儿园园长，毕生献身于幼儿教育事业，系四川省政协第二届委员。

师"称号。次年又当选成都市锦江区人大代表、常委，并获国务院颁发的政府特殊津贴。我知道所有这些，部分出自同事对于我家庭遭遇不幸的同情，主要还是出自那届学校党委的安排。其实，对于这些"好"事，我的兴趣并不太大。特别是对于当区人大代表，甚至产生即将惹是生非的恐惧。出于家庭方面的原因，我同刚离休的校党委洪宝书副书记较熟悉，于是专门找他反映。

因行政区划调整，锦江区第一届人大两年就期满。快换届时，我在路上遇到校党委杨伯安书记，当即请求不再担任区人大代表。他胸有成竹，马上表态："好！"我正为此而庆幸，谁知刚刚下骑，又上虎背。因教古代史，我是个象牙塔中人，不大看报纸。1993年年初，学校正放寒假，我去医院看望有"蜀中才女"之称的乡贤、省政协常委黄稚荃前辈。病危中的黄老苏醒过来，问我："你不是在开省政协会吗？"我以"不知道"三字作答，她感到奇怪："难道还有同姓同名者？"第二天，学校才通知我新任省政协委员，催促我立即去开会。当我去报到时，第七届省政协第一次会议已经开了四天。

后来，我才听说事情是这样的：半年前，上级要求推荐无党派人士出任人大代表或政协委员，全系党员同志开会，都说仅张某一人而已，除此之外，别无选择。推荐上去以后，省、市统战系统又有我系学生，她们出于对老师的尊重，好话说尽。于是，我事先竟一无所知，就被确定为省政协委员。照此看来，当年产生政协委员的办法或许存在某些缺陷，现在只怕有所改进。

当时，我除任课外，还有课题，学校方面任务重、压力大。四川大学历史系隗瀛涛教授时任省政协常委，对我多少有所了解。他告诉我："政协相当宽松，并无硬性任务。你忙你的！"加之当初不少人，包括我在内，对于政协的性质、地位、意义和作用，都有许多不甚准确的认识。诸如将政协视为"摆设"、委员看作"花瓶"之类，不胜枚举。于是我初到政协，参加活动较少，甚至想方设法逃会，如果需要打卡，则请同组蔡行端等委员代劳。然而时间长了，人越来越熟，参加活动逐渐增多，对于政协总算多少有所体验和领悟。12 年来，我在政协确实有所收获。这里姑且粗略举出以下三条。

第一，反映社情民意。大致是受顺口溜"不说白不说"的影响，我一到政协就放炮。1993 年教师节茶话会，省政协某处长提前叫我准备发言，我想趁机反映社情民意，于是满口应承。我事先利用系里政治学习的机会，听取同事们的意见，集思广益。当时四川省属高校既不能收学费，财政拨款又很少，十分困难。发言时，我情绪较激动，列举了不少怪现象，就收入来说，大学不如中学，中学不如小学，小学不如幼儿园之类，颇具刺激性。一位初到政协工作的负责人听了，很不习惯。我发言未完，他便插话："我看，你们那里应当多做政治思想工作！"一时场面显得相当尴尬，幸亏时任政协副主席的韩邦彦教授对高校情况了如指掌，站出来圆场。他说："现在高校都比较困难，而你们川师又是成都最困难的高校之一。不用说，我都知道，你们历史系又是川师最困难的系。你们那里意见多些，可以理解。"这样，我才算下了台阶。其实，我的这些议论在当时的教师中很普遍。不知是否与这些议论有关，而今时过境迁。如果说当年学校的突出问题是教师待遇低、收入少，那么现在已变为教育乱收费和师德教风问题了，以致每到教师节，学校和教师应做出让学生、家长和社会三个方面都满意的承诺。1993 年或许尚无社情民意这个词，而 2001 年我则有意识、较主动地通过省政协向上级反映了一桩社情民意，并收到了较为圆满的结果。事情是这样的：那年秋天，某市公安局的便衣人员来成都抓贩卖假文凭的犯罪嫌疑人，谁知竟阴差阳错，在我校北大门将我系浙江籍女生项某错抓，押到成都市某公安分局看守所拘禁约 3 小时之久。发现错抓后，公安人员叫项某写下妨碍执行公务的检讨，理由是她在被抓时，曾呼叫"救命"，然后给她 30 元钱，叫她打的返校。项某不要打的费，独自一人回学校。其同学及系里得知此事，均愤愤不平，但束手无策。我正要到省政协开会，系总支书记同我商量，是否可以通过省政协向上级反映，我表示："试试看！"在去政协的路上，我同一道去开会的政协委员谈论此事。他们都说："悬！"其理由是这类事情较多，要让公安人员认错，太难了。也许与统战机构的职能有关，省政协的工作人员一向很热情，我遇到文教处李保珍女士，一边陈述一边把材料交给

她。她保证立即编入《社情民意》，并说："省委、省政府领导会看到。"然
而我将信将疑，不抱希望，以为将石沉大海。谁知 10 天后就有结果，某市
公安局政委、副局长以及当事人两次到学校，向校党委及我系女生项某赔礼
道歉。此事在我系反响极好，不少同事都说："谁说政协是摆设？无作用？"
后来才听说，省委席义方副书记圈阅了这份《社情民意》，并批示："政协
委员的建议似有道理。"于是省政法委层层追查，事情很快得到解决。当
然，人们完全可以如是发问：如果席书记不批示，将如何？但此事确实提高
了我写提案的积极性。从前懒得写提案的我在 2002 年春举行的全委会上，
一连交了三份提案。

第二，听到不同声音。政协委员来自各行各业，大家对某些问题的认
识会有差异，有时甚至截然相反。比如有次常委会曾专题讨论四川电力发
展问题，搞水电的主张继续发展水电，搞火电的强调火电的重要性，而搞
核电的则认为解决电力问题的出路在于发展核电，四川应当尽快上马修建
核电站。他们的说法或许各有偏颇之处，但是如果我们认真研究各个方面
的不同声音，对电力问题的认识无疑会比较全面。依我个人看来，政协委
员中，知识分子特别是高校教师太多，而工人、农民则极少。然而在政协
的会议上，仍然能够听到工人乃至农民的声音。其中来自四川农大的一位
政协委员的几次发言，给我留下的印象很深刻。他虽获德国哥廷根大学博
士，但本人曾在家乡担任生产队长，并且兄弟姊妹至今仍在家乡，都是农
民。他认为，"三农"问题的关键是农民问题，解决农民问题的关键在于
给予农民以公民待遇。此说不禁引起我这个城里人的共鸣。他对下岗工人
问题看法相当独特，我不一定完全赞成，但他无疑表达了农民兄弟的心
声。总之，这些都是我在学校里听不到的，确属闻所未闻，大开眼界，深
受教益。

第三，增进相互了解。自从回到四川，除了置身书斋，便是站上讲台，
同外界接触极少。政协委员中，既有先进人物，又有后进分子，既有领导干
部，又有党外群众。不知先进人物对后进分子有无固定看法，老实说，我作
为后进分子对先进人物一向并不十分佩服，甚至认为他们只不过是唱高调而

已，一言以蔽之——"假"。在八届政协同组的委员中，一位邓姓委员是全国公安系统的优秀基层公安局长。听了他在组里发表的有关农村形势以及基层腐败现象的发言，讲得那样真切、具体、生动、实在，我不禁发自内心，对他肃然起敬。大概也是这位邓姓委员所说，如今在基层，干部容易把群众看作"刁民"，群众也容易将干部视为"贪官"。而我则相信，当今社会的精英确实不在共产党外，而在共产党内，不应将新时代的干部一概等同于旧社会的"贪官"。然而从前在西藏，出于工作方面的原因，同领导干部还有所接触，回到四川后，则素无往还。作为群众尤其是读书人，往往以清高为荣，以阿谀为耻，对干部总是敬而远之。在政协时间长了，难免与同组的不少厅级干部既在一起开会，也在一起聊天，并且越来越谈得拢。从前总认为党校不同于普通高校，党校的人大概都观念冬烘、思想保守。先后与省委党校李、刘、黄三位副校长接触后，发现他们既开明，又开放。所谓冬烘先生，不是他们，而是脱离社会、闭门造车的我。由于感到这些领导干部见多识广，确有真知灼见，有时遇到问题，便向他们请教。如当我遇到前面所讲我系女生项某被错抓一事，一时不知如何是好，我一到政协，就找刘德骧校长求援。刘校长很热心，他首先表示这类事情你们校长应当站出来说话，不应当难为你这位普通教师，接着便指点迷津，要我请政协工作人员将材料编入《社情民意》，直至促成事情的解决。我想，先进人物和后进分子，党内干部与党外群众的交谈和交流乃至理解与信任，无疑有利于社会的和谐和稳定。

毋庸置疑，我至今对政协的认识还很肤浅，甚至错谬，但相信在未来几年里，我对政协将会有更多一些的体验，更深一点的领悟。

(原载四川省政协编《情倾政协五十年》，四川人民出版社，2005)

为人沉稳　待人宽厚

——缅怀李文珊同志

李文珊同志是我在西藏工作时期的老领导，我从未以官衔相称，始终叫他老李。由于年龄、经历、地位、专业等方面的差距，我与老李交往不多，谈不上知根知底，但还算相识相知。我对他印象不错，大体可以概括为16个字：为人沉稳，待人宽厚，平易近人，不走极端。老李当"官"不像官，是位好领导。

我是1966年春才进西藏的。还没见到老李，老李的大名已如雷贯耳。原因是老李的妻子周熔与我同在西藏人民广播电台编辑部工作，虽年长于我不少，我没大没小，自来直呼其名。我对周熔印象也不错，她为人直率，待人热情，人才双优，是当年西藏的美女、才女。初来乍到，人地双疏，老同事们向我介绍周熔，其实主要是介绍老李：在西藏新闻界，老李是与郭超人齐名的笔杆子，其资历与地位又非郭超人可比。让我惊讶的是，老李学历不高水平高，虽然只是个初师毕业生，但已有《金梁与玉柱》等多部作品问世，有的文章还被选入中学语文课本。不少老西藏视老李夫妇为才子佳人。

70年代中期，我曾在老李直接领导下工作。当时全国农业学大寨，西藏自治区将隆子县列麦公社及其社长仁增旺杰树立为全区学大寨的先进典型。为此专门成立宣传报道小组，由自治区党委常委直接领导，一名副书记具体负责。报道小组的组长是老李，组员有王强、任永奎、丹增和我。小组五成员集中住在交际处招待所，以便聚精会神，加班加点，抓紧完成任务。开饭时，老李和我们一起拿着饭碗到食堂打饭。晚饭后，五人集体散步，难免天南海北，谈得相当投机。我是学历史出身，写新闻稿不在行，老李耐心帮我改稿，对我帮助不小。在交际处一住就是一个多月，从此与老李相识相知。或许是出于读书人的穷酸与清高，我从未登门拜访老李，倒是老李偶或来我家小坐。他看看我书架上的书，全是古史，兴趣不大，只是同我聊些工作上、生活上的事情。

老李当时还只是西藏日报社领导，但与西藏台编辑部的不少年轻人都相当熟悉。老李到昌都采访期间，与西藏台驻昌都记者任裕湛朝夕相处。听说他夸奖小任聪明、能干。当时西藏三大新闻单位，一般认为，西藏日报社人多势众，新华分社有拔尖人才，西藏台力量最弱。相传，老李不大认同此说。他从总体上给予西藏台的采编力量很高的评价：年纪轻，水准高，有活力，后劲足，大有后来居上的可能（大意）。西藏台的年轻人往往以此为荣。老李与当年西藏台驻阿里记者李佳俊都是文学创作方面的行家里手，或许是由于志趣相投，之后在区党委宣传部又上下级多年，更是忘年交、好朋友。据说老李认为，就现代文学而言，佳俊堪称西藏第一人。佳俊后来出任宣传部文艺处处长、西藏文联副主席、西藏日报副总编，只怕与老李的这一不成文鉴定不无关系。老李与西藏台名编辑张隆高交往并不多，但评价最高。我当场听老李对李佳俊开诚布公地说：就写作素养而论，西藏台水平最高的不是你李佳俊，而是张隆高，他才华横溢。佳俊连连点头称是。其实，隆高一生坎坷，可谓怀才不遇。老李再三称赞隆高，是否有为其鸣不平之意，不得而知。老李作为高级领导干部，如此痛惜人才，是很难得的。

老李在自治区党委副书记任上调离西藏，回到家乡河北，先任河北省委副书记，后任省政协主席。而我内调回到家乡四川，一名普通高校教师而已，且从事宋史教学与研究。隔行如隔山，与老李不可能再有什么交往。之所以对老李在河北的情况还偶有所闻，原因在于河北大学是我国宋史研究的重镇，我去过不止一次。该校著名宋史专家漆侠先生是河北省政协常委，他得知我也是个老西藏，便谈起老李。漆先生称赞老李待人谦和，对他很客气，开会总是请他走在前面。漆先生接着问我：只是不知道李文珊整不整人。我的回答是：老李非但不整人，而且挨人整。"文革"一开始就被打成

"西藏三家村黑店分子"，受尽委曲。后来我将此事告诉老李，老李说：我们河北省科教界在全国能执牛耳者只有两位，漆先生是其中之一，对他理当特别尊重。老李在河北省提出"人才抓尖子，产品抓拳头，争创第一流"。原来漆先生就是老李心目中的"尖子"和"拳头"。1987年，时任中国宋史研究会副会长的漆先生在石家庄主办年会，他邀请老李出席开幕式，老李欣然应允，并谦恭地拜望了漆先生的老师、著名历史学家北京大学邓广铭教授。当时出书难，出年会论文集更难。邓老先生请老李帮助解决这道难题，老李剀切地以"一定解决"四字敬答。在老李的安排下，年会论文集很快由河北教育出版社印行。老李曾到河北大学调研并指导研究生工作，我的师弟、长江学者李华瑞教授正在该校攻读博士学位。华瑞告诉我，他曾参加老李召开的座谈会，对老李的印象是慈祥厚道，深入细致。

离开西藏后，我只见过老李一次。2004年初夏，老李夫妇因事来成都，定要会会西藏台老同志。地点约在文化公园内一民间寻常茶馆，每人五元清茶一杯，中午吃盒饭，极具"老西藏精神"。我因故迟到，周熔远远地发现我就招呼，看来他们夫妇已等候多时。老李和我交谈，周熔立即拍照。这是我和老李唯一的一张合影。在交谈中，老李又讲到我的好友张隆高。80年代初期，隆高在《人民日报》《光明日报》上发表了不少杂文，如《职称与称职》等。老李说，一次"光明杯"评奖，他任评委，发给评委的参评文章一律将作者姓名涂掉，投票后才公开。公布结果，第一名不是别人，而是张隆高，他认为实至名归，欣喜异常。除隆高外，老李还称赞西藏台新锐刘伟。他告诉大家，刘伟新近出任新华总社人事局局长。当时，老李已患帕金森症，既不能久坐，又行动不便。他要提前回宾馆休息，虽有秘书小马搀扶，还得到马路边拦出租。李佳俊和我终于拦到一辆出租。老李离去后，我同佳俊议论道：抗战后期参加革命的正省级干部坐出租，如今太少见。

我和隆高一样，从某种意义上说同老李也一样，在西藏有一段很不顺利的经历。周熔不止一次对我说：老李一直对你很好。这句话包含什么内容，可能老李夫妇不便明言，我多少有些心领神会。我应当感谢老李的是这样一件事：1995年，我应中国文化大学邀请到台湾访问，会到叔父的同学姚兆元。他是河北丰润人，在台军中曾任空军副总司令、副参谋总长，军衔二级上将。我问他：既然退役了，为啥不回家乡看看？他回答道：亲人都被日本鬼子杀光了，只有个妹妹，据说在内蒙古。我说：设法替你打听打听。数月后，周熔来成都，我把此事告诉她。她回石家庄不久就来电话：你说的事，老李很重视。他立即责成省台办查询，省台办很快回复，姚兆元先生是我们河北省在台湾的重量级人物，他有两个弟弟健在，已被区县政协安排为政协委员。还说：河北省台办很想直接同姚先生取得联系，要我将其电话号码告知。赓即又将河北省台办报告老李的正式函件邮寄给我。为前辈寻找到离散亲人，我感谢老李，老李说他分管对台工作，这是他分内应该做的事。

因同老李夫妇联系很少，老李去年病逝，我是从《人民日报》上看到的。我转告了西藏台不少老同事，大家虽然早知老李重病在身，依然十分悲痛，并盼周熔大姐节哀保重。本想有所表示，自感人微言轻。现周大姐正筹划出版《纪念李文珊文集》，约我参与。恭敬不如从命，仅以此短文缅怀我的老领导、好领导文珊同志。

后　记

　　我这个人某些时段确实相当勤奋，但从总体上看，绝非勤学苦读者，是个比较贪玩的人。上班时较收敛，退休后"原形毕露"，白天听京戏，熬夜看足球，特别喜欢同兄弟姊妹、西藏老友在一起，闲聊游玩娱乐。但仍不时敲敲键盘，老友中点头称是者有之，摇头窃笑者亦有之，甚至被误认为老来还放不下，仍纠结于事业。其实，自知学养有限，本应搁笔闭嘴，只是在不少学友的盛情驱动下，叫我很难全然住嘴停笔。尤其让我感动的是，盛情者中，除老熟人外，还有一些年纪轻轻的媒体人，有的至今未曾谋面。他们勉励有加，一再约稿。心想晚年生活理当个性化、多样化，不必强求一律。量力而行，适可而止做些事，和唱卡拉 OK 之类的娱乐活动一样，都是热爱生活的体现。于是闲暇时动点脑筋写些字，天长日久，日积月累，文稿稍多。现采纳学友建议，结集为两册。一册称《恍惚斋两宋史论集》，所收文稿大多尚可勉强称为论文。这一册取名《恍惚斋两宋史随笔》，所收文稿均不配以论文相称，名曰"随笔"也未必确当，姑且如此。

　　《随笔》收录文稿凡 39 篇，分为 6 辑。第 1 辑"笔谈"，由 5 篇文稿组成。《书中自有问题在》《史事尤应全面看》《体系意识：以唐宋变革与南宋认知为例》三文系应邓小南、包伟民、李华瑞三位教授之约而作，他们分别为《史学月刊》《光明日报》《史学集刊》相关栏目组稿。《史事尤应全面看》从某种意义上可视为学术综述，我满意的是直抒胸臆，担心的是得罪学友。好在学友们都宽宏大量，师弟葛金芳教授的学者襟怀，让我肃然起敬。"疑义相与析"，学界表扬与自我表扬相结合之风不可长。对于李华瑞教授之约，我曾一再婉谢，而他则一再坚持，只能顺从其好意。我婉谢的理由是《体系意识》一文了无新意，无非是重申一己之见而已。发表后，殊不知《澎湃新闻·私家历史》饶佳荣编辑认为有可取之处，竟予以转载。他当时与我并不相识。又被《新华文摘》（电子版）2017 年第 24 期再刊登。《战时状态：南宋历史的大局》系应姜锡东教授之邀到河北大学宋史中心讲课的教案，后由《光明日报》刊出。我曾戏言，《历史学如何算起来？》一文是被包伟民教授"逼"出来的。2016 年盛夏，与他在广州中山大学相遇，他为其主编的《唐宋历史评论》约稿，我笑答就凑个一两千字吧，他硬要我写一两万言，两相折中，最后以五六千字交卷。说这些多余的话，目的在于证实自己并非汲汲于事业之人。应当向学养深厚，事业心强的学友学习，退而不休，可惜自己积累太少。

第 2 辑"札记"收录研习钱大昕、钱穆论著的读书报告各两篇。两位江南钱姓史学大家都是我崇敬的对象，难怪友人将我戏称为"钱迷"。2017年 9、10 两月，我在北京大学人文科学研究院驻访，与邓小南、赵冬梅两位教授的弟子共同选读钱大昕著作，读书会取名为"钱大昕与宋史研究"，由何天白博士主持。《钱大昕：大有功于宋史研究的乾嘉巨子》《关于宋代避讳》两文为此次读书会而作。读懂大家难，何况钱穆《全集》达 54 册之多，读懂就更难了。我在研读中，深受教益之余，也有一些疑问，因而写下《宋代"平民社会"论刍议》《启迪与不解》两文，重在提问，旨在请教。其中某些问题，学友之间有不同看法，很正常。

第 3 辑"序跋"。自知人微言轻，从来不敢为他人著作写序作跋。本辑所收 7 篇序跋系自著或合著的引言、导言、前言、结语、余论和后记。旧著《婚姻与社会·宋代》《宋代皇亲与政治》等书均无发行价值，已无重印的必要与可能。有学友认为这些旧著的前言后语凸显旧著所持主要观点，仍有一定参考意义，故收入书中。

第 4 辑"书评"，收录文稿 7 篇，均为退休前所作。那时的书评和学术综述，缺陷比较明显。学术综述往往太客观，无论有无价值，凡文必录。书评又太主观，常常是熟人之间的相互表扬，且结构公式化。缺陷尽人皆知，避免很不容易。因而我不大愿意写书评，婉谢了若干，有的是我崇敬的师长。出于多种原因，还是草成 7 篇。其中《宋辽金元史研究的新成果——读〈中国史稿〉第五册》是 1985 年与贾大泉先生合写。学术综述仅有《中国大陆近十年来的宋史研究》一篇，系佐竹靖彦、李裕民两教授 1991 年为日本中国史学会编《中国史学》创刊卷约稿。

第 5 辑"忆旧"，收录文稿 10 篇。《无私无畏的益友》《成名于改革元年的学者》两文分别是应戴建国、李华瑞两教授之约，为我的老友朱瑞熙、王曾瑜二兄祝寿而作，其余均为怀念文稿。缅怀先师金宝祥先生的文稿《特立独行的思想型史家》写于 2008 年教师节时。纪念蒙文通、邓广铭两大家的三篇文稿分别是遵蒙老的哲嗣蒙默先生、邓老的女公子邓小南教授之命而写。追忆吴天墀、程应镠两先生及刘浦江教授三文分别系应其高足刘复生、虞云国两教授及苗润博博士之邀而作。缅怀对象，包括年纪小于我若干岁、竟先我而去的刘浦江教授在内，对学术都有大贡献，均为我深深敬佩之人，我当然慨然遵命应约。忆旧文稿居然写了这么多，又从另一个角度表明我老了。

第 6 辑"自述"，由 6 篇文稿组成。学术自述《研习宋史：我的自主选择》是谢桃坊先生叫我写的，几经推迟，在他再三劝勉、敦促下完稿。我幼小岁月身处抗日战争，青壮年代远走雪域高原，此生这两段经历最难忘。《我家与抗日》写于 2015 年、抗战胜利 70 周年前夕，应家乡四川省江安县国立剧专纪念馆之约而作。《文坛巨匠·驼峰英烈》记述的是出生时替我取名的剧作家万家宝伯伯（即曹禺）和孩提时带我到宜宾菜坝飞机场玩耍的抗日烈士井守训叔叔。抗战期间，他们寄居我家。我在西藏工作达 15 年之久，记述这段经历的文稿至今只有《西行万里到拉萨》一篇，讲的是我的入藏过程。因《在政协中体悟政协》《为人沉稳　待人宽厚》两文涉及我的这段经历，后文还说到一点与宋史研究会有关的事，故载于书末。

叙事著文，翻来覆去，颠三倒四，是老年人较为常见的毛病。加之本书所收文稿写于不同时间、发表在不同刊物，这个毛病相当突出。尽管范学辉教授替我辩解："重复就是强调。"过多重复，终究不宜。选编时删掉了一些，但重复之处依然不少。无错不成书，书中错谬不妥之处敬请读者批评指教。

本书的编排与校勘承蒙我的多名学生协助，成荫副研究员及陈鹤、郭岩伟两位博士出力尤多，聊表谢意。感谢高振华编辑为本书的出版付出的努力和辛劳，其编辑作风之严谨认真细致值得点赞。

2018 年元宵节于海南琼海

图书在版编目（CIP）数据

恍惚斋两宋史随笔 / 张邦炜著. -- 北京：社会科
学文献出版社，2018.11
ISBN 978 - 7 - 5201 - 3274 - 9

Ⅰ. ①恍…　Ⅱ. ①张…　Ⅲ. ①中国历史 - 宋代 - 文集
Ⅳ. ①K244.07 - 53

中国版本图书馆 CIP 数据核字（2018）第 185794 号

恍惚斋两宋史随笔

著　　者 / 张邦炜

出 版 人 / 谢寿光
项目统筹 / 高振华
责任编辑 / 高振华

出　　版 / 社会科学文献出版社·区域发展出版中心（010）59367143
　　　　　　地址：北京市北三环中路甲 29 号院华龙大厦　邮编：100029
　　　　　　网址：www. ssap. com. cn
发　　行 / 市场营销中心（010）59367081　59367018
印　　装 / 天津千鹤文化传播有限公司

规　　格 / 开　本：787mm × 1092mm　1/16
　　　　　　印　张：23.5　字　数：352 千字
版　　次 / 2018 年 11 月第 1 版　2018 年 11 月第 1 次印刷
书　　号 / ISBN 978 - 7 - 5201 - 3274 - 9
定　　价 / 69.00 元